祁阳年鉴 2020

中共祁阳县委党史研究室（县地方志编纂室） 编

方志出版社
Publishing House of Local Records

《祁阳年鉴》编辑说明

一、《祁阳年鉴2020》以马克思列宁主义、毛泽东思想、邓小平理论、“三个代表”重要思想、科学发展观、习近平新时代中国特色社会主义思想为指导，坚持辩证唯物主义和历史唯物主义的立场、观点和方法，全面记载2019年度全县各部门、各行业等方面的主要工作、重大事件，反映祁阳经济建设和社会发展以及改革开放的新成就、新经验。

二、《祁阳年鉴2020》采用分类编辑法，设类目、分目、条目三个层次。类目和分目设置的原则是以事分类以条目为主要记事单元。

三、《祁阳年鉴2020》资料由各单位撰稿人提供并由供稿单位负责人审核、年鉴编辑部编辑、审校。有些数据由于统计口径不同等原因，与统计部门公布的数据不尽一致。

四、《祁阳年鉴2020》所录省、市驻祁单位和市县管理干部名单以2019年12月31日任职为准，缺位未列入。

五、为方便读者查阅，本年鉴配备双重检索系统，书前刊有详细的中文目录，书后配有主题分析索引。

1	7月21日，省政协主席李微微率调研组深入祁阳县，就“推进湘南湘西承接产业转移示范区对接粤港澳大湾区产业融合发展”开展调研
2	8月5日至6日，省人大常委会副主任、省总工会主席周农到祁阳县调研关于加强人民检察院法律监督工作

1月8日至9日，在市委书记李晖，市委副书记、市长赵应云的带领下，参加全市乡村振兴暨“六大战役”现场推进会的全体人员，走进祁阳现场观摩

1月24日，东江桥改造工程如期竣工通车。县城东部出城口的交通瓶颈得以全面打破，困扰东部方向近20万群众的进城难问题不复存在

2月2日，新埠头水厂正式通水运行，彻底解决县经济开发区及下马渡等5个镇近30万群众的用水难题，开启全县供水新篇章

2月12日，祁阳县第一季度产业项目集中开工仪式在县经开区举行

2月12日至2月24日，全县分两批组织“关键少数”110多人赴江西省萍乡、景德镇、上饶、鹰潭、吉安等五市八县区考察

2月25日，永州市油茶产业发展推进会在祁阳县召开

2月2日，新埠头水厂正式通水运行，彻底解决县经济开发区及下马渡等5个镇近30万群众的用水难题，开启全县供水新篇章

2月12日，祁阳县第一季度产业项目集中开工仪式在县经开区举行

2月12日至2月24日，全县分两批组织“关键少数”110多人赴江西省萍乡、景德镇、上饶、鹰潭、吉安等五市八县区考察

2月25日，永州市油茶产业发展推进会在祁阳县召开

2月26号上午，祁阳县第十七届人民代表大会第四次会议隆重开幕

3月1日，县委组织召开“学超标杆、追梦祁阳”——学习借鉴江西经验、创新推进“五百工程”思想大讨论座谈会

3月20日，县经开区举行全县2019年第二批产业项目集中开工仪式

6月5日上午，祁阳县2019年端午龙舟赛在白竹湖广场开幕

6月28日上午，湖南省祁阳县在西区陶铸广场举办“中国梦·劳动美”全县职工千人齐做工间操活动

7月7日至14日，祁阳县及其上游普降大到暴雨，局地大暴雨。7月14日晚，出现洪峰水位87.28米，超警戒水位4.28米。洪涝灾害致使全县22个镇（街道）、23.86万人受灾，直接经济损失11.49亿元。在全县干群共同努力下，实现了“未垮一库一塘一坝、无一人因灾死亡”的目标，最大限度降低了灾害损失

8月15日，全省商贸流通载体建设工作推进会在祁阳县召开

9月26日至27日，县第十七届人大会五次会议召开，会议选举产生了县人民政府县长，县人民法院院长，县人大常委会委员

9月28日，长沙市祁乡商会举行2019年爱心助学捐赠仪式。仪式上，为祁阳县118名中小学贫困生发放助学金30万元

①9月30日，在龙山公园举行烈士纪念日公祭仪式，深切缅怀为民族独立、人民解放、国家富强、人民幸福英勇献身的革命先烈

②9月30日，祁阳县第二配水厂启动通水仪式。县委书记周新辉宣布配水厂通水运行并启动通水总开关，县委副书记、县长陈小平致辞

③10月1日上午，祁阳县举行庄严的升国旗仪式，庆祝中华人民共和国成立70周年

④10月16日，县人民政府与东方电气风电有限公司就东方电气祁阳风电项目在县委常委会议室签约，此项目计划总投资10亿元

目　　录

特　　载

大　事　记

祁 阳 概 况

中国共产党祁阳县委员会

祁阳县人民代表大会常务委员会

祁阳县人民政府

政协祁阳县委员会

军　　事

法　　治

经济管理与监督

农业农村·林业·水利

工业·科技

商贸·服务

城乡建设·环境保护

交通·通信

财税·金融

教　　育

文旅·广电

卫健·医疗

社会管理与服务

乡镇·街道

金洞管理区

索　　引

特 载

在县委十二届五次全体（扩大）会议上的报告

县委书记 周新辉

2019 年 1 月 4 日

一、2018 年度县委常委会工作情况

去年以来，面对经济下行压力、突如其来的登革热疫情等多重困难叠加的特殊挑战，县委常委会坚定以党的十九大精神为指导，在省委、市委坚强领导下，团结带领全县人民迎难而上、接续奋斗、扎实工作，各方面工作取得重大进展，全县经济社会发展持续呈现好的态势、好的趋势、好的气势。总体来看，过去的一年，困难比预料的多，干部比预想的拼，结果比预期的好。

（一）最催人奋进的是综合实力持续攀高。预计全年完成地区生产总值 321.67 亿元，增长 8.5%；固定资产投资 220 亿元，增长 11.5%；社会消费品零售总额 90 亿元，增长 11.5%。实现财政总收入 20.86 亿元，增长 15.06%。特别是 GDP、财政总收入分别成功突破 300 亿元、20 亿元大关，成为全市首个财政总收入过 20 亿元的县区，标志着祁阳发展实现新飞跃、进入新阶段。工业竞争力增强。预计实现规模工业增加值 70 亿元、增长 8.2%，实缴工业税金 4.8 亿元、增长 39%。新增规模工业企业 16 家；年产值过亿元企业达 80 家，其中过 10 亿元企业 3 家。祁阳县成功获批全省首个国家新型工业化农副产品深加工（绿色食品）产业示范基地。经开区综合承载能力进一步提升，被评为全省双创示范基地、全省创新创业带动就业示范基地、全省发展开放型经济优秀园区。现代农业提质增效。粮食、茶油、茶叶等优势主导产业规模效益持续提升，新培育新型农业经营主体 332 家，再次获评“中国好粮油”行动计划国家级示范县，保持全省粮食生产标兵县荣誉。成功举办中国茶籽油品牌集群成立大会暨首届高峰论坛，“中国油茶之乡”品牌更加响亮。现代农业示范园区建设加速推进，成功创建省级农业科技园区，是全市各县唯一获得此项荣誉的农业园区。茅竹镇被列为国家首批农业产业强镇示范建设镇。现代服务业活力迸发。文旅融合步伐加快，成功承办（举办）永州首届祁剧文化艺术节暨冬季乡村旅游节等活动，特别是成功筹办陶铸同志诞辰 110 周年纪念活动，祁阳的知名度和对外影响力大幅提升。被评为全省精品旅游线路重点县。潘市镇获批湖湘风情文化旅游小镇创建单位；陶铸故居成功申报为国家

3A 级景区。连锁经营、物流配送、电子商务等新业态竞相发展。杨梅湖智慧文旅生态新城、新天地城市综合体、红星美凯龙家居商业城、盈通达物流等重点服务业项目加快建设或建成投用。预计金融机构存贷款余额分别增长 6.2%、19.7%。

（二）最引人瞩目的是城乡面貌持续变美。推进新型城镇化与乡村振兴协调共进，城乡“颜值”“气质”双提升。城乡规划更优。完成县城绿地系统等 8 个专项规划初步成果以及 10 个镇的总规修改、10 个镇的控规编制，实现全县村庄规划全覆盖。成立建制镇规划管理委员会，出台规范农村村民建房工作实施方案。注重农房单体个性设计，免费发布《城乡民居设计图集》。开全市先河，在湖南城市学院举办乡村振兴规划建设管理培训班。城乡功能更全。深入推进城市“五园五化”战役，县城西区农贸市场、城南门户、陶铸公园、县体育馆、县人民医院医疗综合大楼等项目建成投用，完成背街小巷道路改造 45 条，打通东风路等 6 条“断头路”，东江桥改建工程即将竣工通车，新埠头水厂预计春节前建成供水，郡祁学校、祁冷城际道路和浯溪路提质改造、老旧小区提质改造等项目稳步实施。新建特色小镇“10+X”工程项目 164 个，打造了下马渡镇文韵古街、白水镇湘泉路、潘市镇红军学校等一批新亮点。木金公路竣工通车，黎马公路加快建设。完成农村公路改造 90 米、窄路加宽 50 米、自然村通水泥路 120 米、安防工程 199 千米。白竹及祁阳科技工业园污水处理厂建成投用。水利、电力、通信等基础设施建设得到加强。尤其是在解决农村饮水安全巩固提升问题上迈出历史性步伐，城乡供水一体化 PPP 项目一期工程大村甸水厂及管网工程建设全面启动、加快推进；项目建成后，位于衡邵干旱走廊的文明铺、黎家坪、龚家坪等地近 29 万群众的饮水难题将彻底终结。城乡环境更好。聚焦创卫短板，全力攻坚突破，城市环境面貌更加整洁、优美、有序，高分通过国家卫生县城暗访考评和技术评估验收。省级文明县城创建成果持续巩固，文明程度指数不断提升。全域开展美丽乡村“一拆二改三种四清洁”行动，村容村貌焕然一新，得到省、市委主要领导肯定性批示，经验在省市推广。全力打好污染防治攻坚战，狠抓中央和省环保督察、检查反馈问题整改，率先在全市吹响养殖业转型升级进军号、加快推进畜禽养殖废弃物资源化利用，扎实开展 2018 年污染防治“夏季攻势”，严格落实河长制，空气质量持续好转，地表水及饮用水水源地水质达标率 100%。成功入列全国畜禽养殖废弃物资源化综合利用整县推进试点县。

（三）最令人喜悦的是发展动能持续趋强。坚持向改革要动力、向开放要资源、向创新要出路，不断积蓄高质量发展新动能。重点改革蹄疾步稳。深入推进供给侧结构性改革，淘汰小冶炼等落后产能企业 47 家，工业能耗下降 6.5%；全面落实各项减税降费政策，新增电力直接交易用户 9 家，实体经济成本有效降低；切实打好防范化解重大风险攻坚战，全面规范政府债务管理，停建缓建了一批可能新增债务的项目。扎实推进“放管服”改革，“最多跑一次”改革启动实施，“互联网+政务服务”改革经验在全市推广。农村土地确权登记颁证全面完成，农村集体产权制度改革扎实开展。教育综合改革力度加大，全面实行镇（街道）教管中心领导、中小学校长和县教育局中层干部竞聘上岗制，教育发展更具活力。国家新型城镇化综合试点取得阶段性成果，城乡统筹发展等试点经验获《人民日报》等主流媒体推介。湘江流域退耕还林还湿试点成为全省样板，得到国家林业和草原局肯定，全省退耕还林还湿现场会在祁阳召开。信访法治化试点形成“祁阳经验”，在全省信访法治化建设暨“四大攻坚”现场推进会上作典型发言。撤县设市取得突破性进展，被省委、省政府确定为优先申报县。对外开放不断深入。招商引资量质齐升，预计全年到位外资1.8亿美元、增长20%；内联引资42.5亿元、增长60%，贵澳现代高效智慧农文旅一体化产业（油茶）示范园、深圳大联纺织、深圳沃客智能终端设备等一批大项目、好项目成功落户。委托专业招商来势喜人，金荣集团成功引进50余个意向投资项目，即将正式签约入驻科创产业园。对外贸易稳步发展，预计完成外贸进出口总额3.76亿美元，同比增长35%。科技创新成效突出。全县规模以上企业研发投入达4.1亿元。新增5家省级高新技术企业、1家省级技术中心。建成全市首家科技企业孵化器并投入运营。全年发明专利申请量135件，同比增长13%。被评为全省知识产权工作先进县。

（四）最让人舒心的是民生福祉持续增进。省市县确定的民生实事全面完成，预计城乡居民人均可支配收入分别增长9%、10%，群众幸福指数不断提高。脱贫攻坚成效显著。全力打好精准脱贫攻坚战，创新实施“四扶四建”行动，全年实现减贫26972人、贫困村出列44个，14个易地扶贫搬迁安置点建设加快推进，贫困发生率下降至1.32%，脱贫攻坚取得决定性胜利。“四扶四建”工作得到国务院扶贫办和省委省政府、市委市政府肯定，在全省脱贫攻坚工作推进会上作典型发言，被中央电视台等9家中央级媒体集中宣传推介，入选全省《精准扶贫100例》和中宣部、国务院扶贫办编写的《新时代农村思想政治工作创新案例选编》。社会保障不断加强。新增城镇就业8510人、农村劳动力转移就业6100人。五项社会保险覆盖面持续扩大。全县每千名老人养老床位数达到34.87张，超过市定指标32张的标准。实现城市社区“日间照料中心”全覆盖。城乡低保专项整治扎实开展。城乡低保、残疾人、特困供养人员等困难群众保障标准全面提升。棚户区改造新开工2558套，农村危房改造任务超额完成。公共服务明显优化。教育名县建设扎实推进，高考本科上线人数创历史新高；预计新增城区学位1.71万个，化解义务教育超大班额424个，圆满完成省市下达任务。医药卫生体制改革纵深推进，基层医疗卫生服务不断加强，卫生计生惠民政策落到实处。公共文化服务水平不断提高，文化遗产保护、传承和利用得到加强。祁阳县被命名为湖南民间文化艺术之乡。七里桥镇云腾村等9个村列入中国传统村落名录。安全稳定维护有力。去年9月上旬，祁阳县突发登革热疫情。县委快速反应、沉着应对，把群众生命健康安全摆在高于一切、先于一切、压倒一切的位置，全力打好疫情防控人民战争。全县上下众志成城，党员干部日夜奋战，疫情在较短时间内得到有效控制，登革热病例治愈率达100%，无一例重症患者、无一例死亡病例，得到省卫计委、省疾控中心和市委、市政府充分肯定，创造了抗击登革热疫情的地方范例。全民普法深入开展。白水镇竹山村获评全国民主法治示范村。坚持依法解决问题、依法规范信访秩序“两手抓、两手硬”，信访形势稳定好转。平安祁阳建设得到加强，社会治安防控体系不断完善，刑事案件案发率下降21.4%、破案率上升3.7%，人民群众安全感持续提升。成功退出全国毒品中转集散重点关注地区。安全生产形势总体良好，获评全省安全生产工作优秀单位。食品药品安全监管全面加强。

（五）最使人欣慰的是政治生态持续向好。坚持把抓好党建作为最大政绩，严格落实从严管党治党政治责任，进一步营造了风清气正、干事创业的良好从政环境。旗帜鲜明讲政治，切实做到“三个坚决”、坚定“两个维护”，坚决贯彻执行中央、省委、市委决策部署，确保政令畅通。坚持把学习贯彻习近平新时代中国特色社会主义思想和党的十九大精神作为首要政治任务，努力在学懂、弄通、做实上下功夫，在县委党校举办7期学习贯彻党的十九大精神专题培训班，推进“两学一做”学习教育常态化制度化，扎实抓好党委（党组）理论学习中心组学习，党员干部队伍思想政治素质进一步提高。全力打好意识形态领域主动仗，正面舆论声势更加强大，网络空间更加清朗。严格遵循好干部标准，坚持“重德才、重实绩、重基层”的用人导向，深入推进“三超两乱”专项治理，大力实施干部专业能力、专业精神培训培育，党校主体班共轮训3337人，各级领导班子和干部队伍凝聚力、战斗力不断增强。制定出台并实施《祁阳县人才引进实施办法》等文件，招才引智成效明显。全面推进党支部“五化”建设，坚持推行“村为主”工作法，建成村级党群服务中心505个，着力打造一批市、县基层党建示范点，基层党建工作再上新台阶。从严抓好违反中央八项规定精神问题等专项整治，坚持弘扬“说了算、定了干、马上办”的工作作风，扎实开展扶贫领域“作风建设年”活动，干部作风持续改进。严格落实“两个责任”，坚决抓好中央和省委、市委巡视巡察反馈问题整改落实工作，推动县委巡察工作常态化，纵深推进反腐倡廉，一批违纪违法案件得到严肃查办，政治生态不断净化。同时，县委常委会还始终注重加强自身建设，认真贯彻落实民主集中制，坚持总揽全局、协调各方，改进对人大、政协工作的领导，支持政府依法行政、履行职责，加强统战、民族宗教、对台、党管武装、老干部等工作，积极发挥工商联和工、青、妇等群团组织作用，充分调动方方面面的积极性，凝聚了干事创业的强大合力。

同志们，发展重在持续，难在持续，贵在持续。持续体现的是党性和从政品格，体现的是担当和执政本领，体现的是坚定坚持、有所作为的精神。县委常委会将以永不懈怠的精神状态和一往无前的奋斗姿态，继续朝着美丽幸福新祁阳的美好愿景奋勇前进，努力让祁阳的发展变化一年更比一年大，让祁阳人民的生活一年更比一年好！

在看到成绩的同时，我们也清醒地认识到，全县经济社会发展还存在一些困难和问题，主要是：新兴产业规模不大，缺少能拉动全县发展的大项目、好项目；基本公共服务均等化水平有待提升，生态文明建设、社会治理还存在许多薄弱环节，维护社会稳定任务繁重；少数干部执行力不强，不愿为、不敢为、不干事、不担责的现象不同程度存在；经济发展环境还需进一步优化，等等。对此，我们将高度重视，采取有效措施，切实予以解决。

二、干部选拔任用工作情况

2018年，县委常委会深入贯彻执行党的干部政策和干部选拔任用工作要求，大力选拔任用适应发展需要的好干部，共研究调配干部5批次299人，其中：提拔重用106人，平职交流54人，为全县发展提供了坚强的组织保证。

（一）坚持标准，提升选任公信力。突出看政治标准。始终坚持把政治标准放在首位，注重从关键时刻表现、利益面前态度、急难险重任务担当等方面考量干部的政治忠诚、政治品质和政治担当，确保把牢固树立“四个意识”和“四个自信”、坚决维护党中央权威和忠诚干净担当的干部选出来。突出看工作实绩。健全完善任用干部看实绩机制，在全县上下大力营造以考核定奖惩、凭实绩用干部、看执行力定位子的良好氛围。比如，在对公安系统干部调整时，县委就把近三年在年度考核中评为优秀的个人、绩效考核排名靠前以及在省市县业务竞赛比武中获奖的个人作为优先考虑对象。突出看群众公认度。在考察使用干部时，充分听取群众意见，对那些社会形象佳、群众口碑好的干部，能够重用的及时予以提拔重用；对那些群众意见大、反映多的干部，一律不列入提拔重用范围。去年，共有30名群众公认程度高的镇（街道）副职、县直单位班子成员得到提拔重用，其中提拔担任镇长4人。

（二）严格程序，增强选任规范性。从严规范推荐提名。凡是拟提拔任用的干部，都必须经过会议推荐和谈话推荐，没有经过民主推荐的，不得提名为考察人选。谈话推荐时，注重谈话对象的广泛性，做到拟选拔干部的单位所有领导班子成员、上级主管领导、内设机构负责人及下属单位负责人必谈。同时，还有针对性的选择退休领导、改非的同志，以及从事财务、政工、审计等方面的人员谈话。从严开展组织考察。每次组织干部考察，县委组织部都详细制定考察方案，并从相关单位抽调政治素质好、业务熟悉、公道正派、保密意识强的同志组成考察组。坚持定期考察与平时考察相结合，延伸考察视角，全面了解掌握干部各方面情况。从严坚持讨论决定。县委常委会会议在研究干部工作时，坚决执行《领导集体决策重大问题议事规则》，每次都有三分之二以上的常委参加。常委会成员在充分讨论的基础上，采取无记名投票的方式表决，严格以到会人数过半数以上人员同意形成决定，从未出现临时动议或突击提拔的现象，且每次均以满票通过。

（三）从严从实，把好选任监督关。强化任前监督。每次在选拔任用干部时，都事先将工作方案及干部调整的原因、人数、职位空缺及调配原则等情况报市委组织部先行预审。凡拟提拔重用考察的对象，均事先征求纪检、计生、综治、信访及审计等部门的意见，坚决杜绝“带病上岗”“带病提拔”现象发生。此外，还采取设立举报信箱、12380举报电话、聘请干部工作监督员等形式，畅通群众信访、举报的渠道，加强干部群众对选人用人的监督。严格日常管理。从严教育提醒，着眼事前防范，坚持做到“五必谈”，即干部任前必谈、免职必谈、退休或离开工作岗位必谈、出国（境）前必谈、有举报反映时必谈，及时掌握干部思想动态，提出相关要求，引导党员干部自觉做到忠诚干净担当。

三、2019年经济社会发展的目标任务

2019年是新中国成立70周年，是全面建成小康社会关键之年。做好今年工作，意义十分重大。必须立足实际，准确研判形势，保持战略定力，增强发展信心。从发展机遇看，中央继续实施积极的财政政策和稳健的货币政策，进一步稳就业、稳金融、稳外贸、稳外资、稳投资、稳预期；国家加大城际交通、物流、市政基础设施等投资力度，补齐农村基础设施和公共服务设施建设短板，省委、省政府加强有利于补短板增后劲的基础设施项目建设；湘南湘西承接产业转移示范区获批，省委、省政府深入实施“五大开放行动”，市委、市政府全力推动开放兴市、产业强市，等等，这些都为我们进一步争取支持、加快发展提供了良好环境、创造了广阔空间。从面临挑战看，宏观经济运行稳中有变、变中有忧，外部环境复杂严峻，经济面临下行压力；周边县（市、区）发展势头日益强劲，标兵疾进，追兵逼近，稍有松懈就会退步掉队；祁阳县欠发达的县情特征没有根本改变，破解发展不平衡不充分问题任重道远。从内在潜能看，随着电子信息等新兴产业发展壮大，工业、农业园区建设“双轮驱动”、持续发力，衡永高速、科创产业园等重大项目加快布局推进，干部群众干事创业热情持续高涨，必将为祁阳新一轮跨越争先发展注入强劲动力。总体来讲，2019年有机遇也有挑战，机遇大于挑战。全县上下要牢牢把握新机遇，沉着应对新挑战，推进发展行稳致远。

全县工作总体要求是：全面贯彻党的十九大和十九届二中、三中全会精神，以习近平新时代中国特色社会主义思想为指导，认真学习领会中央和省委、市委经济工作会议精神，按照“五个坚持”“六个稳”的要求，统筹推进“五位一体”总体布局，协调推进“四个全面”战略布局，深入实施“1353”总体发展思路，聚焦“12345”工作重点，统筹做好稳增长、促改革、调结构、惠民生、防风险各项工作，保持经济持续健康发展和社会大局稳定，加快建设美丽幸福新祁阳，为全面建成小康社会收官打下决定性基础，以优异成绩庆祝新中国成立70周年。

全县经济社会发展主要预期目标是：地区

生产总值增长8.5%左右；规模工业增加值增长8%左右；财政总收入增长12%左右；社会消费品零售总额增长12%左右；固定资产投资增长12%左右；城乡居民收入分别增长9%以上、10%以上，各项约束性指标完成省、市定目标。

根据上述设想，今年全县经济社会发展的重点是：坚持“一个主导”，突出“两大支撑”，推进“三大攻坚”，着力“四项提升”，实施“五百工程”。

（一）坚持“一个主导”，打造发展强引擎。产业兴则全局兴，产业强则实力强。要坚持产业主导不动摇，加快推进产业转型升级，努力赢得发展新优势。一是做强产业实力。着力壮大工业实力。重点发展轻纺制鞋、先进装备制造、电子信息、生物医药、农副产品深加工等特色优势产业链，在强链、补链、延链、建链上取得实质性突破。力争电子信息产业产值率先突破100亿元。实施企业梯度培育计划，新增规模企业18家以上。着力壮大现代农业。毫不放松粮食生产，抓好“中国好粮油”行动示范县建设，持续壮大粮、油、茶、生猪等优势主导产业，推进品牌强农，着力增加优质绿色农产品供给。加快培育新型经营主体。着力壮大现代服务业。加大物流、现代金融、电子商务等生产性服务业培育力度，加快发展文化旅游、健康养老、家政服务等民生类服务业。实施精品旅游线路重点县建设，推进全域旅游示范县创建，坚持文旅、农旅深度融合，加快旅游升温。二是做优产业园区。持续打好园区升级战役，推动园区环境、动能、产业、服务、管理“五个升级”，建设绿色、创新、实力、智慧、活力园区。加快经开区道路提质改造、公租房、双创大厦、城市综合体等基础设施和城市功能配套设施建设，完成基础建设投入10亿元以上，加速产城融合；深化与金荣集团合作，继续探索园区招商、运营、管理和服务的市场化模式；完善入园企业退出机制，加强闲置、低效用地及厂房清理，促进园区集约高效发展。突出产业园、科技园、创业园“三园一体”，扎实推进现代农业示范园区建设，争创国家现代农业产业园、国家农业科技园区。依托主导产业，加快培育发展生产服务型物流园区。三是做实产业扶持。坚持“两个毫不动摇”，全面落实国家和省市支持民营经济发展的政策措施，为企业减负松绑、降本增效。用活用好中小企业发展基金和产业发展基金，做强县担保公司，支持重点企业发展和产业集聚壮大。继续实行领导干部联系重点工业企业制度，扎实开展精准帮扶，突出解决好企业面临的融资难、招工难等实际困难，切实增强企业获得感。

（二）突出“两大支撑”，培育发展新动能。发挥投资关键作用，始终将重大项目和开放招商作为高质量发展的坚实支撑，以大项目、大开放推动发展大跨越。一方面，突出项目支撑。紧跟国家政策导向，有针对性地谋划、论证、储备一批增后劲、补短板的重大项目，力争开发、包装重大项目50个以上。主动对接申报，力争全年争取竞争性项目资金27亿元以上。扎实推进产业项目建设年活动，统筹抓好各类项目建设，力促项目快开工、快建设、快投产。重点抓好凯盛二期、东骏纺织三期、贵澳农文旅一体化产业（油茶）示范园、杨梅湖智慧文旅生态新城等重大产业项目；衡永高速、湘江永州至衡阳千吨级航道改造一期工程、城市防洪工程等重大基础设施项目；大村甸水厂及管网工程建设、城区学位建设、棚户区改造等重大民生和社会事业项目。继续做好祁阳大道至泉南高速大忠桥互通连接线、祁羊路提质改造、通用机场等重大项目前期工作。全力破解征地拆迁难、用地难、融资难、环境不优等瓶颈制约，为项目建设扫清障碍。另一方面，突出开放支撑。坚持把开放招商作为拉动投资、加快发展的关键举措，开展定向性、跟进式、精准化招商，更加注重产业链招商。力争全年实际利用外资2亿美元以上、内联引资45亿元以上。更加注重招商实效，强化项目落地，切实提高合同履约率、资金到位率和项目开工率。全面开展“营商环境优化年”活动，完善项目落地、投资、建设“绿色通道”，及时兑现招商引资优惠政策，强化全员服务理念，让在祁企业兴业愉快、发展愉快、生活愉快。支持优势产业、优秀企业、优质产品走出去，保持外贸稳定增长。实现外贸进出口总额4.7亿美元以上。

（三）推进“三大攻坚”，落实发展硬任务。打好防范化解重大风险、精准脱贫、污染防治攻坚战，事关实现全面建成小康社会目标。要加大工作力度，实化政策措施，扎实向前推进。一是坚决打好防范化解重大风险攻坚战。坚持严控增量和化解存量并重，推动投融资平台市场化转型，有效防控政府债务风险，坚决守住隐性债务不新增、借新还息不发生、“三保”资金不断链的风险防控底线。切实加强金融监管，重点整治非法民间集资、网络借贷及恶意逃废债务行为；鼓励金融机构加大信贷投放力度，服务实体经济发展，严防和化解金融风险。全面系统防范政治、社会、文化、自然环境等领域风险。二是坚决打好精准脱贫攻坚战。坚持把脱贫攻坚作为第一民生工程来抓，按照“一超过、两不愁、三保障”标准，精准落实产业扶贫、就业扶贫、易地扶贫搬迁等帮扶措施，聚焦深度贫困地区重点攻坚。坚持扶贫扶志扶智相结合，扎实推进“四扶四建”。深入开展扶贫领域腐败和作风问题专项治理。确保全年减少贫困人口9518人，3个深度贫困村实现出列，取得脱贫攻坚全面胜利。落实后续帮扶措施，防止贫困人口返贫。三是坚决打好污染防治攻坚战。全力守卫蓝天碧水净土，深入开展建筑施工扬尘等专项整治，大力开展植树造林，推进太白峰国家森林公园、大江省级森林公园建设，确保空气环境质量持续改善；全面落实“水十条”“河长制”，推进浯溪国家湿地公园建设和退耕还林还湿试点，加快城镇污水处理设施建设，抓实城乡黑臭水体治理，下更大力气推进畜禽养殖废弃物资源化利用和养殖业转型升级，确保各监测断面和饮用水源地水质稳定达标；全面落实“土十条”，强化固体废物污染防治，完善城乡垃圾处理体系，推进农田污染治理，保障土壤环境稳定向好。保持环境执法高压态势，严把项目引进环境准入关。主动接受和配合中央、省环保督察。倡导绿色生活，推广低碳出行和绿色消费。

（四）着力“四项提升”，力促发展高质量。全力以赴抓统筹、促改革、惠民生、强治理，让祁阳的发展质量高起来、人民生活好起来。一是提升城乡品质。加快县城提质扩容，高质量编制各类规划，严格规划执行；加速推进杨梅湖、原种场、高铁新城等重点片区开发，推动城市“五园五化”，继续抓好浯溪路、背街小巷、老旧小区提质改造和农贸市场、燃气管道、“断头路”等建设；持续提升城市管理精细化水平，巩固创卫成果。扎实推进特色小镇“10+X”工程，加强集镇管理，不断提升小城镇品位。重点培育黎家坪工业小镇、潘市江韵小镇、下马渡花卉小镇等一批特色小镇。加快乡村振兴步伐，实施产业兴村强镇示范行动；深入推进“一拆二改三种四清洁”，强化农村建房规范管理，力争列入全国农村人居环境整治试点县、全省美丽乡村整县推进试点县；完善农村水电路讯等基础设施，加快城乡供水、环卫、燃气、公交、污水处理等一体化进程；推进十星级文明户等创建活动，培育文明乡风。二是提升创新能力。深化供给侧结构性改革，认真落实“巩固、增强、提升、畅通”八字方针。坚决按时高质量完成好本轮机构改革任务。继续深化“互联网+政务服务”，加快推进审批服务“四办”“证照分离”“多证合一”等改革，推进“最多跑一次”改革县乡村全覆盖。统筹抓好农村土地制度、财税体制、医药卫生体制等各项改革任务。积极争取并全力抓好改革试点试验。全力推动撤县设市，力争实现设市目标。全面落实科技服务产业发展“十条措施”，引导企业加大自主研发和科技投入，促进产学研深度融合。三是提升民生福祉。把稳就业摆在突出位置，重点解决好高校毕业生、农民工、退役军人等群体就业。推进社保提标扩面，提高城乡低保、特困供养人员标准，健全社会救助体系，完善城乡居民医保制度。推进医养结合，提高养老院服务质量。加强残疾人康复服务。促进房地产市场健康发展，抑制房价过快上涨势头。坚持教育优先，深入实施“四名工程”，推进教师“县管校聘”等教育综合改革，加快建设全省教育名县。认真落实国家公共文化服务体系示范区创建任务，深入实施文化惠民工程，持续做好祁剧等文化遗产保护、传承和利用工作。健全完善城乡公共卫生和基本医疗服务体系，推进“分级诊疗、双向转诊”、家庭医生签约服务和医联体建设，做好登革热等突发和重大传染病疫情防控，完善计划生育服务管理，广泛开展全民健身运动，加快建设健康祁阳。四是提升治理水平。深入开展“七五”普法。完善社会矛盾排查预警、重大决策社会稳定风险评估、矛盾纠纷多元化解机制。全面推进信访法治化建设，妥善解决群众合理合法诉求。完善社会治安防控体系，依法严厉惩治各类违法犯罪活动，加大扫黑除恶力度，深入开展禁毒斗争，建设更高水平的平安祁阳。严格落实安全生产责任，坚决防止和遏制较大及以上事故发生，保持全省先进地位。健全食品药品监管体系，切实保障人民群众“舌尖上的安全”。健全应急管理体系，提高应急处置能力。

（五）实施“五百工程”，推动发展更出彩。立足祁阳实际，不断创新工作思路，奋力实施“五百工程”，让祁阳发展更加出彩。一是实施百企入园工程。紧紧抓住湘南湘西承接产业转移示范区建设机遇，聚焦园区这一经济建设主战场，综合运用领导招商、以商招商、委托招商等方式，充分发挥异地祁商商会的资源优势，大中小项目一起上、三次产业项目一起抓、内商外商一起招，掀起新一轮招商热潮。力争年内引进100家左右企业入驻经开区和现代农业示范园。适应产业招商、集群入驻、个性服务等新趋势新特点，大力推进标准厂房建设，打造“135”工程升级版，创造企业入园“直通”条件。二是实施百园靓城工程。发达地区的实践表明，城市“含绿量”就是“含金量”；有多大的生态环境容量，城市就有多大的发展空间，多持久的发展潜力。要坚持“生态智慧园林现代化中等城市”的目标定位不动摇，坚持走内涵式城市发展道路，全力推进城市建公园、社区建花园、单位建庭园、小区建游园、百姓建家园，新建及改扩建一批公园和小游园，突出抓好陶铸公园等四大公园和祁阳大道、祁冷快线等一批绿化工程，大面积增加城市绿量，打造绿道绿廊和景观节点，让市民“出门见绿，开心游园”，确保成功创建为全省园林县城、全省森林城市。三是实施百村振兴工程。认真落实省、市实施乡村振兴示范工程的要求，以“一江两线三区”乡村振兴示范片、太白峰国家森林公园精品旅游线路、国省主干道沿线等区域村庄以及其它区位优势明显、经济基础好、集体经济实力强的村庄为重点，实行“县镇领导联点、机关部门帮扶、财政专项投入、干部驻村指导”的联点示范机制，打造100个左右宜居宜业宜游的美丽乡村，引领带动全县乡村振兴战略实施稳步推进。四是实施百里画廊工程。强化“守护好一江碧水”的政治担当，以湘江及其支流保护和治理为重点，全域推进水污染治理、水生态修复、水资源保护，抓好一批“样板河道”建设，确保“湘江北去、漫江碧透”，努力把湘江祁阳段打造成水清地绿天蓝景美的“百里画廊”。同时，坚持山水结合、水陆并进，突出国省道主干线、乡村旅游线路等，全面开展“美丽公路”创建行动，打造公路绿色生态百里画廊，向生态要效益、以绿色促发展。五是实施百姓安康工程。从群众最关心的饮水难、就学难、住房难、出行难、治安差等现实利益问题入手，既尽力而为，又量力而行，集中精力办好城乡视频监控一体化、城乡供水一体化、城区学位建设、通组公路建设等一批好事实事，让老百姓更平安、更健康、更满意。

四、坚定不移推进全面从严治党

做好祁阳的事情，关键在党。全县各级党组织和党员领导干部，要切实肩负起管党治党的政治责任，全力以赴打造干部清正、政府清廉、政治清明、社会清朗的“清廉祁阳”，推动全面从严治党向纵深发展，为祁阳高质量发展提供更加有力的保障。

（一）讲政治，铸就忠诚之魂。讲政治是我们党的生命线，是党员干部的立身之本。要把旗帜鲜明讲政治贯穿到党的建设全过程。强化政治纪律。牢固树立“四个意识”，坚决维护习近平总书记在党中央和全党的核心地位，坚决维护党中央权威和集中统一领导，自觉在思想上政治上行动上与以习近平同志为核心的党中央保持高度一致，坚定贯彻落实中央和省、市、县委决策部署，任何时候都不能有丝毫含糊和动摇。坚定政治信仰。深入推进“两学一做”学习教育常态化制度化，充分发挥各级理论学习中心组作用，不断把学习宣传贯彻习近平新时代中国特色社会主义思想和党的十九大精神引向深入，不断增强政治觉悟，把握政治方向，提高政治站位。严格落实党委（党组）意识形态工作主体责任，抓好网上、网下两个“舆论场”，坚定不移唱响主旋律、凝聚正能量。严肃政治生活。严格执行“三会一课”、组织生活会、谈心谈话等制度，认真落实民主集中制，加强党内政治文化建设。

（二）明导向，把握用人之要。认真践行新时代党的组织路线，全力打造忠诚干净担当的高素质干部队伍。让用人导向更鲜明。坚持好干部标准，把政治标准放在第一位，强化“凭能力用干部、以实绩论英雄”导向，加强干部培养选拔，做到事业为上，以事择人、人岗相适。坚持把培养选拔优秀年轻干部作为战略性任务来抓，切实加大工作力度。合理使用各年龄段干部。让监督管理更严格。加强全方位管理，强化党内监督，严格落实“凡提四必”要求，动真碰硬推动干部能上能下。坚持严管与厚爱相结合，健全容错免责和纠错机制，切实为敢于担当的干部撑腰鼓劲。更加关心关爱基层一线干部。让本领能力更过硬。发挥党校主渠道作用，持续开展大学习、大教育、大培训，注重在重点工作中锻炼干部、识别干部，不断提升干部素质能力；抓好陶铸干部学院建设。坚持党管人才原则，全面创优人才发展环境，加大急需紧缺人才引进力度，为经济社会发展提供强大智力支持和人才保证。

（三）重基层，夯实力量之源。坚持不懈地抓基层、打基础、强根基。建强基层组织。以提升组织力为重点，以支部“五化”建设为抓手，统筹抓好村（社区）、“两新”组织、机关等领域党建工作，推动从“有形覆盖”向“有效覆盖”转变。做深做实“村为主”工作，深入推进抓党建促脱贫攻坚、促乡村振兴两大政治任务，带动提升村（社区）党建整体质量。配强基层队伍。选好用好管好基层党组织带头人，结合软弱涣散党组织整顿和村干部审查结果，对不适宜、不胜任的村（社区）干部及时调整，该清除出队伍的一律清除出队伍。加强党员教育管理服务，提高发展党员质量。完善党内激励关怀机制。加强基层保障。从严落实基层党建责任制，引导各方力量向基层党建聚焦。健全基层党建工作经费正常增长机制。推动已建成的村级党群服务中心尽快投用。

（四）敢担当，大兴实干之风。习近平总书记强调，“伟大梦想不是等得来、喊得来的，而是拼出来、干出来的”。全县各级党员干部要始终坚持担当作为、苦干实干不懈怠，用我们的“实干指数”“辛苦指数”，换得祁阳的“发展指数”、群众的“幸福指数”。实干就要担当担责。坚决破除混日子心态，勇于担当、敢于担当、能够担当，承担责任不推诿、正视困难不回避、直面矛盾不上交，专心谋事、用心做事、尽心成事。实干就要敢拼敢抢。敢于放眼全省全国看祁阳、跳出祁阳谋发展，拉高标杆、比肩先进，干一流工作、创一流业绩，持续展现大县作为、大县担当、大县气魄。实干就要立说立行。坚持把“说了算、定了干、马上办”作为一种精神状态来保持，作为一种行为方式来践行，作为一种纪律要求来坚守，知行合一、雷厉风行，以高效率工作推动高质量发展。持之以恒落实中央八项规定精神，健全改进作风常态化制度，铁心硬手整治“为官不为”、“慵懒散虚”等突出作风问题。

（五）严纪律，恪守清廉之本。党风廉政建设和反腐败斗争只有“进行时”，没有“休止符”。坚持责任上肩。党委（党组）书记要认真履行管党治党第一责任人的责任，切实对党负责，对本地区本单位的政治生态负责，对干部健康成长负责。各级纪检组织要切实担负起监督责任，勇于执纪问责，推动管党治党真正从宽松软走向严紧硬。坚持挺纪在前。深入贯彻《廉洁自律准则》和《纪律处分条例》，坚持抓早抓小、动辄则咎，实践好监督执纪“四种形态”，让“咬耳扯袖、红脸出汗”成为常态。坚持“利剑高悬”。推进县委巡察工作，始终保持惩治腐败的高压态势，依法依规严厉查处违纪违法和群众身边的腐败问题，不断开创党风廉政建设和反腐败工作的新局面。全县各级领导干部要带头修身慎行、怀德自重、清廉自守，清清白白做人、干干净净做事、坦坦荡荡为官，永葆共产党人的政治本色，在打造“清廉祁阳”中发挥表率作用。

需要特别强调的是，奋战新起点、实现新发展，必须充分发挥县委总揽全局、协调各方的领导核心作用，形成齐心协力、干事创业的良好局面。要坚持和完善人民代表大会制度，支持人大及其常委会依法履行职能，依法加强对“一府一委两院”工作的监督。加强党对经济工作的领导，支持人民政府及其部门依法行政、切实履职。支持政协依照章程加强政治协商、民主监督和参政议政。充分发挥工商联和无党派人士作用，统筹加强民族宗教、外事侨务、港澳台等工作，巩固和发展最广泛的爱国统一战线。带着感情和责任做好老干部工作。加强和改进党对群团工作的领导，加强国防动员和后备力量建设，为推进祁阳改革发展凝聚最广泛共识，汇聚最强大力量。

政府工作报告

——在祁阳县第十七届人民代表大会第四次会议上

一、2018 年工作回顾

2018 年，面对经济下行、动能转换、爬坡过坎的严峻挑战，我们坚持以习近平新时代中国特色社会主义思想为指导，在县委的坚强领导和县人大、县政协的监督支持下，坚定贯彻“1353”总体发展思路，推动“产业主导，全面发展”，较好完成了十七届人大三次会议确定的目标任务，发展质量明显提升，社会大局和谐稳定，人民群众安居乐业。

（一）综合实力在提质提效中取得新突破。经济实力排全省第 17 位。全面小康实现程度达到 94.1%。撤县设市指标全部达标，被省委、省政府确定为优先申报县。经济总量扩大。是全市第一个地区生产总值突破 300 亿元、一般公共预算收入突破 20 亿元的县区，分别达到 307.7 亿元、20.86 亿元，增长 8.2%、15.1%。经济结构趋优。三次产业结构比由 15.54：34.65：49.81 调整到 14.31：34.57：51.12。经济质量提高。一般公共预算收入增幅居全市第一，其中实现税收收入 17.98 亿元、占比 86.2%，收入质量明显提升。工业引领转型升级。落后产能基本退出市场，工业能耗下降 6.5%，技改投入增长 18.7%。新增规模企业 15 家，总数达到 135 家，实现增加值 74.7 亿元、增长 8%。年产值过亿元企业 90 家，过 5 亿元 11 家，过 10 亿元 3 家。工业实缴税金 5.15 亿元，增长 37.3%。祁阳经开区获批国家新型工业化农副产品深加工（绿色食品）产业示范基地和全省双创示范基地、创新创业带动就业示范基地，被评为全省发展开放型经济优秀园区。农业助推乡村振兴。发展现代农业走出“祁阳路径”，“一江两翼三区”为全市乡村振兴提供样板，现代农业示范园获批省级农业科技园区，茅竹镇入列国家首批农业产业强镇。粮食、生猪、油茶、果蔬等主导产业标准化、规模化、产业化步伐加快。新增省级龙头加工企业 2 家、新型农业经营主体 332 家、“三品一标”农产品 14 个。成功举办中国茶籽油品牌集群成立大会暨首届高峰论坛。获评“中国好粮油”行动计划示范县、全国粮食流通执法督查创新示范县和全省落实粮食安全责任制先进县、粮食生产标兵县、农村土地确权颁证工作先进县、农机工作先进县。率先推动养殖业转型升级，紧密防控非洲猪瘟，养殖工作获全省先进。三产加速融合发展。第三产业对 GDP 的贡献率达到 63.2%。文旅融合、农旅融合、线上线下融合成为显著特征。成功举办纪念陶铸同志诞辰 110 周年、祁剧文化艺术节暨冬季乡村旅游节、农民丰收节、油菜花节等活动。全域旅游持续升温，被评为全省精品旅游线路建设重点县，陶铸故居创建为国家 3A 级景区，潘市红军学校获批全国爱国主义教育基地，黎家坪天明山庄等 16 个新型主体被评为省三星级以上乡村旅游（区）点；金洞获批白水河国家水利风景区。商贸物流来势向好，完成社会消费品零售总额 89.13 亿元、增长 10.4%。新入统商贸企业 20 家，电商交易额达 14.8 亿元。现代金融支撑有力，金融机构存贷款余额分别达到373亿元、160亿元，增长4.9%、21%。项目建设增添活力。深入开展“产业项目建设年”活动，全年固定资产投资增长11.4%。杨梅湖智慧生态文旅新城、科力尔技改扩能项目进入全省“5个100”产业项目，东骏纺织、鑫利生物等4个项目获评全市“5个10”优秀产业项目。新天地城市商业综合体、盈通达金融物流园建成投用；品颜科技、聚达电子、泰戈服装、凌礼实业、德明农牧等项目竣工达产；贵澳现代高效智慧农文旅一体化产业（油茶）示范园、红星美凯龙家居生活广场等项目进展有序。“六大战役”重点项目、“5个10”产业项目年终考评均居全市第一。

（二）三大攻坚在有力有为中迈出新步伐。突出防风险、控源头、守底线，三大攻坚战开局良好。风险防范严管严控。积极化解政府债务，停、缓、调、撤项目11个，减少投资14.97亿元，调减中长期支出责任9.12亿元，偿还本金4.19亿元；清理融资平台8家，保留2家。从严惩治金融领域违法犯罪活动，债务风险安全可控。强力推进“打非治违”“强执法防事故”专项行动，安全生产经营性事故及死亡人数分别下降33%、40%，再次获评全省安全生产先进县。创新社会治理机制，推行“城市快警”“一村一辅警”警务改革。狠抓“集打斗争”、扫黑除恶和禁毒工作，全年发案数下降37.7%，社会治安明显好转，成功摘掉“全国毒品中转集散重点关注地区”帽子。信访法制化建设成效明显，形势稳定向好，经验全省推广。食药安全保障有力，连续16年未发生群体性食品安全事故。举全县之力，打赢登革热疫情防控攻坚战，全县没发生一起重症或死亡病例，创造了地方疫情防控的全省范例。精准脱贫决战决胜。全年实现26972人脱贫，44个贫困村出列，贫困发生率降至1.32%。易地扶贫搬迁建成集中安置点14个、搬迁2509人，获评全省先进；落实教育扶贫资金5425万元，惠及贫困学生9.18万人次；推行健康扶贫“一站式”结算，贫困人口县域内住院实际报账比例达90.5%；解决贫困人口不安全饮水4.13万人；75个贫困村光伏发电项目全部投用，电力升级改造全面完成。“四扶四建”创新模式成为全国典范，走出了非贫困县脱贫攻坚的“祁阳路径”。污染防治有力有效。配合完成中央环保督察“回头看”和省级环保督察工作，“蓝天碧水净土保卫战”首战告捷。关停小高炉企业22家，淘汰粘土砖生产企业25家，城区空气质量优良率提高7.6个百分点。“双河长制”全面落实；县级饮用水源地保护治理工作成为全国典型，水质达标率持续保持100%；浯溪污水处理厂完成提质改造，白竹污水处理厂、祁阳科技工业园污水处理厂建成投用，县城黑臭水体完成整治；成功争取并全面实施全国畜禽粪污资源化利用整县推进项目，动工建设海创固废危废综合利用项目；三家村退耕还林还湿试点成为省市样板。

（三）城乡面貌在互促互融中构建新格局。坚持以城带乡、以乡促城、融合发展，城乡面貌明显改观，全县城镇化率达到51%，县城建成区面积34平方千米，城市常住人口33万，国家新型城镇化综合试点工作被《人民日报》推介。县城更有品质。坚持规划引领，完成县城总规实施评估，实现控规全覆盖。大力实施“五园五化”战役，加快推进45条背街小巷、99个老旧小区提质改造，新建主题小游园68个、城市公厕128座，创建市级园林单位15个；城南门户、金马广场成为新景观。开展老旧小区物业管理试点，推进“城管进社区”，实行“垃圾不落地”，城区禁燃禁炮、简办红白喜事渐成新风尚。“智慧祁阳”加快推进，运营中心开工建设，智慧城管建成投用。创建国家卫生县城高分通过验收评估。城镇更有特色。在全市率先成立建制镇规划委员会、村民建房理事会，统筹推进10个镇总规修编和控规编制，编发《祁阳县城乡民居设计图集》，规范用地、集中建房成为新导向；小城镇“10+X”工程新建项目164个，建设小游园78个、建成垃圾中转站8

处，完成15所学校、11所卫生院、13所敬老院标准化改造。潘市江韵小镇、黎家坪工业小镇、观音滩贡油小镇、下马渡花卉小镇、肖家茶叶小镇等特色小镇初显成效。金洞“楠木康养特色小镇”被列为国家森林小镇建设试点。乡村更加美丽。大力实施乡村振兴战略，全面推进美丽乡村“一拆二改三种四清洁”行动，累计拆除危房空心房340万平方米，改水2.7万户，改厕5.2万户。成功创建省级美丽乡村示范村3个，绿化示范村66个，获批国家传统村落9个。农村人居环境整治经验在省委农村工作会上作典型推介，祁阳县获评全省美丽乡村建设先进县。设施更加完善。祁阳大道建成通车，东江桥完成扩改，木金公路全线竣工，黎马公路进展顺利，祁冷城际道路全面提质，交通路网更加便捷；完成自然村通水泥路121千米、农村公路窄加宽52千米，设立安防工程200米；治理病险水库6座，建成农村安全饮水提升工程98处；西区110千伏变电站主体完工，县城22个台区完成改造；“气化祁阳”进程加快，新增燃气用户2万户；通讯设施日益完善，4G信号普及应用。

（四）改革开放在落地落细中增添新动能。营商环境持续优化。机构改革有序推进，体制机制进一步理顺。全面深化“放管服”改革，加快推进“互联网+政务服务”“最多跑一次”改革，取消行政许可事项11项，梳理政务服务事项3975项，编制“四办”服务事项1192项，办结时限压缩40%以上，审批效率提升50%以上；“3850”改革成效明显。“多证合一”“证照联办”全面实施，新增市场主体6331户。有序推进税务征管体制改革，全面落实民企优惠政策，为企业减税降费4.6亿元；新增18家园区企业养老保险过渡试点，为23家企业降费减负3500万元。开放活力不断释放。积极承接对接产业转移，全年引进重大项目14个，投资达92.48亿元。实际利用外资1.84亿美元、内联引资40.5亿元，分别增长17%、29.3%；完成外贸进出口总额3.91亿美元、增长34%。获评全省落实开放崛起等政策措施成效明显县。科技创新能力增强。全县规模以上企业研发投入达4.1亿元，科技对经济发展的贡献率达54.6%。新增高新技术企业5家、全省“小巨人”企业2家、省级企业技术中心1家，全市首家科技企业孵化器建成投用，入驻企业50家；全年发明专利申请量135件，增长13%，科技项目获奖量、发明专利保有量均居全市第一。高度重视人才工作，引进科技创新优秀人才10名。

（五）民生事业在共建共享中实现新发展。财政用于民生支出达到79%，城镇居民人均可支配收入、农民人均纯收入分别增长8.8%、9.3%。社会保障体系不断健全。新增城镇就业8510人、农村劳动力转移就业6100人，城镇登记失业率控制在4%以内。五项社会保险参保160万人次。城乡居民基本养老金由85元提高到105元/月。医疗保险异地联网结算全面实施，城乡低保、残疾人、特困供养人员等困难群众保障水平全面提升。民生实事项目较好完成。城乡供水一体化步伐加快，新埠头水厂实现供水，大村甸水厂加快建设。新增城区学位1.71万个，超大班额问题全面消除。建成村卫生室150个。每千名老人养老床位数达到37.86张，城市社区“日间照料中心”实现全覆盖。新实施棚户区改造2558套，完成农村危房改造3031户。西区农贸市场和芦家甸、望浯园、经开区等过渡市场建成投用，潘市、大忠桥、文明铺、下马渡4个镇农贸市场完成改造。完成移民避险解困1218人、美丽乡村整村推进项目22个，移民工作获全省先进。教育名县建设扎实推进。教育改革纵深拓展，各类教育均衡发展，顺利通过国务院义务教育基本均衡县验收。中考“一分两率”全市领先，高考本科上线人数创历史新高。祁阳一中获评全省知识产权试点学校，陶铸中学被评为全国先进民办学校；县职业中专对口升学率连续8年居全省第一，获评国家中等职业教育改革发展示范学校。卫生健康事业不断进步。“医联体”建设深入推进，分级诊疗、双向转诊成效明显，疾病防控、妇幼保健、计生服务水平全面提升，基本公共卫生服务体系不断健全；县卫生监督及应急指挥中心、人民医院新综合大楼投用，中医院二期工程如期推进，新妇幼保健院主体完工。文体广电事业繁荣发展。非遗传承、文物保护、文艺创作、文化惠民等工作卓有成效，祁剧、祁阳小调进京演出，祁阳县被列为全省民间文化艺术之乡。群众体育有声有色，成功举办“陶铸故里——红军行”等文体活动；竞技体育成效较好，在省十三届全运会上取得2金2银2铜的好成绩。广电宣传持续发力，连续六年获评全省优秀通联集体。其他事业协调发展。国防动员、人民防空和国防后备力量建设稳步推进，军民融合深度发展；县科协获评全国农民科普先进单位；民族宗教、外事侨务、机关事务、统计、档案、史志、对台、气象、水文、盐业、烟草、石油、老龄、慈善、残疾人、红十字会、关心下一代、涉老群体事业等工作取得新成效。

（六）政府建设在从严从实中展现新气象。把党的政治建设摆在首位，树牢“四个意识”，坚定“四个自信”，做到“两个维护”，始终在县委统一领导下开展工作。深入开展“政府执行力提升年”活动，认真贯彻中央和省、市、县委重大决策部署，严格执行中央八项规定，严防“四风”问题反弹，文风会风持续改善，“三公”支出明显下降。始终坚持依法行政，政府依法、科学、民主决策水平不断提高。全面加强政府合同管理，有效防控履约风险；强化资格管理和执法监管，行政执法水平明显提升。加强“七五”普法教育，法治祁阳进程有序推进。严格执行县人大及其常委会的决议、决定，自觉接受法律监督和工作监督；全力支持县政协履行政治协商和民主监督职能。全年共办理人大议案和代表建议264件、政协委员提案205件，办复率100%、满意率97%。听取民主党派和群团组织的意见建议，凝聚力量推动发展。带头落实党风廉政建设“一岗双责”责任制，严肃财经纪律，强化审计监督，从严查处违法违纪行为，树立了政府“务实、清廉、勤政、高效”的良好形象。

各位代表！奋斗充满艰辛，成绩来之不易。这是县委总揽全局、协调各方的结果，是县人大、县政协通力协作、监督支持的结果，是全县上下砥砺奋进、顽强拼搏的结果。在此，我代表县人民政府，向全县广大人民群众、人大代表、政协委员，向离退休老同志、人民团体、人民解放军指战员、武警官兵、公安干警、消防救援队伍指战员，向所有支持祁阳发展的社会各界人士，表示衷心的感谢、崇高的敬意！

在看到成绩的同时，我们更应该清醒地看到，祁阳县发展还面临不平衡不充分的问题，政府工作还存在一些需要加强和改进的地方。主要表现在：产业结构性矛盾仍然存在，重大产业项目不多，科技创新对经济发展的带动力不强，稳定经济增长压力较大；实体经济振兴困难较多，融资难、招工难、用地难的瓶颈问题仍然存在；民生领域存在短板，巩固脱贫成果、提升脱贫质量，解决就学、就医、就业等难题仍需付出艰辛努力；自身建设有待加强，干部担当精神、服务意识、执行能力有所欠缺，经济发展环境还需改善，等等。

同时，由于形势和政策发生变化，特别是受一些不确定因素的影响，加上我们在工作上的欠缺，致使部分经济指标未能达到年初目标，部分重点项目未能达到进度要求，部分重点工作未能达到预期效果。对此，我们深感有负代表重托！在今后的工作中，我们将加力加压，苦干实干，全力以赴把各项工作做好。

二、2019年工作安排

2019年是新中国成立70周年，是全面建成小康社会关键之年。新的一年，我们既面临着经济发展方式变革和社会主要矛盾、外部环境的深刻变化，也迎来了高质量发展、改革创新、开放崛起等广阔发展空间；既面临着经济下行压力加大、不确定性因素增多、长期积累的风险隐患叠加等现实挑战，也迎来了“一带一路”建设深入推进、长江经济带发展、湘南湘西承接产业转移示范区建设、粤港澳大湾区建设等重大发展机遇；既面临着基础性、结构性、根本性问题等突出短板，也迎来了集聚力、辐射力、承载力日益增强等良好发展态势。综观全局，机遇与挑战并存，希望与困难同在。只要我们坚定信心、保持定力，真抓实干、乘势而上，就一定能够完成“打造经济强县、决胜全面小康、实现撤县设市”的奋斗目标。

2019年，政府工作的总体要求是：全面贯彻党的十九大和十九届二中、三中全会精神，以习近平新时代中国特色社会主义思想为指导，认真贯彻习近平总书记关于湖南工作的重要指示精神，认真学习领会中央和省、市、县委经济工作会议精神，按照“五个坚持”“六个稳”的要求，统筹推进“五位一体”总体布局，协调推进“四个全面”战略布局，深入实施“1353”总体发展思路，聚焦“12345”工作重点，统筹做好稳增长、促改革、调结构、惠民生、防风险各项工作，保持经济持续健康发展和社会大局稳定，加快建设美丽幸福新祁阳，为全面建成小康社会收官打下决定性基础，以优异成绩庆祝新中国成立70周年。

主要预期目标是：地区生产总值增长8.5%左右；规模工业增加值增长8%左右；一般公共预算收入增长12%左右；社会消费品零售总额增长12%左右；固定资产投资增长12%左右；城镇居民人均可支配收入、农民人均纯收入分别增长9%、10%以上，各项约束性指标完成省、市定目标。

抓好今年工作，实现上述目标，必须全面贯彻中央和省、市、县委的决策部署，紧紧围绕“12345”工作重点，大力实施“五百工程”。一是推动“百企入园”。把招商引资作为“第一菜单”，带动全县上下进一步聚焦园区，瞄准产业，优化服务，加快全域开放，掀起新一轮全民招商大热潮，年内引进100家左右企业入驻经开区和现代农业示范园。打好“园区升级”战役，围绕建设“绿色、创新、实力、活力、智慧”园区的目标，夯实园区承接平台，加快新旧动能转换，促进产业转型升级，全面振兴实体经济，力争祁阳经开区规模工业总产值年内突破300亿元，打造省级科技企业孵化器；现代农业示范园争创国家级农业科技园区。二是实施“百园靓城”。以建设“50平方千米、50万人口”的生态、智慧、园林现代化城市为目标，深入实施国家新型城镇化综合试点，按照建设“百个花园、百个庭院、百个游园、百个园林单位、百个示范家园”的要求，深入推进“五园五化”战役，全面提升规划、建设、管理水平，全力抓好建园、增绿、配景、管护工作，做活人文、生态、水域与园林绿化的“融合”文章，巩固创卫成果，提升城市品质，年内成功创建全省园林县城，助推祁阳实现撤县设市。三是加快“百村振兴”。坚持农业农村优先发展，以“一江两翼三区”乡村振兴示范片、太白峰国家森林公园精品旅游线路、国省主干道及高速公路沿线等区域村庄为主线，以历史文化厚重、资源优势明显、经济基础较好的村庄为龙头，全力培植富民产业、完善基础设施、优化人居环境、提升公共服务、树立文明乡风，着力打造100个以上宜居宜业宜游的美丽乡村，带动农业全面升级、农村全面进步、农民全面发展，力争祁阳县列入全国农村人居环境整治试点县、全省美丽乡村整县推进试点县。四是构建“百里画廊”。用最严的要求加强生态环境保护，守住生态红线，留住“蓝天碧水净土”；用最美的画笔呵护山水林田湖草，守护一江碧水，做美“湘江百里画廊”；持续推进“旅游升温”，深化全省精品旅游线路重点县建设，加快国家全域旅游示范县创建步伐，努力建设一批样板河道、美丽公路、精品景点、秀美村庄，打造水清地绿天蓝景美的“百里画廊”，让全县人民望得见山，看得见水，记得住乡愁。五是促进“百姓安康”。坚持在发展中保障和改善民生，聚焦群众最关心、最直接、最现实的利益问题，不断加大财政对民生的支出力度，努力建设覆盖城乡、功能完善、布局合理、规范科学、管理有效的公共服务体系，加快推进社会治理体系和治理能力现代化，不断满足人民日益增长的美好生活需要，全力促进社会公平正义，推动民生优先向民生优质转变，保障群众安居乐业，社会和谐稳定，全面小康实现程度提升2个百分点以上。

为确保“五百工程”落地见效，今年重点抓好以下六个方面的工作：

（一）培育大产业，增强高质量发展支撑。坚定不移走“产业主导、全面发展”之路，以高水平产业支撑高质量发展。

做实园区筑牢基础。祁阳经开区完成投入10亿元以上，储备土地2000亩。推进智慧园区建设，加快双创大厦、城市综合体、道路提质改造、公租房等基础设施和功能配套；进一步深化与金荣集团合作，加速科创产业园建设，年内新建标准厂房60万平方米。现代农业示范园投入资金6亿元以上，启动祁阳大道至大忠桥高速互通口连接线建设，完成双牌灌区十五、十六支渠渠带路工程，完善路网、水网和高标准农田等基础设施，加快贵澳现代高效智慧农文旅一体化产业示范园建设，推动唐家山油茶产业园、碧湘苑生态观光园提质升级。新增标准化基地面积2万亩，省、市、县三级农业特色园区总数达到20个以上。

做强工业打造旗舰。培育支柱产业。主攻优势产业、发展新兴产业、提升传统产业。重点以凯盛鞋业、东骏纺织、大联纺织等企业为龙头，壮大轻纺制鞋业，加快建设现代纺织产业城，打造全国规模最大的晴雨伞布生产基地。以传佳音等企业为龙头，延伸电子信息产业链条，力争行业产值突破100亿大关。以科力尔等企业为龙头，做大做强机电制造业。以海螺水泥等企业为龙头，打造辐射湘南的建材产业基地。以宝达食品、新金浩为龙头，做优农副产品加工业。壮大骨干企业。做好“个转企、小升规、规做强”文章，力争年内新增规模工业企业18家以上，培育产值过5亿元企业15家以上，过亿元企业95家以上，新增创新创业小微企业200家以上。加快新金浩、宝达食品、皓志科技、东骏纺织等企业上市步伐。服务民营企业。坚持“两个毫不动摇”，全面落实减税降费等优惠政策，坚决兑现招商承诺，切实保障民营企业及业主的合法权益；进一步落实领导联系企业制度，深入开展“企业三走遍”和“营商环境优化年”活动，帮助解决发展中的难题，构建“亲”“清”新型政商关系，让民营企业在祁阳安营扎寨、安心发展。

做特农业强化引领。发展现代高效农业。抓好农业“两区”划定工作，坚决遏制耕地抛荒，稳定粮食播种面积，守牢粮食安全底线。大力发展优质稻、生猪、茶叶、果蔬等主导产业，壮大“一县一特”油茶产业。发展蔬菜41.5万亩，油菜42万亩，完成水果提质1.3万亩，油茶新造1.5万亩，茶叶扩园7000亩，打造优质绿色农产品供应基地。抓好非洲猪瘟和动物疫病防控工作。培育农业品牌。建设标准化示范基地7个、养殖小区5个；新增“三品一标”农产品8个以上、“中国好粮油”品牌10个以上，力争“祁阳茶油”获批国家地理标志保护产品；新发展市级以上龙头企业4家、新型农业经营主体150家。加快推进农业机械化，农机总动力新增1万千瓦。打造示范样板。加快温氏和鑫广安生猪养殖一体化、油茶特色产业园和茅竹国家级农业产业示范强镇等项目建设，推动农业提质增效。实施“互联网+现代农业”，推进农文、农旅、农工、农商融合发展，打造全省一二三产业深度融合样板区。

做活三产扩大消费。加快建设杨梅湖智慧文旅生态新城、新天地城市商业综合体、红星美凯龙家居生活广场等重大项目。深入推进电子商务进农村示范项目建设，推动商贸物流网络和农村电商网点全覆盖。完善全域旅游总体规划，推进旅游升温“十个一”工程，配套旅游景点基础设施。加紧实施“湘江百里画廊”综合旅游开发，加快推进太白峰国家森林公园、大江省级森林公园、香湖湾乡村旅游度假区等项目建设。加速浯溪碑林创5A、李家大院创4A、三家田园综合体创3A级景区步伐，打造并推介浯溪碑林—陶铸故居等精品旅游线路。大力发展文化创意、智能物流、健康养老、家政服务等新型业态，培育住房、汽车、家居等消费热点。规范房地产市场发展，将房价控制在合理区间。

（二）聚焦大攻坚，补齐高质量发展短板。坚持问题导向，统筹推进、持续发力、真抓实干，打好打赢三大攻坚战。

守住防范风险安全底线。严格落实政府隐性债务化解实施方案，积极采取借新还旧、展期降息等方式，妥善化解债务存量，有序推进化债目标实现。强化政府债务限额管理和预算管理，严格执行“九个一律”控债要求，严控隐性债务增量，确保政府隐性债务不新增、借新付息不发生、“三保资金”不断链。全面加快城建投、农建投市场化转型，盘活优质资源资产，推动国有资本做大做强；规范实施PPP、政府购买服务和专项基金项目，积极争取政府债券资金，保障重大项目资金需求。从严惩治违法违规金融活动，营造良好的金融生态环境。深入实施“新财源培植工程”，强化征管，增加财政收入；树立过紧日子、苦日子的思想，从严压缩一般性支出，挤出更多资金保民生、保重点，从根本上提升防风险的硬实力。

夺取脱贫攻坚全面胜利。紧扣“两不愁三保障”，扎实推进“四扶四建”，全面激发贫困群众内生动力。坚持脱贫不脱政策、脱贫不脱帮扶、脱贫不脱监管，加强扶贫监督网格化建设，确保工作落实、政策落实、责任落实，巩固脱贫成果，坚决防止脱贫人员返贫。全面完成“十三五”易地扶贫搬迁任务，搞好后续帮扶，确保搬得下、稳得住、能发展。深入实施产业扶贫，鼓励“百企联百村”，引导小微企业创建“扶贫车间”，因地制宜发展桑蚕、食用菌等特色种养业，力争实现“村村有主导产业，户户有就业门路”。大力开展消费扶贫，助力贫困人口增收脱贫。进一步加大对深度贫困村的帮扶力度，优先实施基础设施建设，优先安排公共服务项目，确保3个深度贫困村全部出列。全面抓好面上村脱贫攻坚工作，基本消除绝对贫困。

推动污染防治克难奋进。深入打好“蓝天碧水净土”保卫战。狠抓中央环保督察“回头看”和省环保督察突出问题整改，确保问题不反弹。强化“双河长制”管理，启动湘江污染防治第三个“三年行动计划”，统筹湘江流域及支流环境治理；加大城区雨污分流力度，做好县城西北片区污水处理厂前期工作，完成白水污水处理厂建设；持续开展饮用水源地专项整治，完成1000人以上集中式饮用水源保护区划定；严禁非法捕捞电鱼，从严整治河道采砂行为，坚决守护“一江碧水”。加快推进浯溪国家湿地公园项目建设，完成1000亩退耕还林还湿和小微湿地建设任务。深入推进森林“十年禁伐减伐”行动，大力实施“五大绿化”工程，确保森林覆盖率60.27%。做好第二次全国污染源普查，加强土壤污染治理与修复，抓实农业面源污染治理；强化工业企业、餐饮油烟、建筑扬尘等大气污染整治，确保空气质量达标率87%以上。

（三）主攻大项目，扩大高质量发展投入。牢固树立“项目为王”理念，全力扩投入、强基础、增后劲，掀起项目建设新热潮。

加力争取项目。深入研究新常态下国家政策走向和投资重点，做好项目开发、包装、申报工作，动态储备项目100个以上，力争1—2个重大项目进入全省“5个100”产业项目实施计划。积极做好立项争资工作，全年到位无偿资金25亿元以上。继续做好灯塔路大桥、通用机场、大金公路、龚家坪至长虹公路、教育小镇、铁路物流园等重大项目前期工作，组织开展湘江三桥可研论证。

加快建设进度。深入推进“六大战役”重点项目和“5个10”重大产业项目建设，全年实施重点项目80个以上，完成固定资产投资100亿元以上。产业方面，重点抓好科创产业园、现代纺织产业城等项目建设，确保凯盛二期、宇晖重工、众胜中药饮片等项目建成投产。交通方面，完成祁冷城际道路提质改造，确保黎马公路建成通车，加快推进祁羊路、上大公路、长虹至白竹塘一级公路建设，启动衡永高速、湘江千吨级航道工程建设；以G356线为重点，打造畅安、洁美、绿色、文明的“美丽公路”。农田水利方面，启动建设东方红水库、城乡供水一体化二期工程，推进四大灌区节水配套改造，抓好3万亩高标准农田项目建设，完成16座病险水库除险加固，加快黄道门至东江桥段城市防洪堤建设。民生事业方面，完成中医院二期和妇幼保健院整体搬迁工程，启动浯溪三中、白沙完小异地新建，推进祁阳一中东扩、祁阳四中东改西扩工程建设，确保七里桥中学和哈弗中学扩建工程完工，宝塔小学、大众小学、郡祁学校交付使用。

加强要素保障。积极破解用地瓶颈，加大土地收储和城乡建设用地增减挂钩力度，全年报批土地2000亩以上，开垦土地2000亩以上，新收储土地2000亩以上，动态储备土地10000亩以上。强化金融创新，支持开办金融超市，鼓励创新信贷品种，做强融资担保公司，降低融资担保门槛和费率，金融机构新增贷款15亿元以上。完善人才引进激励政策，支持企业引进“高精专新”技术人才；整合县内职教资源，定向培养技术工人，全年帮助企业招工6000人以上。强力整治建设环境，从严惩治“三强两违”行为，为项目建设保驾护航。

（四）推进大开放，集聚高质量发展动能。坚定不移深化改革、扩大开放，激发活力、增添动能。

强化改革推动。全面完成县、镇（街道）机构改革任务，支持黎家坪镇施行全省第三批经济发达镇行政体制改革试点。深化供给侧结构性改革，重点在“巩固、增强、提升、畅通”上下功夫，打出减负、提质、增效组合拳，有效提升发展质量。持续深化“放管服”改革，完成政务实体大厅升级改造和“互联网+政务服务”一体化平台建设，落实“三集中三到位”要求，将“最多跑一次”改革进行到底，真正打造“线上线下协同、前台后台畅通、纵向横向联动”的政务服务新模式；加强事中事后监管，推动“双随机、一公开”全覆盖。全面加强财政预算绩效管理，提高财税质量。深入推进农村产权制度改革，全面施行“三权分置”，确保农村土地确权成果有效应用。完成县畜牧场、河埠塘农场国有农垦改革。全面深化供销社改革。围绕教育、医疗、养老等群众关心的热点难点问题，精心推出一批有利于增强群众获得感的改革举措。

强化开放带动。牢牢把握湘南湘西承接产业转移示范区的重大机遇，实施“对接500强、提升产业链”行动，深化“迎老乡回故乡建家乡”活动，以协会招商、以商招商、专业招商为依托，围绕产业抓好承接对接，做好补链强链工作，力争全年引进项目100个以上，其中“500强企业”2—3个，亿元项目30个以上，实际利用外资2亿美元以上、内联引资45亿元以上。深入推进外经、外贸、外资融合发展，鼓励支持优势产业、优秀企业、优质产品走出去，深入实施“破零倍增”计划，保持外贸稳定增长，全年实现外贸进出口总额4.7亿美元以上。

强化创新驱动。全面落实科技服务产业发展“十条措施”，加大科研、科创投入，深化产学研结合，设立县长质量奖，推动大众创业、万众创新。全年研发经费投入4.3亿元以上，新增高新技术企业10家以上，省级企业技术中心1—2家以上，申报发明专利130件以上，申报省市级重大产品创新、科技创新项目5个，争创全省科技创新示范县。全面落实人才工作“1+

8”政策，实施好“六大人才工程”，引进高端人才、创新企业、创新团队。

（五）推动大提质，创优高质量发展环境。大力实施“百园靓城”工程，推动城镇建设大提质，城乡环境大变样。

高品质推进城市建设。提升规划水平。科学编制全县国土空间规划，完善“多规合一”平台，健全城乡规划体系。严格规划执行，强化规划管控，维护规划权威。开展第三次全国土地调查，充分利用卫片执法成果，深入整治“大棚房”，惩治非法占用、买卖土地行为，严守耕地红线。促进提质扩容。高标准推进杨梅湖、原种场、高铁新城等片区开发，打造城市新地标。全面完成城区背街小巷和小区提质改造，启动环城北路、环城东路建设，推进沿江路建设，逐步打通万寿路、校园路等5条断头路。推广使用新能源车，配套建设充电桩，加快城乡公交一体化步伐。完成经开区农贸市场建设，加快王府坪、芦家甸、西北等农贸市场改造。强化精细管理。完善创国卫长效机制，强力实施“六出城三取缔”，规范渣土运输管理，整顿混凝土市场秩序，推进社会化大保洁。强化小区整治，全面推行和完善小区物业管理。建成智慧祁阳综合运营管理中心，推进智慧交通、智慧环卫、智慧水务等工程建设，逐步实现城市管理智能化、网格化、精细化，构建大城管格局。

高标准打造特色小镇。持续推进小城镇“10+X”工程，有序推进特色街、文化广场和小游园建设。提质改造羊角塘、梅溪、八宝、肖家等镇农贸市场。启动进宝塘、潘市水厂建设。完成肖家、大村甸、七里桥、茅竹、进宝塘、大忠桥敬老院和八宝、文富市、黎家坪、羊角塘等7所卫生院、160个村卫生室标准化改造。充分发挥小城镇建设资金的杠杆引导作用，推动建制镇彰显特色、竞相发展，重点打造一批旅游、文化、边贸、加工型特色小镇。全面规范镇容镇貌管理，着力解决集镇脏乱差堵等突出问题，提升小城镇形象。

高规格推动乡村振兴。积极响应“千村示范、万村整治”行动，抓好“一江两翼三区”示范片建设，全力推动“百村振兴”。持续深化“一拆二改三种四清洁”行动，扎实推进“百村振兴、千院整治、万家美丽”活动。推动农村住房建设规划、机构、监管、工作“四个全覆盖”，强力落实“一户一宅”制度，规范农村建房秩序。推进厕所革命，新改造农村厕所5.2万户，卫生厕所普及率达到80%。推进村庄绿化，农村“三种”覆盖率70%以上。深入清洁家园。农村生活垃圾、生活污水得到有效处理。深入清洁水源。从严治理19座重度污染的小二型以上水库；完成禁养区养殖场（户）退养工作，适养区养殖场标准化改造200个以上。深入清洁田园。增加绿肥种植面积5万亩以上，严格控制化肥农药使用量。深入清洁能源。倡导使用太阳能、风力发电、光伏发电等清洁能源。开展“拯救老屋行动”，保护传统院落。大力推进移风易俗，全面遏制铺张浪费、大操大办、买码赌博、厚葬薄养等陈规陋习，树立农村文明新风。重视基层工作，关爱镇村干部，注重政治上激励、工作上支持、待遇上保障，落实“村为主”机制，培养造就一支懂农业、爱农村、爱农民的“三农”队伍。

（六）促进大和谐，共享高质量发展成果。大力实施“百姓安康”工程，全力办实事、解难事，让人民群众共享改革发展成果。

持续提升人民群众获得感。坚持教育优先发展。加快教育名县建设，统筹发展学前教育、义务教育、职业教育、特殊教育，鼓励支持民办教育适度发展。坚持“以德树人”，实施“四名工程”，推进教师“县管校聘”等教育综合改革。年内新改扩建公办幼儿园5所，普惠性幼儿园占比75%以上，改造薄弱学校60所，完成151所中小学校“智慧教育”和24所学校标准化食堂建设。积极推进新高考改革，提升高中教育质量，力争全县高考本科上线2600人，被清华北大录取3人以上。确保职业中专成功创建省卓越中职学校。完善社会保障体系。全面落实稳就业政策，重点解决好高校毕业生、农民工、退役军人等群体就业，全年新增城镇就业8000人以上、农村劳动力转移就业6200人以上。健全基本养老、基本医疗和失业、工伤、生育等社会保险制度，提高大病保险支付比例和年度补偿限额，提升最低生活保障水平和特困供养标准。关心老年人，发展老年教育，做好老干部工作，重视老龄事业。支持发展慈善事业，关爱失独家庭，加强残疾人康复服务。加快建设健康祁阳。深化医药卫生体制改革，深入推进医联体和分级诊疗建设，探索组建县域医疗集团。加快医保支付方式改革，把更多救命救急的好药纳入医保。支持县人民医院争创三级医院；大力发展中医药事业；强化爱国卫生运动，做好登革热等各类传染病防控工作，积极创建全省健康促进县、慢病防治示范县。优化计生服务，提高人口质量。认真落实国家公共文化服务体系示范区创建任务，深入实施文化惠民工程。持续做好祁剧、祁阳小调、祁阳石、浯溪碑林等文化遗产保护、传承和利用工作，推动文化事业和文化产业健康发展。广泛开展全民健身运动，大力发展竞技体育。

持续提升人民群众幸福感。继续办好10件民生实事：①强力脱贫攻坚。确保3个深度贫困村出列、9518名贫困人口脱贫，夺取脱贫攻坚的全面胜利。②加强城区学位建设。年内新增学位10010个，基本消除义务教育大班额。③推进城乡供水一体化。建成盘龙西路配水厂，县城实现“双回路”供水；10月1日前确保大村甸水厂建成投用，解决北5镇29万农村人口不安全饮水难题，全县新增城乡自来水用户3万户。④完善电力设施。深入实施电网升级改造三年行动计划，确保西区110千伏变电站建成投用，完成57个行政村、20个县城台区及羊铜线、城下线提质改造，实施祁阳经开区、现代农业示范园电网升级，有序推进县城主要街道强弱电下地。深入实施“点亮”工程，完成100个以上行政村路灯安装任务。⑤加强农村公路建设。新建通组公路234千米，完成农村公路“窄改宽”102千米，实施公路“安保工程”190米，加强农村公路维修、管护。⑥深入实施“五园五化”战役。全面完成城区44条道路、99个小区提质改造；加快“气化祁阳”建设，新增城乡燃气用户3万户；推动4G网络全覆盖，启动5G设施建设。⑦强化住房保障。完成棚户区改造549套、农村危旧房改造503户，争取公租房建设任务1500套。⑧深化“一拆二改三种四清洁”行动。基本完成危房空心房拆除任务，改造卫生厕所5.2万户，村庄绿化率30%以上，农村生活垃圾无害化处理率90%以上。加快推进养殖业转型升级，强力推进十里坪畜牧场改造，全面禁止水库投肥养鱼，整县推进畜禽粪污资源化利用，确保规模养殖场粪污处理设施配套全覆盖。⑨推进城乡环卫一体化。抓好餐厨垃圾资源化利用项目建设，完成海创固废危废综合利用项目建设，全面实施行政村环卫一体化。⑩提升健康水平。实施0—6岁残疾儿童抢救性康复，免费开展农村妇女“两癌”筛查和孕产妇产前筛查，为65岁以上老年人落实一次免费健康体检。

持续提升人民群众安全感。完善社会治安防控体系建设，深入推进“集打斗争”，重拳惩治黄赌毒、电信网络诈骗等突出犯罪行为，严惩黑恶势力及其“保护伞”。开展新一轮禁毒人民战争，严打毒品犯罪，坚决摘掉全省毒品中转集散重点整治地区的帽子。深入开展“七五”普法，推动公共法律服务城乡全覆盖，规范开展社区矫正工作，健全矛盾纠纷多元化解机制，不断提升普法工作实效。高质量编写人防专规，加大人防工程建设力度。推进信访法治化建设，大力开展“积案化解攻坚行动”和“三无”镇（街道）、村（社区）创建工作，强化政务联动处置，依法及时就地解决群众合理诉求。加强安全生产工作。深化安全生产领域改革，推进

“防事故保安全”专项行动和常态化“打非治违”，突出抓好重点行业领域专项整治，完善地质灾害防治等应急管理体系，加大超限超载专项治理，坚决遏制较大及以上事故发生。加大食品药品监管力度，持续推进学校标准化食堂建设，抓好农村食品、网购食品安全监管，确保“舌尖上的安全”。

加强国防后备力量建设，做好军转干部和退役士兵安置工作，依法保护退役士兵合法权益，营造全社会拥军爱民的浓厚氛围。全面完成第四次全国经济普查。认真做好民族宗教、外事侨务、统计、档案、气象、地震、水文、文物等工作。充分发挥工会、文联、妇联、工商联、共青团、关工委等群团组织作用，更好服务全县发展大局。

三、全面加强政府自身建设

新时代、新目标，必须有新气象、新作为。始终坚持党的领导，坚持以人民为中心，驰而不息加强自身建设，强化责任担当，提高行政效能，努力建设人民满意政府。

让忠诚成为政治底色。坚持用习近平新时代中国特色社会主义思想武装头脑、指导实践、推动工作，牢固树立“四个意识”，坚定“四个自信”，做到“四个服从”，践行“两个维护”，对党绝对忠诚。始终坚持党的领导，坚决落实县委决策。全面加强党的建设，严肃党内政治生活，树牢政治理想，把准政治方向，站稳政治立场，严守政治纪律，带头营造风清气正的良好政治生态。

让法治成为行动自觉。弘扬宪法精神，维护宪法权威，提高政府领导班子、组成部门和工作人员的战略思维、辩证思维、创新思维、法治思维、底线思维能力。严格执行重大行政决策法定程序，完善依法行政制度体系，规范公正文明执法，及时向县委、人大报告工作，与政协开展政治协商，自觉接受党内监督、人大监督、政协监督、司法监督和社会监督，认真办理人大代表建议、政协委员提案，广泛听取各民主党派、工商联、无党派人士的意见建议，及时回应社会关切。深入推进政务公开，让权力公开透明、阳光运行。

让实干成为工作常态。只有实干，才能兴祁。坚持以认真的态度奋发干事，以较真的态度动真碰硬，说了算，定了干，马上办，干就干好，办就办实，确保事事有着落，件件有回音。敢于在矛盾困难面前，知难而进，迎难而上，破难而行，积极主动应对重大挑战，抵御重大风险，解决重大矛盾，争做“主攻手”，不当“二传手”。敢于用创新的思维寻求突破，用改革的办法破解难题，促进政府工作创新求变，变中求进。

让廉洁成为自律底线。坚持把廉洁从政作为做好政府工作的第一保障，加强重点领域、重点部门、重点项目监管，管好用好公共资源、公共权力、公共资金，以廉洁勤政、干净干事的实际行动，赢得群众的信任与支持。严格落实党风廉政建设“一岗双责”，坚决贯彻落实中央八项规定，一以贯之纠正“四风”，始终以忠诚为政治品质、以惠民为核心价值、以发展为第一要务、以担当为基本操守、以干净为从政底线，着力打造干部清正、政府清廉、政治清明、社会清朗的“清廉祁阳”。

祁阳县人民代表大会常务委员会工作报告

——在祁阳县第十七届人民代表大会第四次会议上

县人大常委会主任 邓晓阳

2019 年 2 月 27 日

一、2018 年的主要工作

2018 年，县人大常委会坚持以十九大精神和习近平总书记关于坚持和完善人民代表大会制度的重要思想为指导，在县委的坚强领导和上级人大的指导下，按照县委“1353”发展战略，紧扣人大常委会工作要点，服从大局，依法履职，忠诚担当，奋发有为，圆满完成了县十七届人大三次会议确定的目标任务，为祁阳经济社会发展和民主法治建设作出了积极贡献。

（一）服务大局有新作为

常委会牢固树立政治意识和全局观念，紧紧围绕县委工作部署和群众关注的热点难点问题依法履职行权，在服务全县发展、保障改善民生中体现新时代人大的政治担当和责任担当。

1. 旗帜鲜明讲政治。常委会把坚持党的领导作为人大工作不可动摇的生命线，在思想上坚持正确政治方向，深入学习贯彻习近平新时代中国特色社会主义思想特别是习近平总书记关于坚持和完善人民代表大会制度的重要思想，树牢“四个意识”，坚定“四个自信”，在做到“两个维护”的重大政治原则中把准人大工作方向，始终在思想上、政治上、行动上同以习近平同志为核心的党中央保持高度一致。人大常委会党组注重发挥把方向、管大局、保落实的作用，加强对常委会工作的统筹协调，扛牢扛实重要地方国家权力机关的职责使命，坚定不移地坚持党对人大工作的领导，自觉在县委领导下依法履职行权，主动服从服务大局，2018 年召开主任会议 12 次，常委会议 9 次，听取“一府两院”工作报告 17 项，依法任免“一府一委两院”国家工作人员和法律职务 16 人次，依法补选 3 名市人大代表和 18 名县人大代表。依法加强任后监督，听取县人民政府 7 位副县长履职情况汇报，对 33 名人大常委会任命人员进行述职测评，将测评结果向县委报告，并通报“一府一委两院”，切实强化选举任命人员的法律意识、公仆意识和责任意识。

2. 凝神聚力促发展。人大常委会始终围绕经济建设这个中心，汇集人大智慧和力量，用心用情用力，助推经济高质量发展。一是讨论决定重大事项。听取审议 2017 年国民经济和社会发展计划执行情况 2018 年计划草案情况报告，对质量性、结构性指标以及涉及经济发展全局性、普遍性问题提出 8 个方面意见建议。听取和审议 2018 年上半年全县国民经济和社会发展计划执行情况报告，支持政府调结构、促转型、补短板、优服务，克服经济下行压力等多重困难，迎难而上，力保经济持续健康发展。紧扣县委“产业发展建设年”活动主线，持续开展政府性投资项目专题调研，促进全县形成抓产业项目、强实体经济的浓厚氛围，督促政府及相关部门全面深化“放管服”改革，加快推进“互联网+政务服务”“最多跑一次”改革，办事程序进一步优化、服务效能进一步提升。依法批准《祁阳县农业科技园区总体规划（2017—2021

年）》。先后组织视察科创产业园、湖南科森畜禽养殖粪污资源化综合利用等重点项目，支持园区招优引强、集聚发展，加快产业转型升级。为推进乡村振兴战略，人大常委会及时召开会议，讨论审议县人民政府提出的《加强农村人居环境整治开展美丽乡村“一拆二改三种四清洁”三年行动实施方案》，并作出《关于加强农村人居环境整治开展美丽乡村“一拆二改三种四清洁”三年行动的决议》，号召全县人民参与农村环境整治。二是牵头联系重点项目。常委会领导坚持在一线指挥、在一线调度、在一线服务，及时协调解决拆迁安置、要素保障等制约项目推进的突出问题，由常委会领导牵头或负责的项目达30个，如海螺海创工业园、红星美凯龙家居生活广场、新埠头水厂、城区道路改造、供水管网改造、七里桥中学扩建及大众小学新建、明德小学二期工程、温氏一体化项目、污水处理厂建设、西区农贸市场、环境整治战役等重点工程和重大项目。其中，新埠头水厂、白竹污水处理厂、西区农贸市场等项目相继建成并投入使用。海创固废危废项目顺利开工建设，环境整治战役在祁阳县召开现场会，年终考核获全市第一。

3. 聚焦热点解难题。主动结合打赢“三大攻坚战”来谋划、部署和推进人大工作，助力破解发展瓶颈，决胜全面建成小康社会。一是助力风险防控。围绕防范化解重大风险攻坚战主动作为，重点调研政府性债务及平台公司债务情况，督促政府及其相关部门摸清债务底数，严控债务规模，整合融资平台，规范融资行为，科学融资偿债。二是助推污染防治。围绕污染防治攻坚战履职尽责，听取和审议县人民政府2017年环境状况和环境保护目标完成情况的报告，督促政府整改落实中央环保督察“回头看”交办信访件35个、省级环保督察交办突出问题17个，助力打赢“蓝天碧水净土保卫战”。三是助跑脱贫攻坚。听取全县扶贫工作汇报，对全县产业扶贫工作进行深入调研，并从9个方面提出意见建议，助力形成脱贫增收长效机制，大力推动乡村振兴战略实施。常委会领导联系6个乡镇（街道）的扶贫工作，重点联系13个扶贫村，机关干部对口联系91户贫困家庭，常委会联系的长虹街道爱国村投入资金达300余万元，修建了所有通组公路并实现硬化、亮化、绿化，家家户户用上了自来水，群众拍手叫好。驻点联系的合谊塘村、新江村、石山湾村被评为扶贫工作先进单位。

（二）强化监督有新举措

常委会始终坚持正确监督、有效监督，牢牢把握依法监督的基本定位，大力弘扬监督为民的价值取向，不断创新监督方式方法，切实增强监督实效。

1. 专题询问力度空前。一是准确选题。把群众反映强烈矛盾集中突出的生猪养殖污染防治作为专题询问的主题，组织开展专题询问。二是深入调研。常委会先后组织6次专题会议进行研究，将常委会全体成员分成三个组，分别由主任和副主任带队，用近一个月的时间，分赴22个乡镇（街道）168个养殖场点进行实地调查，并远赴广西贺州、临桂、江西萍乡、宜春和江华、江永等地对养殖模式和粪污处理进行调研，梳理出60余个问题，制作了专题片，在进行询问前播放，形成了强烈的氛围。三是闭卷询问。改革询问方式，首次推行“闭卷”答询，26名常委会组成人员和5名县人大代表、群众代表分别向县环保局、县畜牧水产局、县农业委等21个单位和5家养殖企业进行提问，直奔主题、直指要害，直揭短丑、“红脸”出汗、“辣味”十足，并向县政府及有关部门交办3个方面16条具体整改意见。开门公开询问，邀请人大代表和公民全程参与，让老百姓能够看到政府及其相关部门解决问题的诚意和决心，切实发挥了专题询问回应关切、凝聚共识的作用，体现了人大监督的人民立场和人民情怀。

2. 预算监督全面创新。预算审查是人大监督的重中之重。除听取县政府财政预算、决算，审查和批准预算调整方案等常规性动作外，县人大常委会在如何创新监督方式上开拓了新思路。一是预算审查关口前移。深度介入预算编制前期工作，推动预算审查与预算编制及时对接，提升预算的科学性和前瞻性。拓展财政预算监督方式，完善在线监督手段，全面加强实时监督，不断增强人大预算审查监督的针对性和有效性，努力打造“透明钱柜”“阳光财政”。二是审计整改方式创新。坚持为审计监督“撑腰打气”，全面创新审计整改监督方式，由副主任带队分别赴麻阳县、江苏丹阳等地学习取经，形成专题调研报告，提交主任会议专题研究，并提交常委会出台《祁阳县人大常委会关于审计查出问题整改工作监督暂行办法》，改变过去审计部门查问题、审计部门向人大常委会报告审计整改情况、被审计单位整改流于形式的状况，将审计整改情况报告的主体和整改的主体调整为县人民政府及相关部门。2018 年，县政府常务副县长及财政、人社、民政、农业等部门向人大常委会报告 2017 年度审计整改情况，在向人大报告前，县政府分管副县长组织相关部门召开了审计整改情况推进会议，屡审屡犯的问题得到有效破解，审计整改成效进一步显现，财政资金使用绩效和政策引导作用进一步提升。

3. 民生监督持续升温。坚持以人民为中心，以人民利益至上，着眼于满足人民群众美好生活需要，持续释放人大监督力量。持续开展“推动少数民族贫困人口脱贫”“农村疾病防控”“湘江水资源保护”“农产品质量安全”及“民事司法案件执行”等为主题的“五行”活动，不断提高群众的获得感、幸福感和安全感。高度关注农村饮水安全，督促政府及其相关部门加快弥补基础设施欠账，启动城乡供水一体化建设。聚焦城乡协调发展，听取和审议全县城乡规划实施情况汇报，要求政府及其相关部门提升规划编制理念，强化规划法治意识，让规划更好服务民生。聚焦政府民生实事，加强对 PPP 项目的审查监督，支持政府将 2018 年棚户区改造项目政府购买服务资金列入财政预算，推动政府加快棚改步伐。同意将建制镇污水处理厂 PPP 项目可行性缺口补助资金纳入中期财政规划，助推建制镇污水处理厂项目顺利有序实施。开展民办教育调研，促进规范办学行为。改革代表视察方式，组织驻祁国省市及部分县人大代表对政府工作分五个专题视察组，分别对创国卫、城市交通秩序与停车场建设、小区物业管理、城区学位建设、医疗保障等进行视察，增强视察的针对性、目的性和有效性，推进民生实事落地落实。

4. 工作审议较真碰硬。依法开展对县农业委、县人社局、县环保局等三个单位工作审议，常委会专题研究并制定工作审议方案，一是审议调查较真，确保议之有据。组织三个工作组分赴全县 22 个乡镇（街道），用近四个月的时间，采取民主测评、集体座谈、个别谈话、现场察看、电话询问、走访群众、发放征求意见表等方法，与各乡镇（街道）代表小组共同收集对三个单位的意见和建议。并对征求上来的意见和反映的问题，逐条研究，并将问题进行归类，面对面进行的审议发言，指出问题直截了当、直言不讳，让被审议单位红脸出汗。二是审议整改碰硬，确保改之有效。点出事例，指出现场，提出要求，及时交办被审议单位 14 个方面 42 条审议整改意见，跟踪督促三个单位解决城乡居民社保医保、农业项目建设管理、农产品质量安全、企业非法排污和城区噪声扰民等一批群众关注的热点、难点问题。人大常委会在年底听取了被审议单位整改落实情况汇报，并进行了满意度测评，测评结果显示，社会各界和群众普遍反响很好，满意度较高。

5. 法律监督精准发力。发挥人大主导作用，全面推进依法治县。深入开展“司法公正行”专项活动，促进公平正义，让人民切实感受到更多的司法安全感和获得感。组织市、县人大代表旁听法院庭审、参与案件执行和“两院”的司法开放日活动 20 余场次，积极开展听庭评议活动。配合市人大开展“除虫护花”永州行动、“两院”司法体制改革和律师执业保障情况调研。加大执法检查力度，不断发挥“法律巡视”利剑作用，对民办教育促进法、残疾人保障法等3部法律开展执法检查。积极参与湘江保护条例、永州市历史文化名城保护条例等省市地方性法规立法调研活动。做好备案审查工作，努力做到“有件必备、有备必审、有错必纠”，全年备案审查规范性文件28件，提出修改意见建议14条。高规格举办学习宣传宪法座谈会，积极开展宪法宣传教育活动，自觉弘扬宪法精神，树立宪法权威。受理人民群众和人大代表来信、来电50余件次，接待来访150余人次，常委会领导亲自督办信访案件17件，七里桥镇湖塘湾村3组谭某索赔案等案件得到了圆满解决，较好地回应人民群众的关切和诉求，维护了社会和谐稳定。

（三）代表履职有新亮点

县人大常委会始终坚持代表主体地位，积极探索新时代代表工作的有效途径，更好地发挥代表作用。

1. 提升服务保障，让代表更舒心。深化人大代表联系群众工作室（站）建设，完善硬件设施，丰富日常活动，使之真正成为学习交流的阵地、联系群众的桥梁和为民履职的平台。安排代表活动经费，保障代表履职需要。加强代表履职学习，在县委党校举办为期四天的履职能力与素质提升培训班，对县人大代表和人大干部进行系统的正规培训，提高他们的履职行权能力，增强他们做好人大工作的责任。分期分批组织县人大常委会组成人员赴全国人大培训基地开展培训，指导乡镇（街道）人大开展人大代表活动。

2. 拓展履职空间，让代表更尽责。积极组织代表参加市、县“一府两院”有关工作通报会，轮流安排代表列席县人大常委会会议300余人次，邀请代表参加常委会调研、视察、执法检查等活动150余人次，切实保障代表知情权和知政权。扎实开展常委会组成人员和“一府一委两院”负责人联系代表，代表联系人民群众的“双联”活动，持续做好常委会服务代表“十个一”工作。先后组织61名县人大代表回原选区向选民述职活动，进一步推动代表忠诚履职、担当尽责。深入开展代表“结对帮困、精准扶贫”和“五表率、五模范”等系列活动，进一步展现了人大代表履职尽责、奉献爱心的良好形象。同时加强和规范代表管理，对1名代表依法采取强制措施进行了许可，接受13名代表辞职。对县人大代表违法违纪或造成不良影响的乡镇（街道）人大工作取消评先资格。

3. 督办议案建议，让代表更满意。坚持把解决议案建议提出问题摆在首位，完善督办工作机制，加强督办全过程沟通、协调和反馈，努力实现部门负责、代表满意、群众受益。县十七届人大三次会议期间和闭会期间共收到的263件建议，均已办理并答复代表，面商率、办理结果满意率达90%以上，问题解决率保持在70%以上。常委会督办的“东江桥改扩建”重点建议案办理得又快又好，并实现了年前通车，使得多年来东部片区近20万民众进出主城区的交通瓶颈得到了圆满解决。持续加强督办“中小学幼儿园食堂食品安全管理的建议”，督促教育部门深入推进“明厨亮灶”工程和“护苗行动”，学校食品安全有了大幅提升。“建设天眼天网工程安装安保摄像头建议”办理速度快、成效好，为全县治安管理和案件侦破提供了有力的技术保障。持续跟踪督办“城区学位建设议案”，推动全县新增城区学位1.71万个，超大班额问题全面化解。对于《关于全面禁止水库、山塘投肥养鱼的建议》和《关于整顿商品混凝土市场秩序的建议》两件重点建议，人大常委会满意度测评没有通过，交由县政府在2019年继续办理。

（四）队伍建设有新形象

常委会紧紧围绕党的十九大报告提出的“两个机关”要求，坚定不移地加强自身建设，锤炼过硬作风，全面提升依法履职能力和水平，努力打造忠诚干净担当的人大干部队伍。

1. 推进创建学习型机关。通过党组学习、主题讲座、专题党课、“微课堂”等多种方式深入学习党的十九大精神、习近平新时代中国特色社会主义思想、栗战书委员长在浙江考察调研时重要讲话精神，及时学习宪法、监督法、监察法等重要法律，实现理论学习和业务学习经常化，努力提升人大干部政治素养和履职能力。

2. 推进人大工作制度化。突出程序规范、效率优先，深化机关制度建设。修订完善《县人大常委会专项工作审议暂行办法》，规范专项审议工作流程。制订出台《常委会组成人员履职考核办法》，提升常委会履职水平。建立会前调研和重点发言制度，会议审议质量明显提升。继续推行常委会主任会议成员分片联系乡镇（街道）人大工作，指导督促乡镇（街道）人大依法开展工作。继续开展乡镇（街道）人大“创四好”工作评比竞赛活动，建立健全工作交流、履职培训、列席有关会议等制度，进一步完善上下联动工作机制，推动全县人大工作高质量发展。加强人大宣传，精心编印人大公报，传播人大声音、讲好人大故事，在全国及省市县新闻媒体上共发表祁阳人大工作新闻报道260余篇，接待各省、市、县（区）人大到祁阳考察调研20余次，祁阳人大工作的影响力不断提升。

各位代表，过去的一年，县人大常委会所取得的各项成绩，是在县委正确领导下，全体代表、常委会组成人员、各专门委员会及工作委员会组成人员履职尽责的结果，是“一府一委两院”和各乡镇（街道）人大团结协作的结果，是全县人民信任支持的结果。在此，我代表县人大常委会向所有参与、关心、支持人大工作的代表和同志们表示崇高的敬意和衷心的感谢！

回顾过去一年工作，我们清醒地认识到，常委会工作还存在一些差距和不足。主要是重大事项决定权行使还不够充分，监督跟踪问效还不够刚性，议案建议办理质量还不够满意，代表工作成效还不够彰显，常委会自身建设还不够扎实，聚焦主责主业还不够突出，回应群众呼声还不够及时等等。在今后的工作中，我们将认真听取各方面意见建议，切实加以改进。

二、2019年主要工作安排

今年是新中国成立70周年，是全面建成小康社会的关键之年，是迈向高质量发展的转型之年。做好今年的工作，责任重大，使命光荣。新的一年里，县人大常委会工作总的指导思想是：深入学习贯彻党的十九大精神和习近平总书记关于坚持和完善人民代表大会制度的重要思想，在中共祁阳县委的坚强领导下，坚持服从服务大局、聚焦主责主业，依法履职行权，积极回应人民关切，协力推进“五百工程”，为加快建设美丽幸福新祁阳贡献人大力量，以优异成绩庆祝新中国成立70周年。根据这一指导思想，主要做好以下四个方面工作：

（一）提高政治站位，更加自觉地坚持党的领导

牢牢把握党的领导这一重大政治原则，自觉将坚持党的领导贯穿于人大工作的全过程和各方面。全面加强理论武装。全面学习领会习近平新时代中国特色社会主义思想，深入学习贯彻习近平总书记关于坚持和完善人民代表大会制度的重要思想，切实把“十个坚持”作为新时代人大工作的根本遵循，增强履职能力，更好发挥地方国家权力机关作用。自觉维护县委权威。坚持重要事项、重大问题主动及时向县委请示报告，全面贯彻县委的工作部署，紧跟县委的工作节奏，始终做到与县委同心协力、同频共振。依法决定重大事项。修订完善讨论决定重大事项的规定。围绕县委重大决策、事关全县改革发展大局和人民群众切身利益的重大问题，针对“一府一委两院”提请审议的重大事项，依法适时作出决议决定，确保县委意图通过法定程序转变为国家意志和人民群众的

自觉行动。跟踪检查决议决定贯彻实施情况，确保决议、决定执行到位。严格做好人事任免。坚持党管干部原则，完善任免制度，规范任免程序，强化任后监督，完善任命人员履职测评办法。全力支持配合新一轮机构改革，不断增强任免工作的严肃性和权威性，坚持党管干部与人大依法任免有机统一，认真做好人事任免工作。

（二）忠诚担当尽责，更加主动地增强监督实效

紧紧围绕县委部署的重点、政府工作的难点和社会关注的焦点，依法履职行权，凝聚共识，增添合力。紧扣中心为发展助力。全面贯彻县委“1353”工作部署，把准“12345”工作重点，聚焦“五百工程”，用人大智慧和人大力量，书写好“人大答卷”，助力高质量发展。重点加强对全县经济运行情况和财政预算执行情况的监督，促进人大预算审查监督重点向支出预算和政策拓展上延伸。完善预算在线监督系统，拓宽在线监督领域，听取预算绩效评价报告。继续开展审计查出问题整改满意度测评，不断提高财政资金的使用效益。持续关注政府性债务风险防控，助力融资平台整合转型，有效促进债务化解。加强人大对国有资产规范化、制度化监督，建立县人民政府向县人大常委会报告国有资产管理情况制度。调研民营企业发展情况，开展营商环境专题询问，促进优化营商环境，推动经济高质量发展。精心组织对县城管局、县交通运输局、县食药工商质量监督局的工作审议，扎实推进“五行”活动，助力打赢“三大攻坚战”。积极参与创卫创园、创森创绿、招商引资、立项争资、脱贫攻坚、信访维稳、安全生产等全县中心工作和重点项目建设，主动服务经济社会发展。关注民生为群众代言。听取政府民生实事办理情况汇报，视察政府重大民生实事项目，推动重大民生实事项目落地实施。开展医疗保障、公共卫生服务等专题调研，促进公共服务质量提升。开展油茶产业发展、饮用水安全、少数民族工作、国有资产管理等专题调研，促进产业扶贫和民生安全。依法听取县人民政府关于环境状况和环境保护目标完成情况的报告以及城乡规划实施情况报告，出台加强城乡规划实施情况监督的暂行办法。参与省市人大立法调研，推动解决与人民群众密切相关的生产、生活、生态问题。厉行法治为公正护航。强化人大监督，促进司法公正，出台加强司法监督工作暂行办法。听取县人民法院刑事审判工作情况和县人民检察院公益诉讼情况汇报。创新听庭评议方式，持续加强监察与司法工作监督。调研司法监督，开展宗教事务条例等执法检查，促进依法行政、全民守法，提升规范性文件备案审查能力，管好政府“红头文件”，加强乡镇人大决议决定备案工作，维护法制统一。

（三）密切联系群众，更加贴心地做好代表服务

牢固树立代表主体意识，加强代表履职服务和保障，充分发挥代表来自人民、植根人民的独特优势和作用。严格落实“双联”制度。持续加强常委会组成人员联系代表和代表联系选民工作，常委会组成人员坚持每年走访联系3名以上代表，代表结对帮扶贫困户2户以上，代表每月走访联系选民群众不少于1次。开展和实施常委会组成人员、代表约见政府及其工作部门负责人制度。发挥乡镇（街道）人大职能作用，认真开展代表闭会期间活动，用好代表联系群众工作室（站）平台，落实人大代表接待日制度，实现代表接待选民常态化，建立民意直通车平台，进一步密切代表与群众的联系。切实加强代表管理。组织开展代表履职学习，不断提升代表履职能力。开展代表廉洁自律教育，自觉维护代表形象，珍惜代表荣誉。完善代表履职登记制度，坚持按要求开展代表向选民述职活动，依法接受选民监督。督促政府部门增强代表主体意识和服务意识，全力支持代表依法履职。强力督办议案建议。继续抓好城镇

小区物业管理、全面禁止水库投肥养鱼、商品混凝土行业整治和生猪养殖污染防治等议案建议的督办工作。建立代表议案建议办理实时跟踪机制，让代表能够全程了解办理情况，推动建议办理答复公开和满意率评价，形成合力，提高办理质量。

（四）坚持务实创新，更加坚定地深化自身建设

主动适应人大工作新形势新要求，切实增强依法履职的底气、敢于创新的勇气和清廉干净的正气，推动自身建设迈上新台阶。大兴学习调研之风。弘扬马克思主义学风，认真开展读书会、“微课堂”“代表讲堂”等活动，定期举办集中学习和专题培训，大力建设学习型机关。深入基层一线开展调研，力争形成一批精品调研成果。办好祁阳人大网站，使之成为人大代表的发声平台、联系纽带；建立人大官方微信公众号，丰富和创新载体，讲好代表履职故事、形成祁阳人大工作特色，全面提升对外宣传水平。努力创新监督方式。加大专题询问问后跟踪督办力度，持续深入推进生猪养殖污染防治专题询问审议意见的整改落实，确保善始善终、善作善成。探索常委会会议询问常态化，进一步提升常委会会议审议质量。更好发挥执法检查作用，完善执法检查工作程序，增强执法检查的质量和实效。严守廉洁自律底线。落实全面从严治党责任，以政治建设为统领，全面加强人大机关党的建设，维护风清气正的政治生态。注重理想信念教育和廉政教育，强化人大系统党员干部的纪律、规矩意识，自觉敬畏法律、遵守党纪、践行公德，守住底线。

中国人民政治协商会议
祁阳县委员会常务委员会工作报告

——在政协祁阳县第十届委员会第三次会议上

县政协主席　郑增啟

2019 年 2 月 25 日

2018 年工作回顾

2018 年，我们在中共祁阳县委的坚强领导下，团结带领广大政协委员，扎实履行政治协商、民主监督、参政议政三大职能，致力打造创新、务实、亲民、和谐政协，在把握大局中精确定位，在服务发展中精准发力，在促进和谐中精细作为，为助推祁阳经济社会高质量发展作出了积极贡献。

这一年，我们把凝聚共识作为“主导”，思想政治基础更加巩固坚持用习近平新时代中国特色社会主义思想武装头脑，统一思想，汇聚力量，把讲政治作为政协一切工作的主旋律。

在坚定政治方向中凝聚共识。常委会把学习宣传贯彻十九大精神贯穿全年工作始终，通过组织集体学习，开展座谈交流，撰写心得体会等形式，进一步强化“四个意识”，坚定“四个自信”，提高政治站位，增强政治定力，切实同以习近平同志为核心的党中央保持高度一致，确保了政协工作正确的政治方向。

在落实县委部署中凝聚共识。自觉坚持县委领导，第一时间传达学习县委重要会议精神，坚定不移贯彻落实县委的决策部署，重要工作主动向县委请示，重大活动积极邀请党政领导参加，协商成果及时向县委、县政府报送，县委领导批示认真抓好督导落实，努力将县委的决策部署转化为政协组织的一致共识，将发展蓝图转化为全体委员的行动目标。

在发挥党组作用中凝聚共识。县政协党组严格执行《中国共产党党组工作条例》，立场坚定地把握方向、总揽全局、抓好班子、带好队伍，为高质量履职提供坚强政治保证。认真履行全面从严治党政治责任，坚决执行党风廉政建设责任制，打造了廉洁高效的干部队伍，营造了风清气正的政治生态。

这一年，我们把服务中心作为“主线”，协商议政成效更加明显始终围绕经济社会高质量发展重大问题，深入调查研究，积极建言献策，有效协商议政。

精心选题议政协商。去年来，共召开常委会议 7 次、主席会议 15 次，双月协商 4 次，专题协商 5 次，分别就财政预算、城区“五园五化”、美丽乡村“一拆二改三种四清洁”三年行动、城区学位建设、农贸市场建设与管理、“十星级文明户”创建等 35 项重大事项进行了协商，围绕突出问题提出相应对策建议。共提交建议意见 268 条，形成议政协商报告 39 份。协商意见都及时提交到了县委、县政府，许多协商意见得到了县委、县政府采纳。

精心命题资政建言。围绕创国卫、养殖业转型升级、棚户区改造、农村综合服务平台建设、加快小城镇“10+X”工程建设、农业产业化建设等重点工作、重点项目，组织委员深入开展集中专题视察活动，并开展协商，提出有价值的意见建议，为县委、县政府科学决策提供了重要依据。

精心点题聚智献策。立足党政所需、群众所盼、政协所能，将推行“双河长制”打造“样板河”、加快太白峰国家森林公园建设、推进新医改、巩固创卫成果、现代农业园区建设、“美丽公路”创建等作为重点课题，深入调研，建言资政，做到了县委、县政府工作推进到哪里，政协建言助力就体现到哪里，作用就发挥到哪里。

这一年，我们把民主监督作为“主业”，忠诚履职担当更加积极努力探索民主监督形式，用活民主监督手段，彰显政协作为。

坚持促进工作，在加强参与支持中监督。我们组建了“税费征管、医疗卫生、农业生产、住房保障、司法公正”5个特约监督小组，选派40名特约监督员，分别对“营改增税收征管工作”“规范基层医疗发展”“美丽乡村行动”“公租房建设与管理”“法律服务”五项内容进行重点监督，做到了监督中支持，支持中助推，有效促进了工作。祁阳县的作法得到了省市政协的充分肯定。

坚持全程跟踪，在落实提案办理中监督。祁阳县出台了《提案办理实施细则》。我们创新工作思路，优化运转流程，突出“提、审、立、办、督”五个方面，推动了提案工作规范化。十届二次会议立案的208件委员提案，答复率100%，办结率94%，满意度达90%。常委会对七件重点提案进行了集体测评，确保了提案的办理质量和效果。

坚持开拓创新，在积极开展活动中监督。为认真贯彻落实省委《关于加强和改进民主监督工作实施意见》精神，开展了“政协委员走进纪委”活动，组织40名市县政协委员走进县纪委机关，开启了“政协民主监督与纪委执纪问责相结合”的新路子。

这一年，我们把助惠民生作为“主调”，群众幸福指数更加上扬增进为民情怀，助解民生所需，把工作做到群众心窝里。

强化主动担当，参与脱贫攻坚。我们始终把脱贫攻坚作为一项政治任务来抓，按照“四扶四建”的要求扎实开展工作，切实增强贫困村和贫困户发展内生动力，所联系的贫困村和户都按期出列和脱贫。同时，动员所有政协委员按照“三个一”的要求，自觉结对一户以上贫困对象并建档立卡，做到按时出列，为全县脱贫攻坚交好了“委员作业”，充分彰显了新时代政协委员的责任、担当和情怀。

强化主动为民，反映群众诉求。广大委员听老百姓的心里话，察老百姓的身边事，及时反映群众意见。共收集社情民意295条，向市政协报送信息142条，被省政协采用13篇，市政协采用78篇。其中我们向上反映《消除“大班额”系列“后遗症”不容小觑》的社情民意，被省政协专报刊发并呈送省委、省政府。祁阳县社情民意工作名列省市前茅。推动政协云与履职应用创新。组织开展委员进农村、进社区活动，把搜集到的民意通过政协云平台，提出了影响群众生产生活的微事件70余起、微建议180余条，大部分得到了相关部门的重视和及时处理，群众反响很好。

强化主动作为，开展惠民活动。根据省市政协“三进三助”聚力行动和“三个一”扶贫活动要求，积极开展了“六送解六难”活动。给360个困难家庭送去了温暖，为173名贫困群众解决了就业。开展“圆梦助学”活动，共资助大中小学生135名，金额达50余万元。其中县政协倡议成立的葆春慈善基金会资助了61名考取二本以上的贫困学生。李彤、肖刚、蒋冲等委员数年如一日，开展志愿服务献爱心活动，在社会传递了正能量。

这一年，我们把县委号令作为“主旨”，深化团结共事更加有为充分发挥独特优势，响应县委号召，凝心聚力，助推高质量发展。

注重同心助力，投身全县发展。按照县委统一部署，县政协组织机关干部深入一线积极参与全县中心工作。“创国卫”、灭蚊防疫等工作期间，落实了包社区楼幢、包村组、包户责任，圆满完成了攻坚任务。主席、副主席主抓的东江桥改扩建工程、“创国卫”、浯溪国家湿地公园建设等重点项目和重点工作，都交上了满意的答卷。同时，还担负了服务镇村和企业、县级领导大接访、化解信访矛盾隐患等多项具体工作。广大政协委员以服务高质量发展为己任，立足各行各业尽显其才、尽己所能，展示了委员风采。

注重同心协力，深化合作共事。我们定期走访各民主党派、工商联及各人民团体。邀请民主党派、工商联、无党派人士列席政协常委会议以及政协各类调研、视察活动。同时，通过举办联谊会、召开座谈会等多种方式，进一步加强了与他们的沟通联系，有效巩固了民主团结、生动活泼的政治局面。

注重同心聚力，扩大交流联谊。加强与县内外政协组织之间的互动合作。配合市政协完成了开放崛起战略、养殖业转型升级、产业扶贫、公立医院综合改革等课题调研和建言工作。成功接待了省政协三位副主席和外省市县政协共20批次到祁阳阳调研视察。同时，组织了部分常委到外地开展交流学习。通过交往联谊，宣传了祁阳好生态、好人文、好经验。

这一年，我们把自身建设作为“主责”，参政服务能力更加提升以“四比四看齐”主题活动为抓手，推进自身建设，提高参政服务能力，擦亮政协品牌。

着力提升素质，建强委员队伍。大力推进学习型、责任型、创新型队伍建设。各级政协都出台了年度学习计划，每月定期学习。强化委员培训，组织全县政协委员在县委党校进行了两天的“学习十九大精神”和政协知识培训，组织近30名政协常委到北戴河全国政协培训基地进行了业务培训，有效提升了委员参政议政素质和能力。

着力规范管理，完善制度机制。进一步完善了政协委员管理办法和联工委、联络组“四比四看齐”主题活动考核办法，出台了政协常委管理办法和考核细则，年终通过严格考评，强化了委员们履职责任，有效提升了政协工作制度化、规范化水平。

着力展示形象，强化文史资政。县政协机关以争创文明单位为契机，建设了精神文明和党建、廉政、传统等文化为主题的文化廊，营造了浓厚的文化宣传氛围。发挥“存史资政、团结育人”作用，深入挖掘祁阳诗词文化，编辑出版了近40万字的书籍《浯溪水亦香》；完成了《祁阳古建筑》资料的收集和整理工作。

在肯定成绩的同时，我们也清醒地认识到，面对时代的发展、县委的要求、群众的期盼，祁阳县政协工作还存在诸多差距和不足，主要表现在：思想政治引领有待进一步强化，协商议政的质量和效率有待进一步提高，调查研究的深度和实效有待进一步增进，履职能力建设有待进一步加强，等等。对这些问题和不足，我们将高度重视，认真研究，切实加以改进。

2019年工作设想

2019年是新中国70华诞，也是人民政协成立70周年。人民政协肩负的使命光荣，承担的责任重大，履职的前景广阔。政协常委会工作的总体要求是：以习近平新时代中国特色社会主义思想为指针，牢牢把握团结民主两大主题，认真落实县委十二届五次全会和经济工作会议的决策部署，切实履行职能，更好地协调关系、凝心聚力、建言献策、服务大局，不断开创全县政协事业高质量发展新局面。

（一）紧护核心，旗帜鲜明讲政治，立好“航向标”

坚持政治导向，强化党建引领，在维护核心中凝聚共识，坚定正确政治方向。一是全面树立践行“四个意识”。政协常委会和每个委员都要把习近平新时代中国特色社会主义思想作为领航政协工作的思想灯塔，提升站位明方向，牢固树立“四个意识”，切实增强“四个自信”，坚决落实“两个维护”，严格遵照政协章程忠实履职。二是全面落实县委决策部署。准确把握人民政协性质定位，坚定不移地在县委领导下开展工作，坚持把政协工作放在全局中谋划。重要工作及时报告，重大事项及时反映，重要议题及时沟通。做到在宏观决策中搞好协商、贯彻执行中搞好协调、具体工作中搞好协助，真正把智慧和力量汇聚到县委的决策部署和确定的目标任务上来。三是全面履行从严治党责任。认真落实中办《关于加强新时代人民政协党的建设工作的若干意见》，坚持党对政协工作的全面领导。县政协党组带头遵守政治纪律和政治规矩，压紧压实主体责任，切实履行“一岗双责”，引导广大政协委员爱岗敬业显作为，做联系群众的贴心人、团结合作的带头人、助推发展的实干人、廉洁自律的清白人。

（二）紧围中心，服务大局多作为，唱好“金嗓音”

紧扣全县“1353”总体发展思路和“12345”工作重点，精准发力，彰显政协工作在服务全县改革发展中的独特价值。一是协商议政出实招。组织政协委员就保障“舌尖上的安全”、平安祁阳建设、“美丽公路”创建行动、互联网+政务服务、农村饮水安全工程建设、创建省级园林县城、现代农业示范园建设、完善全民健身公共服务体系等工作开展协商，广纳群言，广集众智，提出更多务实管用的对策建议。二是视察调研求实效。围绕县委提出的“五百工程”建设，重点在推进工业园区升级、加强农业污染防治、树立城乡文明新风、健全养老服务体系、规范发展幼儿教育等方面，进行专题调研和视察，真正把情况摸透、把问题找准、把举措搞实，用事实和数据说话，确保调研有成效、视察有收获。三是服务项目用实劲。根据县委安排部署，各位主席要以“产业项目建设年”活动为契机，深入联系重点项目和企业，帮助解决具体问题，使工作卓见成效。同时，充分发挥广大政协委员的优势和作用，积极参与“产业项目建设年”活动，助推祁阳经济高质量发展。

（三）紧贴民心，改善民生争贡献，架好“连心桥”

始终把人民对美好生活的向往作为履职责任，切实做到善谋利民之策、多献利民之计、力促惠民之举，与人民群众手拉手、心连心。一是落实提案传民情。今年广大政协委员针对就业、教育、医疗、养老、住房、交通、食品药品安全、弱势群体权益保障等重要民生问题提出了许多有价值的提案。我们将创新提案办理形式，对提案和提案办理实行“双公开”“双评估”，同时加强督办，切实解决提案“重答复、轻落实”现象，助推各项富民惠民政策落地。二是强化履职解民忧。围绕脱贫攻坚、富民增收、污染防治、基本公共服务等群众最关切的问题开展协商调研，为民建言；围绕“落实扶贫政策，决胜全面小康”“强化商品房销售监管，规范房地产市场秩序”“加强医风医德建设，助推百姓安康”等方面进行民主监督；建设民意反映、落实的“快车道”。三是多办实事暖民心。配合省市政协持续开展好“三进三助”聚力行动和“三个一”扶贫行动。创新开展“六送解六难”扶贫帮困活动、“圆梦助学”活动。县政协将成立委员志愿者协会，组织开展各类公益事业活动，把实事办到群众心坎上。

（四）紧聚人心，增进团结出力量，画好“同心圆”

坚持大团结大联合，凝聚共识、智慧和力量。一是当好“智囊团”。充分发挥政协队伍人才荟萃的优势，组织委员围绕祁阳高质量发展和今年县委提出的“一个主导”“两大支撑”“三大攻坚”“四项提升”“五百工程”等工作重点，深入调研献计，多出“金点子”，做到政协工作始终与县委、县政府同向同行，与民心民意同频共振。二是搭好“大平台”。深化与党派团体的合作共事，健全与民主党派、工商联和无党派人士联系制度，拓宽与人民团体的交流渠道，为他们更好地发挥作用创造条件、搭建平台。引导各界代表人士通过政协平台，有序参与协商，合理表达诉求，使各方面意见得到充分表达，各社会力量得到充分迸发。三是做好“宣传员”。加强与各地政协之间的交流合作，讲好祁阳故事，传好祁阳声音，扩大祁阳影响力。设立“祁阳政协”微信公众号并发挥作用，拓宽参政议政新渠道。强化文史资政功能，出版《祁阳古建筑》。以县政协书画室为平台，开展各种联谊活动，扩大祁阳美誉度。积极开展庆祝人民政协成立70周年有关活动。

（五）紧记初心，创新管理强素质，提好“精气神”

按照习总书记提出的“懂政协、会协商、善议政，守纪律、讲规矩、重品行”的指示精神，打造一支奋进新时代的合格政协人。一是创新履职方式。大力推进“智慧政协”建设，用好“政协云”，利用现代信息技术，搭建好履职、宣传、办公三个高质量平台，把更多履职工作对接到线上，不断拓展履职功能。大力开展“网络议政”，引导广大群众通过网络参与重大问题的协商，加强社会各方面的沟通和理解。进一步做实委员工作室有关内容，打通联系群众最后一公里，让群众感到政协委员就在身边、人民政协离自己很近。二是提升履职本领。大力实施“能力素质提升”工程，各联工委和联络组要经常组织委员学习政协理论和履职知识，在政协工作中履职尽责、在本职工作中建功立业、在界别群众中示范引领。加强联工委、联络组的工作联动，形成履职合力。三是刷新履职形象。加强政协党组自身建设，做到“打铁必须自身硬”，事事处处当标杆，从严落实主体责任和监督责任。从严要求政协委员和政协机关中的中共党员，扎实开展“不忘初心、牢记使命”主题教育活动。创新开展“四比四看齐”主题活动，强化政协常委队伍管理。深入推进政协机关思想政治、组织纪律、工作作风建设，不断提升高质量履职的能力和水平。

大 事 记

1月

2日，县委书记周新辉主持召开2019年第一次县委常委会会议。

4日，中共祁阳县第十二届委员会第五次全体（扩大）会议召开，听取和讨论了县委书记周新辉所做的《拼搏实干砥砺奋进以优异成绩庆祝新中国成立70周年》的工作报告，审议通过了《中共祁阳县委十二届五次全会决议》。

5日，县委书记周新辉深入潘市镇调研农村人居环境整治工作。下午，深入祁冷快线祁阳段提质改造工程建设工地现场办公。

8日至9日，在市委书记李晖，市委副书记、市长赵应云的带领下，参加全市乡村振兴暨“六大战役”现场推进会的全体人员，走进祁阳县现场观摩。

9日晚，县委书记周新辉主持召开2019年第二次县委常委会会议。

10日，县委经济工作会议召开。县委书记周新辉在会上作《稳中求进重点突破奋力跑好高质量发展接力赛》工作报告，县委副书记陈小平宣读2018年全县产业项目建设年“5个10”优秀项目表彰决定。

12日，祁阳县召开2019年新型城镇化暨“百园靓城”工程推进会议。县委书记周新辉出席会议并讲话。

同日，县委书记周新辉主持召开2019年第三次县委常委会会议。

13日，祁阳县召开2018年度镇（街道）及县直行业系统党（工）委书记抓基层党建和落实党风廉政建设、意识形态工作责任制述职评议会。全县22名镇（街道）党（工）委书记和6名县直行业系统党（工）委书记作述职汇报。县委书记周新辉逐一点评。

17日，全县安全生产暨2019年春运工作会议召开。县委书记周新辉出席会议并讲话。

21日，县委书记周新辉走访慰问离退休县级领导、困难党员、困难群众、伤残军人、烈军属、优秀人才等，为他们送去党和政府的深切关怀及新春祝福。

同日晚，祁阳县举行“工作村为主·成果大比武”决赛，表彰落实“工作村为主”单项工作先进村、模范村。县委书记周新辉等领导出席会议。

22日，祁阳县召开2019年双拥工作座谈会。县委书记周新辉出席座谈会并讲话。

23日，永州市2019年“春风行动”启动仪式暨“促进就业创业，助力脱贫增收”大型招聘会在祁阳县举行。副市长严兴德出席活动并宣布仪式启动。

同日，市大人常委会副主任、党组副书记杨海河一行到祁阳县走访慰问市道德模范。

同日，祁阳县召开2019年离退休老同志春节座谈会。县委书记周新辉出席会议并讲话。

同日，从省委农村工作会议传来喜讯，祁阳县获2018年度全省美丽乡村建设先进县。该奖项是祁阳县继全省农业政府网站建设暨新闻联播先进县、全省粮食生产标兵县后摘获的第三块农业农村工作省级奖牌。

同日晚，县委书记周新辉主持召开2019年第四次县委常委会会议。

24日，祁阳“园区升级战役”暨“百企入园”工作推进会议召开。县委书记周新辉主持会议并讲话。

同日，市委常委、市委秘书长唐能武到祁阳县走访慰问困难退役军人、全国劳模、县福利院儿童、低保户以及重灾户，为他们送去慰问品和慰问金。

同日，市人大常委会副主任胡先荣到祁阳县走访慰问部分市人大代表。

同日，东江桥改造工程如期竣工通车，原来的两车道变成了四车道，通行能力提高一倍。

同日晚，祁阳县召开2019年企业家和在祁投资者、建设者代表春节座谈会，县委书记周新辉出席会议并讲话。

25日，县委书记周新辉带队深入部分乡镇和企业，检查指导安全生产及春运工作。下午，周新辉还带领县创园办、水利局、自来水、环卫处等相关部门负责人，调研城区水厂建设运行情况、祁阳大道道路两旁绿化亮化工作以及城区小区内种绿工作。

26日，祁阳县举行农村人居环境整治村庄清洁行动启动仪式，仪式的主会场设在茅竹镇三家村。副市长谢景林宣布仪式开始，县委书记周新辉出席仪式并讲话。

同日，由县委宣传部主办，县文联、县书法协会、县美术协会协办的“送春联下乡”活动在茅竹镇三家村文化广场举行。县委书记周新辉等领导参加此次活动。

27日晚，祁阳县2019年春节文艺晚会在县影剧院举行。县委书记周新辉观看演出并致辞。

28日，中国共产党祁阳县第十二届纪律检查委员会召开第四次全体会议。会议回顾总结全县2018年纪检监察工作，安排部署2019年工作任务。县委书记周新辉出席会议并讲话。

同日，祁阳县召开脱贫攻坚战役暨“百村振兴”工作推进会。县委书记周新辉出席会议并讲话。

29日，祁阳县召开2019年“旅游升温”战役暨“百里画廊”工程推进会。县委书记周新辉出席会议并讲话。

同日，省委宣传部部委会成员、省文资委专职副主任刘尤碧以及省、市文明办相关领导到祁阳县看望慰问省道德模范提名奖获得者王祁平等人。县委书记周新辉参加慰问活动。

同日，县委书记周新辉深入大村甸、七里桥、潘市、白水等镇易地扶贫搬迁集中安置点，督查易地扶贫搬迁工作。

30日，祁阳县召开社会事业发展暨“百姓安康”工程推进会。县委书记周新辉出席会议并作讲话。

同日，市委常委、常务副市长张贺文深入祁阳县就企业发展和安全生产工作进行调研。

同日晚，县委书记周新辉主持召开2019年第五次县委常委会会议。

31日，县委常委班子召开2018年度民主生活会。县委书记周新辉主持会议并做总结讲话。

2月

2日，新埠头水厂正式通水运行，开启了祁阳县供水新篇章。县委书记周新辉宣布新埠头水厂通水运行。

同日，祁阳县举行2019年新春团拜会暨2018年科局级单位党政正职年度考核测评会。县委书记周新辉出席会议并讲话。

同日，县委书记周新辉带领县四大家一行，深入县人武部、公安消防大队、武警中队走访慰问。

同日，祁阳县组织召开城乡规划委员会2019年第一次会议。

4日，市委书记李晖到祁阳县调研春运工作和产业发展，并走访慰问部分优秀企业家。

6日，县委书记周新辉来到公安、交警、电力、环卫、城管等部门，亲切看望慰问执勤工作在一线的干部职工。

11 日，新年上班第一天，祁阳县在县政府广场举行升国旗仪式，县委书记周新辉出席仪式并讲话。随后，县四大家领导还到浯溪公园瞻仰陶铸铜像、重温入党誓词，并到龙山公园瞻仰烈士纪念碑。

同日，县委书记周新辉主持召开 2019 年第六次县委常委会会议，为新一年工作的启动作出安排部署。

同日，祁阳县召开 2018 年度工作综合表彰会议。县委书记周新辉出席会议并讲话。

12 日上午，祁阳县第一季度产业项目集中开工仪式在县经开区举行。市人大常委会副主任杨海河宣布项目开工，县委书记周新辉出席仪式并讲话。

同日，市委书记李晖深入七里桥镇走访慰问贫困群众。市委常委、市委秘书长唐能武陪同。

同日，县委书记周新辉率领由县级领导、镇（街道）党（工）委书记、县直各单位领导、企业代表和村支部书记代表组成的学习考察团，启程赴江西省开展为期六天的学习考察，重点考察学习江西省部分市县在乡村振兴战略、基层党建、人居环境整治、产业发展和村集体经济发展等方面的先进经验。

13 日，市委常委、宣传部长贺辉一行到祁阳县调研文旅产业项目发展情况。

15 日，湖南北欧投资有限公司、湖南国发北欧实业有限公司、湖南中大公司到祁阳县考察，并就环保农业全产业链综合项目进行洽谈。

18 日，县委书记周新辉等县级领导率县直单位两千余名干部职工分赴全县 8 个规模义务植树基地，开展声势浩大的春季植树造林活动，掀起祁阳县“百村振兴”“百里画廊”建设热潮。

20 日，祁阳县召开 2018 年市管领导班子和领导干部年度考核、执行力考核暨选人用人“一报告两评议”测评大会。县委书记周新辉向大会作述职述德述廉报告。

同日，县委书记周新辉主持召开 2019 年第七次县委常委会会议。

21 日，县委书记周新辉深入城区主要干道、公园、单位和企业调研全县创建“园林县城”工作。

同日，江西鹰潭市红背带文化创意有限公司董事长李东阳到潘市镇考察。县委书记周新辉陪同考察。

25 日，中国人民政治协商会议祁阳县第十届委员会第三次会议隆重开幕。

同日，全市油茶产业发展推进会在祁阳县召开。副市长谢景林、县委书记周新辉等领导参加会议。

26 日，祁阳县第十七届人民代表大会第四次会议隆重开幕。

同日，副市长李旦梅率队深入祁阳县部分企业走访调研外贸进出口工作。

27 日，中国人民政治协商会议祁阳县第十届委员会第三次会议圆满完成各项议程，在百胜赛尔大酒店四楼国际会议中心胜利闭幕。

28 日，祁阳县十七届人大四次会议第四次全体会议圆满完成各项议程，在百胜赛尔会议中心胜利闭幕。

3 月

4 日，祁阳县召开深化机构改革动员大会，对全县机构改革工作作出全面动员和部署安排。县委书记周新辉出席会议并讲话。

同日，县委书记周新辉深入浯溪公园和潘市镇龙溪村、高江村，观音滩镇钢铁村、八尺村等地调研、指导乡村振兴和旅游开发工作。

5 日，县委书记周新辉率住建、国土、水利、湿地管理、交通等部门负责人到茅竹镇三家村调研指导乡村振兴工作。

同日晚，全县“十星级文明户”颁奖晚会暨创建全国文明城市启动大会举行。省文明办副主任李力明，市委常委、宣传部部长贺辉，县委书记周新辉等领导出席大会。

6日，由省住建厅副巡视员易小林带队的省新型城镇化试点工作调研评估组到祁阳县，就新型城镇化、两供两治（供水、供气和污水、垃圾处理）和农村住房建设工作展开调研。县委书记周新辉等领导参加座谈会并陪同实地考察调研。

同日，祁阳县召开农村人居环境整治“攻坚月”行动推进会，将以潘市镇龙溪村、高江村，观音滩镇八尺村、新钢铁村、叶家井村，茅竹镇三家村为重点，开展农村人居环境整治攻坚行动，全面推进好祁阳县“百村振兴”工作。县委书记周新辉主持会议并讲话。

7日，县委书记周新辉主持召开2019年第八次县委常委会会议。

10日，县委书记周新辉率环保、卫计、住建、公路等部门负责人深入观音滩镇，调研指导农村人居环境整治工作。

11日至14日，湖南省示范性高中教育督导评估组到祁阳一中进行督导评估。县委书记周新辉等领导参加汇报会及督导评估意见反馈会。

12日，县委书记周新辉前往科技工业园现场办公。

13日，永州市河长制工作委员会办公室对全市范围内评选的“优秀民间河长行动中心”“最美民间河长”名单进行公示。祁阳县民间河长行动中心被评为“优秀民间河长行动中心”，李顺秀、刘国生被评为“最美民间河长”。

15日，县委书记周新辉就县城植绿、补绿工作进行调研指导，为全县创建省级园林城市把脉问诊。

同日，祁阳县在县城白竹湖广场开展以“信用让消费更放心”为主题的2019年“3·15”国际消费者权益日宣传活动。

18日，县委书记周新辉一行到盈通达物流产业园、铜锣湾杨梅湖新城、西区农贸市场和新天地城市商业综合体调研商贸物流工作情况。

18日至19日，郴州市汝城县考察团到祁阳县考察学习乡村振兴工作经验。县委书记周新辉等领导陪同。

20日，县委书记周新辉率队参加省发改委组织召开的全省申报2019年农村人居环境整治中央预算内投资项目竞争评审会。

同日，全县2019年第二批产业项目集中开工仪式在经开区举行，吹响了新一轮产业发展号角。

21日，县委书记周新辉主持召开2019年第九次县委常委会会议。

22日，全县16家新机构举行挂牌仪式。据悉，此次改革后，祁阳县共设置党政机构37个，其中县委机构9个，县政府工作部门28个。

同日，祁阳县在县城白竹湖广场开展以“坚持节水优先，强化水资源管理”为主题的世界水日纪念活动。

23日上午，祁阳县召开扶贫开发领导小组会议。县委书记周新辉主持会议并讲话。

同日，县委书记周新辉深入肖家镇黄石村、龙凼村调研脱贫攻坚工作，对脱贫攻坚工作进行“把脉问诊”，精准谋划发展“路线图”。

24日，县委书记周新辉率县应急管理局、消防救援队、商务局、自然资源局、交通运输局等安委会成员单位负责人，先后深入鑫利超市、唐家岭汽车站、华泰烟花厂、中盛加油站以及白水镇的石坝渡口等地调研安全生产工作。

25日，县委理论学习中心组进行第三次集中学习，传达学习全国“两会”特别是习近平总书记重要讲话精神。县委书记周新辉参加学习并讲话。

同日，全县“三大攻坚战”暨“六大战役”重点项目、产业项目推进会召开。县委书记周新辉出席会议并讲话。

同日，全县扫黑除恶、综治民调、安全生产、清明期间维稳工作会召开，县委书记周新辉出席会议并讲话。

26日，县委书记周新辉深入下马渡镇、观音滩镇调研大棚房拆除清理复垦工作进度。

同日晚，县委书记周新辉主持召开书记专题会议，听取十二届县委第五轮巡察综合情况汇报，研究部署2019年巡察工作和县委第六轮巡察工作安排。

28日，由湘西州副秘书长杨清英带队的州委考察组抵达祁阳县进行考察学习。县委书记周新辉等领导陪同考察。

29日，县委书记周新辉主持召开2019年第十次县委常委会会议。

4月

1日，市委副书记、市长何录春深入祁阳县督导扫黑除恶工作。市委副厅级干部伍军陪同。县委书记周新辉等参加座谈会。

同日晚，县委书记周新辉主持召开2019年第十一次县委常委会（扩大）会议，

2日上午，县委书记周新辉深入七里桥镇挂榜山村调研脱贫攻坚工作。下午，还深入潘市镇和观音滩镇调研乡村振兴工作。

3日，祁阳县召开2019年全县禁毒工作会议。县委书记周新辉出席会议并讲话。

同日下午，县委理论学习中心组第四次集中学习暨创建”全国健康促进县”和”慢病综合防控示范区”启动大会在县祁剧团召开。县委书记周新辉等领导出席会议并讲话。

6日，市委书记严华轻车简从，深入祁阳县看望慰问节日期间仍坚守岗位的基层党员干部和公安民警，调研了解当前祁阳县扫黑除恶专项斗争有关情况，县委书记周新辉等领导陪同调研。

12日，祁阳县召开清收农商银行不良贷款工作会议。县委书记周新辉出席会议并讲话。

14日，县委书记周新辉主持召开2019年第十二次县委常委会会议。

16日，县委书记周新辉在出席粤港澳大湾区投资贸易洽谈周期间，带领祁阳县参观考察团分赴深圳市南山、光明、龙岗、宝安等地企业进行参观考察，洽谈合作事宜，谋求共赢发展。并与祁阳籍从事LED产业的企业家开展座谈，双方就市场带动、产业转移、集群落地，将祁阳打造成为深圳LED产业新家园开展广泛交流和深度对接。

17日，湖南—粤港澳产业转移综合服务中心启动仪式在深圳市南山区科技园举行。县委书记周新辉等领导应邀出席活动。周新辉还代表祁阳县委、县政府走访深圳市祁阳商会，亲切看望部分在粤创业发展的祁阳企业家，与他们洽谈推进交流合作事宜。

23日，祁阳县举行2019年一季度经济形势分析暨“五百工程三比三看”调研活动。

同日下午，市委常委、组织部部长吴志雄到祁阳县调研重点项目建设和陶铸干部教育培训基地筹建等工作，县委书记周新辉陪同调研。

24日，祁阳县召开一季度经济形势分析暨“五百工程三比三看”现场推进会，动员全县各级各部门积极投身“百企入园、百村振兴、百园靓城、百里画廊、百姓安康”工程，掀起“三比三看”活动热潮，在镇（街道）比作风、比特色、比成效，看项目、看变化、看民生；在县直部门比作风、比特色、比成效，看项目、看服务、看业务，力促上一批项目、解一批难题、创一批特色、出一批典型。县委书记周新辉主持会议并讲话。

同日，市政协党组成员、副主席杨军元一行到祁阳县，就现阶段推进市承接产业转移对接粤港澳大湾区产业融合发展工作情况展开调研。

25日，市委书记严华深入祁阳县肖家镇黄石村，专题调研脱贫攻坚工作并召开现场办公会。县委书记周新辉等陪同调研。

29日，县委书记周新辉主持召开2019年第十三次县委常委会会议。

同日，祁阳县举行第十五届银企合作洽谈会，签约资金达47亿元。县委书记周新辉等领导出席会议并讲话。

同日，省委改革办常务副主任曾剑光带队到祁阳县召开全面深化改革座谈会并对祁阳“工作村为主”基层减负改革

试点建设情况展开实地调研。市委常委、秘书长唐能武，县委书记周新辉陪同调研。

30 日，祁阳县召开创国卫、登革热防控总结表彰暨创园林城市、开展“六出城三取缔”工作会。县委书记周新辉出席会议并讲话。

5 月

3 日，县委书记周新辉深入浯溪街道小江村、观音滩镇八尺村和潘市镇龙溪村、高江村等地，调研指导农村人居环境整治工作。

4 日，县委书记周新辉率队深入大忠桥镇、肖家镇、进宝塘镇和下马渡镇调研指导古院落保护工作和美丽乡村建设工作。

5 日，祁阳县召开纪念五四运动 100 周年暨建团 97 周年表彰会。县委书记周新辉出席会议并讲话。

6 日，县委书记周新辉带领县创园办、财政、自然资源、住建、卫健等相关部门调研督办创建省级园林县城工作。

7 日，祁阳县召开计划生育工作半年形势分析会。

同日，全省推进农村“厕所革命”业务培训班在祁阳县举行开班仪式。7 日至 8 日，全省推进农村“厕所革命”业务培训班人员还对祁阳县农村改厕工作情况进行实地参观考察并举行交流讨论会。县委书记周新辉陪同考察。

8 日，县委书记周新辉主持召开 2019 年第十四次县委常委会会议。

同日，祁阳县与航天凯天环保科技有限公司举行生态祁阳建设项目框架协议合作签约仪式。

9 日，湖南省文化和旅游厅党组成员、副厅长郭固权带队到祁考察调研陶铸故居创国家 AAAA 级旅游景区工作并召开座谈会。县委书记周新辉陪同调研。

10 日，县委书记周新辉率领县教育、财政、住建、城投等单位主要负责人，调研城区重点区域学位建设，考察部分学校选址地、在建工地。

12 日，县委书记周新辉深入城区调研老旧小区、道路提质改造和登革热防控等工作，提出要奋战 100 天，全面完成老旧小区提质改造工作。

13 日上午，祁阳县举行 2019 年县委理论学习中心组第五次集中学习辅导报告会。会议特邀乡村振兴——浔龙河模式总策划师柳中辉作专题辅导报告。县委书记周新辉主持报告会。

同日，祁阳县乡村振兴（一镇一园）浔龙河项目方案对接会召开。

13 日至 14 日，心里程控股集团总裁彭锦环一行到祁就区域总部经济项目和信息化合作项目进行深入洽谈。

14 日，县委书记周新辉主持召开城市品牌设计方案征求意见会，征求社会各界对祁阳县城市品牌设计的意见和建议。

同日，县委书记周新辉深入现代农业示范园调研。

16 日，县委书记周新辉带领相关部门赴大忠桥、三口塘镇开展“三走遍三签字”活动。

17 日，市委书记严华带队到祁阳县就全市推进城乡环境基础设施建设现场会进行现场观摩。

同日，从 2019—2020 年全省产油大县项目评审会上传来喜讯，祁阳县以总分 91.83 分的成绩再次入围全省产油大县项目，为永州市唯一连续五轮获此项目支持的县区。

同日，2019 年永州市金融科技活动周启动仪式在祁阳县举行。

18 日，县委书记周新辉主持召开全县推进城乡环境基础设施建设现场办公会。

19 日上午，县委书记周新辉深入黎家坪镇十里坪区域开展实地调研并召开养殖转型升级工作推进现场办公会。下午，率县水利局、国土局、农业农村局、畜牧水产局、交通局等部门负责人开展巡河工作，用巡河 APP 记录了巡河过程。并深入白水科技工业园进行专题调研。

21 日，县委书记周新辉主

持召开2019年第十五次县委常委会会议。

23至26日，县委书记周新辉深入龚家坪镇、肖家镇和羊角塘镇开展“三走遍三签字”活动。

23至24日，大型现代祁剧《向阳书记》在北京全国地方戏演出中心连续上演，引起京城观众的强烈共鸣。

26日上午，祁阳县召开非洲猪瘟防控紧急工作会议。

27日，县委书记周新辉先后到祁阳一中、祁阳四中和高考补习学校看望慰问奋战在高考一线的高三教师，了解学校高考备考工作和师生的学习生活情况。下午，还深入经开区现场办公。

28日，市委书记严华到祁阳县开展“领办重点信访件”工作，面对面倾听群众诉求，心贴心为百姓排忧解难。

30日，由国家发改委农经司副司长李明传带队，国家发改委、国家林业和草原局、农科院组成的联合调研组到祁阳县调研油茶产业发展情况。副市长谢景林、县委书记周新辉等领导陪同调研。

同日晚，永州公安文艺轻骑小分队扫黑除恶宣讲演出·祁阳专场在县祁剧团举行。

31日，县委书记周新辉主持召开2019年第十六次县委常委会会议。

6月

2日，县委书记周新辉深入茅竹镇、观音滩镇、白水镇、八宝镇调研农村人居环境整治工作开展情况。

3日，县委书记周新辉深入街道社区、医院、学校、企业，督导创建“全国健康促进县”“省级慢性非传染性疾病综合防控示范区”工作。下午，还调研了“六出城三取缔”工作并召开现场办公会。

同日，2019年“端午文化周”暨“文化和自然遗产日”活动在县城白竹湖广场正式开幕。

4日，市人大常委会常务副主任、党组书记高建华率调研组一行到祁阳县调研民营经济发展工作。县委书记周新辉等领导出席座谈会或参加调研。

同日，全县2019年“六五”环境日系列主题宣传活动在白竹湖广场全面启动。

5日，祁阳县2019年“红星美凯龙杯”端午龙舟赛在白竹湖广场开幕。县委书记周新辉宣布龙舟赛开幕。

同日，县委书记周新辉深入大村甸镇、文明铺镇开展脱贫攻坚“三走遍三签字”活动。

6日，祁阳县2019年“红星美凯龙杯”端午龙舟赛圆满闭幕。经过为期两天的激烈角逐，最终长虹街道代表队摘取此次龙舟赛的冠军。

同日，省委政研室调研组一行来到祁阳县调研乡村治理工作。县委书记周新辉等领导陪同调研。

7日，县委书记周新辉到祁阳一中、祁阳二中、祁阳四中、陶铸中学、祁阳职业中专高考考点，巡视高考工作。

10日，县委书记周新辉主持召开防汛工作会商会，就应对当前汛情、加强防汛工作进行会商。

11日晚，县委书记周新辉主持召开2019年第十七次县委常委会会议，传达市委书记严华对祁阳县扫黑除恶专项斗争暗访情况反馈会的讲话精神，专题研究部署下一步工作安排。

12日，县委创新理论学习方式，围绕创建省级园林县城这一主题，将2019年县委理论学习中心组第六次集中学习与具体的创园工作部署结合起来进行。县委书记周新辉主持报告会并讲话。

13日晚，县委书记周新辉主持召开全县经济运行“双过半”调度会。

16日，永州市2019年“安全生产月”安全宣传进农村暨祁阳县“安全生产月”安全咨询日活动在黎家坪镇启动。

17日，市委书记严华深入祁阳县潘市镇龙溪村调研脱贫攻坚和乡村振兴工作，走访慰问困难群众。

18日，县人民政府召开第42次常务会议。

19日，中共祁阳县第十二届委员会第六次全体（扩大）会召开。县委书记周新辉出席会议并讲话。会议就《中共祁阳县委关于创建“无废城市”的决定（草案）》的起草作了说明；讨论了《中共祁阳县委关于创建“无废城市”的决定（草案）》；审议通过了《中共祁阳县委关于创建“无废城市”的决定》。

同日，2019年全市农村饮水工作推进现场会在祁阳县召开。副市长谢景林出席会议。

同日，全市加快推进“中国天然氧吧”市创建暨气象防灾减灾工作会议在祁阳县召开。副市长谢景林出席会议。

同日，县委书记周新辉主持召开2019年第十九次县委常委会会议。

18日至19日，省政府原副省长、省人大常委会原副主任、省老科协荣誉会长唐之享带队到祁阳县实地调研农村人居环境整治及农业产业发展工作。副市长李旦梅等领导陪同调研。

20日，县委书记周新辉到文富市镇司法调解所，与文富市镇司法所长、“优秀的人民调解员”李良钢座谈，号召在全县范围内推广宣传李良钢工作法，促进基层社会的和谐稳定。

20日至21日，县委书记周新辉深入文富市双龙桥村、建香村，黎家坪镇甘棠坪村，长虹街道爱国村，七里桥镇栗曾村、挂榜山村、双田照村、宝旺村等15个村开展脱贫攻坚“回头看、回头查、回头帮”活动，查找制约贫困村发展的问题和短板，找准扶贫措施，与镇村两级共谋贫困村的发展路子。

21日晚，国家住建部专家到祁阳调研农村住房建设试点工作，县委书记周新辉等领导参加调研。

23日，县委书记周新辉深入八宝镇、黄泥塘镇、进宝塘镇和白水镇检查指导防汛工作。

24日，县委书记周新辉主持召开脱贫攻坚暨“厕所革命”“一拆二改三种四清洁”现场推进会。

25日，祁阳县举行“保护湿地，从我做起”宣传活动启动仪式。县委书记周新辉参加并宣布仪式开始。

同日，省卫健委宣传处处长唐玉萍率省专家调研组一行到祁阳县指导创建“全国健康促进县”工作，并召开座谈会。县委书记周新辉等领导出席座谈会。

同日，全县各级党组织以支部为单位开展“万名党员齐上阵，村庄清洁我先行”党日主题活动。

26日是国际禁毒日，当天上午，祁阳县在白竹湖广场举办“健康人生、绿色无毒”大型宣传活动。

25日至26日，全国水库移民脱贫攻坚工作座谈会在祁阳县召开，水利部水库移民副司长赵晓明，湖南省水利厅党组成员、副厅长易放辉，县委书记周新辉等领导参加会议。

27日，祁阳县举行2019年县委理论学习中心组第七次集中学习辅导报告会。县委书记周新辉主持会议。

28日，“中国梦·劳动美”祁阳职工千人齐做工间操活动在陶铸广场举行。县委书记周新辉宣布活动开始，并加入到干部职工队伍中与大家一起做工间操。

同日，县委书记周新辉率队深入下马渡镇开展脱贫攻坚“回头看、回头查、回头帮”活动。

7月

1日，中共98岁生日之际，市委书记严华赴祁阳县走访慰问部分困难党员和老党员，送去节日的美好祝愿，带去党组织的关怀和温暖。

5日，县委书记周新辉主持召开2019年第二十次县委常委会会议。

8日，县委书记周新辉深入黎家坪镇三冲村、观音滩镇井仙村地质灾害隐患点，检查指导地质灾害隐患点防治工作。

9日，县委书记周新辉深入潘市镇龙潭村、光华村，梅溪镇大伍村、龟山村、城墙村开展脱贫攻坚“回头看，回头查，回头帮”工作。11日，又深入八宝镇内下边远山区的瓦窑村、新屋场村、河上江村、内下村开展脱贫攻坚“回头看、回头查、回头帮”活动。13日，还深入黄泥塘镇、进宝塘镇开展脱贫攻坚“回头看、回头查、回头帮”活动。

13日，县委书记周新辉紧急组织召开防汛救灾会商会，分析当前汛情，安排部署下一步防汛救灾工作。

14日，受强降雨及上游来水影响，湘江水位持续上涨，县城部分城区被洪水淹没。县委书记周新辉赶往王府坪市场、东江桥等县城低洼地段，调度指挥防汛救灾工作。

同日下午，副市长、防汛抗旱指挥部指挥长谢景林深入祁阳县白水镇、观音滩镇以及城区龙山街道光明片区察看灾情，指导抗洪救灾工作。

15日晚，县委书记周新辉深入县城受灾严重的区域，督查指导灾后清淤消毒等重建工作，看望奋战在一线的工作人员。

16日，县委书记周新辉主持召开2019年第二十一次县委常委会（扩大）会议，对祁阳县近日来遭受的洪涝灾害救灾补损工作作出安排部署。

同日，县委书记周新辉深入观音滩镇、白水镇调研指导灾后重建和农业补损工作。

18日，县委书记周新辉主持召开2019年全县化解大班额暨城区学位建设推进会。

19日，县政府第43次常务会议召开。

20日，县委书记周新辉深入潘市镇开展脱贫攻坚“回头看、回头查、回头帮”活动。从大忠桥镇金旗村开始，到潘市镇下七渡村结束，县委书记周新辉用两个多月的时间，完成了对全县75个贫困村“回头看、回头查、回头帮”活动，

同日晚，“情系教育、爱洒学子”2019年湖南省祁阳县教育基金募捐晚会在百胜赛尔大酒店四楼国际会议中心举行。县委书记周新辉等领导出席晚会。当晚通过县教育基金会微信公众号在线募捐平台和现场捐赠等方式共募集320余万元。

21日，省政协主席李微微率调研组抵达祁阳县，开启赴永州市就“推进湘南湘西承接产业转移示范区对接粤港澳大湾区产业融合发展”调研的第一站。县委书记周新辉等参加调研。

23日至24日，祁阳县召开上半年经济形势分析暨“五百工程三比三看”现场推进会。县委书记周新辉等领导出席会议并讲话。

25日，县委书记周新辉主持召开2019年第二十二次县委常委会会议。

30日上午，县委书记周新辉带领县四大家班子，到县人武部、武警中队、消防大队、军休所等地，走访慰问驻地官兵、军队离退休干部、伤残军人、退役军人。同时，还看望慰问了县公安交警、县公安局处突大队、环卫园林工人等坚守在高温一线的劳动者。下午，周新辉还深入城区学位建设项目现场办公。

31日，2019年永州市深化民营和小微企业金融服务推进会暨金融惠企大走访管理系统启动仪式在祁阳县举行。人民银行长沙中心支行副行长、国家外汇管理局湖南省分局副局长曾涛，县委书记周新辉等领导出席活动。

同日，省禁毒办副主任、省公安厅禁毒总队政委石敏初到祁阳督导检查禁毒工作。县委书记周新辉等领导参加汇报会。

同日，县委书记周新辉主持召开2019年第二十三次县委常委会会议。

8月

1日，湖南省2019年因灾倒损农村居民住房恢复重建工作会议在祁阳县召开。

同日，邵阳县委书记蒋伟率党政代表团到祁阳县学习考察学习园区建设、招商引资、承接产业转移、产业发展等工

作。县委书记周新辉等领导陪同。

2日上午，县委书记周新辉深入祁阳县经开区智慧园区运营指挥中心、盈通达物流产业园、铜锣湾杨梅湖新城、西区农贸市场和新天地城市商业综合体调研商贸物流重点项目建设情况。下午，还深入白水镇湘江村、浯溪街道小江村、茅竹镇三家村、德辉农业开发公司等地调研指导救灾补损和农村人居环境整治工作。

3日，湖南省市州农业农村局长会议在祁阳县召开。

5日至6日，省人大常委会副主任、省总工会主席周农到永州市调研关于加强人民检察院法律监督工作，期间，参观考察了祁阳县人民检察院工作。

13日，县委书记周新辉先后深入县经开区盈通达物流园、科创产业园、智慧园区指挥中心、电子信息产业园，新天地城市综合体、西区农贸市场、铜锣湾杨梅湖新城等地实地调研全县商贸流通业发展情况。

14日，县委书记周新辉到城区部分学校，调研秋季开学准备工作。

15日，祁阳县举行融入粤港澳大湾区承接产业转移大会暨百企入园签约仪式，70家企业签约入驻，总投资120亿元。省人民政府副省长何报翔出席大会并宣布祁阳科创产业园开园。

同日，全省商贸流通载体建设工作推进会在祁阳县召开。省人民政府副省长何报翔出席会议并讲话。副市长李旦梅等领导出席会议。

20日，县委书记周新辉看望慰问奋战在扫黑除恶一线的办案民警们。

21日，市人大常委会副主任周益志率调研组到祁阳县调研农村人居环境整治工作。

同日，市人大常委会副主任袁火林率调研组一行到祁阳县督办《关于依法规范农村建房，着力助推乡村振兴的议案》办理落实情况。

23日，市委书记严华率参加全市产业项目建设现场推进会的与会人员到祁阳县，参观考察祁阳县产业发展情况，现场观摩现代纺织特色产业城、科创产业园、康云科技等产业项目建设现场。

26日，县委书记周新辉主持召开2019年第二十四次县委常委会会议。

同日，县委书记、县委全面深化改革委员会主任周新辉主持召开县委全面深化改革委员会第二次会议。

27日，祁阳县召开创建省级园林县城迎检验收推进会。县委书记周新辉出席会议并讲话。

同日，县召开关心下一代工作暨第五届“最美孝心少年”表彰大会。县委书记周新辉出席会议并讲话。

同日，县委书记周新辉深入肖家镇、白水镇调研农业产业发展。

29日，县委书记周新辉主持召开书记专题会议，听取十二届县委第六轮巡察综合情况汇报，研究巡察成果运用。

30日，全市农业产业兴旺暨对接粤港澳大湾区“菜篮子”建设现场推进会在祁阳县召开，市委书记严华出席会议并讲话。市委副书记、政法委书记张贺文主持会议，副市长谢景林作工作报告。

9月

1日，县委书记周新辉深入全县中小学校，调研指导秋季开学工作。

2日，县委书记周新辉主持召开2019年第二十五次县委常委会会议。

同日，副市长谢景林深入祁阳县郡祁学校调研“大班额”化解工作及开学工作。

4日，永州市“壮丽70年·奋斗新时代”系列新闻发布会举行祁阳县专场，展示70年到祁阳阳县经济社会发展情况。县委书记周新辉发布新闻并答记者问。

同日，中国高新技术产业经济研究院院长李文辉一行到祁阳县调研高新技术产业以及现代农业发展情况，县委书记周新辉参加调研。

5日，市委书记严华，以

及市委常委会组成人员专程赴陶铸纪念馆以“传承红色基因，牢记初心使命”为主题，追忆红色故事，缅怀革命先辈，传承革命精神，正式启动全市“不忘初心、牢记使命”主题教育。

同日，县委书记、县委财经委主任周新辉主持召开中共祁阳县委财经委员会第一次会议。

6日，全县公安工作会议暨迎接新中国成立70周年大庆防风险保安全护稳定专题工作会议召开。县委书记周新辉出席会议并讲话。

7日，县委书记周新辉率县委常委会组成人员赴浯溪公园陶铸铜像前、道县蚣坝镇石马神村陈树湘烈士断肠明志处和陈树湘烈士纪念园，以“传承红色基因，牢记初心使命”为主题，开展县委常委会组成人员革命传统教育，标志着祁阳县“不忘初心、牢记使命”主题教育正式启动。

同日，县委书记周新辉主持召开2019年第二十六次县委常委会会议。

8日，祁阳县召开向新中国成立70周年献礼十大类标志性工程推进会议。县委书记周新辉出席会议并讲话。

9日，祁阳县召开庆祝第三十五个教师节暨教育表彰大会。县委书记周新辉出席大会并讲话。

同日，县委召开全县领导干部大会，市委常委、组织部部长吴志雄出席会议，并宣布省委关于祁阳县人民政府主要领导的提名决定。省委常委会议研究决定：提名陈小平为祁阳县人民政府县长候选人。

同日晚，祁阳县举行庆祝第35个教师节文艺晚会。周新辉、陈小平等领导与师生代表、群众们共同观看了演出。

11日，祁阳县召开“不忘初心、牢记使命”主题教育工作会，全面安排部署全县“不忘初心、牢记使命”主题教育。县委书记、县委主题教育领导小组组长周新辉出席会议并讲话。县委副书记、县长候选人、县委主题教育领导小组副组长陈小平主持会议。

同日，县委书记、县委“不忘初心、牢记使命”主题教育领导小组组长周新辉主持召开县委“不忘初心、牢记使命”主题教育领导小组第一次会议。

同日，祁阳县召开“中秋、国庆”两节期间安全防范工作会议。周新辉，陈小平等领导出席会议并讲话。

同日晚，县委副书记、县长候选人陈小平主持召开祁阳县2019年重点民生实事工作推进会暨重点民生实事工作“回头看”安排部署会。

12日，县委书记、县第一总河长周新辉在潘市镇、黄泥塘镇湘江河段开展巡河工作。县委副书记、县长候选人陈小平等一同参加巡河。

16日，县委书记周新辉深入白水科技工业园、县城经开区以现场办公的形式对轻纺、制鞋及服饰两条产业链建设工作进行调研。

18日，县委书记周新辉就先进装备制造产业链建设工作进行专题调研。

同日晚，一场以“美丽幸福新祁阳精致宜居新家园”为主题的文艺晚会在百胜赛尔大酒店举行。住建部建筑杂志社总编叶昌元、副社长居吉荣，国家发改委宏观经济研究院市场与价格研究所副主任刘志成，省住建厅副厅长刘年来，县委书记周新辉等领导与来自全国住建系统新闻宣传工作者代表一同观看晚会。

19日上午，县委“不忘初心、牢记使命”主题教育读书班开班。县委书记周新辉作题为“不忘初心、牢记使命，奋力谱写祁阳高质量发展新篇章”专题党课。县委副书记、县长候选人陈小平主持会议。下午，全体学员集中观看《迷失的初心》《血战湘江》两部教育片。

同日，2019年全国住建系统通讯员培训暨通联工作会在祁阳县召开。建筑杂志社总编叶昌元、副社长居吉荣，国家发改委宏观经济研究院市场与价格研究所副主任刘志成，省住建厅副厅长刘年来，县委书记周新辉等领导出席会议。

20日上午，祁阳县举办“不忘初心牢记使命”主题教育读书班专题辅导报告会，邀请湖南省委党校副校长、湖南行政学院副院长吴传毅授课。县委书记周新辉等领导参加辅导报告会。下午，县委理论学习中心组成员，以“从忠诚看初心”为主题开展研讨交流。

21日，县委“不忘初心、牢记使命”主题教育读书班在县行政中心六楼大会议室举行结业仪式。县委书记书记周新辉作总结讲话，县委副书记、县长候选人陈小平主持结业式。

22日，祁阳县“中国城市无车日”主题宣传活动在白竹湖广场启动。县委书记周新辉宣布活动正式启动，县委副书记、县长候选人陈小平主持活动。

同日，县委书记周新辉深入城乡供水一体化项目大村甸水厂开展专题调研。县委副书记、县长候选人陈小平等领导参加调研。

同日，祁阳县召开城乡供水一体化项目大村甸水厂建设网管入户工作推进会，县委副书记、县长候选人陈小平出席会议并讲话。

23日，祁阳县庆祝2019年“中国农民丰收节”活动在下马渡镇团栗村拉开帷幕。县委书记周新辉宣布活动开幕，并敲响丰收锣，县委副书记、县长候选人陈小平致辞。

同日，祁阳县召开庆祝中国人民政治协商会议成立70周年大会。县委书记周新辉出席会议并讲话，县委副书记、县长候选人陈小平主持会议。

同日，县委书记周新辉深入新金浩、鑫利生物等企业，就祁阳县农产品加工、生物医药产业发展情况进行调研。

23至24日，祁阳县“中国梦·劳动美”2019年第四届镇（办）职工气排球赛举行。

24日，县委书记周新辉主持召开农产品加工、生物医药、新能源新材料产业链建设座谈会，

同日，市委常委、市纪委书记、监委主任杨永到祁阳走访慰问老干部老党员并检查指导清廉祁阳建设工作。

同日，县委副书记、县长候选人陈小平深入观音滩镇、白水镇、羊角塘镇、梅溪镇和潘市镇调研安全生产工作。

25日上午，县委书记周新辉深入贵澳油茶产业示范园进行调研。

同日，省禁毒办副主任、省公安厅禁毒总队副总队长李鹏飞率省禁毒委联点督导组到祁阳县检查督导国庆禁毒安保工作，县委书记周新辉，县委副书记、县长候选人陈小平等参加会议。

同日，湖南省委主题教育第二巡回指导组副组长、省自然资源厅巡视员王善明带领第二小组成员到祁阳调研指导“不忘初心、牢记使命”主题教育。县委书记周新辉参加调研。

26日，县委书记周新辉深入大忠桥镇调研指导农村人居环境整治工作。

同日，祁阳县第十七届人民代表大会第五次会议举行第一次全体会议，会议通过举手表决的方式通过了补选办法（草案）。

27日，祁阳县第十七届人大五次会议举行第二次全体会议，选举产生祁阳县人民政府县长，祁阳县人民法院院长，祁阳县人大常委会委员。经过投票选举，陈小平全票当选为祁阳县人民政府县长，田光耀全票当选为祁阳县人民法院院长。

同日，祁阳县十七届人大五次会议第三次全体会议圆满完成各项议程，在百胜赛尔会议中心胜利闭幕。会上，新当选的县人民政府县长陈小平，新当选的县人民法院院长田光耀向宪法宣誓。县委书记周新辉出席会议并讲话。

28日，县委书记周新辉深入县经开区开展百企入园签约项目落地、经开区平台建设及要素保障工作专题调研。下午，还调研了国庆前期安全生产工作。

同日，长沙市祁乡商会2019年爱心助学捐赠仪式举行。县委副书记、县长陈小平出席捐赠仪式。

29日，县委书记周新辉主持召开县委“不忘初心、牢记使命”主题教育离退休老同志座谈会。

同日，县委书记周新辉走访慰问为我国革命、建设、改革事业做出突出贡献的老战士、老党员。

同日，县委副书记、县长陈小平主持召开县人民政府第44次常务会议和县人民政府党组（扩大）会议。

30日，祁阳县在龙山公园举行烈士纪念日公祭仪式。县委书记周新辉宣读祭文，县委副书记、县长陈小平主持仪式。

同日，县委书记周新辉主持召开2019年第二十九次县委常委会会议。

同日，祁阳县第二配水厂启动通水仪式。县委书记周新辉宣布配水厂通水运行并启动通水总开关正式通水，县委副书记、县长陈小平致辞。

同日，县委书记周新辉主持召开县委“不忘初心、牢记使命”主题教育镇（街道）党（工）委书记、县直行业（部门）党委（党组）书记座谈会。

10月

1日，祁阳县组织收看收听庆祝新中国成立70周年大会、阅兵式和群众游行实况。县委书记周新辉，县委副书记、县长陈小平等在家县领导在县委常委会议室集中收看收听。

同日，祁阳县步步高新天地城市综合体举办开业庆典，县委书记周新辉出席并致辞。

2日，县委书记周新辉开展“不忘初心、牢记使命”主题教育调研活动，深入碧水源大村甸水厂，现场查看项目进展情况，研究解决存在的问题。

同日，县委副书记、县长陈小平深入黎家坪镇召开城乡供水一体化暨管网入户缴费工作推进会。

5日上午，县委书记周新辉深入新埠头水厂、长虹街道、大村甸、文明铺、龚家坪、黎家坪和文富市镇调研城乡供水一体化工作进展情况。下午，还深入现代农业示范园调研。县委副书记、县长陈小平等领导参加调研。

8日，县委书记周新辉带队调研祁阳县创建省级园林县城推进情况及城区内老旧小区提质改造工作。

9日，县委书记周新辉深入县城部分商贸企业调研商贸流通产业发展情况。

同日，县委副书记、县长陈小平深入三口塘镇卫生院、村卫生室调研基层公共卫生服务工作，并召开座谈会。

10日，市委常委、组织部部长吴志雄带队深入祁阳调研“减轻基层负担与调动基层干部积极性相结合的体制机制”改革试点工作。

同日，县委副书记、县长陈小平主持召开县长办公会议。

11日，祁阳县召开创园绿化“百日会战”、秋冬农业生产暨外流贩毒专项整治工作动员大会。县委书记周新辉主持会议并讲话，县委副书记、县长陈小平作工作报告。

12日，县委书记周新辉主持召开乡村振兴产业兴旺专题调研座谈会。

同日，祁阳县召开扶贫开发领导小组会议。县委书记周新辉出席会议并讲话，县委副书记、县长陈小平主持会议。

同日，县委书记周新辉主持召开全县配合中央扫黑除恶督导“回头看”工作部署会。

同日，从第三届中国森林康养与乡村振兴大会上传来喜讯，祁阳县被评选为“全国森林康养基地试点建设县”，并在大会获得正式授牌。

13日，县委举办“不忘初心、牢记使命”主题教育第二期读书班，特邀井冈山干部学院教务部教授、副处长欧阳慧主持教学。县委书记周新辉，县委副书记、县长陈小平，等领导出席读书班。此次读书班以“传承红色基因，不忘初心使命”为主题，采取访谈式教学，邀请革命后代为读书班学员讲授他们先辈的革命故事，集中接受革命传统教育。

14日，县委副书记、县长

陈小平到八宝镇、白水镇、观音滩镇调研农村居民用水问题。

15日，常德澧县县委书记廖可元率党政代表团一行到祁阳县考察调研社会经济发展工作。县委书记周新辉，县委副书记、县长陈小平等一同参加考察调研。

同日，县委副书记、县长陈小平主持召开全县城乡居民2019年养老保险征缴工作推进会暨2020年度医保参保缴费启动大会。

16日，县人民政府与东方电气风电有限公司就东方电气祁阳风电项目在县委常委会议室签约。县委副书记、县长陈小平出席并致辞。

16至17日，省扶贫办党组成员、副主任杨文辉率省扶贫办调研督导组，到祁阳县调研“两不愁三保障”突出问题整改及数据录入工作进展情况并召开座谈会。县委书记周新辉，县委副书记、县长陈小平参加调研。

17日，市委第八专项巡察组对祁阳县护航脱贫攻坚专项巡察情况意见反馈会召开，市委书记、市人大常委会主任严华带队反馈意见并讲话。

同日，县委副书记、县长陈小平深入中仓街周边、下河街、东长街、光明小区等棚改项目现场，调研了解项目建设进展情况。

18日，县委书记周新辉主持召开2019年第三十次县委常委会会议。

22日，县委“不忘初心，牢记使命”主题教育第二期读书班“从干净看初心”主题研讨交流会分组召开。县委书记周新辉主持第一讨论小组县委常委专题研讨会并讲话，县委副书记、县长陈小平等领导在会上作交流发言。

同日，县委常委班子召开“对照党章党规找差距、严守纪律规矩重自觉”专题会议，集中学习党章党规，对照党章党规全面查找问题、整改提高，推动全县主题教育取得实实在在的成效。县委书记周新辉主持会议并讲话。

同日，市人大常委会副主任周益志率调研组到祁阳督办调研学位建设工作，并召开座谈会。

23日，共青团祁阳县第十八次代表大会召开。会议审议通过了共青团祁阳县第十七届委员会工作报告，选举产生了共青团祁阳县第十八届委员会委员、候补委员、书记和副书记。县委书记周新辉出席会议并讲话。

同日，县委书记周新辉深入到白水镇，对火冲村部分建档立卡贫困户进行入户走访，实地调研贫困户“两不愁三保障”落实情况。

同日，县委副书记、县长陈小平主持召开县政府党组（扩大）会议和县政府第45次常务会议。

24日，祁阳县城乡供水一体化（一期）工程大村甸水厂建成通水。县委书记周新辉，县委副书记、县长陈小平等领导出席通水仪式。

同日，县委书记周新辉主持召开全县重点项目申报工作调度会。

24日至25日，祁阳县开展三季度经济形势分析“五百工程三比三看”暨产业链建设现场调研活动并召开推进会。县委书记周新辉，县委副书记、县长陈小平等领导参加现场调研及会议。

25日，县工会召开第十五次代表大会，县委常委、组织部部长郑国荣当选为县总工会主席。县委副书记、县长陈小平出席会议并讲话。

同日晚，县委副书记、县长陈小平主持召开县政府党组“对照党章党规找差距、严守纪律规矩重自觉”专题会议。

26日，县文学艺术界联合会第四次代表大会召开，县委副书记、县长陈小平出席会议并讲话。

27日，县科学技术协会第十次代表大会召开，县委副书记、县长陈小平参加会议并讲话。

28日，县委书记周新辉深入肖家镇黄石村、龙凼村调研脱贫攻坚工作。

同日，县妇联第十三次代表大会召开。县委副书记、县长陈小平出席会议并讲话。

同日下午，县委副书记、县长陈小平深入城区学位建设项目现场办公。当晚，还深入梅溪镇督查安全生产治超工作。

29 日，市委“不忘初心、牢记使命”主题教育先进事迹报告团巡回宣讲报告会在县影剧院举行。县委书记周新辉主持报告会。

同日，县委书记周新辉主持召开中共祁阳县委全面依法治县委员会第一次会议，深入学习贯彻相关会议精神，谋划部署全面依法治县工作。

同日，县委书记周新辉专题调研县融媒体中心建设并召开座谈会。

30 日，县委书记周新辉主持召开 2019 年第三十一次县委常委会会议。

同日，省卫生健康委规划发展与信息化处处长刘五星带领省爱卫会到祁阳就创建国家卫生城市进行复审检查。县委书记周新辉，县委副书记、县长陈小平等陪同检查。

同日晚，县委书记周新辉主持召开大村甸水厂项目建设工作调度及城乡供水一体化二期推进会议，对大村甸水厂原设计范围内北五镇一街道一场共 55 个村的自来水安装入户工作再调度再推进。

31 日，健康湖南行动——健康知识普及行动启动仪式暨 2019 年全省健康促进工作推进会议在祁阳县举行。副市长谢景林、县委书记周新辉等领导出席会议。

同日，省考查组深入祁阳县实地考查省级园林县城创建工作。县委书记周新辉，县委副书记、县长陈小平等陪同考查。

31 日至 1 日，省考查组深入祁阳县实地考查省级园林县城创建工作，为祁阳下一步更好地开展创建工作问症把脉。县委书记周新辉，县委副书记、县长陈小平等领导参加座谈会或陪同考查。

11 月

1 日，祁阳县召开县委常委班子主题教育调研成果交流会，县委书记周新辉主持会议并作交流总结。

3 日上午，县委书记周新辉深入茅竹镇乡村振兴示范区三家村风貌改造和民宿民居建设项目部、现代农业示范园内环线建设工地等现场，调研乡村振兴工作。下午，还深入新埠头水厂、大村甸水厂等地，实地调研城乡供水一体化项目工作。

同日，县委副书记、县长陈小平带领考察团前往岳阳市君山区考察。

5 日，县委书记周新辉深入油茶产业基地调研油茶产业发展情况。

同日晚，县委副书记、县长陈小平主持召开县政府党组领导班子成员主题教育调研成果交流会。

6 日，县委书记周新辉带领县教育局、财政局、发改局、住建局、自然资源局、城建投等部门负责人，就城区中小学校整体布局规划进行专题调研。

同日，县委副书记、县长陈小平主持召开祁阳县脱贫攻坚工作行业扶贫调度会议。

8 日，县委副书记、县长陈小平主持召开全县棚改工作推进会。

9 日，县委书记周新辉主持召开百企入园工程座谈会。

10 日，县委书记周新辉深入城区大街小巷开展“不忘初心、牢记使命”主题教育，调研城区“一老一小”工作。

11 日，县委书记周新辉主持召开 2019 年第三十二次县委常委会会议。

12 日，祁阳县召开脱贫攻坚迎接省级实地考核工作动员会。县委书记周新辉，市扶贫办党组书记、主任段贵建出席会议并讲话。县委副书记、县长陈小平主持会议。

同日，市人大常委会机关党支部到祁阳县陶铸纪念馆、陶铸故居开展“不忘初心牢记使命”主题党日活动。市人大常委会副主任杨海河、袁火林、周益志、胡先荣参加红色教育活动。

同日，副市长谢景林到祁阳县调研“一老一小”工作。

县委副书记、县长陈小平陪同调研。

同日，县委书记周新辉带队调研城区重点地段绿化亮化工作。

同日晚，祁阳县组织召开2019年金融工作会议。县委副书记、县长陈小平出席会议讲话。

13日，全市2019年健康扶贫、基层卫生机构标准化建设暨医改重点工作推进会在祁阳县召开，副市长谢景林出席会议并讲话。市政协副主席、市卫生健康委主任欧阳德群，县委书记周新辉等领导出席会议。

同日下午，县委书记周新辉调研督导安全生产工作。

同日，县委副书记、县长陈小平主持召开2019年全县财源建设工作推进会。

14日，县委副书记、县长陈小平主持召开县人民政府第46次常务（扩大）会议。

15日，县委书记周新辉主持召开扫黑除恶专项斗争工作推进会。

同日，祁阳县召开交通问题顽瘴痼疾集中整治行动动员会。县委书记周新辉，县委副书记、县长陈小平等领导参加会议并讲话。

同日，祁阳县召开文昌宝塔修缮、文昌书院重建工作调度会。县委书记周新辉，县委副书记、县长陈小平等领导出席会议并讲话。

16日，副省长陈飞深入祁阳县部分园区、企业、车站、应急管理指挥中心等地调研应急能力建设。省应急管理厅厅长李大剑，市委副书记、市长何录春，县委书记周新辉，县委副书记、县长陈小平等参加调研。

18日，县委书记周新辉深入城区、乡镇调研交通问题顽瘴痼疾集中整治工作。

同日，县委副书记、县长陈小平带领县城建投、住建局、现代铁路物流园工程建设指挥部等相关单位负责人赴祁东县湖南衡缘物流中心参观考察铁路物流园项目建设，学习衡缘物流在现代铁路物流园建设方面先进经验。

20日，市委书记严华深入祁阳县调研七里桥农产品综合批发市场建设。市委常委、市委秘书长唐能武，县委书记周新辉等领导参加调研。

同日，国家文物局党组成员、副局长胡冰带队到祁阳考察浯溪摩崖石刻。省文化和旅游厅党组成员、副厅长、省文物局局长陈远平，县委书记周新辉等领导陪同考察。

21日，县委“不忘初心，牢记使命”主题教育第三期读书班“从担当看初心”主题研讨交流会分组召开。县委书记周新辉主持第一讨论小组县委常委专题研讨会并讲话，市委第二巡回指导组组长李乾亮出席会议。县委副书记、县长陈小平等县领导在会上作交流发言。

同日，祁阳县政府与永州市农发行就项目对接召开座谈会。县委副书记、县长陈小平出席会议并讲话。

22日，县委书记周新辉主持召开2019年第三十三次县委常委会会议、县委常委议军会。

同日，县委书记周新辉主持召开植树造林及立地改良工作专题技术培训班，此次培训特邀中南林业科技大学教授喻勋林现场授课。

23日，副市长、市公安局局长刘新良深入祁阳县开展巡河工作。

同日，县委副书记、县长陈小平深入白水镇和肖家镇，分别调研指导芙蓉学校建设和精准扶贫工作。

24日，“不忘初心、牢记使命”2019“祁阳农商银行杯”陶铸故里·红军行暨“大美永州”大穿越活动在祁阳县鸣枪开跑。

同日，县委书记周新辉深入城区调研“一老一小”工作，为发展托养服务探索“祁阳路径”。下午，县委书记周新辉还深入潘市镇龙溪村、高江村督导农村人居环境整治工作，重点察看民俗民居改造建设现场。

25日，县委书记周新辉率农业、交通、水利、林业、农建投等部门深入现代农业示范园调研。

26日，住永省政协委员到祁阳县视察调研非物质文化遗产保护和利用工作，市政协主席蒋善生，市政协副主席、市党外知识分子联谊会会长彭爱华，市政协副主席、市工商联主席吕斌，县委书记周新辉等领导参加调研。

27日，县委书记周新辉带队赴八宝镇内下库区的内下村、河上江村、新屋场村和瓦窑村开展“回头看、回头查”，指导脱贫攻坚迎省检工作。

同日，祁阳县召开禁毒、信访工作调度会。县委书记周新辉出席会议并讲话。

28日，省委宣讲团成员、市委书记严华深入祁阳县肖家镇黄石村宣讲中共十九届四中全会精神。

同日，县委书记周新辉深入祁冷快线祁阳段、行政中心公园绿地建设现场实地调研绿化建设进展情况。

29日，祁阳县召开2019年秋冬农业生产农村人居环境整治暨脱贫攻坚工作推进会，推进会由县委副书记、县长陈小平主持，县委书记周新辉出席会议并讲话。

同日，市旅游景区质量等级评定委员会发布公告，祁阳县德辉景区拟评为国家AAA级旅游景区。

12月

12日，县委书记周新辉主持召开2019年第三十四次县委常委会会议。

13日至4日，省委农村工作领导小组“三农”工作专家组一行到祁阳县就实施乡村振兴战略进行实地考察调研，并组织召开座谈会。县委书记周新辉，县委副书记、县长陈小平等领导参加调研及座谈会。

15日，县委常委班子召开“不忘初心、牢记使命”主题教育专题民主生活会。县委书记周新辉主持会议并作总结讲话。

16日，县委书记周新辉带队深入一线，对祁阳县铁路沿线环境安全隐患整治工作开展调研。

18日至9日，人民日报社《人民论坛》杂志社调研组一行到祁阳县就基层治理创新“工作村为主”典型经验进行实地考察调研，并组织召开座谈会。

19日，市委书记严华深入祁阳县油茶示范区和科创产业园，专题调研园区建设工作。

111日，县政府党组领导班子召开“不忘初心、牢记使命”主题教育专题民主生活会。县委副书记、县长陈小平主持会议并讲话。

112日，县委副书记、县长陈小平主持召开祁阳县人民政府第47次常务（扩大）会议。

同日，湖南省教师培训机构专业化建设主题高研班暨2019年湖南省教师培训机构管理专业委员会年会在祁阳县召开。县委副书记、县长陈小平参会并致辞。

113日，县委书记周新辉主持召开2019年第三十五次县委常委会会议。

同日，县人民政府与棕榈生态城镇发展股份有限公司、湖南棕榈浔龙河生态城镇发展有限公司举行乡村振兴战略合作框架协议签约仪式。

119日，祁阳县召开全域旅游发展规划专家评审会。县委副书记、县长陈小平等领导参加会议并讲话。

123日，市委宣讲团中共十九届四中全会精神报告会暨县委理论学习中心组2019年第十二次集中学习在县委六楼大会议室举行。市委宣讲团成员、市委宣传部副部长周勇作党的十九届四中全会精神专题辅导报告。县委书记周新辉主持报告会。

同日，县委书记周新辉主持召开县委理论学习中心组2019年第十二次集中学习专题讨论。

124日，县委书记周新辉主持召开2019年第三十六次县委常委会会议和县委常委议教会议。

127日，中共祁阳县第十二届委员会第七次全体（扩大）会议召开。全会审议通过《中共祁阳县委关于深入学习贯彻十九届四中全会精神为奋力谱写富饶美丽幸福新湖南祁阳篇章提供有力制度保障的决议（讨论稿）》。县委书记周新辉作全会工作报告，县委副书记、县长陈小平主持会议。

128 日，市委副书记、代市长朱洪武深入祁阳县调研脱贫攻坚工作。

同日，副市长刘新良带领市公安局扶贫队伍来到祁阳县肖家镇龙卤村开展“元旦、春节”节前座谈慰问暨图书捐赠活动。

130 日晚，县委书记周新辉主持召开 2019 年第三十七次县委常委会会议。

祁阳概况

地理位置

祁阳县位于湖南省南部、永州市东北角，北依衡山、祁山，南靠阳明山，湘江横贯县境中部。东接衡阳市的常宁市、祁东县，东南邻郴州市桂阳县，南接新田县、宁远县，西南邻双牌，西抵永州市零陵区、冷水滩区，西北邻永州市冷水滩区，北连衡阳市祁东县，东北邻衡阳市祁东县。地理坐标为东经 110°34′58″～112°14′20″，北纬 26°02′10″～26°51′12″之间。南北长距离 90.4 千米，东西宽 64.5 千米，土地总面积 2538 平方千米。其中山地 1066 平方千米，占土地总面积的 42%，丘陵 355 平方千米，占 14%，岗地 431 平方千米，占 17%，平地 558 平方千米，占 22%，水面、道路、村庄等 128 平方千米，占 5%。

地形地貌

祁阳县境山岗、丘陵、盆地、平原兼有，大小河流 250 余条，南北狭长，三山四水构成地貌基本骨架。南有阳明山，北有四明山，东北有祁山，中有湘江，流长 100.8 千米，主要支流有 3 条，白水自南向北流入湘江，长 78.1 千米，祁水自北向南流入湘江，长 67.2 千米，清江自西北向东南经祁东归阳流入湘江。

地形南北高，中部低。地势以湘江为基准，南部由南向北倾斜递降，最高点与最低点相差 1467 米，两点间距 55 千米，地势比降为 2.7%；北部由北向南倾斜递降，最高点与最低点相差 716.4 米，两点间距 15 千米，地势比降为 5%。地势此起彼伏，地貌错综复杂，山丘岗平呈横向带状阶梯式分布，形成南北高、中间低的凹形盆地，为工、农、林、牧、副、渔各业的提供较好的自然条件。

自然资源

【土地资源】 全县土地面积 253769.27 公倾，其中耕地面积 53194.38 公倾，园地面积 7888.52 公倾，林地面积 135710.75 公倾，草地面积 9230.11 公倾，城镇村及工矿用地面积 18039.01 公倾，水域及水利设施用地面积 18963.96 公倾，其他土地面积 7653.31 公倾。

【水资源】 祁阳境内溪河纵横，河网密布，全县境内共有 1 千米以上河流 250 条，其中湘江境内长 100.8 千米，湘江的一级支流有白水河、祁水河等 30 条，二级支流有清江等 58 条，三级支流 108 条，四级支流 45 条，五级支流 9 条。流域面积在 200 平方千米以上一级支流有祁水河、白水河，200 平方千米以上的二级支流有祁水河的燕子岩和双江口、白水河的大黄系河、祁东白河的清江等。

祁阳县多年平均降雨值为 1398.3 毫米，湘江经流祁阳多年平均地表水资源量约为 184.8 立方米。全县水能资源理论蕴藏量 35 万千瓦，技术可开发量 30 万千瓦，县内河流大多数是山溪性河流，河床落差较大，适应于小型水电站的开发，水能资源绝大部分集中蕴藏在湘江河、白水河、祁水河、昌木套河、大黄司河及黄花河流域，占全县水能理论蕴藏量80%以上，其他小河流由于地势平坦，其水能资源的可开发利用价值不高。

祁阳县洪水主要由降水形成，因此水位变化与降水相应。由于全年降水时空分布特点，既有局部暴雨，又有普遍大雨，加之水库蓄水发电调节，因此全县的水位变化并不完全同步。

【野生动植物资源】 全县共有野生植物135科972种，主要木本植物103科、290属、835种。其中具有栽培经济价值的210种，特用经济价值的25种，速生树30多种，古老孑遗树种7种，国家一级保护植物4种，二级保护植物9种，省级保护植物11种。主要乡土树种有杉木、马尾松、檫木、泡桐、香椿、柏木、樟树、毛竹、油茶、油桐、杜仲、厚朴、柑桔等。野生动物有13个纲、28目、75科、246种，其中国家一级保护动保护动物1种，二级保护动物10种，省级保护动物20余种。境内设有祁阳小鲵自然保护区。

【矿产资源】 祁阳矿产资源种类较全，分布具有明显的分带性，2016年全县探明矿产地235处，已发现矿种21种。煤炭资源储量1068.89万吨，铁矿资源储量1342.7万吨，锰矿资源储量180万吨；有色金属矿产有铜、铅、锌、金、银、钨、锡、钼、锑、汞等10种；非金属矿种有水泥石灰岩、建筑用石灰岩、耐火黏土、砖瓦黏土、砖瓦页岩、砂卵石、重晶石、花岗岩等8种，水泥石灰岩资源储量25113.3万吨；重晶石资源量12.0万吨；耐火黏土资源储量153.3万吨。2014年，全县有矿山企业67个，矿业从业人数3915人，矿业总产值29亿元。

行政区划

【行政区划历史沿革】 祁阳历史悠久。春秋战国时，祁阳为楚之南疆。秦始皇统一中国，祁阳属长沙郡。汉武帝元鼎六年（前111年），置零陵郡，祁阳属零陵郡的泉陵侯国。东汉时改泉陵侯国为县，隶属未变。

东吴孙皓元兴元年—天纪四年（264—280年），分泉陵县，置祁阳、永昌二县，祁阳设县治于今祁东县金兰桥镇新桥村，永昌县设县治于今祁东县砖塘镇烟合岭。时祁阳境域限于清江流域和湘江以南的部分地区及今衡南县一部分地方。祁阳、永昌隶属荆州零陵郡。西晋时，祁阳隶属湘州［怀帝永嘉元年（307年）由荆州改属湘州］零陵郡。东晋时，祁阳隶属荆州［安帝义熙十三年（417年）省湘州，仍属荆州］零陵郡。南北朝时，祁阳隶属湘州零陵郡［南朝宋时泰始初（465年）改祁阳属湘东郡，五年后复旧］。

隋文帝开皇九年（589年），改泉陵县为零陵，并将永昌、祁阳、应阳3个县并入零陵县。祁阳隶属湘州永州总管府［炀帝大业三年（607年）复称零陵郡］。唐高祖武德四年（621年），析零陵县复置祁阳县，永昌县并入祁阳县。同时将县治由金兰桥迁至老山湾（今茅竹镇老山湾村和茶园村沿河一带）。太宗贞观元年（627年），撤祁阳县入零陵县。贞观四年（630年）复置祁阳县，隶属江南西道永州；五代时隶属江南西道永州零陵郡；宋朝时隶属荆湖南路永州零陵郡；元代时隶属湖南道宣慰司永州路［至元13年（1276年）改零陵郡为永州路］。明代时隶属湖广承宣布政使司永州府［洪武元年（1368年）改路为府］。明景泰三年（1452年）迁县治于东北高埠檀山湾（今址）。清代时隶属湖南省衡永郴桂道永州府［顺治四年（1647年）隶属湖广布政使司，康熙三年（1664年）隶属湖南布政使司］。

民国3年（1914年），改衡永郴桂道为衡阳道，祁阳隶属衡阳道。民国26年12月，湖南省划分9个行政督察区，祁阳属湖南省第九行政督察区。民国29年4月，改属第七行政督察区。

祁阳自东吴建县始，县以下组织称乡里。几经析并，至唐才稳定下来，相沿不变。北宋元丰（1076—1086年）年，祁阳分为坊廓乡、上和平乡、下和平乡、上归阳乡、下归阳乡、上祁阳乡、下祁阳乡、上文明乡、下文明乡、太平乡、永隆乡、永昌乡、永丰乡、普乐乡14个乡，宋、元、明沿袭，清康熙三十五年（1696年）从南部析出兴庆、新化两乡，共为16个乡。康熙四十二年（1703年）改乡为都，每都各10个区，计160个区。清嘉庆年间仍改称为乡，直至民国16年（1927年）前，沿袭未变。

清同治时设团，祁阳县共设立108团。到民国初，合并为39团。民国18年（1929年），改39团为6个区和39个自治小区；民国24年（1935年）祁阳县6个区，改39个小区为40个乡1个镇，设保823个，设甲13683个；民国28年（1939年），撤区存乡，将40个乡1个镇调整为33个乡镇。民国卅六年（1947年）5月，将原33个乡镇并为1个镇、18个乡、271个保、3163个甲。这个区划直至1949年10月祁阳解放。同月，湖南省永州专区专员公署正式成立（原湖南省第七行政督察区），祁阳隶属永州专区。1950年5月，永州专区名称停止使用，统称为零陵专区。

1950年6月，祁阳建立乡人民政府，将原6个行政区分置为14个区，共建立172个乡、6镇和城区8个居民委员会。1950年10月，增划12个乡。

1952年2月，祁阳划分祁阳、祁东两县，祁阳县辖8个区。9月，调整为11个区和1个区级镇、212个乡和4个乡级镇、8个居委会。1952年9月1日，祁阳县石梓塘的南园坳、段家两个院子划归常宁县管辖。10月14日，将八区风口岭、鸣远冲两乡划归祁东管辖。11月，撤销衡阳、零陵、郴州3个专区，合并成立湖南省湘南行政公署，祁阳隶属之。

1953年10月15日，将三吾镇更名为城关镇。在凤凰滩乡（观音滩区）增设成立祁阳县水上乡人民政府。

1954年6月17日，将宁远县和常宁县的部分地区划入祁阳，置金洞区。年末，全县共设12个行政区、1个区级镇、226个乡和4个乡级镇。1954年7月，湘南行政公署撤销，祁阳属衡阳专署。

1955年7月14日，撤销凤凰滩水上乡人民政府的建置。22日，数字排列的区，改用地名命名，依次为城关镇、观音滩区、大忠桥区、肖家村区、白水区、黄泥塘区、羊角塘区、潘家埠区、下马渡区、黎家坪区、大村甸区、文明铺区、金洞区。

1956年6月，撤区并乡，撤销原12个区的建置，在226个乡和4个乡级镇的基础上，并成50个大乡和3个镇，其中城关镇8个居民委员会，并为城东、城南、城北、东江4个居民委员会。

1957年元月，设立大忠桥、肖家村、金洞、潘家埠4个办事处。1958年3月，先后将4个办事处撤销。5月，又将50个乡镇并为24个乡镇。

1958年10月，撤乡镇体制，将24个乡镇，建立政社合一的25个人民公社，在原956个高级农业合作社的基础上组成180个生产大队。

1959年1月，将25个公社并为18个，并以驻地命名，全县共280个大队，4个居民委员会。

1961年6月，将18个公社又划为83个公社。8月恢复区、镇建置，全县划为12个区、1个区级镇，82个公社、2个社级镇、887个生产大队、12个居民委员会。

1962年12月，恢复湖南省零陵专署，祁东、祁阳县划归衡阳专署。

1965年，撤销潘家埠公社，建立石洞源公社，城关镇析出浯溪等9个生产大队建立浯溪公社，属观音滩区管辖。年末，全县为12个区，1个区级镇，83个公社，2个社级镇，此后，祁阳的行政区划的建制稳定一个较长时期。

1968年9月，成立衡阳地区革命委员会，1979年3月撤销地区革委会，成立衡阳地区行政公署。祁阳隶属之。

1981年3月，从黎家坪公社析建黎家坪镇。12月，三塘公社改称三口塘公社；杨桥公社改称杨桥坝公社；大桥公社改称大桥湾公社。

1983年1月，从观音滩公社析建观音滩镇。1983年3月，祁阳县划归零陵地区管辖，7月1日被正式接管。

1984年4月，实行政社分开，将83个人民公社管委会撤销，成立83个乡（镇）人民政府。同时，撤销金洞区，将所辖原7个乡划归金洞林场代管。同年7月7日，晒北滩乡改为晒北滩瑶族自治乡。8月21日，建立大忠桥镇；黎家坪乡划入黎家坪镇；文明铺乡划入文明镇；观音滩乡划入观音滩镇；浯溪乡的浯溪村、塔边村、土轻村，芳名亭乡的百花村、椒山村、白沙村，七里桥乡的天马村、赤塘乡的黄土村、东江村，太白山乡的光明村共10个村、105个村民小组划归城关镇管辖；七里坪乡的蔡衙里村、席家亭村，三江乡的喜善村、湘江村共4个村、33个村民小组划归白水镇管辖。

1985年1月14日，撤销浯溪、赤塘2个乡，将原浯溪乡所辖的长流村划归茅竹管辖，孙市、五里、新埠头、小江、灯塔5个村，划归城关镇管辖。赤塘乡原辖的上赤湾、竹子坳、罗家岭、下赤湾4个村划归下马渡管辖。撤销黄泥塘、塘弦湾、羊角塘、大村甸、太白山、肖家村、金洞7个乡的建置，改为镇的建置(其中塘弦湾为潘市镇，太白山为下马渡镇)，其黄泥塘原8个村改设为3个居民委员会；潘市镇原13个村改设为3个居民委员会；大村甸镇原12个村改设为2个居民委员会；肖家村原14个村改设为2个居民委员会；金洞镇原9个村改设为3个居民委员会。年底，全县有11个区和1个区级镇、70个乡、12个乡级镇。

1986年1月15日，撤周塘乡，其10个村划为茅竹乡管辖；撤栗林乡，其11个村划归三口塘乡管辖；撤胜利乡，其11个村划归上马乡管辖；撤大江乡，其5个村划归太平乡管辖；撤火田乡，其9个村划归百里乡管辖；撤龙桥乡，其12个村划归黄市乡管辖；撤朱家桥乡，其12个村划归木梓圩乡管辖；撤杉木冲乡，其8个村划归七里坪乡管辖；撤杨桥坝乡，其8个村划归石坝乡管辖；撤白鹤乡，其9个村划归石梓塘乡管辖；撤龙口冲乡，其城墙脚、长冲、泥江桥、搭州、官冲5个村划归河埠塘乡管辖，龙口冲、建新、半边塘、太平渡4村划归黄泥塘镇管辖；撤八岐乡，其8个村划归兰桥乡管辖；撤龙口源乡，其6个村划归文冲乡管辖；撤芳名亭乡，其8个村划归苏油坪乡管辖；撤许家亭乡，其8个村划归何公庙乡管辖；撤松林湾乡，其9个村划归高码头乡管辖；茅竹镇的长流村划归城关镇管辖；兰桥乡的复兴村划归羊角塘管辖。

1987年年末，全县统计共设12个区（含金洞林场），1个区级镇，54个乡，12个乡级镇，916个村民委员会，37个居民委员会，8815个村民小组，216个居民小组。

1991年8月，黄市乡改称八宝镇。

1992年3月，将唐家岭村、陶家岭村、樟树岭村并入城关镇。

1992年9月，将晒北滩瑶族乡的内下、河上江两村划出组建内下林场。

1993年11月25日，将宁远县荒塘瑶族乡的瓦窑村、新屋场2个村划归内下林场。

1995年5月，撤区并乡建镇。撤销原城关镇、苏油坪乡、合并建立浯溪镇；撤销原观音滩镇、东泉乡、新铺乡、合并建立观音滩镇；撤销原茅竹乡、滴水乡，合并建立茅竹镇；撤销原大忠桥镇、祝兴乡、马江乡、上马乡，合并包括原上马乡的丛山、杨家冲、羊角井、莲鹤观、十里村、两塘、群强、胜利、双合铺、走马、中华11个村建立大忠桥镇；撤销原三口塘乡、合并包括原上马乡的同庆、古木、两江、马嘶、上马、上木、金凤、堡头、陡桥、满明、农科11个村，建立三口塘镇；撤销原肖家村镇、太平乡、汪家乡，合并建立肖家村镇；撤销原八宝镇、百里乡，合并建立八宝镇；撤销原白水镇、石坝乡、三江乡、木梓圩乡、七里坪乡，合并建立白水镇；撤销原黄泥塘镇、唐家岭乡，合并建立黄泥塘镇；撤销原河埠塘乡、石梓塘乡、合并建立进宝塘镇；撤销原潘市镇、下七渡乡、马鞍岭乡、石洞源乡、松林乡，合并建立潘市镇；撤销原梅溪乡、楼梯乡，合并建立梅溪镇；撤销原羊角塘镇、铜银乡、平安乡、城山乡、兰桥乡，合并建立羊角塘镇；撤销原下马渡镇、云盘甸乡、大桥湾乡、睦关头乡，合并建立下马渡镇；撤销原七里桥乡、文家冲乡、白竹塘乡，合并建立七里桥镇；撤销原大村甸镇、新铺子乡、何公庙乡，合并建立大村甸镇；撤销原黎家坪镇、张公坪乡、九龙寺乡、横江桥乡，合并建立黎家坪镇；撤销原文富市乡、白茅滩乡，合并建立文富市镇；撤销原文明铺镇、狭江乡、高码头乡，合并建立文明铺镇；撤销原龚家坪乡、大坪铺乡、窑头铺乡，合并建立龚家坪镇。共调整为20个乡镇，祁阳县共辖27个乡镇（含金洞林场代管的六乡一镇）。

1997年1月，全县各镇共下设73个办事处。2003年5月增设八宝镇火田办事处。至2003年年底，祁阳县共辖21个镇，6个乡，74个办事处，959个村（居民委员会），其中村委会908个，居委会51个。

2005年7月，全县撤销办事处。祁阳县辖21个镇、6个乡。

2006年5月，经湖南省人民政府批准，设立“永州市祁阳金洞管理区”，保留“金洞林场”牌子。

2008年6月，设内下乡。

2010年11月，撤金洞管理区万宝山工区成立万宝山乡人民政府。

2010年12月，撤销浯溪镇，成立浯溪、龙山、长虹3个街道办事处。

2012年年末，祁阳县辖观音滩、茅竹、三口塘、大忠桥、肖家村、八宝、白水、进宝塘、黄泥塘、潘市、梅溪、羊角塘、下马渡、七里桥、大村甸、黎家坪、文富市、文明铺、龚家坪、金洞等20个镇，龙山、浯溪、长虹等3个街道办事处，内下、小金洞、晒北滩、凤凰、白果乡、石鼓源、上司源、万宝山等8个乡，共31个乡级政区。

2013年3月，撤销大江林场、挂榜山林场，设立大江乡、挂榜山乡。

2014年年末，祁阳县辖观音滩、茅竹、三口塘、大忠桥、肖家村、八宝、白水、进宝塘、黄泥塘、潘市、梅溪、羊角塘、下马渡、七里桥、大村甸、黎家坪、文富市、文明铺、龚家坪、金洞等20个镇，龙山、浯溪、长虹3个街道办事处，内下、小金洞、晒北滩、凤凰、白果乡、石鼓源、上司源、万宝山、大江、挂榜山10个乡，共33个乡级政区。共878个村、82个社区（居委会），下设8565个村民小组，470个居民小组。

2015年11月，撤销大江乡，将大江乡的澎家湾、塘岭、大院、黄沙、白竹、青石、百岭、唐家冲、赵家棚、龙凼10个建制村划入肖家村镇，设立肖家镇；将大江乡的九渡、瓦屋2个建制村并入大忠桥镇。

撤销内下乡，将内下乡与八宝镇成建制合并设立八宝镇。

撤销挂榜山乡，将挂榜山乡与七里桥镇成建制合并设立七里桥镇。

将白果市乡与凤凰乡成建制合并设立凤凰乡。

将上司源乡与石鼓源乡成

建制合并设立石鼓源乡。

将万宝山乡、小金洞乡与金洞镇成建制合并设立金洞镇。

2015年底，祁阳县辖凤凰、石鼓源、晒北滩瑶族3个乡；观音滩、茅竹、三口塘、大忠桥、肖家、八宝、白水、进宝塘、黄泥塘、潘市、梅溪、羊角塘、下马渡、七里桥、大村甸、黎家坪、文富市、文明铺、龚家坪、金洞20个镇，龙山、浯溪、长虹3个街道。共878个村，82个社区。

2016年，全县进行合村调整改革。至年底，祁阳县共辖3个乡，20个镇，3个街道，82个社区，523个建制村。

【行政区划现状】 2019年年末，祁阳县辖浯溪、龙山、长虹3个街道，观音滩、茅竹、三口塘、大忠桥、肖家、八宝、白水、进宝塘、黄泥塘、羊角塘、梅溪、潘市、七里桥、下马渡、大村甸、黎家坪、文富市、文明铺、龚家坪、金洞20个镇，凤凰、石鼓源、晒北滩瑶族3个乡，共26个乡级政区。下辖82个社区，523个建制村。

气　　候

【气候综述】 2019年平均气温19.2℃，较历年平均偏高0.7℃。年极端最高气温39.6℃，出现在8月12日；年极端最低气温-0.3℃，出现在1月1日。2月26日至3月9日出现了连续10天的中度连阴雨天气。全年极端最高气温≥35℃的高温日数有68天，7月22日—31日连续10天出现了日极端最高气温≥35.0℃的高温天气，达到“轻度高温热害”标准。8月9日—25日出现了日极端最高气温≥35.0℃的高温期天气，达到“重度高温热害”标准。日平均气温稳定通过10.0℃和20.0℃的初日，分别出现在3月24日和5月1日。年降水量1497.0毫米，比历年平均偏多148.3毫米，年降水日数（日降水≥0.1毫米）172天。年日照时数1399.3小时，比历年平均偏少54.8小时，年日照百分率32%。上年度终霜日出现在12月17日，本年度初霜日出现在1月22日，年无霜日343天。

【基本气候概况】 2019年平均气温19.2℃，与2018年持平，较历年平均偏高0.7℃，居1981年以来第十高位。全年各月平均气温如表1（2018年各月平均气温及距平）所示，2019年1月、6月、7月、10月气温正常；3月、4月、8月、9月、11月、12月气温偏高，2月、5月气温偏低，其中2月气温偏低20%。

表1　　**2019年各月祁阳平均气温及距平表**

单位：℃

月份	1月	2月	3月	4月	5月	6月	7月	8月	9月	10月	11月	12月	全年
月平均	6.6	6.7	13.9	19.5	22.4	27.7	28.9	31.1	27.6	20.6	15.6	10.2	19.2
气候平均	6.4	8.4	12.2	18.4	23.3	26.7	29.8	28.9	25.1	19.8	14.3	8.8	18.5
距平	0.2	-1.7	1.7	1.1	-0.9	1	-0.9	2.2	2.5	0.8	1.3	1.4	0.7

2019年总降水量为1497.0毫米，比历年平均略偏多148.3毫米，属于正常年景。全年各月降水量如表2（2019各月降水及距平百分率）所示，1月、2月、4月、7月、12月降水量偏多，7月降水量异常偏多209.6%；3月、5月、6月、8月、9月、10月、11月降水偏少，其中8月异常偏少77.5%。

表 2　　2019 年祁阳各月降水量及距平百分率表

单位：毫米

月　份	1月	2月	3月	4月	5月	6月	7月	8月	9月	10月	11月	12月
各月降水量	94.7	216.2	138.2	197.2	144.7	135.9	369.7	29.8	18.0	62.3	20.6	69.7
气候平均值	76.1	97.6	140.2	152.2	191.9	197.7	119.4	132.5	63.4	66.2	66	45.5
各月距平	18.6	118.6	-2.0	45.0	-47.2	-61.8	250.3	-102.7	-45.4	-3.9	-45.4	24.2
距平百分率%	24.4	121.5	-1.4	29.5	-24.5	-31.2	209.6	-77.5	-71.6	-5.8	-68.7	53.1

2019 年日照总时数 1399.3 小时，较历年平均少 54.8 小时，偏少 3.7%，年日照百分率为 32%。4 月、8 月、10 月日照正常，3 月、9 月、11 月、12 月日照偏多，11 月偏多 29.6%；1 月、2 月、5 月、6 月、7 月日照偏少，1 月及 2 月日照异常偏少 57.9%。全年各月日照分布如图 1（2019 年各月日照分布）所示。

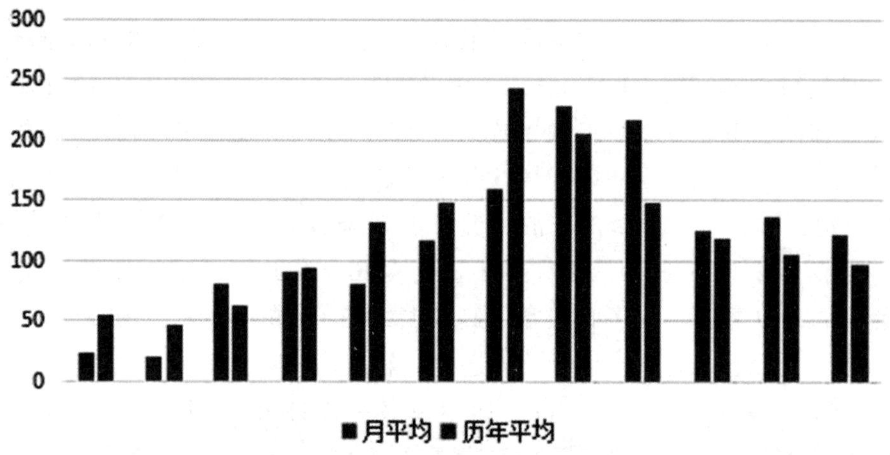

图 1　2019 年祁阳日照平均分布示意图

【主要气候事件】　2019 年祁阳先后出现了强冷空气、连阴雨、暴雨洪涝、高温热害、局地大风等天气气候事件。但灾害性天气气候事件种类较少、致灾频次较低，暴雨洪涝是年内主要灾害性天气气候事件。

强冷空气降温　2019 年 12 月末受强冷空气影响，境内大范围降温，次年 1 月 1 日持续低温雨雪冰冻天气，极端最低温度为-0.3℃。

连阴雨　2019 年 1 月 1 日—16 日连续 16 天持续阴雨天气，达到了重度连阴雨标准。

暴雨洪涝　3 月 4 日—5 日受高空低槽和中低空切变线共同影响，境内出现了大雨，局地大到暴雨并伴有雷电强对流天气，导致祁阳县 6249 人受灾，倒塌房屋 52 间，损坏房屋 47 间，直接经济损失 587 万元。6 月 9 日—10 日受高空地槽和中低切变共同影响，有一次强降雨天气过程，并伴有雷电等强对流天气。此次降雨过程导致受灾人口 13178 人，紧急转移安置人口 202 人，倒塌房屋 166 间，严重损坏房屋 17 间。农业损失 1536 万元，其中受灾面积 1430.4 公顷，成灾面积 888 公顷，绝收面积 495 公顷，受灾作物主要为蔬菜和水稻；工矿企业损失 95 万元；公益设施损失 141 万元；家庭财产损失 616 万元；基础设施损失 367 万元。7 月 6 日—8 日受副高热带高压边缘的西南气流影响，有一次强降雨天气过程，并伴有雷电等强对流天气。此次降雨过程导致受灾人口 100128，紧急转移安置人口 14954，倒塌房屋 173 间，严重损坏房屋 178 间。7 月 12 日晚到 14 日中低空切变线位于湘中略偏南，受其影响，祁阳县出现了中到大雨局地大到暴雨降水天气过程，并有雷电等强对流天气；据气象中小尺度显示：7 月 12 日 08 时—7 月 13 日 08 时全县 45 个区域站出现了降水，9 个站点出现了大暴雨，12 个站点出现了暴雨，过去 24 小时最大降水量出现在肖家镇 190.5 毫米，其次黄泥塘镇 147 毫米。祁阳县共 238596 人受灾，其中农作物受灾面积 14926.67 公顷，绝收面积 4648.87 公顷，损坏房屋户数 301 户，共计经济损失：114912 万元。7 内总降水量达到 369.7 毫米，任意 10 天内降水总量为 301 毫米以上，达到“重度洪涝”标准。

高温热害　7 月 22 日—31 日连续 10 天出现了日极端最高气温≥35.0℃的高温天气，达到“轻度高温热害”标准。

8 月 9 日—25 日出现了日极端最高气温≥35.0℃的高温期天气，达到“重度高温热害”标准。

局地大风　3 月 20 日 13 时 47 分出现 17.0 米每秒的大风，大风天气对农业生产和户外作业带来不利影响。

国民经济和社会发展

【概况】　2019 年，全县上下坚持以习近平新时代中国特色社会主义思想为指导，坚定不移打好“三大攻坚战”，齐心协力推进“五百工程”，较好完成了县十七届人大四次会议确定的目标任务，经济发展稳中向好，完成了全年主要经济工作目标任务。

初步核算，2019 年全县地区生产总值 332.06 亿元，比上年增长 7.2%。其中，第一产业增加值 50.92 亿元，增长 3.1%；第二产业增加值 97.71 亿元，增长 7.9%；第三产业增加值 183.43 亿元，增长 7.9%。按年均常住人口计算，全县人均地区生产总值 38769.7 元。

全县三次产业结构比为：15.34∶29.42∶55.24。工业增加值占地区生产总值的比重为 20.68%。第一、二、三产业对经济增长的贡献率分别为 6.63%、34.87%和 58.5%。其中：工业对经济增长的贡献率为 28.23%。第一、二、三次产业分别拉动 GDP 增长 0.48%、2.51%、4.21%。

【农业】　2019 年粮食种植面积 89.4 千公顷，比上年减少 0.39%。其中，棉花种植面积 0.45 千公顷，比上年减少 3.32%；糖料种植面积 0.82 千公顷，比上年增长 2.32%；油料种植面积 22.2 千公顷，比上年减少 1.35%；烟叶种植面积 0.04 千公顷，比上年减少 2.85%；蔬菜种植面积 26.23 千公顷，比上年增长 3.0%。2019 年粮食总产量 57.2 万吨，比上年减少 0.23%。油料产量 4.06 万吨，比上年下降 4.0%；其中，油菜籽产量 2.86 万吨，比上年下降 7.62%。棉花产量 541 吨，比上年减少 1.81%。烟叶产量 155 吨，比上年减少 2.52%。茶叶产量 269 吨，比上年增长 3.07%。蔬菜产量 80.26 万吨，比上年增长 3.01%。

全年肉类总产量 7.75 万吨，比上年减少 7.17%。其中，猪肉 5.89 万吨，比上年减少 12.16%。年末存栏生猪 46.26 万头，比上年减少 18.73%；全年出栏生猪 74.56 万头，比上年减少 16.31%。全年出栏牛 0.97 万头，同比增长 12.79%；全年出栏羊 7.91 万头，同比增长 7.62%。禽蛋产量 1.73 万吨，比上年增长 6.15%；水产品产量 6.6 万吨，同比增长 3.11%。

农村用电量 2.7 亿千瓦时，比上年增长 1.54%；年末机械总动力 86.96 万千瓦，比上年增长 0.38%；全年化肥施用量（折纯）3.66万吨，比上年减少1.72%。农民专业合作社1103个，家庭农场1743个，实施土地整治（高标准农田建设）项目1个，高标准农田建设面积4000公顷。

【工业和建筑业】 2019年，全年实现全部工业增加值68.66亿元，增长8.6%。其中规模以上工业增加值增长8.8%。规模以上工业企业总产值303.2亿元，同比增长12.3%。

全县规模以上工业统计主要产品中，大米42万吨，下降40.8%；饲料22万吨，增长28.9；精制食用植物油4万吨，增长4.4；罐头6万吨，下降0.7%；服装855.2万件，增长524%；鞋7156万双，增长7.4%；水泥335万吨，增长2.5%；石灰11.5万吨，增长5.2%；日用玻璃制品2.0万吨，下降3.5%，铝材1.8万吨，增长1.7%；变压器109万千伏安，下降0.6%。

2019年建筑业资质等级以上企业24个，完成总产值48.62亿元，增13.4%；实现增加值29.05亿元，增长6.0%。房屋建筑施工面积79.66万平方米，其中：新开工面积37.14万平方米。房屋建筑竣工面积4.67万平方米。

【固定资产投资】 2019年固定资产投资比上年增长9.5%。按投资方向分，工业投资增长39.9%，民生投资增长70.9%，生态投资增长-11.6%，基础设施投资增长-22.6%，高新技术产业投资增长23%，工业技改投资增长29.5%。房地产开发投资增长11.4%。

2019年新开工房地产项目6个，商品房销售面积54.27万平方米，其中：住宅销售面积49.94万平方米。商品房销售额30.89亿元，其中：住宅销售额27.26亿元。年末商品房待售面积2899平方米。

【国内外贸易和招商引资】 2019年，全年社会消费品零售总额98.59亿元，比上年增长10.6%。按销售单位所在地分，城镇社会消费品零售总额实现75.16亿元，比上年增长10.5%；乡村社会消费品零售总额实现23.44亿元，比上年增长11.0%。按行业分，批发业完成22.89亿元，比上年增长4.3%；零售业完成49.68亿元，比上年增长13.7%；住宿业完成11.74亿元，比上年增长5.3%；餐饮业实现14.28亿元，比上年增长15.7%。

2019年进出口总额47263万美元，比上年增长20.8%。其中，出口44531万美元，比上年增长20.0%；进口2732万美元，比上年增长35.5%。

【交通邮电】 2019年全县实现交通运输、仓储邮政业增加值10.44亿元，比上年增长3.0%。年末公路通车里程3027.5千米。年末民用汽车保有辆6.62万辆，比上年增长5.2%，其中新注册汽车0.68万辆，比上年增长4.8%。

2019年完成邮政业务量0.97亿元，比上年增长9.8%。移动公司业务总量1.7亿元，比上年下降1.73%，移动公司年末固定电话用户0.13万户，年末移动电话用户25.9万户，年末互联网宽带用户数5.84万户。电信公司业务总量1.56亿元，比上年增长9.2%，电信公司年末固定电话用户4.2万户，年末移动电话用户19.3万户，年末互联网宽带用户数9.5万户。

【财政、金融】 2019年一般公共预算收入完成23.19亿元，较上年增加2.32亿元，比上年增长11.1%。税收收入完成20.01亿元，较上年增加2.03亿元，比上年增长11.3%，占财政总收入的86.28%。非税收入完成3.18亿元，比上年增长10.3%。一般预算支出59.36亿元，比上年增长12.3%。其中：一般公共服务支出4.19亿元，比上年增长11.4%；教育支出12.48亿元，比上年增长14.6%，文化旅游体育与传媒支出0.76亿元，比上年增长13.5%；社会保障和就业支出

10.78 亿元，比上年增长 2.2%；卫生健康支出 8.21 亿元，比上年增长 0.8%；节能环保支出 0.74 亿元，比上年增长 17.7%。农林水支出 9.29 亿元，比上年增长 14.7%；住房保障支出 3.52 亿元，比上年增长 34.7%。

年末全县金融机构存款余额 382.5 亿元，比上年增长 2.48%。境内存款 382.3 亿元，其中：住户存款 323 亿元，比上年增长 9.05%；非金融企业存款 21.6 亿元，比上年下降 50.16%。境外存款 0.21 亿元。金融机构各项贷款余额 190.8 亿元，比上年增长 19.2%。其中住户贷款余额为 100.7 亿元，比上年增长 12.38%；非金融企业及机关团体贷款 90.09 亿元，比上年增长 27.87%。

【教育和科学技术】 2019 年年末，全县中等职业教育毕业生 2814 人，普通高中毕业生 5304 人，初中学校毕业生 10899 人，普通小学毕业生 13046 万人。在园幼儿 23717 人。各类民办学校 186 所，在校学生 4.21 万人。落实义务教育保障金 0.897 亿元。发放中职国家助学金 226.6 万元，中职国家助学金资助中职学生 2266 人次；落实中职免学费资金 2113 万元，中职免学费资助中职学生 1.74 万人次。发放普通高中国家助学金 459 万元。小学适龄儿童入学率 100%。小学生升初中比率为 100%，高中阶段教育毛入学率 92.45%。

2019 年，祁阳县专利申请总量为 640 件，同比 2018 年专利申请总量 387 件，增长 65.37%。2019 年专利授权量为 245 件，同比 2018 年授权 188 件，增长 30.32%。

【文化、卫生和体育】 2019 年年末，全县有艺术表演团体 560 个，群众艺术馆、文化馆 13 个，公共图书馆 1 个，博物馆、纪念馆 2 个，国家级非物质文化遗产保护目录 2 个。广播电台 1 座，电视台 1 座。全县体育场地 1517 个，其中：体育馆 1 个，运动场（体育场、小运动场、田径场）102 个。经常参加体育锻炼人数 32 万人，开展全民健身项目 25 项次。新建农民体育健身工程的行政村 34 个。

2019 年全县共有各类卫生机构 921 个，其中：医院 15 个，妇幼保健院 1 个，社区卫生服务中心（站）3 个，诊所、卫生所、医务室 98 个，村卫生室 566 个。卫生技术人员 5242 人，比上年增长 14.6%，其中：执业医师和执业助理医师 2333 人，比上年增长 1.5%，注册护士 2365 人，比上年增长 39.4%。全县疾病预防控制中心（防疫站）1 个，全县疾病预防控制中心（防疫站）卫生技术人员 107 人。卫生监督所 1 个，卫生监督所卫生技术人员 42 人。医院床位数 7251 张，比上年增长 3.7%。乡镇卫生院 19 个，乡镇卫生院床位数 2574 张，乡镇卫生院卫生技术人员 1270 人。

【人口、社会保障和人民生活】 2019 年年末，常住人口为 85.67 万人，按城乡分，城镇人口 43.35 万人，农村人口 42.32 万人；按性别分，男性 44.70 万人，女性 40.97 万人。出生人口 8874 人，人口出生率为 8.75‰，人口死亡 5754 人，人口死亡率为 5.67‰，全年自然增长人口 3120 人，人口自然增长率为 3.08‰。年末城镇化率 50.6%，比上年增加 1.34 个百分点。

2019 年城镇新增就业人员 0.93 万人。年末城镇登记失业率 3.38%。失业人员再就业人数 0.406 万人。城乡居民基本医疗保险参保人数 86.81 万人，其中：城乡居民基本医疗保险参保 81.90 万人，城镇职工基本医疗保险参保人数 4.91 万人。参加生育保险职工 3.43 万人。城乡居民基本养老保险登记参保 60.26 万人。城镇基本养老保险职工人数 2.85 万人。参加工伤保险职工人数 5.16 万人。参加失业保险职工人数 2.71 万人。领取失业保险金职工人数 1022 人。

2019年获得政府最低生活保障的城镇居民人数8256人，发放城镇居民最低生活保障经费3400万元。获得政府最低生活保障的农村居民人数17956人，发放农村居民最低生活保障经费4442万元。

各类收养性社会福利单位床位数7585张，各类收养性社会福利单位收养人员数2720人。城镇各种社区服务设施79个，综合性社区服务中心43个。新改建公办养老机构4所。销售社会福利彩票5015万元。直接接受社会捐赠422.6万元。

2019年全县农村居民可支配收入15339元，同比增长9.5%；农村居民人均生活消费支出14096元、增长12.6%。农村居民家庭恩格尔系数为31.6%。全县城镇居民可支配收入34015元，同比增长9.7%；城镇居民人均生活消费支出24420元，比上年增长15.3%。城镇居民家庭恩格尔系数为30.3%。

【环境和安全生产】 2019年年末，全县活立木蓄积685.77万立方米，比上年减少1%。全年完成造林面积1814公顷，比上年减少7%。年末，实有封山（沙）育林面积1333公顷。自然保护区7个，其中省级自然保护区1个：挂榜山小鲵自然保护区；自然保护区面积17300公顷。

2019年发生各类生产经营性安全事故6起、死亡7人。发生道路交通事故93起，比上年减少5%。道路交通死亡率0.68人/万辆。

2019年度全县绩效评估考核评定情况

一、绩效评估综合奖

（一）镇、街道（22个）

优秀等次：七里桥镇（一等奖）；浯溪街道、下马渡镇、大村甸镇（二等奖）；黎家坪镇、羊角塘镇、茅竹镇、潘市镇（三等奖）。

良好等次：龙山街道、长虹街道、龚家坪镇、三口塘镇、观音滩镇、八宝镇、文明铺镇、进宝塘镇、白水镇、肖家镇、文富市镇。

合格等次：黄泥塘镇、大忠桥镇、梅溪镇。

（二）县“四大家”办公室及部分县委机关（9个）

优秀等次：县委办公室、县政府办公室（一等奖）；县人大办公室、县委组织部、县政协办公室（二等奖）；县委宣传部、纪委监委、县委统战部、县委政法委（三等奖）。

（三）部分县委机关及县委、县政府直属事业单位、群团组织（11个）

优秀等次：妇联、残联、科协。

良好等次：编办、工商联、党校、总工会、团县委、网信办。

合格等次：文联、融媒体中心。

（四）政法部门（5个）

优秀等次：检察院。

良好等次：法院、司法局、公安局交警大队。

合格等次：公安局。

（五）县政府工作部门（26个）

优秀等次：民政局、商务局、教育局、卫生健康局、农业农村局、医保局、应急局、住建局。

良好等次：财政局、人社局、发展改革局、扶贫办、审计局、交通运输局、市场监管局、自然资源局、统计局、科技和工信局、市生态环境局祁阳分局、信访局、退役军人局、林业局。

合格等次：水利局、行政审批服务局、城管综合执法局、文旅广体局。

（六）县政府直属及部分部门管理的事业单位（20个）

优秀等次：祁阳经济开发区、环卫和园林绿化事务中心、自来水总公司、公路建设养护中心、市场服务中心、住房保障事务中心。

良好等次：旅游发展服务中心、城建投资管理中心、供销社、祁阳科技工业园、浯溪碑林风景名胜区（陶铸故居）管理处、内下电站管理局、挂榜山林场、浯溪国家湿地公园管理局、畜牧水产事务中心、商改办。

合格等次：大江林场、大江水库管理所、工改办、畜牧场。

（七）部分中央省市驻祁单位（18个）

优秀等次：税务局、消防救援大队、国网祁阳县供电公司、人民银行、农业银行。

良好等次：气象局、农村商业银行、烟草专卖局、工商银行、建设银行、农业发展银行、电信公司、中国银行、邮政公司。

合格等次：水文局、联通公司、移动公司、石油公司。

（八）进步奖（3个）

教育局、住建局、市场服务中心。

（九）上级荣誉奖

对于在2019年度荣获党中央、国务院，省委、省政府，市委、市政府等表彰的被评估单位，分别予以奖励。

（十）配套奖

对于在省、市绩效评估中获得奖励的单位，按一定比例给予配套奖。

（十一）组织奖（1个）

绩效办。

（十二）园区市场化改革高质量发展突出贡献奖（1个）

湖南金荣企业集团有限公司。

（十三）特别贡献奖（12个）

住建局、商务局、卫生健康局、发展改革局、农业农村局、扶贫办、水利局、交通运输局、信访局、自来水总公司、祁阳经济开发区、创建园林县城办公室；获奖单位主要负责人记三等功。

（十四）全体在职县级领导2019年度绩效评估得分均在90分以上。

二、全县经济社会发展工作先进单位（10个）

一等奖：创建省教育名县工作小组、推进乡村振兴战略工作小组、推进新型城镇化工作小组。

二等奖：发展旅游产业工作小组、招商引资工作小组、综合督查考核工作小组、推进新型工业化工作小组、加强财源建设工作小组。

三等奖：发展社会事业工作小组、综治维稳和信访工作小组。

三、“五百工程”先进单位（19个）

（一）综合工作先进单位（5个）

一等奖：“百园靓城”工程领导小组办公室。

二等奖：“百企入园”工程领导小组办公室、“百村振兴”工程领导小组办公室。

三等奖：“百里画廊”工程领导小组办公室、“百姓安康”工程领导小组办公室。

（二）优秀奖（14个）

环卫和园林绿化事务中心、城建投资管理中心、下马渡镇、祁阳经济开发区、商务局、县政协办公室、发展改革局、文旅广体局、县委办公室、交通运输局、水利局、旅游发展服务中心、卫生健康局、人社局。

四、应急管理工作先进单位（21个）与先进个人（20人）

（一）市级先进单位：七里桥镇、长虹街道、羊角塘镇。

（二）镇、街道：黎家坪镇（一等奖）；下马渡镇、大村甸镇（二等奖）；八宝镇、三口塘镇、浯溪街道（三等奖）。

（三）县直单位：公安局交警大队、科技和工信局、纪委监委、民政局、自然资源局、住建局、水利局、农业农村局、商务局、扶贫办、文旅广体局、林业局。

（四）先进个人：潘市镇陈战名、大忠桥镇王斌、进宝塘镇陈志勇、黄泥塘镇段向群、梅溪镇何新君、文明铺镇周新良、县委督查室唐孚、县政府督查室江波涌、作风办柏雪宾、编办朱政、团县委罗岗、检察院宁忠君、司法局郭海南、财政局申波、人社局李春香、交通运输局刘颂华、市场监管局曾文锦、城管综合执法局杨烨、行政审批服务局王端阳、市场服务中心何向东。

五、平安建设工作先进单位（21个）、先进个人（20人）和不合格单位（1个）

（一）永州市平安建设工作先进单位：梅溪镇、龚家坪镇、文明铺镇。

（二）祁阳县平安建设工作先进单位

1. 镇、街道：七里桥镇、三口塘镇、黎家坪镇、文富市镇、潘市镇、羊角塘镇。

2. 县直单位：编办、财政局、商务局、卫生健康局、市场监管局、应急局、人社局、民政局、检察院、自然资源局、法院、内下电站管理局。

（三）先进个人：浯溪街道李新军、龙山街道颜凤玲、长虹街道伍爱、大村甸镇汤志强、观音滩镇易剑、茅竹镇尹建了、大忠桥镇雷铁山、黄泥塘镇曹慧灵、白水镇黄磊、八宝镇桂华明、下马渡镇蔡琨、进宝塘镇唐任涛、肖家镇唐卓、公安局于飞、司法局何长青、团县委朱莉、审计局唐迎春、城管综合执法局杨烨、政法委张艳、科技和工信局邓竣。

（四）不合格单位：白水镇。

六、全面从严治党工作先进单位（23个）与先进个人（20人）

（一）镇、街道：龚家坪镇、浯溪街道、文富市镇、观音滩镇、长虹街道、羊角塘镇。

（二）县直单位：应急局、宣传部、住房保障服务中心、妇联、行政审批服务局、财政局、总工会、教育局、市场监管局、民政局、县委办公室、扶贫办。

（三）巡察派出机构：驻县科技和工信局纪检组、驻县农业农村局纪检组、驻县委统战部纪检组、驻县住建局纪检组、驻县政府办公室纪检组。

（四）先进个人：进宝塘镇文键、龙山街道苏建萍、肖家镇柏青、八宝镇黎富春、三口塘镇何开斌、下马渡镇唐琳玮、医保局谢波、宣传部曾新和、信访局段国华、卫生健康局奉毅、县政府办公室张学明、组织部何晓松、人社局周金生、交通运输局唐冬平、编办刘秋荣、科技和工信局谢建军、县人大办公室赵宝生、县政协办公室陈萍、自然资源局甘小玲、巡察办王卫东。

七、基层组织建设工作先进单位（18个）

（一）镇党委、街道党工委：文富市镇党委、七里桥镇党委、羊角塘镇党委、浯溪街道党工委、下马渡镇党委、大村甸镇党委。

（二）县直单位（党组、党组织）：市场监管局党组、司法局党组、商务局党组、农业农村局党组、公路建设养护中心党组、财政局党组、法院党组、发展改革局党组、祁阳四中党委、疾控中心党委、邮政公司党总支部、东骏纺织有限公司党支部。

八、脱贫攻坚工作先进单位（54个）与先进个人（48人）

（一）镇、街道：龚家坪镇（一等奖）；八宝镇、黎家坪镇（二等奖）；肖家镇、进宝塘镇、羊角塘镇（三等奖）。

（二）县直单位

1. 行业扶贫先进单位：教育局、卫生健康局、住建局、水利局、农业农村局、发展改革局、财政局、人社局。

2. 驻村帮扶先进单位：纪委监委、组织部、民政局、内下电站管理局、医保局、残联、文旅广体局、法院、公路建设养护中心、林业局。

（三）行政村：黎家坪镇油塘村、三冲村，大村甸镇丁家岭村、幸福村，龙山街道青竹村，浯溪街道沿江村，长虹街道官益村，观音滩镇和平村，白水镇向凉村，茅竹镇三家村，三口塘镇满明村，大忠桥镇开阳岗村，黄泥塘镇唐家岭村，羊角塘镇金竹村、平安村，梅溪镇城墙村，潘市镇龙溪村、下七渡村，七里桥镇双田照村、栗曾村，下马渡镇枫石铺村，文富市镇建香村，文明铺镇新塘角村，龚家坪镇新江村，八宝镇上百里村、瓦窑村，肖家镇慈源新村、青山村，进宝塘镇进宝塘社区、佑兴村。

（四）先进个人

工作队长：市人防办周文、市公共资源交易中心唐渊明、市公安局李晓光，科技和工信局陈广明、民政局张友民、审计局邓勇、内下电站管理局刘文全、信访局刘军、财政局黄波、融媒体中心阳艳祁。

镇、街道：长虹街道唐娇云、浯溪街道夏立军、龙山街道奉建军、白水镇周亮、茅竹镇付路军、潘市镇刘盾、文富市镇文亚雄、观音滩镇邓辉、黄泥塘镇唐海宁、三口塘镇唐弘宇、大忠桥镇曾红军、大村甸镇阳茜、下马渡镇陈勇刚、七里桥镇柏明星、文明铺镇邹思慧、梅溪镇郭娟。

县直单位：县委办公室唐群民、县人大办公室曾武军、县政协办公室赵安原、宣传部唐书东、检察院黄永明、审计局黄拥军、自然资源局甘小玲、科技和工信局谢建军、交通运输局唐冬平、统计局蒋志红、商务局王胜、信访局段国华、司法局张俊卿、税务局王云崎、编办刘秋荣、应急局王启明、融媒体中心李志刚、祁阳一中赖阳明、人民医院申武军、团县委文闻，扶贫办唐锟明、伍正荣。

九、意识形态工作先进单位（18个）

（一）镇、街道：白水镇、七里桥镇、黎家坪镇、羊角塘镇、长虹街道、大村甸镇。

（二）县直单位：纪委监委、党校、卫生健康局、司法局、教育局、自然资源局、交通运输局、农业农村局、文旅广体局、市场监管局、城管综合执法局、市生态环境局祁阳分局。

十、统一战线工作先进单位（18个）

（一）镇、街道：茅竹镇、肖家镇、大村甸镇、八宝镇、三口塘镇、大忠桥镇。

（二）县直单位：妇联、内下电站管理局、市场监管局、自然资源局、应急局、城管综合执法局、财政局、交通运输局、住房保障服务中心、人社局、总工会、供销社。

十一、党管武装工作先进单位（6个）和先进个人（6人）

（一）先进单位：长虹街道、龙山街道、七里桥镇、茅竹镇、大村甸镇、文富市镇。

（二）先进个人：长虹街道朱金权、观音滩镇桂军、大忠桥镇庄小敬、八宝镇莫逆、白水镇李峥嵘、下马渡镇唐琳玮。

十二、全面深化改革工作先进单位（18个）

（一）镇、街道：长虹街道、羊角塘镇、潘市镇、七里桥镇、下马渡镇、黎家坪镇。

（二）县直单位：组织部、编办、住建局、商务局、科技和工信局、应急局、教育局、市生态环境局祁阳分局、自然资源局、行政审批服务局、财政局、民政局。

十三、第四次全国经济普查工作先进单位（6个）

龙山街道、长虹街道、浯溪街道、白水镇、羊角塘镇、文富市镇。

十四、重点民生实事先进单位（13个）

（一）镇、街道：七里桥镇、黎家坪镇、羊角塘镇、下马渡镇、大村甸镇、黄泥塘镇。

（二）县直单位：教育局、卫生健康局、人社局、市场监管局、农业农村局、科技和工信局、交通运输局。

十五、全面小康建设先进单位（39个）

（一）镇、街道：七里桥镇、龙山街道、潘市镇、黄泥塘镇、大村甸镇、文明铺镇、下马渡镇（文明铺镇和下马渡镇并列第六名）。

（二）县直单位：教育局、住建局、农业农村局、统计局、财政局、商务局、科技和工信局、民政局、市生态环境局祁阳分局、应急局、扶贫办、法院。

（三）示范村（社区）：浯溪街道新埠头村、长虹街道白沙社区、龙山街道黄土岭村、观音滩镇新龙湾村、茅竹镇坦坪村、大忠桥镇三合村、三口塘镇丝塘村、肖家镇慈源新村、八宝镇上内下村、白水镇七里坪村、黄泥塘镇唐家岭村、潘市镇光华村、梅溪镇华塘村、羊角塘镇兰桥村、下马渡镇江西桥村、大村甸镇大村甸村、黎家坪镇十里坪村、文富市镇双龙桥村、文明铺镇向阳路社区、龚家坪镇石山湾村。

十六、农村人居环境整治先进单位（12个）

（一）镇、街道：潘市镇（一等奖）；黎家坪镇、七里桥镇（二等奖）；茅竹镇、白水镇、浯溪街道（三等奖）。

（二）县直单位：农业农村局、交通运输局、卫生健康局、林业局、城管综合执法局、自然资源局。

十七、创建国家卫生城市先进单位和鼓励奖（共22个）

（一）先进单位：浯溪街道、县人大办公室、卫生健康局（一等奖）；长虹街道、龙山街道、县政协办公室、民政局、城管综合执法局（二等奖）；县委办公室、纪委监委、财政局、农业农村局、水利局、住建局、疾控中心、城建投资管理中心（三等奖）。

（二）鼓励奖：邵家岭社区、县政府办公室、法院、教育局、环卫和园林绿化事务中心、农商银行。

十八、乡村振兴工作先进单位（6个）

七里桥镇（一等奖）；潘市镇、下马渡镇（二等奖）；白水镇、黎家坪镇、大村甸镇（三等奖）。

十九、推进新型工业化先进单位、十佳优秀工业企业、十强纳税工商企业、“工业企业服务年”先进帮扶组（共35个）及镇（街道）规模工业企业新增税收贡献奖（11个）

（一）推进新型工业化先进单位（6个）

白水镇（一等奖）；黎家坪镇、羊角塘镇（二等奖）；梅溪镇、七里桥镇、浯溪街道（三等奖）。

（二）十佳优秀工业企业（10个）

祁阳海螺水泥有限责任公司（一等奖）；湖南凯盛鞋业有限公司、湖南科力尔电机有限公司（二等奖）；祁阳东骏纺织有限公司、湖南新华浯溪水电开发有限公司、润天集团（三等奖）；华能湖南湘祁水电有限责任公司、永州湘江稀土有限责任公司、湖南新金浩茶油股份有限公司、湖南宇辉重工机械有限公司（优秀奖）。

（三）十强纳税工商企业（10个）

祁阳海螺水泥有限责任公司、湖南科力尔电机股份有限公司、祁阳东骏纺织有限公司、湖南新金浩茶油股份有限公司、湖南传佳音科技有限公司、祁阳步步高管理有限公司（祁阳新天地）、湖南环兴万联百货有限公司、祁阳县故乡缘餐饮娱乐有限公司、祁阳县海洋物流有限公司、永州永粮米业有限公司。

（四）“工业企业服务年”先进帮扶组（9个）

祁阳海螺水泥帮扶组、科力尔电机帮扶组、东骏纺织帮扶组、新金浩茶油帮扶组、皓志科技帮扶组、丰达机电帮扶组、科创产业园帮扶组、宇晖重工帮扶组、凯盛鞋业帮扶组。

（五）镇（街道）规模工业企业新增税收贡献奖（11个）

黎家坪镇、白水镇、观音滩镇、羊角塘镇、大村甸镇、七里桥镇、茅竹镇、黄泥塘镇、八宝镇、长虹街道、梅溪镇。

二十、养老、医疗保险统筹工作先进单位（6个）

浯溪街道、七里桥镇、进宝塘镇、大村甸镇、长虹街道、龙山街道。

二十一、食品药品安全工作先进单位（10个）

（一）镇、街道：羊角塘镇、大村甸镇、潘市镇、黎家坪镇、龙山街道、茅竹镇。

（二）县直单位：教育局、市场服务中心、发展改革局、民政局。

二十二、信访工作先进单位（20个）与先进个人（20人）

（一）镇、街道：长虹街道、下马渡镇、浯溪街道（一类），七里桥镇、羊角塘镇、大村甸镇（二类），八宝镇（三类）。

（二）县直单位：编办、公安局、市生态环境局祁阳分局、教育局、自然资源局、城管综合执法局、农业农村局、卫生健康局、人社局、交通运输局、内下电站管理局、畜牧水产事务中心、供销社（畜牧水产事务中心、供销社并列）。

（三）先进个人：龙山街道苏建萍、茅竹镇于浩、大忠桥镇于韬、白水镇唐新波、潘市镇蒋贤娟、黎家坪镇张太华、文明铺镇赵明奇、龚家坪镇王卫红、残联段琦、司法局李娟、民政局唐文芳、财政局邓飞、医疗保障局谢波、退役军人局蒋仲敏、审计局唐迎春、扶贫办王松林、纪委监委吴志军、科技和工信局黄玺、城建投资管理中心陈佐廷、信访接待中心毛银华。

二十三、招商引资分队先进单位（20个）

一等奖（3个）：大村甸镇、县委办公室、县政府办公室；二等奖（6个）：茅竹镇、三口塘镇、县人大办公室、民政局、发展改革局、人社局；三等奖（9个）：龙山街道、羊角塘镇、白水镇、科技和工信局、交通运输局、教育局、应急局、林业局、农建投；优秀奖（2个）：广东省湖南祁阳商会、深圳市祁阳商会。

二十四、小城镇“10+X”建设先进单位（6个）

下马渡镇、白水镇、七里桥镇、观音滩镇、潘市镇、羊角塘镇。

二十五、文明创建先进单位（102个）

（一）文明单位（70个）：

1. 推荐省级文明单位（3个）：民政局婚姻登记处、浯溪街道浯园社区、祁阳故乡缘餐饮娱乐有限公司（天宇店）。

2. 推荐市级文明单位（33个）：

市文明标兵：县委办公室、县人大办公室、纪委监委、法院。

市文明单位：县委统战部、公安局交警大队、残联、供销社、编办、信访局、团县委、妇联、县委党校；长虹街道机关、羊角塘镇机关，大村甸镇毛塘湾村、龚家坪镇窑头铺村、茅竹镇大塘村、潘市镇高江村、黎家坪镇雨坛岭社区。

市文明校园：教师进修学校（标兵）、浯溪二中（标兵）、祁阳二中、白水镇珠玉小学、黎家坪镇二中、七里桥镇文家冲完小。

市文明餐饮店：县政府机关食堂。

市文明家庭：刘昭斌、刘国生、郑红艳、孙慧英、邹井玲、刘艳平。

3. 县级文明单位（34个）：

县文明单位：退役军人局、行政审批服务局、林业局、旅游发展服务中心、医疗保障局、网信办、科技和工信局、消防救援大队、黎家坪中心卫生院、潘市中心卫生院。

县文明镇（街道）、文明村（社区）：八宝镇、肖家镇，浯溪街道望浯园社区、龚家坪镇三星村、下马渡镇中渡甸村、黎家坪镇江边湾村、黄泥塘镇石兰村、梅溪镇月泉旺村、黎家坪镇三冲村、羊角塘镇堰安村、龚家坪镇段桥湾村、白水镇狮子岭村、三口塘镇三口塘社区、进宝塘镇河埠塘社区、八宝镇中仁社区、汀澜华府小区。

县文明校园：龙山街道民生小学、七里桥镇中学、观音滩镇八尺小学、下马渡镇中心小学、黎家坪镇中心小学、黄泥塘镇二中、羊角塘镇一中、羊角塘镇平安小学。

（二）文明县城创建先进单位（10个）

民政局、审计局、环卫和园林绿化事务中心、公路建设养护中心、科协、妇联、网信办、长虹街道平安街社区、浯溪街道白竹湖社区、龙山街道芦家甸社区。

（三）十星级文明户创建先进单位（22个）

1. 镇、街道：龙山街道、浯溪街道、黄泥塘镇、潘市镇、下马渡镇、文明铺镇、文富市镇、龚家坪镇、茅竹镇、三口塘镇。

2. 行政村先进单位：大村甸镇毛塘湾村、梅溪镇大伍村、黎家坪镇九龙寺村、八宝镇大源村、肖家镇青山村、大忠桥镇双凤村、白水镇杨桥村、龚家坪镇石山湾村、七里桥镇双田照村、黄泥塘镇建新村、羊角塘镇枣子塘村、观音滩镇团胜村。

二十六、重点项目先进单位（36 个）

（一）建设项目

一等奖（5 个）：祁阳现代纺织特色产业园、经开区科创产业园、海创水泥窑综合利用固废危废项目、大村甸水厂、县城背街小巷改造工程；

二等奖（10 个）：新天地城市商业综合体、祁冷城际道路祁阳段提质改造、红星美凯龙家居商业城、县城配水厂及管网建设、科力尔罩极电机技改与扩能项目、王府坪市场及周边棚户区改造、浯溪北路提质改造工程、芦家甸市场及周边棚改项目、省级农业科技园、2019 年易地扶贫搬迁工程；

三等奖（15 个）：智慧祁阳综合运营管理中心及社区网格化管理平台、下马渡花卉小镇、智慧教育 PPP 项目、博成农产品冷链物流项目、农村路灯亮化工程、“湖南省精品旅游线路重点县”建设项目、华润燃气项目、祁阳大道扩建提质与安置工程、德明农牧项目、郡祁实验学校、凯盛二期工程、黄（石）龙（凼）景区开发项目、浯溪国家湿地公园、新一轮农网改造升级工程、白水镇污水处理厂。

（二）前期项目

一等奖（1 个）：环城北路和环城东路；

二等奖（2 个）：观音滩镇等 19 个乡镇污水处理 PPP 项目、S231 祁阳龚家坪至长虹二级公路；

三等奖（3 个）：城乡供水一体化二期工程，陶铸干部党性教育基地、职业中专、党校、教师进修学校等异地新建项目，中交自然韵黑茶文旅商一体化项目。

二十七、重点工作先进单位（8 个）

一等奖：脱贫攻坚工作指挥部办公室。

二等奖：乡村振兴工作领导小组办公室、创建园林县城工作领导小组办公室。

三等奖：“两创”工作领导小组办公室、重点民生实事工作领导小组办公室、“村为主”工作领导小组办公室、全面小康建设工作领导小组办公室、第四次全国经济普查工作领导小组办公室。

二十八、立项争资先进单位（11 个）

一等奖：住建局。

二等奖：民政局、教育局。

三等奖：交通运输局、水利局、畜牧水产事务中心、市生态环境局祁阳分局、科技和工信局、商务局、自然资源局、市场监管局。

二十九、“六出城三取缔”工作先进单位（18 个）

（一）工作组：全面取缔城区地陷式垃圾收集点工作组、取缔旱厕工作组、老旧闲置二手车辆出城工作组。

（二）牵头单位：创卫办、环卫和园林绿化事务中心、市生态环境局祁阳分局。

（三）领导小组成员单位：市场监管局、畜牧水产事务中心、农业农村局、民政局、城管综合执法局、交通运输局、公安局交警大队。

（四）街道：长虹街道。

（五）城中村及社区：原种场、望浯园社区、百花村、宝塔街社区。

三十、产业项目建设年“5 个 10”优秀项目（16 个）和优秀人才（1 名）

（一）重大产业建设优秀项目（7 个）：祁阳经济开发区建设投资有限公司祁阳经开区科创产业园、祁阳科技工业园管委会祁阳现代纺织特色产业园、祁阳凯盛鞋业有限公司凯盛二期工程、祁阳海创环保科技有限责任公司海创水泥窑综合利用固废危废项目、祁阳县农建投省级农业科技园、湖南环星资产管理有限公司红星美凯龙国际博览城、永州市广垦油茶科技有限公司茅竹油茶基地项目。

（二）重大科技创新优秀项目（3 个）：湖南斯依康生物科技有限公司“青蒿素、芦丁、博落回提取及天然产物衍生物双氢青蒿素、槲皮素等黄酮化合物半合成项目”，湖南江涵电子科技有限公司“日产60K各种连接器、USB数据连接等线材研发生产项目”，湖南皓志科技股份有限公司“年产3600吨高性能稀土抛光粉生产线的建设项目”。

（三）重大产品创新优秀项目（3个）：湖南德明农牧装备科技开发有限公司年产8000台（套）农牧现代化机械设备建设项目，永州祁阳大联纺织有限公司新建年产三亿米环保再生纤维布及箱包、服装布料生产线项目，湖南科力尔电机股份有限公司罩极电机、贯流风机技术创新项目。

（四）引进500强企业优秀项目（2个）：步步高商业连锁股份有限公司（祁阳）步步高新天地城市商业综合体、中国华冶科工集团有限公司祁阳七里桥农产品综合批发市场项目。

（五）引进的科技创新优秀人才（1名）：湖南舜祁生物科技有限公司陈小龙。

三十一、公务员考评工作记三等功人员

龙山街道 周异宝 奉建军 曾顺民 桂刚喜
长虹街道 赵凌云 柏志奇
浯溪街道 黄恩鹏 邓海明 李功
观音滩镇 邓辉
茅竹镇 于浩 柏松亮
大忠桥镇 曾红军 唐东凌
三口塘镇 汤启明
肖家镇 柏军
八宝镇 欧泽坤
白水镇 黄艳
黄泥塘镇 赵旺
羊角塘镇 任海峰 李亮 邓苑 唐福元
潘市镇 蒋贤娟 蒋将 雷又权
梅溪镇 申文波
下马渡镇 唐琳玮 张鑫 曾丽云 邓爱民
七里桥镇 王利波 刘昵斐
大村甸镇 郑志宇 汪建军 贺铁山 吴湘波
黎家坪镇 于菲
文富市镇 李长明
县纪委监委 赵作琦 石国荣 李传武 刘宇全
县委巡察办 张若兰
法院 李云
检察院 李雄文 张海峰
县委办 唐军 唐群民 陈曦
人大办 何志刚 邓四云
政协办 张松柏 陈萍
组织部 曾鑫 何晓松
宣传部 邓艳明
统战部 黄荣升 周娟稷
政法委 李文斌
团县委 文闻
妇联 唐小娟
科协 张霏霏
残联 段琦
政府办 张学明
发展改革局 曾海燕 黄国荣 王明华
教育局 李铁牛
公安局 聂芳 张叔博 高群峰 郭建军 郭清林 唐午巍 谢可夫 邹文亮
交警大队 何志华 谭文中
民政局 李晓华 王德生 杨翠华
司法局 杜娟 高成福 刘世明
财政局 陈和群 桂安国 李毅 刘剑慧 袁满忠 张爱华 周桂阳
人社局 张文明
自然资源局 郑海斌
住建局 董黎明 唐骐健 尹交山
交通运输局 唐冬平 刘小明 黄礼星
农业农村局 詹国平 伍平友
水利局 邓卫芳 伍永明
商务局 王胜 曾文玉
卫生健康局 奉毅 刘文正 邹桂香
应急局 王启明 龙益平
林业局 蒋国志 彭力 易青超
市场监管局 陈伊立 肖杰 张顺桥 阳平
信访局 段国华
扶贫办 陈彬
医保局 谢波 唐捷 杨鑫 谭华
市生态环境局祁阳分局 钟伟民
祁阳经济开发区 谢巧云
市场服务中心 何向东

住房保障服务中心 伍晓文
畜牧水产事务中心 张美清
公路建设养护中心 唐建军 周军
城市环境卫生和园林绿化事务中心 唐月明
自来水总公司 高连佑
农村经营服务站 邓太富 陈湘江
城建投 张传胜
全民健身服务中心 王伟
消防救援大队 谢章强
税务局 黎金元
人民银行 何绿元
农业银行 曾逊杰
国网祁阳县供电公司 成军

领导名录

中共祁阳县委员会

书记 周新辉
副书记、县长 陈小平
县委常委、组织部部长 郑国荣
县委常委、纪委书记、县监察委员会主任 廖道南
县委常委、县人民政府常务副县长 陈莉
县委常委、县人武部部长 龚红辉
县委常委、统战部长 张少宣
县委常委、县委办主任 唐明生
县委常委、政法委书记 陈志标
县委常委、宣传部长 彭国锋

祁阳县人大常委会

党组书记、主任 邓晓阳
党组副书记、副主任 刘晓春
副主任 谢铁山
党组成员、副主任 桂富生 刘双顺 唐江
党组成员、县人大办公室主任 何志刚

祁阳县人民政府

县长 陈小平
党组成员、副县长、二级调研员 陈环玉
党组成员、副县长 周贞霖 刘军 蒋明明
副县长、二级调研员 柏曼红
党组成员、副县长、县公安局党委书记、局长 沈拥政
党组成员、县政府办党组书记、主任 张学明

政协祁阳县委员会

党组书记、主席 郑增敢
党组副书记、副主席 陈振文
副主席、二级调研员 于建春
党组成员、副主席 文英雄
副主席（兼） 桂湘 黄爱蓉
党组成员、办公室主任（县政协秘书长） 张松柏

县人武部

部长 龚红辉

县公安局

局长 沈拥政
政委 陆强耀

县人民法院

院长 田光耀

县人民检察院

党组书记、检察长 程晖

中共祁阳县委党校

校长 唐双喜

浯溪碑林风景名胜区（陶铸故居）管理处

党委书记、主任 柏一秀（女）

祁阳经济开发区

党工委书记 刘诚
党工委副书记、管委会主任 李政

县政府、县政协党组成员，县人大办主任、县政府办主任、县政协秘书长，县委办、县政府办副主任，县人大、县政协各委室主任

县政府党组成员 县政府办党组书记 主任	张学明
县纪委常务副书记 县监察委员会副主任 四级调研员	赵作琦
县人大常委会党组成员 县人大办公室主任	何志刚
县政协党组成员 办公室主任 县政协秘书长	张松柏
县委办常务副主任（排第一）	唐　军
县委办副主任 四级调研员	蒋盛文
县委办副主任	邓梦琪　陈智勇 唐国平　唐群民
县人大常委会选举任免联络工作委员会主任	王　萍
县人大民族华侨外事委员会主任委员 四级调研员	赵国华
县人大监察和司法委员会主任委员	赵宝生
县人大财政经济委员会（县人大常委会预算工作委员会）主任委员 四级调研员	吕　勤
县人大教育科学文化卫生委员会主任委员 四级调研员	雷志刚
县人大环境与资源保护委员会主任委员	陈爱君
县人大农业与农村委员会主任委员	曾武军
县人大社会建设委员会主任委员	何建红
县政协委员学习联络委员会主任 四级调研员	谢东良
县政协提案委主任	李爱华（女）
县政协经济科技和外事委员会主任	陈麒旭
县政协农业农村和人口资源环境委员会主任	谭振华
县政协文教卫体和文史委员会主任 四级调研员	王双春
县政协社会法制和民族宗教委员会主任	陈　萍（女）

县直局以上单位党政主要负责人

县委组织部常务副部长	曾　鑫
县委组织部副部长 县委非公有制经济组织和社会组织工作委员会书记	何晓松
县委组织部副部长	黄玉彬（女）
县委宣传部常务副部长	唐书东
县委组织部副部长（兼） 县人社局党组书记 局长 四级调研员	周金生
县委组织部部务会成员 四级调研员	王贵华
县委统战部常务副部长	黄荣升
县纪委副书记 县监察委员会副主任 四级调研员	柏宏胜　吴志军
县纪委常委 县监察委员会委员（兼）	王可君
县纪委常委	柏雪宾（女）
县纪委常委 县监察委员会委员（兼）	王　新　王新文
县纪委常委	王　曦
县纪委监委二级主任科员	石宇晖

县纪委县监委驻县委政法委纪检监察组组长 县委政法委委员	刘沁华
县委巡察组组长	奉和成　王卫东 陈旭东　刘剑波
县委巡察组组长	唐　升
县环保局党组书记局长	尹显仪
县水利局党组书记局长	邓卫芳
县自然资源局党组书记局长	甘小玲（女）
县市场监督管理局党组书记	刘　勇
县扶贫开发办公室党组书记主任	陈　彬
县发展和改革局党组书记局长	曾海燕（女）
县医疗保障局党组书记局长	谢　波
县文化旅游广电体育局党组副书记局长	周　洁（女）
县卫生健康局党组书记局长	奉　毅
县审计局局长	黄爱蓉（女）
县工商联主席	桂　湘
县委编办主任	刘秋荣
县委网络安全和信息化委员会办公室主任 四级调研员	邹长明
县委巡察工作领导小组办公室主任	张若兰
县教育局党组书记局长	李铁牛
县科技和工业信息化局党组书记局长 四级调研员	谢建军
县公安局党委副书记常务副局长	王茂华
县民政局党组书记局长 四级调研员	李晓华
县司法局党组书记	张俊卿
县司法局党组副书记局长	陈　超
县财政局党组书记局长	邓　飞
县住房和城乡建设局党组书记局长	董黎明
县交通运输局党组书记 四级调研员	唐冬平
县交通运输局党组副书记局长	蒋金勇
县农业农村局党组书记局长 四级调研员	詹国平
县商务局党组书记	王　胜
县商务局局长	曾文玉（女）
县文化旅游广电体育局党组书记 四级调研员	全　辉
县审计局党组书记 四级调研员	黄拥军
县退役军人事务局党组书记局长 四级调研员	蒋仲敏
县应急管理局党组书记局长	王启明
县林业局党组书记局长	郑昭宇
县市场监督管理局局长	聂新国
县统计局党组书记局长	蒋志红
县城市管理和综合执法局党组书记局长 四级调研员	李秋来
县信访局党组书记局长 县政府办副主任（兼）	段国华
县行政审批服务局党组书记局长 四级调研员	何志宇
县总工会党组书记副主席	李柏林
县妇联党组书记主席	唐小娟（女）
团县委书记党组书记	罗　岗

县科协党组书记主席	张霏霏（女）
县文联党组书记	桂健新
县文联主席	周　殷（女）
县侨联主席	李永明
县残联党组书记理事长四级调研员	段　琦
县委统战部副部长县工商联党组书记副主席	邓志刚
县交警大队党委书记大队长	范先家
县交警大队党委副书记政委	文爱武
祁阳科技工业园主任四级调研员	刘景鸿
县供销社党组书记理事会主任	王军云
县工改办党组书记主任四级调研员	包本发
县商改办党组书记主任	柏建勇
县委党史研究室主任	陈智勇
县委改革与发展研究中心主任	彭发松
县政府发展研究中心党组书记主任	欧阳迎春
县接待科科长	陈　旭
县机关事务中心主任	罗卫平
县广播电视台党委书记台长总编辑	李志刚
县禁毒工作社会化宣传教育中心党组书记主任	段慧颖
县市场服务中心党组书记主任	何向东
县住房保障服务中心党组书记主任	伍晓文
县畜牧水产事务中心党组书记主任	陶　藜
县公路建设养护中心党组书记主任	唐建军
县城市环境卫生和园林绿化事务中心党组书记主任	唐月明
祁阳浯溪国家湿地公园管理局党组书记局长	邓新顺
县旅游发展服务中心党组书记主任	唐　铭
县城镇建设投资发展集团有限责任公司党委书记董事长	张国军
县内下电站管理局党委书记局长	伍志军
大江水库管理所党总支书记所长	蒋　军
大江林场党委书记场长	王勇平
挂榜山林场党委书记场长湖南省小鲵自然保护区管理局局长	邓玉华
县自来水总公司党总支书记总经理	高连佑
县畜牧场场长	曾爱民
中南制药机械一厂社区服务中心主任	邓满华
县人民医院党委书记	李安清
县人民医院党委副书记院长	蒋文明
县中医医院党委书记院长	赵志华
县疾控中心党委书记	张劲弩
县疾控中心党委副书记主任	唐　悯
祁阳一中党委副书记校长	邓　振
祁阳一中党委书记	唐秀成
祁阳二中党委书记校长	石献忠
祁阳四中党委书记校长	黄　琨
祁阳七中党委书记	李朝军

祁阳七中党委副书记校长 邓和国

县职业中专党委书记校长 钟端阳

县教师进修学校校长 何新军

县教师进修学校总支书记 蒋强华

县财政局党组成员副局长 周建军

县纪委县监委驻县公安局纪检监察组组长县公安局党委委员 聂芳（女）

县纪委县监委驻县财政局纪检监察组组长县财政局党组成员 唐永新

祁阳经济开发区原党工委书记 段观阳

县人民政府二级调研员 陈俊广

县人民政府原副县长 唐安宝

县人民政府二级调研员 张应生 蒋祁阳

县人民政府四级调研员 龚伟 邓开封

县委党校原校长 刘文高

县政协原副主席 戴青

县委组织部四级调研员 李梅生

县委统战部二级主任科员 陈巧琼（女）

县商改办四级调研员 柏爱国

县科工局四级调研员 陈卫平

县水利和库区移民事务中心四级调研员 李美光

县供销社四级调研员 谢建中

县发改局四级调研员 黄化宏

县农机事务中心四级调研员 刘祁春

县农业农村局四级调研员 许伦中

县人社局四级调研员 杨美华（女）

县林业局四级调研员 蒋林奇

县法院原党组成员纪检组长 李海波

县审计局二级主任科员 蒋三民

各镇（街道）党（工）委书记、镇长（主任）

龙山街道办事处党工委书记 苏建萍

龙山街道办事处党工委副书记主任 何琪新

长虹街道办事处党工委书记 朱金权

长虹街道办事处党工委副书记主任 苏斌

浯溪街道办事处党工委书记 黄恩鹏

浯溪街道办事处党工委副书记主任 邓海明

观音滩镇党委书记四级调研员 桂军

观音滩镇党委副书记镇长 刘建飞

茅竹镇党委书记 于浩

茅竹镇党委副书记镇长 柏松亮

大忠桥镇党委书记 庄小敬

大忠桥镇党委副书记镇长 陈江森

三口塘镇党委书记 王孟

三口塘镇党委副书记镇长 蒋彬

肖家镇党委书记 杨扬

肖家镇党委副书记镇长 王海战

八宝镇党委书记 莫逆

八宝镇党委副书记镇长 邓必须

白水镇党委书记 李峥嵘

白水镇党委副书记镇长 唐新波

黄泥塘镇党委书记 刘建华

黄泥塘镇党委副书记镇长 唐海宁

进宝塘镇党委书记 文键

进宝塘镇党委副书记、镇长 邓卓林
羊角塘镇党委书记 任海峰
羊角塘镇党委副书记、镇长 李亮
潘市镇党委书记 蒋贤娟（女）
潘市镇党委副书记、镇长 蒋将
梅溪镇党委书记 周海平
梅溪镇党委副书记、镇长 陈文广
下马渡镇党委书记 唐琳玮
下马渡镇党委副书记、镇长 张鑫
七里桥镇党委书记 王利波
大村甸镇党委书记 郑志宇
大村甸镇党委副书记、镇长 汪建军
黎家坪镇党委书记 汪小军
黎家坪镇党委副书记、镇长 陈冬升
文富市镇党委书记 邓燕山
文富市镇党委副书记、镇长 雷振华
文明铺镇党委书记 赵明奇
文明铺镇党委副书记、镇长 周舟
龚家坪镇党委书记 王卫红
龚家坪镇党委副书记、镇长 钟建华

中国共产党祁阳县委员会

综　　述

【概况】　2019年，中共祁阳县委辖78个基层党委，221个党总支，1734个党支部，共有党员39536名。县委工作机关有：办公室、组织部、宣传部、统一战线工作部、政法委员会、全面深化改革委员会办公室、全面依法治县委员会办公室、网络安全和信息化委员会办公室、财经委员会办公室、外事工作委员会办公室、机构编制委员会办公室、审计委员会办公室、教育工作领导小组秘书组、巡察工作领导小组办公室。

【经济工作】　全年完成地区生产总值332.06亿元，增长7.2%；一般公共预算收入23.19亿元，增长11.1%，其中税收占比达86.3%，收入总量、质量均领跑全市；规模工业增加值增长8.8%；固定资产投资增长9.5%；社会消费品零售总额98.60亿元，增长10.6%。全面小康总体实现程度96.25%，比上年提高7.27个百分点。一是强发展支撑。突出产业主引擎、项目主抓手、园区主阵地、招商主菜单，全力推动祁阳发展行稳致远：扎实推进产业项目建设年活动，纳入省市考核的重大产业项目均超额完成年度投资任务；制定产业链建设行动计划并狠抓落实，新入统规模工业企业23家，产值过亿元企业99家、过10亿元3家，海螺水泥、凯盛鞋业税收分别突破2亿元、1亿元；县经开区成功转型为省级高新区，成为全市首个规模工业产值突破300亿元的园区，在推动产业发展等方面成效明显，获省政府表扬激励；农业科技园成功获批国家农村创新创业园区。二是增发展动能。高质量完成机构改革等重点改革任务，打造了一批改革“祁阳样板”：推进公立医院综合改革成效明显，获省政府表扬激励；园区市场化改革和高质量发展走在全省前列；健全基层治理机制改革试点成效明显，“工作村为主”机制产生更广泛的影响，获省委副书记乌兰多次肯定性批示，经验在全省推广；“放管服”改革持续深化，全市首张“多证合一”药品经营许可证在祁阳县发放。特别是始终把争取撤县设市作为改革工作的头等大事来办，祁阳撤县设市事项顺利通过省委常委会会议、省政府常务会议审议，已报请国务院待批。深入实施“百企入园”工程，成功举办祁阳融入粤港澳大湾区承接产业转移暨百企入园签约仪式，全年引进企业106家，其中“三类500强”企业4家，实际利用外资2.2亿美元、增长29%，内联引资50.69亿元、增长21.86%。三是促发展融合。大力实施百村振兴、百园靓城工程，城乡融合发展全面提速。县城更加精致精美、宜居宜业，步步高祁阳新天地、陶铸公园二期、浯溪路二期提质改造、湘江一桥和东江桥老桥改造加固、盘龙西路配水厂等项目建成投用，“六出城三取缔”目标基本实现，城市建设经验获住建部《建筑》杂志专题推介。成功创建省级园林县城。新增城区面积2平方千米，城镇化率50.6%。镇容村貌更加清爽靓丽，实施小城镇

“10+X”项目194个，完成投资1.2亿元，茅竹、潘市、下马渡、黎家坪、白水等一批特色小镇更具品质。深入推进“一拆二改三种四清洁”行动，全年拆除危房空心房145.2万平方米，完成改厕5.6万座、改水4.1万户，新增村庄绿化面积25万平方米。涌现了以全国乡村治理示范村——丁庙湾村为代表的一批乡村振兴典型村。祁阳县开展农村人居环境整治，以及推进新型城镇化和城镇污水垃圾处理、黑臭水体整治、棚户区改造等工作成效明显，获省政府表扬激励；农村人居环境整治等工作经验，在省委农村工作会议、全省推进城乡环境基础设施建设现场会、全省农村人居环境整治现场推进会等省级以上会议作典型发言。

【“三大战役”】 脱贫攻坚取得决定胜利。以最好的成效通过国家、省级实地考核，顺利实现3个深度贫困村出列、9497人脱贫，贫困发生率降至0.19%。大力实施“四扶四建”“六个全覆盖、六个必到户”行动和“三好三出”消费扶贫，推动“两不愁三保障”突出问题动态“清零”。教育、就业、健康等行业扶贫成效显著，易地扶贫搬迁“十三五”任务全面完成，全国水库移民脱贫攻坚座谈会在祁阳县召开。污染防治保持良好态势。中央环保督查“回头看”反馈问题全部整改销号，“夏季攻势”目标任务全面完成。白水污水处理厂建成投用，城北、城东污水处理厂完成规划许可，17个建制镇污水处理厂挂网招标，县城湘江以北实现雨污分流。海创固废危废处理项目建成投运，垃圾焚烧发电项目正式启动。饮用水源地保护、黑臭水体治理成效较好，地表水及饮用水水质达标率100%。率先在全省开展“无废城市”建设，基本完成“六出城三取缔”工作任务。生态环境执法获评全省先进。风险防范安全可控。全年化解政府隐性债务3.59亿元、关注类债务2.93亿元，争取地方政府债券4.18亿元。平台公司市场化转型步伐加快。严打非法集资行为，金融环境安全稳定，金融机构存款余额382亿元，比年初净增9亿元、增长2.5%；贷款余额192亿元，净增32亿元、增长19.8%；银企洽谈会落实项目贷款26.44亿元；完成农商银行清欠任务1.1亿元。

【社会事业发展】 全年财政用于民生支出达46.89亿元，占总支出的79%。城乡居民收入分别达到34015元、15339元，同比分别增长9.7%、9.5%。民生实事较好完成。省、市、县重点民生实事16件43项指标全部完成。义务教育提前一年消除大班额；县城实现“双回路”供水，祁阳“南水北调”工程大村甸水厂建成投用，从根本上解决了北部五镇一办一场近29万群众的安全饮水难题；西区110千伏变电站建成投用，完成70个行政村、20个县城台区电网提质改造；建成农村通自然村水泥路429千米、“窄改宽”工程105千米、“安防工程”294千米；改造县城老旧小区99个、背街小巷44条；推动历年棚改项目扫尾清零，完成农村危旧房改造1383户；十里坪畜牧场整治、畜禽粪污资源化利用项目全面实施；0—6岁残疾儿童抢救性康复、农村妇女“两癌”筛查、孕产妇产前筛查、65岁以上老年人每年一次免费健康体检等政策全部落实。社会保障提标扩面。新增城镇就业9300人、农村劳动力转移就业6200人，城镇登记失业率控制在4%以内；“五大保险”参保人数达到66.6万人；劳动社保实现省级统筹；城市和农村低保月人均救助水平分别达到340元、204元。城乡居民医保参保81.82万人次，贫困人口实现应保尽保。医疗保险异地联网结算范围进一步扩大，城乡低保、残疾人、特困供养人员等困难群众保障水平不断提升。率先启动“一老一小”服务改革，祁阳县获评全省“五化民政”先进县，被列为全省养老服务体系建设试点县、全国森林康养基地建设试点县，金洞林场获批中国森林康养林场。社会事业全面进步。教育名县建设扎实推进。新增城区学位2.09万个，维修改造薄弱学校119所，新建学生标准化食堂34家。建设“智慧教育”学校150所，在全市率先建成“互联网+教育”平台。中考“一分两率”全市领先，高考一、二批本科上线2623人，北大录取2人，县职业中专被评为“全国教育系统先进集体”。教师培训工作经验在全省推广。医疗服务体系更加健全。实现村卫生室标准化建设全覆盖，率先开展国家健康促进县、慢性疾病综合防控示范区创建，全省健康促进工作现场会在祁阳召开。公立医院改革被列为全省真抓实干改革成效明显奖，县人民医院、县中医医院成功创建三级医院。全面打赢登革热防控狙击战，全年未发生1例登革热本土病例。文体广电事业欣欣向荣。祁剧晋京参加非遗雅集演出，“欢乐潇湘·幸福祁阳”等文化活动丰富多彩。全民健身运动广泛开展，成功承办湖南省陶铸故里红军行暨“大美永州”大穿越活动；残疾人体育事业成绩突出，获得2个国际性体育比赛金奖。广电宣传连续七年获评全省优秀通联集体。其他事业协调发展。国防动员、人民防空和国防后备力量建设不断加强，军民融合深入推进，退役军人保障体系实现“县、镇、村”三级全覆盖。第四次全国经济普查获全省先进。科普日活动获全国优秀活动奖，农民科学素质网络竞赛获全国优秀组织奖。县工商联连续五年被评为全国“五好”县级工商联。民族宗教、外事侨务、机关事务、图书发行、档案、对台、气象、水文、盐业、烟草、石油、老龄、慈善、红十字会、关心下一代、涉老群体等事业得到新发展。社会治理强基固本。深入开展平安祁阳建设，持续推进扫黑除恶专项斗争，摧毁涉黑团伙2个、涉恶团伙12个，破获涉黑涉恶刑事案件59起，社会治安明显好转。圆满完成庆祝新中国成立70周年安保维稳任务。禁毒工作持续发力，成功退出全省毒品中转集散重点整治地区。信访形势平稳可控，呈现“三降三无一好转”的良好态势。应急管理体系不断健全，成功抗击“7·14”洪灾，全省因灾倒损住房重建工作会议在祁阳县召开；安全生产形势总体稳定，全年未发生生产经营性死亡事故；高速铁路环境突出问题全部整改到位；市场监管有力，食品药品安全形势持续向好。

【党的建设】 始终把党的政治建设作为根本性建设，树牢“四个意识”、坚定“四个自信”，坚决做到“两个维护”，在思想上政治上行动上同以习近平同志为核心的党中央保持高度一致。严格执行重大事项请示报告制度，对涉及祁阳重点发展问题、重大工作进展及时向市委报告。深入学习贯彻习近平新时代中国特色社会主义思想，县委理论学习中心组累计开展学习12次；坚持县委常委会带头，扎实组织开展“不忘初心、牢记使命”主题教育，党员干部的党性修养不断提升、理想信念更加坚定。认真落实意识形态工作责任制，庆祝新中国成立70周年宣传活动卓有成效。深入践行新时代党的组织路线，突出好干部标准，鲜明重德才、重实绩、重基层的用人导向，领导班子和干部队伍建设不断加强。扎实推进党支部“五化”建设，整顿软弱涣散基层党组织26个，处理违法违纪村干部85名，基层战斗堡垒进一步夯实。组织“关键少数”赴江西省五市八县区考察学习，开展“学习借鉴江西经验、创新推进‘五百工程’”思想大讨论活动和“三比三看”作风建设专项行动，出台集中整治形式主义官僚主义切实为基层减负十条规定，汇聚起实干兴祁的强大正能量。压紧压实“两个责任”，大力推进“清廉祁阳”建设，组织开展两轮县委巡察，严肃查处了一批腐败案件，全县政治生态持续优化。全县纪检监察机关共立案204件208人，结案203件207人，党纪政务处分203人（其中科级干部27人），办理留置案件3件，采取留置措施3人，移送司法机关4人。同时，县委常委会高度重视自身建设，认真贯彻落实民主集中制，坚持总揽全局、协调各方，改进对人大、政协工作的领导，支持政府依法行政、履行职责，加强统战、民族宗教、对台、党管武装、老干部等工作，积极发挥工商联和工、青、妇等群团组织作用，凝聚起了齐心协力干事业、上下同欲抓落实的强大合力。

表3　　**中共祁阳县委2018年重要文件一览表**

文号	文件标题	发文单位
祁发〔2019〕1号	中共祁阳县委祁阳县人民政府关于印发《祁阳县推进“百企入园”工程实施方案》《祁阳县推进“百村振兴”工程实施方案》等“五百工程”实施方案的通知	县委、县政府
祁发〔2019〕2号	中共祁阳县委祁阳县人民政府关于印发《祁阳县机构改革方案》的通知	县委、县政府
祁发〔2019〕3号	中共祁阳县委祁阳县人民政府关于祁阳县县级党政机关机构设置的通知	县委、县政府
祁发〔2019〕4号	中共祁阳县委关于批转《祁阳县人大常委会2019年度工作要点》的通知	县委
祁发〔2019〕5号	中共祁阳县委关于批转《祁阳县政协2019年工作要点》的通知	县委
祁发〔2019〕6号	中共祁阳县委关于表彰新时代新担当新作为优秀干部的决定	县委
祁发〔2019〕7号	中共祁阳县委关于申报撤销祁阳县和设立县级祁阳市的决定	县委
祁发〔2019〕8号	中共祁阳县委关于创建“无废城市”的决定	县委
祁发〔2019〕9号	中共祁阳县委祁阳县人民政府关于印发《祁阳县“无废城市”建设工作实施方案》的通知	县委
祁发〔2019〕10号	中共祁阳县委印发《关于开展“不忘初心、牢记使命”主题教育的实施方案》的通知	县委
祁发〔2019〕11号	中共祁阳县委祁阳县人民政府关于印发《祁阳县庆祝中华人民共和国成立70周年活动总体方案》的通知	县委、县政府

纪检监察

【概况】　2019年，县纪律检查委员会与县监察委员会合署办公，履行党的纪律检查和国家监察两项职责。县纪委监委设15个副科级职能部室和15个派驻纪检监察组，归口管理正股级事业单位祁阳县纪检监察信息中心，有干部职工114人。2019年，在市纪委监委和县委的坚强领导下，县纪委监委忠实履行党章和宪法赋予的职责，牢牢把握稳中求进工作总基调，积极践行“两个维护”，稳步推进标本兼治，深入开展专项治理，持续强化自身建设，党风廉政建设和反腐败工作取得新成效。

【监督监察】　紧盯中央八项规定精神落实情况开展监督检查，查处违反中央八项规定精神突出问题18起，通报曝光典型问题6批、22人，党纪政务处分15人。紧盯“四风”新动向，针对“一桌餐”“私房菜”等问题开展多轮次明查暗访，查处“四风”陋习问题280余起，立案53件，党纪政务处分54人。紧盯作风顽疾，出台《关于严禁党员干部和公职人员违规操办和参加“升学宴”“谢师宴”的通知》；撤销廉政账户，严肃查处违规收送红包礼金行为，对收送双方一律先免职后处理；持续整治“酒赌毒”，查处党员干部涉赌涉毒酒驾问题23起、23人。发挥“互联网+监督”平台作用，公开民生项目资金113项、17.71亿元，公开财政惠民惠农补贴3.39亿元。严肃党内政治生活，对各单位党委（党组）民主生活会进行监督指导；严把廉政鉴定关口，对拟提拔重用、因公因私出国（境）的党员干部，拟评优评先、表彰嘉奖的党员干部和集体组织，“两代表一委员”候选人及村（社）两委干部按程序进行廉政鉴定；坚持约束与激励并重，按照“三个区分开来”要求，健全容错纠错机制，为受到错告诬告的党员干部澄清正名。狠抓基层治理，全面推行村务监督月例会制度，充分发挥村务监督委员会的“探头”作用，让村务在阳光下运行。

【审查调查】 全年共受理信访举报439件，立案204件、208人，结案203件、207人，党纪政务处分203人（其中科级干部27人），办理留置案件3件，采取留置措施3人，移送司法机关4人。查处石鼓源乡社保站黄某某挪用社保资金377万元炒股票、买彩票，茅竹镇社保站李某某挪用医保资金300余万元赌博等一批典型案件。选派精兵强将协助省纪委监委查办湘西自治州政协原副主席向某某职务违法并涉嫌受贿案；协助省、市纪委监委查办市城建投、开建投融资平台系列贪腐窝案，颜某某、金某等一批领导干部落马。推进扫黑除恶“破网打伞”专项行动，立专案16件、16人，主动投案2人，向市纪委移送线索2件，向公安机关移送刑事犯罪线索4件，提出监察建议9件。运用“四种形态”处理303人次，一、二、三、四种形态分别占66.34%、19.47%、7.59%、6.6%，切实做到“惩治极少数”与“管住大多数”有机结合。

【专项整治】 推进扶贫领域腐败和作风问题专项治理，核查问题线索1180条、立案101件、党纪政务处分101人、组织处理303人，追缴违纪资金960.01万元，退还群众资金265.41万元。查处黎家坪镇接龙桥村戴某某、张某某串通贫困户虚报危房改造项目，骗取国家危房改造补助资金5.2万元等一批典型案件。开展“一季一专题”集中治理，立案9起，党纪政务处分9人，组织处理19人，追缴违纪资金61.32万，反馈问题33个。开展民生领域突出问题专项整治，发现问题线索20条，立案13件，党纪政务处分13人，组织处理10人，收缴资金136万元。开展二级机构集中整治，发现问题线索180条，立案16件，党纪政务处分16人，组织处理59人，收缴资金113.4万元。集中整治形式主义、官僚主义突出问题，发现问题线索24条，立案9件，处理问责12人。查处观音滩镇林业站站长罗某某审核把关不严，导致14万余元生态公益林补偿资金未落实到受益群众手中等一批典型案件。开展“不忘初心、牢记使命”主题教育专项整治，发现问题线索64个，立案29件，党纪政务处分28人，组织处理17人。

【宣传教育】 坚持惩治和教育“两手抓”，正面引导和反面警示相结合，组织党员干部学习党纪条规及法律法规，集中观看《护航》《迷失的初心》等专题警示片，利用向某某、金某等违纪违法案开展警示教育，做好以案促改“后半篇文章”，标本兼治综合效应更加凸显。以“权力清单、风险清单、防控清单、责任清单、工作流程”为着眼点，施行“一图、一表、一册、一卡、一栏”工作体系，全力推进清廉祁阳建设。2019年5月启动试点工作以来，年内完成12个县直机关、8个镇（街道）、8个清廉村（社）、1所医院、3所学校的试点建设。

【体制改革】 建立健全公安、检察、法院与纪检监察机关问题线索双向移送、重大问题会商机制，推动纪法贯通、法法衔接。持续深化纪检监察体制改革，2019年4月，将12个综合派驻纪检监察组的人、财、物纳入县纪委监委统一管理。各派驻纪检监察组充分利用“驻”的优势，经常性开展廉政谈话，完善干部廉政档案，全年共受理信访举报62件，开展正风肃纪186次，建议、督促监督单位修订完善制度149项。细化片区协作工作机制，将各镇（街道）纪（工）委、派驻纪检监察组及委机关部室按“地域相近、力量互补”的原则组建成7个片区工作组，由常委（委员）任组长，配套建立《片区协作办信办案工作制度（试行）》等4个管理制度，实现片区内力量统筹、片区间相互协作，有效化解纪检监察工作发展不平衡的问题，为全县党风廉政建设和反腐败工作的纵深推进提供坚强的组织和机制保障。

【自身建设】 全面推进“素质提升年”活动，扎实开展“不忘初心、牢记使命”主题教育和纪检监察干部“秋冬大练兵”。组织全县纪检监察干部开展3轮集中培训，领导上讲台、全员进课堂，深入学习习近平新时代中国特色社会主义思想和纪检监察应知应会知识，不断提高纪检监察干部的党性修养和业务能力。认真学习、严格执行《中国共产党纪律检查机关监督执纪工作规则》《规定》，强化纪检监察干部的规则意识、程序意识，推动依规依纪依法监督执纪问责和监督调查处置。积极派员参加上级纪委监委组织的各类教育培训，邀请办信、办案、审理等业务能手参与11期“能手讲坛”，补齐工作中的短板弱项。加强干部交流任职，配齐配强领导班子和部室负责人，14名干部得到提拔重用，进一步激发了队伍活力。

县委办工作

【概况】 2019年，祁阳县委办公室紧紧围绕“不忘初心、牢记使命”主题教育总要求，以贯彻市委办“质效提升年”、打造“三手型”干部队伍为抓手，以创建市级文明标兵单位为目标，“当好特种兵、做好店小二”，充分发挥“坚强前哨”和“巩固后院”作用，为实现祁阳高质量发展作出了突出贡献。被评为全国节约型公共机构示范单位、全省机要密码工作先进单位、全市文明标兵单位，祁阳香笋、自然韵黑茶被推荐进入中南海、玉泉山机关食品采购目录。县委办副主任蒋盛文被评为“全国档案系统先进工作者”，县委办常务副主任唐军被县委唯一推荐参评“全省优秀执行力干部”。

【政研信息】 县委政研室全年共起草、把关各类综合文稿370余篇、190余万字，县委全会报告、县委经济工作会议讲话、县委“不忘初心、牢记使命”专题党课、祁阳县工业产业链建设等一批重要文稿和调研报告，得到县委主要领导和社会各界的好评。主动加强与中央、省、市新闻媒体交流与联系，在《湖南日报》《湖南领导专供》《新湘评论》等中央省市级报纸杂志上发表领导署名文章、各类新闻稿件共30余篇。尤其是县委书记周新辉署名文章《干事动力提上来基层负担减下去》在人民论坛网、红网、新华社、《湖南日报》等主流媒体发表，推广祁阳好经验，提升了祁阳影响力。代表县委、县政府起草各类省市级会议经验推介材料20余篇，得到县委主要领导充分肯定和认可。认真办好县委县政府内刊《今日祁阳》，2019年共编发10期，刊物质量和影响力得到进一步提升。协助市委办、市委政研室和市委改革办开展专题调研活动8次。全力配合《永州情况》《永州通讯》的编撰工作，上稿20余篇。完成《高质量发展的引擎——产业链》《让城市更精致让生活更美好》等20余篇调研报告，部分调研成果转化为县委决策，为推动全县经济社会平稳健康发展做出了积极贡献。提高信息报送准确性、全面性、时效性，全年上报各类信息400余条，信息质量系数居全市前列。

【督查督办】 围绕大局抓督查。共开展各项决策督查活动30次，编发专报45期、通报9期。重点开展了县委常委会和县委常委办公会议定事项、重点项目建设、“五百工程”等督查，有力推动了全县各项工作扎实有效开展。围绕批示抓督查。按照“一事一办、专人负责、严格把关”的原则，把领导交办和上级批办的事项作为阶段督查重点，及时做好分办、转办、催办工作。全年共办理各级领导批示件239件，其中市委领导批示件50件，县委领导批示件189件，全部按规定办理或落实到位，做到了事事有回音、件件有着落。围绕调研抓督查。紧贴县委县政府关注的热点、决策落实中的难点和群众反映的焦点问题，深入开展督查调研和民情调查，共开展乡村振兴、脱贫攻坚、为基层减负、农村人居环境整治、扫黑除恶等专项督查调研12次，为领导决策提供了可靠依据。

【文秘值班】 全年共办理各类普发性文件59个，较上年同期减少37个，精简38.5%。共收办县直各单位党委（党组）、各镇（街道）党（工）委向县委的报告38件，办理县委向省委、省委有关部门，市委、市委有关部门请示3件、报告件分别为9件。

扎实做好公文办理、党委综合报告，县委常委会会议、书记专题会议、县委常委议事协调会议等会议服务，全县性会议会务准备、全县性重大公务活动安排、上级党委领导到祁阳调研活动组织安排、全县办公室业务指导等各项工作，不断提升各项工作的规范化、精细化、科学化水平和“三服务”能力，较好地发挥了参谋助手作用。

坚持专人专岗24小时轮流值班，制定全年值班制度，及时呈报《党政主要领导周末去向安排表》，合理编排春节、清明、“五一”、端午、中秋国庆等重大法定节假日的《党政主要领导节假日期间行程安排表》《县级领导值班安排表》及《县委办值班安排表》。严格按照标准缩减会议次数，高效准确下发通知，并严格按照市委总值班室和秘书科要求，准确上报了各类会议详单。全年共接待国家各部委、省、市领导20余次、来访群众25余次，接处群众来电80余次。

【法规工作】 严格要求规范性文件起草单位起草文件前广泛征求意见，坚持问题导向，突出针对性，强化可执行性，把握文稿的正确方向，切实维护党内法规制度体系完整统一，同中央党内法规制度、国家法律法规等保持一致，不随意变通、不搞部门本位。规范审议文件程序。认真履行前置审核职责，进一步规范落实文件“三把关”制度。建立党内法规工作联席会议机制，构建党委统一领导、办公室统筹协调、部门分工负责、各方共同参与机制。完善“下备一级”工作体系，下级党委和部门党组（党委）制定的规范性文件一律纳入报备范围，严格要求县委各部委和下级党委在规定时限内上报制发的规范性文件，对未按要求及时报备的单位予以函告；函告后不及时报备的全县通报，党内法规工作执行力明显提升。

【机要保密】 紧紧围绕县委中心工作，按照“巩固与发展”工作目标要求，进一步强化密码工作和党委信息化工作规范化建设与管理，切实落实党的密码通信安全防范各项措施，扎实工作，确保了国家秘密传输的安全通畅和密码的绝对安全可靠，有力保障了上级党政政令的畅通。按省委机要局要求，全县投入经费25万元，以“二严格、一确保”为目标，优质高效完成密码通信主渠道升级改造，圆满通过省市验收，并正式启用JWD18-2A新机要文电系统。全县电子政务外网的建设运维、网络系统等日臻完善与健全，开通运行单位达115个。

进一步完善《祁阳县党政领导干部保密工作责任制》《祁阳县党政机关和涉密单位网络保密管理规定》等系列保密规章制度，制定《中共祁阳县委保密委员会办公室2019年工作要点》。在抓好一般性保密管理的基础上，对重点领域、重要环节、重大活动，采取了更加有力的防范管理措施。7月4日，下发《关于开展全县保密检查的通知》。9月16日—28日，在各单位自查的基础上，对检查单位采取听取汇报、实地查验、严格记录等方式，现场对检查情况进行综合评议，对检查不合格单位提出了整改要求，限期整改到位。

【其他工作】 充分发挥牵头抓总的统揽职能，牵头协调有关部门，确保了全面深化改革、全面小康工作落地见效。推进公立医院综合改革、工作村为主、园区市场化改革、“一老一小”服务改革等改革事项走在全省前列；全面小康总体实现程度达96.25%，较上年度提升7.27个百分点。县档案馆被评为湖南省档案工作先进集体。财经、外事、港澳和台湾事务等工作都有新进展。

组 织 工 作

【干部队伍建设】 贯彻落实新条例，选优配强县管领导班子。按照新修订的《党政领导干部选拔任用工作条例》和省委“1+5”文件精神的要求，在深入调研的基础上，重点对公安系统干部、涉改县直单位和部分乡镇领导班子进行了调整配备。共调配干部7批次、328人，其中：提拔重用260人，交流使用68人，调任7人。按照中央和省市机构改革的统一部署，根据《祁阳县机构改革工作实施方案》文件要求，遵照“先急后缓、先易后难”的原则，对涉改单位人员转隶按机关、事业单位进行分步实施、分类推进。坚持编随事走、人随编走，合理确定转隶对象，重点做好了提出人员转隶意见、上报审批、办理手续等环节。依据《中共湖南省委组织部关于印发〈湖南省领导班子和领导干部政治建设考察办法（试行）〉的通知》和《市委组织部关于市管领导班子及领导干部政治建设考察方案》文件精神，认真研究制订《祁阳县管领导班子及班子成员政治建设考察方案》，按照“七个政治”和“五个政治”的对照标准，对22个乡镇（街道）领导班子及成员进行一次深刻全面的“政治体检”，收集整理各类情况30余条，对乡镇（街道）领导班子政治建设和干部队伍运行情况做了全方位的了解掌握，并将政治建设考察结果与干部选任调配进行有机结合。干部教育培训工作扎实推进。充分发挥县委党校干部培训的主渠道作用，在县委党校举办4期培训班，对全县220余名科级领导干部开展了培训，严肃培训纪律，严格考勤考评。精心组织外出学习调研，于2月组织“关键少数”赴江西五市考察学习，印制《赴江西学习考察报告汇编》。8月下旬，组织全县相关部门领导共120余人赴上海交通大学参加“社会管理与公共服务专题班”、赴深圳大学参加“经济转型发展与科技创新专题班”。积极组织参加湖南省干部教育培训网络学院的学习活动。按照省、市委组织部关于网络学院学习的相关要求，组织全县科级以上领导干部1300余人参加了培训。干部监督管理工作进一步加强。根据省、市委组织部和公安部门的部署要求，严格审批领导干部因私出（国）境相关资料。协助公安局核查登记备案人员3069人，其中市管干部58人，县管干部1674人，安全、涉密、财会等重要岗位一般工作人员1337人。共保存护照、港澳通行证、台湾通行证592本。2019年，共办理因私出（国）境2人次。严格执行领导干部个人有关事项报告制度，组织全县50名市管干部认真填写《领导干部个人有关事项报告表》，如实报告个人有关事项，并及时进行督促辅导，增强领导干部报告材料的完整性和正确性。同时，对全县副处级以上领导干部是否存在配偶已移居国（境）外（包括没有配偶、子女均已移居国（境）外的）现象进行调查摸底。

【公务员管理工作】 对全县职务与职级并行工作展开了摸底调查，核定各单位的机构规格、编制数量、职级职数，同时对相关人员的职级套转或晋升进行审核把关。共套转公务员1905名，其中二级调研员3名，四级调研员130名，二级主任科员439名，四级主任科员1001名，一级科员325名，二级科员2名。按照机构改革的要求，在2019年年初，将公务员管理职能由县人社局划转到县委组织部，公务员的录用、登记、考核、奖惩、工资福利等方面的工作更加管理有序、科学规范。全年，对全县签订的27项责任状进行全面清理规范，保留2项，暂予保留11项，取消14项。进一步完善考核办法，创新考核方式，提高考核结果的公正性和准确性。加大考核奖励向基层倾斜力度，将乡镇公务员考核优秀等次比例在原有的基础上提高了5%。全县共纳入县委、县政府表彰684人，其中记三等功142人，嘉奖542人。进一步规范公务员工资管理，全部实行系统化操作，工资信息更加准确、精细。

【基层党组织建设】 聚焦村（社区）党组织书记、主任“一肩挑”工作，深入推进村（社区）党组织书记全面优化提升工程，及时选优配强村（社区）两委干部。2019年，共有204个村（社区）完成“一肩挑”，比例达36.4%。强化村（社区）党员干部培育，在湖南城市学院举办“祁阳乡村振兴规划建设管理专题培训班”，选送1200余名青年农民赴道县工贸中专技能培训，为深入推动乡村振兴提供人才支撑。投入资金2.86亿元，建成投用560个村（社区）党群服务中心，承办全市农村综合服务平台建设现场会和全市基层党建重点任务推进现场会。扎实推进党支部“五化”建设，建成示范党组织265个，全面完成村党群服务中心建设，26个软弱涣散党组织得到有效整顿，调整村干部74人。新建43个村集体经济发展示范村。县直部门11类站所943人全部下划到乡镇管理。扎实推进党建促脱贫攻坚工作，“四扶四建”“三好三出”行动全省推广，“六个全覆盖”工作经验被提升吸纳入省委全会工作报告和决议，顺利完成国家2019年脱贫攻坚成效省际交叉考核。

【“两新”党建】 坚持高点谋划。县委高度重视“两新”组织党建工作，专题召开常委会对省市文件中“新建党组织给予启动经费”“两新组织党组织书记给予工作津贴”和“选派党建工作指导员安排工作津贴”等事项进行专题研究。“两新”党工委严格落实市委、县委要求，采取支部“每月自评”、县委“两新”工委党建督查相结合的方式进行考核，并下发专项通报。将支部书记工作津贴与支部“三会一课”制度落实情况相结合，按季度发放支部书记工作津贴。强化组织引领。发挥“头雁效应”，把熟悉党务工作、懂经营、会管理的企业出资人（社会组织负责人）、党员管理人员和技术骨干选配到各级党组织中，全县党员出资人和社会组织负责人兼任党组织书记48人，党员管理人员和技术骨干任党支部书记42人。加强党建指导员队伍建设，累计选聘两新组织党建专职工作者106名，开展各类学习200余次，集中示范党课6次，真正发挥党建指导员“操盘手、引路人”的作用。加强党员管理。坚持“双培养”制度，着力把党员培养成企业精英，把企业精英发展为党员，不断厚植红色土壤。2019年5月，举办入党积极分子培训班、党员发展对象培训班。培养全县“两新”组织入党积极分子90名，党员发展对象60名。单列“两新”党组织发展党员计划数，发展党员28名。

同时，在“两新”党组织中积极开展“三亮三争三服务”活动，通过亮明身份、争做标兵、服务企业系列活动，将党建工作延伸到非公企业生产车间、社会组织。

【机关党建】 高效率规范基层组织建设。按照基层党组织“五化”建设的要求，根据机构改革、届期情况、党员人数、人员变动需要，及时督促县直单位做好党组织成立、换届、调整等工作。2019年，审批新成立党总支2个，调整设立党支部17个，其中成立独立党支部4个，撤销党支部9个，完成换届改选的党组织69个，调整、充实基层党组织班子成员156人。高要求做好发展党员工作。认真组织入党积极分子和拟发展对象及转正党员的培训。6月，举办县直机关入党积极分子暨拟发展对象培训班，培训县直单位入党积极分子120人，拟发展对象20人，转正党员30人。按照“控制总量、优化结构、提高质量、发挥作用”的方针，严把发展党员“入口关”。高密度开展机关党建工作调研。采取走访调研、查阅资料、察看现场等方式，对89个县直正科级单位和组织关系在祁阳的垂直管理单位的356个在职支部的党建工作进行了三次全面调研，查出问题900多条，形成问题清单，对存在的问题实行限期整改。高站位推动党建述职评议全覆盖。每年组织召开全县县直单位党组（党委）书记履行基层党建责任工作述职评议大会，通过晒成绩、找问题、谈思路，集中接受年度党建“大考”。高质量建设党建阵地。按照“整合资源、结合实际、突出特色、注重实用”的原则，在县直单位新建改建党建阵地92处，党建小游园5处，红色教育基地2处，建成“六有”标准党员活动室276个。高标准打造示范点。精心培育和打造机关党建品牌，广泛开展支部特色工作法推介和示范党支部打造工作，通过组织现场观摩、开展经验交流、提炼推介支部工作法，推动县直机关所有支部建设整体提质、达标、创优。在物业小区和居民小区进行党建示范阵地建设，打造了交通小区、乐活美域小区等一批城市党建小区示范点。

【党建引领基层治理】 充分释放改革动能，深入挖掘“村为主”工作机制内涵，引导相关职能部门将工作重心放在村里，资源要素投向村里，为基层治理提供了创新经验。大力推行以“县统筹、镇负责、村为主”为内涵的“工作村为主”机制，走出基层治理的“祁阳路径”，得到了省委副书记乌兰2次肯定性批示，省委“三农”工作专家组、人民日报社专家组、省委深改办全面总结推介。精心举办“工作村为主成果大比武”竞赛活动，从全县256个村（社）比选产生3个红旗村、10个模范村和90个先进村，决赛过程全程网络直播，在全省及至全国产生积极影响，网络投票175.29万余人次，网络点击量609.3万人次。深入开展“十星级文明户”创建，开展“最美家庭”“十佳好媳妇”等系列评选和“邻里守望”志愿服务活动。大力培育村级经营主体，积极引导成立专业合作社、家庭农场，推动“三变”改革。深入推进扫黑除恶专项斗争，严格落实“四议两公开”、党务村务公开制度，深入开展“三无”乡镇（街道）、“三无”村（社区）等创建。

【党管人才工作】 牢固树立“人才资源是第一资源”的观念，引进招聘优秀人才811人，其中博士研究生1人，硕士研究生23人，高学历、高技能人才总量稳步提升。强化财政保障，将人才发展专项资金纳入财政预算，全县人才专项经费达2000余万元，其中，发放人才生活补贴152.1万元，教育培训经费850万元，教育、科技支出增长幅度高于财政经常性收入增长幅度。加强对企业人才的支持力度，对自然韵等10家高新技术企业分别予以10万元奖励。积极赴深圳、长沙等地参加招才引智推介会，成功签约康云科技、白马朝驰、纳米复合陶瓷材料研发团队等人才团队。加强创新创业服务平台建设，重点支持农业科技示范园、新金浩茶油股份有限公司等2个“星创天地”建设，成功招引28名能人返乡创业致富。坚持产才融合，引导科力尔电机、鑫利生物等企业与浙江大学等高校科研院所建立合作关系，新建省级以上企业技术中心5个、科技创新服务机构9家，培育国家知识产权优势企业4家，22项发明专利被列入全省重点发明专利名录。高层次、高技能人才基地建设卓有成效，引进厦门大学博士工作站，与中南大学共建校企合作人才培养基地1个，创建3个劳模创新工作室，进一步提高全县创新驱动能力。大力搭建高质量平台，投入培训经费200万元，与阿里巴巴集团签署正式合同，在祁阳经开区设立全国首家乡村振兴学院——淘宝大学（祁阳）乡村振兴学院，充分激活了祁阳县及辐射区域电商发展潜力。职业教育成绩斐然，县职业中专被教育部遴选为2019年电子商务1+X证书制度改革试点院校，被省市场监督管理局认定为知识产权人才培养培训基地。充分发挥职业学校服务县域经济发展的功能，投资3000余万与湖南稳弗高分子材料有限公司共建了高分子材料产教融合实训基地，持续为全县培育专业化技能人才。

【离退休干部服务】 2019年3月，根据全县机构改革方案部署，老干部工作部门进行机构改革：县委老干部局并入县委组织部，对外加挂县委老干部局牌子，组织部内设老干部工作室；新组建县老干部服务中心，为县委组织部下属副科级公益一类事业单位，主要承担老干部服务保障工作。按照省、市委老干部局要求，抓好“三湘老干部e家”微信服务号工作落实，着力抓好信息化建设。离退休干部信息采集工作圆满完成，共采集全县8100余名离退休干部信息。组织退休县级干部、离休干部进行健康检查，全部建立健康档案。开展涉军离休干部“八一”走访慰问活动，走访慰问离休干部20人次；老年节期间走访慰问企业离休干部；新中国成立70周年前夕，走访慰问建国前参加革命工作的老党员、老战士22人次，为老干部送去中共中央、国务院和中央军委统一颁发的纪念章和慰问金。开展寻找“最美老干部”活动，共向省、市委老干部局推荐5名“最美老干部”，其中1人被评为全省离退休干部先进个人。精心组织全县离退休干部积极参加省、市离退休干部“礼赞新中国·奋进新时代”太极拳比赛，获全市优胜奖。成功举办全县老干部“礼赞新中国·丹青绘新篇”庆祝新中国成立70周年书画展，展出各类书画作品120幅。10月，组织离退休县级干部及正科级退休干部代表开展“不忘初心、牢记使命”主题教育考察调研活动，考察经开区科创产业园、现代农业示范园、大联纺织公司、大村甸水厂、智慧祁阳综合运营管理中心等全县重点工程项目，拓宽了老干部视野，增强了老干部信心。

（曾信、刘小霞、段华山、张庆）

宣传思想工作

【概况】 2019年，在县委的坚强领导一下，祁阳宣传思想文化工作以习近平新时代中国特色社会主义思想为指导，围绕“庆祝中华人民共和国成立70周年”主线，抓重点、破难点、掘亮点，较好地完成了各项任务，为全县高质量发展提供了强有力的思想保证、舆论支持、精神动力和文化条件。

【理论武装】 2019年，以党委（党组）理论学习中心组和党员领导干部“关键少数”为重点，围绕习近平新时代中国特色社会主义思想，每月集中学习一次，并组织赴江西省五市八县区，考察学习城乡融合发展和人居环境整治的先进经验。县委书记周新辉为全县党员干部上了题为“不忘初心、牢记使命，奋力谱写祁阳高质量发展新篇章”专题党课。特邀王佐烈士的曾孙王华生、曾志同志的曾孙蔡军、甘祖昌同志的三女儿甘公荣，开展红色教育。注重运用“学习强国”平台，评选“学习达人”100名，上稿量、人均积分均名列前茅。《习近平新时代中国特色社会主义思想学习纲要》做到了全县党员人手一册。组织举办意识形态专题培训班，对县四大家、教育系统意识形态分管领导和宣传干事进行业务培训。开展两轮意识形态工作巡察，共巡察单位34个，查找问题92个，交被巡察单位整改落实。印发十九届四中全会精神学习宣传方案，组建了宣讲团，在全县宣讲100场，推动全会精神“飞入寻常百姓家”。

【精神文明建设】 深入开展“十星级文明户”创建活动，共评选十星级文明示范户家庭980户，文明户家庭12000多户。全县有届期内的市级以上文明村镇36个，县级以上文明村镇、文明社区228个。年内推出中国好人2名、湖南好人5名、“感动中国之感动湖南”1名、“湖南省优秀志愿者”1名。试点建立浯溪街道、检察院2个文明实践所，龙山公园、陶铸公园2个主题公园，七里桥丁庙湾、白水镇竹山等5个文明实践站。全县成立10个专业志愿服务队，注册志愿者有7万多人。创新推行“三五”工作机制，90%以上的村成立“一约四会一队”，每年指导、规劝群众操办喜庆事宜12000多次（场）。在120多所学校推广“向日葵”工程，开展活动1200多场（次）。成立农民学校60多所，培训新型农民9000多人。在全市率先建成特色文化小游园68个、农村综合服务平台505个，乡镇文化站和农家书屋实现全覆盖。

【新闻舆论工作】 注重策划谋划，广泛开展主题宣传、形势宣传、成就宣传、典型宣传，全年央媒上稿数同比翻番，省媒上稿继续保持全市前列。县电视台连续七年荣获省、市优秀通联集体。突出做好新中国成立70周年、学习宣传贯彻中共十九届四中全会精神、“不忘初心、牢记使命”主题教育等重点主题宣传报道。配合中央电视台《探索·发现》栏目组、红色故乡栏目组等，做好了文化、美食等专题采访报道。以祁阳乡村振兴为题材的大型真人秀栏目《乡村合伙人》在湖南卫视播出。县融媒体中心建设推进较为顺利。创新开展城标、形象传播导语的设计、征集和宣传工作，提升了对外形象。深入开展“清朗”“净网”等专项行动，关闭违规账号3个，约谈网站负责人5人。及时完成市委网信办各项宣传管控指令和网评指令，有效处置重点舆情事件10余次，向各单位交办属地网络舆情175件，没发生一起大的炒作事件。

【文化产业发展】 整理改编《马前泼水》《贺府斩曹》大型传统祁剧。送戏下乡演出120场次，开展“百姓大舞台”“周末剧场”等文化活动28场次，观众达到29.2万人次。祁剧团荣获全国先进基层文艺院团称号。祁剧队伍进京参加非遗雅集演出，被北京人民广播电台文艺频道等10余家媒体进行报道。现代祁剧《向阳书记》进京演出后，又在全市巡回演出11场次。杨氏宗祠、九泥坝戏台入列第十批省级文物保护单位。深入挖掘40多名“祁阳榜样”，组队参加庆祝新中国成立70周年“学习强国”之永州答卷电视知识竞赛和“歌唱祖国”合唱比赛，取得优异成绩。成功举办“金逸杯”青年歌手大奖赛、2020“中国好声音”祁阳赛区比赛。徐艺源荣获第二届“魏源杯”全国演讲活动湖南赛区选拔赛暨第四届全省演讲大赛二等奖。陶铸故居成功创建国家AAA级旅游景区，浯溪碑林获评市文明风景旅游区。

【群众文艺会演】 9月27日，祁阳县在白竹湖广场举行“庆祝新中国成立70周年”暨“欢乐潇湘·幸福祁阳”群众文艺会演。县委常委、宣传部长彭国锋出席活动并致辞。刘双顺、文英雄等县领导与观众一同观看演出。演出时间为3天，每天一场，演出现场由专家评委打分。此次演出从五月份开始进行排练，历时五个多月，参演人员近万人，观看群众10万人次以上，最终从300多个节目中海选出30多个节目进行演出。整场文艺会演充分发挥了群众演员们的聪明才智和表演才华，给全县人民献上一道丰盛的文化大餐。

（李碧星）

统 战 工 作

【建言献策工作】 引导支持县人大代表、政协委员中的党外人士，就“五百工程”、脱贫攻坚、乡村振兴等全县中心工作建言献策，提交提案、建议百余件（条）。利用座谈会、协商会、恳谈会、谈心谈话会等多种形式，引导党外人士建言献策，收到意见建议50余条，反映各类社情民意70余条；组织开展调研活动6场次，提交调研报告6个。一批成果和意见建议被吸收转化，为县委、县政府科学决策提供了参考。

【助力脱贫攻坚】 全年组织党外人士6次深入全县脱贫攻坚重点村、深度贫困村开展调研活动，把脉问诊脱贫，提出相关建议和脱贫方案。组织统战系统人员30余批次深入到深度贫困村黄石村等村开展脱贫攻坚工作。深入开展“百企联百村”活动，动员480多个企业参与全县扶贫工作，建立扶贫基地25个，扶贫车间67间。其中新增扶贫基地7个，扶贫车间10间，投入扶贫项目资金2千万元，帮助贫困群众就业1千余人。动员和引导非公有制人士等党外人士开展扶贫帮困活动发放慰问金和捐赠物资等共计百万余元，组织开展义诊活动5场次。发放泛海助学金60万元，资助贫困大学生120名。

【经济统战工作】 召开构建“亲”“清”新型政商关系联席会议3次、座谈会3次。在长沙祁商会、衡阳祁商会、深圳祁商会等举办招商发布会活动，有500多家客商参加活动，成功引进项目10余个，总投资超过30亿元。组织台办、侨联、工商联等单位广泛开展活动，与海内外近千名客商和友好人士保持密切联系。组织10余批次党外代表人士，到江浙、广东等地广泛开展招商引资活动，吸引10多批次的外地客商到祁阳考察、洽谈，成功吸引10家企业落户祁阳。积极推进经开区与金荣集团合作，打造“园企合作，政企共建”重点项目科创产业园，1期工程已建成标准厂房36栋10万平方米，8月成功开园，签约项目70个，总投资120亿元，刷新招商引资新记录。举办2次“迎老乡、回故乡、建家乡”活动，签约项目10个，总投资33.5亿元。召开清明恳谈会、老乡茶话会、招商发布会等，吸引20余名在外老乡回家投资兴业办企业。

【“同心美丽乡村”创建】 申报并成功创建省级同心美丽乡村示范点1个，市级同心美丽乡村示范点1个，县级10个。助力村经济发展，在创建示范点建立乡村车间13间、企业2个、农村产业基地12个，吸纳1千多人次就业，为群众直接年增收2000多万元，为村集体经济创收20多万元。推动村基础设施建设，组织引导统战成员共为村建设发展提出了建议意见18条，共捐助资金物资共计百万余元，建成基础设施20余个。开展送医、送技术、送文化等下乡活动，为群众服务达5000多人次，发放各类资料1万余份（册），捐赠10余万元的物资器材。结对帮扶贫困家庭100多户，帮助300多个贫困人口就近就业，资助困难学生30多人，发放资助金15万多元。建立完善村规民约30多条，举办移风易俗倡导健康文明新风尚活动20余次。深入开展“一拆二改三种四清洁”（拆空心房，改水、改厕，种树、种花、种果，清洁家园、清洁田园、清洁水源、清洁能源）行动，大力整治农村环境，拆除空心房10多万平方米，扩宽和新修硬化道路10余千米，改水改厕2000多户，建成小游园11个，绿化山地133多公顷，建成生态设施30多处。

【民族宗教工作】 为参加2019年高考的“两种考生”办理优惠加分手续16起，为中考民族考生办理优惠加分手续5起，办理民族成份更改和咨询6起。对全县55处正式登记开放的宗教活动场所进行了一次全面检查。批准举办16次重大宗教活动，未发生一起意外事故。对所有到祁阳阳县常住、挂单或讲学的宗教教职人员进行备案登记，对2名办理出国护照的佛教教职人员依法依规进行政治审查。全年共摸排出未批先建的小庵小庙35处，已全部治理到位，取缔以堂带点基督教聚会点1处，查处其他非法宗教活动2起。

（陈攀）

巡察工作

【概况】 2019年，祁阳县巡察工作在市委巡察办和县委、县委巡察工作领导小组的坚强领导下，认真贯彻落实市、县巡察工作安排部署，积极组织开展了2轮常规巡察，协助和配合开展了2轮交叉巡察，基本实现了市县巡察同步，全县巡察全覆盖率接近70%。

【常规巡察】 按照县委和县委巡察工作领导小组的安排部署，从4月25日至7月22日，9月20日至12月25日，县委分别组织开展了第六轮、第七轮巡察。两轮巡察共派出10个巡察组，对34个镇街道、县直单位（其中镇、街道9个，县直单位25个）党组织开展了常规巡察。其中县委第六轮巡察派出5个巡察组，对全县5个镇街道、15个县直单位开展常规巡察，并对118个村社区和8个县直二级机构开展了延伸巡察。共向20个被巡察单位党委（党组）反馈工作类问题404个，10月9日向县纪委移交重点问题线索19件，目前已立案4件，结案1件，给予党内警告1人。向县委县政府提出4条工作建议，已经县委书记专题会议研究同意，向相关部门发出落实工作建议的函4份。县委第七轮巡察于9月20日开始，将省委选调生、县委后备干部和新提拔的科级干部纳入了抽调范围，组成4个巡察组，加上宁远县交叉巡察组共派出5个巡察组，对4个镇及其所辖96个村社区和10个县直单位及6个二级机构所有党组织开展常规巡察。

【配合开展交叉巡察】 抽调精兵强将组成巡察组参加县区交叉巡察。7月，抽调9名业务能力强、经验丰富的同志组成市委第九专项巡察组，赴东安县开展为期1个月的护航脱贫攻坚专项巡察。根据“市委巡察办统筹、市县联动、县区交叉”的原则，10月份，抽调8名骨干同志交叉到双牌县参加常规巡察。

全力组织配合到祁阳县巡察的巡察组工作。一方面，配合做好到祁阳县巡察的市委第八专项巡察组开展护航脱贫攻坚专项巡察工作。县委成立配合市委巡察联络组，下设5个小组，配合市委第八专项巡察组对22个镇街道扶贫领域和县扶贫办、县住建局、县发改局等脱贫攻坚成员单位进行重点巡察。另一方面，组织安排好到祁阳县交叉巡察的宁远县巡察组开展工作。同时，积极取县委重视，足额保障交叉巡察工作经费，做好后联络和后勤保障等工作。

【巡察整改督办督查】 巡察整改是巡察工作的重要环节，也是2019年县委巡察工作的重点。一是加强督办。在巡察意见反馈后的3个月整改期内，各巡察组加强对被巡察单位的整改工作督办，督促被巡察单位及时召开党委（党组）会议，研究制订整改方案，督促整改措施落实，打破一些单位巡察后的“过关”心态。二是加强督查。在整改3个月后，巡察办组织开展巡察整改督查工作，对全县的整改情况进行督查，并下发督查通报。同时，对未整改到位的下函督办，督办后再不整改到位的，提请领导小组研究按程序进行追责。目前已基本完成对第四轮巡察整改“回头看”和第五轮巡察整改的督查工作，对个别整改未到位的单位下了整改督办函，限期完成整改，全县巡察整改清退款项120余万元。

【巡察机构自身建设】 加强巡察业务培训。选派1名办公室副主任和1名巡察组长参加在省委党校举办的巡察干部培训班学习；2月，组织全体巡察干部参加了市委巡察办组织的巡察干部执行力培训班学习；3月和8月，全体巡察干部分别参加了县纪委监委组织的纪检监察巡察业务知识培训班学习和素质提升培训；6月下旬选派了5名同志参加在中国政法大学举办的全市巡察干部执行力提升研修班学习；11月巡察办主任参加了第二期全国县级巡察办主任提级培训班培训。同时，还选派了3名年轻干部到市委巡察办“跟班学习”和参加市委巡察组巡察工作，以巡代训，不断增强巡察干部理论水平和业务能力。加强机关内部管理。努力改善办公环境和条件，2019年新添置电脑13台，其中手提电脑6台，投入资金20万元修缮改造搬迁机关办公楼，并建成机关文化墙。同时，建立健全机关内部管理制度，参照中央、省市委巡察机关内部管理模式和巡察工作操作流程，制定办文办会、议事规则、财务管理、请销假、线索办理和县委巡察工作操作流程等15项内部管理制度和办法，实现机关内部管理制度化和巡察工作操作流程标准化。加强巡察人才库建设。每轮巡察结束后，将被抽调参加巡察工作的能力强、善于发现问题的人员纳入人才库，同时将新提拔的年青干部、后备干部、组工干部、纪检监察、财政、审计、司法、评估和工程招投标等专业人才充实到人才库，丰富“职业+专业”巡察人才库。

机构编制工作

【机构改革】 党政机构改革。根据省市机构改革的相关精神，制订《祁阳县机构改革方案》，改革后祁阳县共设置党政机构37个，其中，县委机构9个，纪检监察机关1个，工作机关8个：县委办公室、县委组织部、县委宣传部、县委统战部、县委政法委、县委网信办、县委编办、县委巡察办；县政府工作部门28个：县政府办公室、县发展和改革局、县教育局、县科技和工业信息化局、县公安局、县民政局、县司法局、县财政局、县人力资源和社会保障局、县自然资源局、县住房和城乡建设局、县交通运输局、县水利局、县农业农村局、县商务局、县文化旅游广电体育局、县卫生健康局、县审计局、县退役军人事务局、县应急管理局、县林业局、县市场监督管理局、县统计局、县城市管理和综合执法局、县信访局、县扶贫开发办公室、县医疗保障局、县行政审批服务局；县人大常委会设置办事机构、工作机构各1个：县人大办公室、选举任免联络工作委员会，设置专门委员会7个：民族华侨外事委员会、监察和司法委员会、财政经济委员会、教育科学文化卫生委员会、环境与资源保护委员会、农业与农村委员会、社会建设委员会；县政协设置办事机构1个：县政协办公室，专门委员会6个：委员学习联络委员会、提案委员会、经济科技和外事委员会、农业农村和人口资源环境委员会、文教卫体和文史委员会、社会法制和民族宗教委员会。

事业单位改革。根据省市文件精神，县委、县人民政府直属事业单位和承担行政职能科级事业单位调整如下，正科级事业单位设置15个：县委党校、县委党史研究室（县地方志编纂室）、县接待服务中心、县融媒体中心、县机关事务服务中心、县供销合作联社、县禁毒工作社会化宣传教育中心、县委改革与发展研究中心、县政府发展研究中心、县城市环境卫生和园林绿化事务中心、县住房保障服务中心、县畜牧水产事务中心、县公路建设养护中心、县旅游发展服务中心、县市场服务中心。副科级事业单位53个：县政务服务中心、县档案馆、县城市基础设施建设投融资中心、县农机事务中心、县网格事务中心、县水运事务中心、县政协云中心、县重点项目服务中心、县民营经济发展服务中心、县民政事务中心、县财政事务中心、县社会保险服务中心、县工伤保险服务中心、县就业服务中心、县医疗保障事务中心、县土地和房屋征收补偿事务中心、县建设工程质量安全监督站、县交通建设质量安全监督站、县道路运输服务中心、县水旱灾害防御事务中心、县水利和库区移民事务中心、县农业综合服务中心、县机构编制事务中心、县审计事务中心、县食品质量检验检测中心、县信访接待中心、县国有资产运营事务中心、县财政资金绩效评价中心、县健康教育所、县城市公用事业服务中心、县退役军人服务中心、县人才发展服务中心、县社会扶贫开发信息中心、县电商服务中心、县老干部服务中心、县城乡建设事务中心、县中小学教师发展中心、县林业事务中心、县老龄工作事务中心、县农业项目服务中心、县人大信息中心、县财政投资评审中心、县县域经济与产业发展融资中心、县不动产登记中心、县土地储备中心、县建筑规划设计院、县勘察测绘院、县农村经营服务站、县全民健身服务中心、县社会经济调查队、县安全生产应急救援指挥中心、县有线电视台、县药品检验所。处级以上事业单位减少1个：县委党校。科级以上事业单位减少13个：县人民政府电子政务管理办公室、县事业单位登记管理局、县人民政府行政效能投诉中心、县招标投标领导小组办公室、县财政统发工资中心、县会计核算中心、县国防交通战备办公室、县水土保持局、县林权工作管理站、县耕地质量建设管理局、县文物局、县基层医疗卫生机构财务集中核算中心、县流动人口计划生育管理局、县农业综合开发办公室、县爱国卫生运动委员会办公室。

乡镇（街道）机构改革。根据省市文件精神，镇（街道）党政机构统一设置6个：党政综合办公室、基层党建办公室、经济发展办公室、社会事务办公室、自然资源和生态环境办公室以及社会治安和应急管理办公室；事业机构设置4个：社会事业综合服务中心、农业综合服务中心、政务（便民）服务中心、退役军人服务站；执法机构设置1个：镇设综合行政执法大队，街道设城市综合管理中心。将县文广体新局、县住建局、县水利局、县农业农村局、县卫生健康局、县应急管理局、县林业局，县畜牧水产事务中心、县农机事务中心、县住房保障服务中心、县农村经营服务站等11个单位的下属事业站所943人全部下划到镇（街道）实行属地管理。

【机构编制管理】 严肃机构编制纪律，落实机构编制报告制度，认真受理来信来访，推进机构编制纳入巡视巡察，完善与纪检、监察、巡察、组织、人社、审计等部门协调联系，坚决查处各类机构编制违纪违规行为。出台《中共祁阳县委机构编制委员会工作规则》《中共祁阳县委机构编制委员会办公室工作细则》，进一步完善县委编委会和县委编办工作规则。出台《祁阳县县直机关事业单位在职人员流动编制使用核准办法（试行）》，进一步规范全县机关事业单位人事用编手续和审批程序。树立各类编制资源“一盘棋”意识，打破编制分配后部门所有、单位所有模式，拟制出台《县直党政群机关行政编制调整方案》《县直涉改事业单位编制调整方案》《2019乡镇街道办事业编制表》等编制指导性文件，为县行政审批服务局等4个新设行政单位配编30名，按照“控制总量，盘活存量，优化结构，有减有增”的原则，合理调剂县直涉改事业单位和镇（街道）事业编制，加强编制跨系统、跨层级动态调整，重点向基层和一线倾斜。严格审核县直部门、单位提出的机构编制事项，对确需保障的重点领域重点部位予以加强。全面梳理县直机关、事业单位内设机构设置和领导职数配备情况，及时出台25个党政部门“三定”规定、22个镇（街道）“三定”规定和12个部门职责、机构编制调整文件，进一步规范科股级机构设置和领导职数管理。规范事业单位登记管理，全面清查登记事业单位480多个，先后为乡镇（街道）22家敬老院、20多个幼儿园和文昌中学等单位进行登记。

（朱政）

党史研究和地方志编纂

【《祁阳年鉴（2019）》编纂出版】 6月完成初稿资料收集和统稿，7月底完成年鉴初稿编辑和修改，9月将年鉴初稿报送团结出版社审核，汇总审稿意见再次修改后，12月年鉴书稿和彩页进印刷厂。全书共约62余万字，全面系统反映了2018年全县各单位，各行业政治、经济、文体科卫教、社会、生态等各方面的基本面貌和发展情况。《祁阳年鉴（2018）》在湖南省第六届年鉴奖评选活动中被评为县级综合年鉴奖二等奖并获省地方志委员会通报表扬。

【《祁阳乡镇简志》修改定稿】 继续做好《祁阳乡镇简志》送审稿的修改、完善、审定工作，对乡镇简志的资料和内容进一步查漏补缺，修改完善，7月基本完成修改工作，并向沈阳出版社申请书号。9月市委党史研究室（市地方志编纂室）出具审读意见，终审稿送沈阳出版社校对和审核，11月底书稿进印刷厂校对、排版。

【《永州市志》资料征集】 县委党史研究室（县地方志编纂室）成立《永州市志》祁阳县资料征集编纂领导小组，安排专人负责资料搜集、整理和编写工作。共征集资料8万余字，编写初稿3.5万余字，包括建置沿革、经济发展、交通运输、城镇建设、教育、卫生、文化等内容。

【《潇湘潮》和党史回忆录组稿】 积极撰写中共永州历史回忆录《潇湘潮》关于交通建设方面的稿件，共上报3篇稿件共1万余字；认真组织党史联络组成员撰写回忆文章，共征集老同志回忆文章10篇，党史专题8篇，上报市委党史研究室（市地方志编纂室）2篇，上报省委党史研究院1篇。

【党史宣教活动】 参加由省委党史研究院、衡阳市委宣传部，衡阳市党史办举办的“追忆湘南学联魂续写我的中国梦——纪念湘南学联成立100周年”学术研讨会征文活动，周红生、王晓毛撰写的《浅论陶铸爱国爱民之情怀》荣获三等奖。为《湖湘英烈故事丛书》—-《雷晋乾》提供史料，协助媒体记者到雷晋乾故居采访、征集资料，撰写《湘南农民运动的先驱——雷晋乾》。10月，《湖湘英烈故事丛书》——《雷晋乾》由湖南人民出版社出版。联络党史联络组的老同志到县直各机关事业单位和学校讲党课、讲述党史故事，营造良好的学党史、知党恩、听党话、跟党走的氛围。

党校工作

【概况】 2019年，县委党校以习近平新时代中国特色社会主义思想为指导，认真贯彻落实《中国共产党党校（行政学院）工作条例》，认真贯彻全国、全市党校工作会议精神，坚持党校姓党，坚持围绕大局，聚焦主责主业，以加强理论教育和党性教育为首要任务，以抓好教学改革、提高教学质量为重点，努力提升党校工作科学化水平，充分发挥了党校理论阵地作用。

【教学培训】 根据县干部教育培训计划，2019年，县委党校举办各类主体班、专题班培训轮训5期，其中科级领导干部进修班2期，团干班、新录用公务员岗前培训班、中青年干部培训班各1期，培训2000余人次。在教学内容上，把马克思主义理论教育和党性教育作为党校的主课，这两类课在主体班教学安排中达到总课时的70%。《学习陶铸精神，弘扬“松树风格”》入选湖南省委组织部、省委党校党性教育精品课，《学习雷晋乾精神，做初心使命的传承者》获永州市委组织部、市委党校党性教育精品课优胜奖。在教学管理上，推进工作创新，按照《中共祁阳县委党校学员手册》《主体班学员百分制考核管理办法》，采取百分制方式，从出勤考核、理论学习、党性锻炼、集体活动四个方面，对学员培训进行量化考核，严格学员管理。

【教育宣讲】 坚持把学习习近平新时代中国特色社会主义思想和中共十九大精神、十九届四中全会精神，摆在党校工作的重要位置，作为教学工作的重要任务，加强理论阐释，切实把习近平新时代中国特色社会主义思想讲清楚讲透彻讲到位。以新中国成立70周年为重要节点，大力宣传新中国成立70周年来取得的辉煌成就、党史国史、“四个自信”、中共十九届四中全会精神，“不忘初心、牢记使命”专题教育送党课到基层，深入各镇（街道）各部门单位宣讲党课100场（次），受训1万多人（次）。

【理论科研】 确立“科研兴校”的思想方针，紧紧围绕县委、政府的中心工作、县情进行调研，重点开展了服务“三农”、脱贫攻坚、基层党组织建设等方面的调研活动。所申报课题《地方红色文化助力党性教育研究》获省委党校立项，《祁阳县“四扶四建”决胜脱贫攻坚调查研究》课题获省委党校结项，《祁阳县“三好三出”做实消费扶贫的调查报告》获省委党校理论研讨会二等奖，市委党校系统理论研讨会分别荣获一等奖1人、二等奖1人、三等奖2人。校长唐双喜在“不忘初心、牢记使命”主题教育中，深入基层调研，形成了《增强“三会一课”实效　助推“工作村为主”见效》调研报告，受到县委领导的好评。

【服务全局】 扎实开展“不忘初心、牢记使命”主题教育，制定“党校开展‘不忘初心，牢记使命’主题教育进度表”；创新学习方式方法，举办读书班，集中和自学相结合，按照教材学，及时跟进学，深入讨论交流学，让每一位党员干部职工带头领学，提高大家的积极性、参与性，让党员同志领悟初心使命，增强党的意识，坚定理想信念；组织教职工到陶铸事迹陈列馆、湘江战役纪念馆开展践行初心使命教育，引导党员干部知史爱党、知史爱国；开展大调研、办实事、解难题专项行动，校领导积极参与，完成5篇高质量调研报告，为县委政府提供决策参考。紧跟全县脱贫攻坚工作步伐，认真落实年度帮扶工作计划，组织全体教职员工每月深入大村甸镇石元村联系的贫困户，宣讲党的扶贫政策、惠民政策，拔付帮扶资金1.6万元，全体教职员工消费扶贫8000多元，为脱贫攻坚奠定坚实的基础。积极参与创国卫、创省级园林县城、创森创绿工作，加大资金投入，改造校园亮化工程、主动申报县级园林单位，与专业公司合作对学校进行绿化、美化。

（桂卫平）

祁阳县人民代表大会常务委员会

【概况】 2019年，县人大常委会坚持以中共十九大精神和习近平新时代中国特色社会主义思想为指引，在县委的领导下和上级人大党组的指导下，不忘初心、牢记使命，站位全局、担当作为。全年共召开常委会会议12次，主任会议16次，听取和审议工作汇报18项，开展专题调研9次，圆满完成县十七届人大四次会议确定的各项目标任务，为祁阳经济社会发展和民主法治建设做出了应有贡献。

【把牢政治方向】 县人大常委会旗帜鲜明讲政治，自觉做习近平新时代中国特色社会主义思想的坚定信仰者，自觉做党中央和省市县委决策部署的坚决执行者，自觉做人民代表大会制度的忠诚实践者。一是始终坚持党的领导。坚决落实县委“五百工程”的重大决策部署，听取和审议《祁阳县开展“六出城三取缔”工作实施方案》并作出决议，支持依法加强城市管理，听取和审议《将祁阳县12个建制镇污水处理厂PPP项目可行性缺口补助纳入全县中期财政规划的议案》，协力解决建设资金瓶颈。始终坚持党管干部原则和依法行使人事任免权的有机统一，依法选举任免“一府一委两院”工作人员71人次，依法补选2名市人大代表、30名县人大代表，确保县委推荐的人选通过法定程序任命为国家政权机关的工作人员。调整和新设7个专门委员会，配齐配强人员和力量。二是时刻坚持服从大局。始终坚持在县委的领导下开展工作，牵头联系11个重点工程和重大项目。全面落实县委经济工作会议精神，支持《政府工作报告》各项任务落地生根和“产业项目建设年”扎实推进，3次组织县人大常委会组成人员和人大代表对《政府工作报告》的落实情况进行调研和视察，2次就产业项目发展征求社会各界意见，7次听取和审议财政和计划方面的汇报，为经济发展提出合理化建议30余条。全体推进县委提出的关于乡村振兴战略的落实力度，组织县人大代表赴外地学习乡村振兴好思路、好经验、好做法，为打造花卉苗木基地及花卉小镇提出了5个方面的指导性意见和建议。听取全县2018年度城乡规划实施情况的报告，出台《祁阳县人大常委会城乡规划监督暂行办法》，为城乡规划的实施提供坚强保证。主动落实县委关于打赢“三大攻坚战”的决策部署，提前作好风险防范，着力监督、支持政府落实中央和省市规范地方政府举债融资行为的要求，督促县人民政府及其部门坚决执行实施PPP和政府购买服务负面清单规定，化解政府隐性债务；全力支持脱贫攻坚，在全县深入开展“结对帮扶、精准扶贫”和“五表率、五模范”等系列代表活动，积极组织和引导人大代表参与脱贫攻坚，常委会领导分别驻点联系6个镇（街道）的扶贫工作，重点指导13个贫困村发展产业，全面巩固脱贫攻坚成果，常委会办公室联系的长虹街道爱国村投入资金60余万元，实现村级基础设施的全面改善；全面监督污染防治，坚决落实县委“一拆二改三种四清洁”的部署，听取和审议县人民政府关于全县 2018 年度环境状况和环境保护目标完成情况的报告，组织开展以“饮用水水源保护”为主题的祁阳环保世纪行活动，开展“饮用水源安全”专项调研，加大对生猪养殖污染防治专题询问整改工作的督办力度，组织代表对全县重点整治区域进行专项视察，同时听取县人民政府专题汇报并进行满意度测评，群众反映强烈的茅竹镇莱芽村、浯溪街道唐家岭村等 100 余处养殖场已全部关停拆除或退出养殖。

【维护民生民利】 县人大常委会自觉践行全心全意为人民服务的根本宗旨，把民生问题作为工作的切入点和着力点。一是抓工作审议，解决民生堵点问题。依法开展对县交通运输局、县市场监督管理局、县城市管理和综合执法局三个单位的工作审议，成立 3 个工作审议调查组，组织常委会委员、邀请部分市县人大代表，综合运用座谈走访、明察暗访、个别谈话、问卷调查等多种调查方式，收集各类问题建议 93 个，向被审议单位交办了 14 个方面 43 条具体审议整改意见，督促三个被审议单位切实解决农村公路建设、客运网络建设、食品药品监管、占道经营和学校周边流动摊贩等一批广大群众关心关注的难点痛点问题，同时听取被审议单位整改落实情况汇报并进行满意度测评，确保审议实效。二是抓公共服务，解决社会难点问题。坚持把解决好群众最关心最直接最现实的利益问题放在首位。持续开展“五行”活动，进一步加大对环保、农业、农产品质量、民族宗教、司法的监督支持力度，不断提高群众的幸福指数。对人民群众多年关注的祁阳县衡邵干旱走廊饮水难问题，县人大常委会多次代表委员组织到大村甸水厂现场督办，要求县人民政府加快工程进度，在 2019 年解决了五镇一街道一场、近 29 万群众世代的饮水难题。对《政府工作报告》提出的十件民生实事开展专项视察，确保县人民政府 16 件重点民生实事和 15 项重点民生项目全面完成。为加快基本公共服务的建设步伐，县人大常委会还组织多项专题监督工作，支持政府率先启动“一老一小”服务改革，助推教育名县建设稳步推进，专题视察城区 2019 年义务教育阶段学位建设情况，专题调研高中学位建设，深入调研全县基本公共卫生服务实施情况，促进全县基本公共服务体系进一步健全。三是抓预算监督，解决热点难点问题。把预算监督贯穿到预算的编制、执行、审计等各个环节。在年度预算编制前即组织相关人员进行调查研究，深入了解预算编制的政策依据、基本原则和重点内容，并将调研情况与财政部门交换意见，督促制订并报送预算编制工作方案，及早部署预算编制工作。同时，要求县财政局必须在代表大会召开前一个月将预算草案报县人大审查，县人大财经委第一时间召开会议，听取汇报、进行初审，根据初审意见交县财政局修改，再将修改后的情况向常委会汇报，由常委会审查。对预算执行环节，县人大常委会进一步完善实时在线监督系统功能，重点跟踪监督民生资金和预算切块资金使用情况，实现联网监督从“分散查询”到“归集分析”的转变，其经验在各级人大媒体上得到推介，吸引了多批外地人大前来学习。四是抓法律监督，解决关注重点问题。把加强法律监督作为推进依法治县的重要内容。听取县人民法院关于刑事审判工作情况的汇报，督促法院进一步提高刑事审判工作绩效。听取县人民检察院关于公益诉讼情况的汇报，为公益讼诉工作提出 4 个方面的建议。对《国务院宗教事务条例》《湖南省宗教事务条例》等法律法规贯彻实施情况开展执法检查，召开座谈会 5 次，现场走访 6 次，随机暗访 3 次，梳理出问题 6 项。受理县人民政府报送备案的规范性文件 17 件，逐一对其合法性、准确性和有效性进行审查。组织部分常委会委员及人大代表视察基层法庭建设，5

次临庭旁听县人民法院的案件审理，10余次现场监督县人民法院民事案件执行。严格执行拟任人员法律考试制度，推进宪法宣誓制度常态化，提高任职人数的法治意识。全年共接待群众来访100多人次，处理各类信访件60余件次，较好地回应群众关切。

【人大代表履职】 县人大常委会不断深化和拓展代表工作，精心搭建代表履职平台，健全代表履职保障机制，激发代表履职热情。做好全方位的履职保障。深化人大代表联系群众工作室（站）建设，完善硬件设施。足额安排代表活动经费，切实保障代表履职需要。加强代表履职学习，分期分批组织县人大常委会组成人员赴全国人大培训基地开展培训，并首次在浙江大学举办了为期一周的履职能力与素质提升培训班，对70余名县人大常委会委员、乡镇人大主席进行系统的正规培训。紧跟信息化发展趋势，“智慧人大”履职服务平台全面启动建设，代表活动即将进入网络化时代。做实全天候的履职责任。自觉践行“双联”工作具体要求，主任会议成员每人相对固定联系3名、常委会组成人员联系2名基层县人大代表，畅通联系渠道。积极组织代表参加市、县“一府两院”有关工作通报会，轮流安排代表列席县人大常委会会议120余人次，邀请代表参加常委会调研、视察、执法检查等活动150余人次。强力推动人大代表向选民述职常态化，组织县人大代表向选民述职。开展代表约见政府及其部门负责人活动5次，解决群众集中反映的生产生活问题4个。同时加强和规范代表管理，许可对2名代表依法采取强制措施，接受26名代表辞职。做强全过程的履职督办。把督办代表建议作为常委会服务群众、服务代表的重要工作。县十七届人大四次会议期间和闭会期间收到建议318件，均已在规定时间内办理并答复代表，代表满意率达90%。特别是对列入重点建议的8件建议和2018年未办结2019年继续办理的2件重点建议，实行常委会领导牵头督办。其中，持续督办的《全面禁止水库、山塘投肥养鱼的建议》，终止72座水库承包合同，19座重度、26座轻度污染水库基本整治到位，32座饮用水源水库水质全部达到了三类以上水质；跟踪督办的《提高基本公共卫生服务质量满足农民健康需求的建议》，督促政府优先下拨镇村基本公共卫生服务经费，完成560个村卫生室标准化建设；对《对肖家镇九龙村至龙潜凼和八宝镇至进宝塘镇井边村公路进行提质改造的建议》，县人大常委会主要领导多次现场督办，落实公路建设资金，已完成路面建设2.7千米。同时，对三件办理进程缓慢、人民群众满意度不高的重点建议，要求县政府在2020年继续办理。

【自身建设】 县人大常委会牢固树立争先创优意识，带领和引导广大人大工作者扎实肯干，县乡人大工作成绩斐然。加强对乡镇（街道）人大开展代表工作的指导，率先在全市开展乡镇民生实事票决制试点，率先在全市建立规范化的村级代表联系群众站，获得市人大的充分肯定。建立健全乡镇（街道）人大工作长效机制，制定《祁阳县2019年度人大工作考核办法》，量化考核评比指标。继续推行常委会主任会议成员分片联系乡镇（街道）人大工作制度，督促乡镇（街道）人大依法开展工作，指导乡镇召开人民代表大会23次，指导乡镇（街道）开展各项代表活动106次。建立健全工作交流、履职培训、列席有关会议等制度，进一步完善上下联动工作机制，推动全县县乡人大工作高质量发展。加强人大工作的宣传力度，祁阳人大工作经验在全市、全省乃至全国有了进一步的影响。2019年，祁阳县在国家、省市县级新闻媒体发表新闻报道280多篇，接待各省、市、县（区）人大到祁阳人大考察学习调研20余次，祁阳人大工作的影响力不断提升。

重要会议

【县十七届人大四次会议】 2月26日至28日，祁阳县第十七届人民代表大会第四次会议在县城隆重召开。大会应出席会议代表316人，实到代表301人，符合法定人数。

会议讨论和审查了政府、人大、法院、检察院四个工作报告。会议审查和批准关于祁阳县2018年国民经济和社会发展计划执行情况与2019年计划草案的报告，批准2019年国民经济和社会发展计划；会议审查和批准关于祁阳县2018年预算执行情况与2019年预算草案的报告，批准2019年预算。会议选举了县人大常委会委员4人，并举行宪法宣誓仪式。会议表决县十七届人大四次会议议案草案。会议表决关于创建全国文明县城的决定草案。会议表决政府、人大、法院、检察院四个工作报告的决议草案；表决关于祁阳县2018年国民经济和社会发展计划执行情况与2019年计划的决议草案；表决关于祁阳县2018年财政预算执行情况与2019年财政预算的决议草案。

【县十七届人大五次会议】 9月26日至27日，祁阳县第十七届人民代表大会第五次会议在县城隆重召开。大会应出席会议代表314人，实到代表298人，符合法定人数。

会议选举了县人民政府县长、县人民法院院长，选举了县人大常委会委员6人，并举行宪法宣誓仪式。会议讨论和审议关于设立祁阳县第十七届人民代表大会各专门委员会的决定（草案）和各专门委员会组成人员建议名单（草案）。会议表决关于设立祁阳县第十七届人民代表大会各专门委员会的决定（草案），表决通过祁阳县第十七届人民代表大会各专门委员会组成人员名单（草案）。

【县人大常委会会议】 全年，祁阳县第十七届人大常委会召开常委会12次，即第十七届人大常委会第十八次至二十九次会议。

2019年1月23日，祁阳县第十七届人大常委会举行第十八次会议。会议讨论县人大常委会工作报告（征求意见稿）。会议听取、审议并表决通过2019年县人大常委会工作要点。听取、审议并表决通过关于提请召开祁阳县第十七届人民代表大会第四次会议的议案。

2019年2月21日，祁阳县第十七届人大常委会举行第十九次会议。会议听取和讨论政府、计划、财政、人大、法院、检察院六个工作报告（征求意见稿）。会议听取和审议了县十七届人大代表资格审查报告。会议讨论通过祁阳县第十七届人民代表大会第四次会议有关名单草案。

2019年4月2日，祁阳县第十七届人大常委会举行第二十次会议。会议听取了县机构改革情况汇报。会议通过投票任命王萍为县人大常委会选举任免联络工作委员会主任；吕勤为县人大常委会预算工作委员会主任；周春为县人大常委会办公室副主任；邓四云为县人大常委会预算工作委员会副主任。会议通过投票决定任命曾海燕为祁阳县发展和改革局局长；谢建军为祁阳县科技和工业信息化局局长；陈超为祁阳县司法局局长；甘小玲为祁阳县自然资源局局长；董黎明为祁阳县住房和城乡建设局局长；蒋金勇为祁阳县交通运输局局长；詹国平为祁阳县农业农村局局长；曾文玉为祁阳县商务局局长；周洁为祁阳县文化旅游广电体育局局长；奉毅为祁阳县卫生健康局局长；蒋仲敏为祁阳县退役军人事务局局长；王启明为祁阳县应急管理局局长；聂新国为祁阳县市场监督管理局局长；李秋来为祁阳县城市管理和综合执法局局长；段国华为祁阳县信访局局长；陈彬为祁阳县扶贫开发办公室主任；谢波为祁阳县医疗保障局局长；何志宇为祁阳县行政审批服务局局长。新任命的人员在县人大常委会主任邓晓阳的监誓下，面对国旗国徽举行了庄严的宪法宣誓仪式。

2019年4月29日，祁阳县第十七届人大常委会举行第二十一次会议。会议听取和审议并表决通过县人民政府关于提请审议《祁阳县开展“六出城三取缔”工作实施方案》的议案。会议任命于科峰、文春华、文美容、王松云、王美荣、王景春、王景斌、石奇、伍爱、全亚琼、刘巧玲、刘名锋、江云斌、张东、张春生、张琼芳、李飞、李伟、李有丰、李志能、李冠芳、李湘政、李毅、杨冬梅、杨荣新、肖峰林、苏琼、陈公平、陈建国、陈善和、陈琼英、周晓刚、郑正、金沙、贺治美、唐中林、唐金华、唐战勇、唐海艳、唐真好、唐新军、聂时耀、高忠义、黄芳、黄高潮、曾劲松、詹淑淳、漆谷香、谭海峰、戴郁等五十名同志为祁阳县人民法院人民陪审员。新任命的人员在县人大常委会主任邓晓阳的监誓下，面对国旗国徽举行了庄严的宪法宣誓仪式。

2019年5月24日，祁阳县第十七届人大常委会举行第二十二次会议。会议听取全县2018年度城乡规划实施情况的报告。会议听取全县2018年度环境状况和环境保护目标完成情况的报告。

2019年6月25日，祁阳县第十七届人大常委会举行第二十三次会议。会议任命田光耀为祁阳县人民法院审判员、审判委员会委员、代理院长。

2019年7月30日，祁阳县第十七届人大常委会举行第二十四次会议。会议听取和审议祁阳县2018年度财政预算执行情况和其他财政财务收支的审计报告；审查和批准祁阳县2018年财政决算；听取和审议祁阳县2019年上半年国民经济和社会发展计划执行情况的报告；听取和审议祁阳县2019年上半年财政预算执行情况的报告。

2019年9月3日，祁阳县第十七届人大常委会举行第二十五次会议。会议专题审议县交通局、县市监局、县城管局三个单位的工作。会议讨论对县交通局、县市监局、县城管局三个单位的整改交办意见。会议讨论和审议关于提请召开祁阳县第十七届人民代表大会第五次会议的议案。

2019年9月20日，祁阳县第十七届人大常委会举行第二十六次会议。会议听取和审议县十七届人大代表资格审查报告。会议通过祁阳县第十七届人民代表大会第五次会议日程草案，大会主席团和秘书长名单草案、在主席台就座人员名单草案，特邀和列席人员名单草案。会议任命陈云峰为县人大常委会选举任免联络工作委员会副主任；唐元朝为长虹街道人大工作委员会副主任。新任命的人员在县人大常委会主任邓晓阳的监誓下，面对国旗国徽举行了庄严的宪法宣誓仪式。

2019年10月31日，祁阳县第十七届人大常委会举行第二十七次会议。会议听取县检察院公益诉讼情况汇报。会议听取县法院刑事审判工作情况汇报。会议任命王萍为县第十七届人民代表大会常务委员会代表资格审查委员会副主任委员，陈云峰为县第十七届人民代表大会常务委员会代表资格审查委员会委员。会议任命李海山为祁阳县人大常委会办公室副主任；桂忠为祁阳县人大农业与农村委员会副主任委员。会议任命李铁牛为县教育局局长。新任命的人员在县人大常委会主任邓晓阳的监誓下，面对国旗国徽举行了庄严的宪法宣誓仪式。

2019年11月22日和2019年12月2日，祁阳县第十七届人大常委会举行第二十八次会议，会议分两个阶段召开。会议听取并批准祁阳县2019年预算调整方案。会议听取县人民政府及相关部门对审计查出问题整改情况的报告并进行测评。会议听取和审议县十七届人大四次会议代表议案、建议、批评和意见办理情况的报告。会议听取县人民政府对生猪养殖污染防治工作专题询问整改情况的汇报并进行满意度测评。会议听取和审议并表决通过祁阳县人大常委会城乡规划监督办法。会议任命陈亚康为祁阳县监察委员会委员。新任命的人员在县人大常委会主任邓晓阳的监誓下，面对国旗国徽举行了庄严的宪法宣誓仪式。

2019 年 12 月 25 日，祁阳县第十七届人大常委会举行第二十九次会议。会议听取县人大常委会任命人员履职汇报并进行测评。会议听取和审议县交通运输局、县市场监督管理局、县城市管理和综合执法局三个单位工作审议整改情况的报告并进行测评。会议听取县人民政府对重点建议办理情况的汇报并进行测评。会议确定 2020 年度县人大常委会工作审议单位。

【县人大常委会主任会议】 全年，祁阳县第十七届人大常委会召开主任会议 16 次，即第十七届人大常委会第二十六次至四十一次会议。

2019 年 1 月 8 日，祁阳县第十七届人大常委会召开第二十六次主任会议（第一阶段）。会议讨论县人大常委会 2019 年度工作要点（草案）。会议讨论提请召开祁阳县第十七届人民代表大会第四次会议的议案。会议讨论常委会第十八次会议建议议程（草案）会议。会议讨论 2019 年春节期间走访县人大代表工作方案。会议听取人大信息建设考察报告。

2019 年 1 月 21 日，祁阳县第十七届人大常委会召开第二十六次主任会议（第二阶段）。会议讨论县人大常委会工作报告（征求意见稿），县人大常委会 2018 年度工作总结（征求意见稿），县人大常委会 2019 年度工作要点（草案）。会议提请召开祁阳县第十七届人在代表大会第四次会议的议案，祁阳县第十七届人在代表大会第四次会议筹备方案。会议讨论常委会第十八次会议建议议程（草案），和 2019 年 2 月份工作预安排。

2019 年 2 月 18 日，祁阳县第十七届人大常委会召开第二十七次主任会议（第一阶段）。会议讨论县政府、计划、财政预算、法院、检察院工作报告（征求意见稿）。会议审查 2018 年度全县人大工作总结表彰事项。会议讨论决定召开常委会第十九次会议，讨论建议议程（草案）。

2019 年 2 月 20 日，祁阳县第十七届人大常委会召开第二十七次主任会议（第二阶段）。会议讨论祁阳县第十七届人民代表大会第四次会议有关名单草案。会议讨论县十七届人大代表资格审查和确认。

2019 年 4 月 1 日，祁阳县第十七届人大常委会召开第二十八次主任会议（第一阶段）。会议学习传达十三届全国人大二次会议精神和习近平总书记参加代表团审议时的重要讲话精神。会议听取县机构改革编制情况汇报。会议讨论确定县人大常委会 2019 年重点督办建议名单。会议讨论关于提请召开祁阳县第十七届人民代表大会第五次会议的议案。会议讨论常委会第二十次会议建议议程（草案）和 2019 年 4 月份工作预安排。

2019 年 4 月 9 日，祁阳县第十七届人大常委会召开第二十八次主任会议（第二阶段）。会议听取和讨论关于工作审议有关情况汇报。

2019 年 4 月 29 日，祁阳县第十七届人大常委会召开第二十九次主任会议。会议听取县人民政府关于提请审议《祁阳县开展“六出城三取缔”工作实施方案》议案的汇报。会议听取县人民法院关于《提请任命人民陪审员人员》议案的汇报。会议听取接受石新峰、李彩云两位代表辞去县十七届人大代表职务的议案。会议讨论常委会第二十一次会议建议议程（草案）。

2019 年 5 月 23 日，祁阳县第十七届人大常委会召开第三十次主任会议。会议听取机关登革热防控工作汇报，听取机关“两创”工作汇报。会议接受个别县人大代表辞职。会议听取机关工会有关活动方案汇报。会议组织学习《关于开展违反政治纪律、政治规矩突出问题专项整治工作方案》等六个专项整治工作方案。会议讨论常委会第二十二次会议建议议程（草案）和2019年6月工作预安排。

2019年6月24日，祁阳县第十七届人大常委会召开第三十一次主任会议。会议听取关于信息化建设招标方案的汇报。会议接受个别市人大代表辞职。会议讨论安排“两创”工作。会议讨论常委会第二十三次会议建议议程（草案）和2019年7月工作预安排。

2019年7月25日，祁阳县第十七届人大常委会召开第三十二次主任会议。会议听取祁阳县2018年财政决算报告。会议听取祁阳县2019年上半年财政预算执行情况的报告。会议听取祁阳县2018年度财政预算执行情况和其他财政财务收支的审计报告。会议听取祁阳县2019年上半年国民经济和社会发展计划执行情况的报告。会议听取祁阳县人大常委会关于进一步加强城乡规划实施情况监督的暂行办法。会议听取县人民政府提请审议《将祁阳县12个建制镇污水处理厂PPP项目可行性缺口补助纳入全县中期财政规划的议案》。会议讨论常委会第二十四次会议建议议程（草案）和2019年8月工作预安排。

2019年7月29日，祁阳县第十七届人大常委会召开第三十三次主任会议。会议许可对个别代表依法采取强制措施，接受个别县人大代表辞职，接受金彪辞去祁阳县人民政府县长，接受个别市人大代表辞职。会议讨论代表视察工作。会议听取祁阳县人大常委会关于进一步加强城乡规划实施情况监督的暂行办法。

2019年8月30日，祁阳县第十七届人大常委会召开第三十四次主任会议。会议听取工作审议调查情况和工作审议大会筹备情况汇报。会议听取关于县人民政府十件民生实事集中视察工作方案。会议听取祁阳县人大县乡人大工作专题调研报告。会议听取祁阳县人大民族团结进步行专题调研报告。会议听取脱贫攻坚工作情况汇报。会议听取机关工作人员派驻各指挥部情况工作汇报。会议讨论安排“两创”工作。会议讨论常委会第二十五次会议建议议程（草案）和2019年9月工作预安排。

2019年9月2日，祁阳县第十七届人大常委会召开第三十五次主任会议。会议听取关于提请召开祁阳县第十七届人民代表大会第五次会议的议案。会议讨论常委会第二十五次会议建议议程（草案）。

2019年9月20日，祁阳县第十七届人大常委会召开第三十六次主任会议。会议讨论祁阳县第十七届人民代表大会第五次会议日程草案。会议讨论祁阳县第十七届人民代表大会第五次会议有关名单草案。会议讨论县十七届人大代表资格审查和确认。会议讨论常委会第二十六次会议建议议程（草案）2019年10月工作预安排。

2019年10月30日，祁阳县第十七届人大常委会召开第三十七次主任会议。会议讨论祁阳县第十七届人民代表大会常务委员会代表资格审查委员会成员名单。会议听取县检察院公益诉讼情况汇报。会议听取县法院刑事审判工作情况汇报。会议讨论常委会第二十七次会议建议议程（草案）和2019年11月工作预安排。

2019年11月6日，祁阳县第十七届人大常委会召开第三十八次主任会议。会议讨论祁阳县人大各专门委员会、各工作机构、办事机构对口联系“一府一委两院”有关单位分工的通知（草案）。会议讨论县人大常委会生猪养殖污染防治整改工作调研方案。

2019年11月22日，祁阳县第十七届人大常委会召开第三十九次主任会议。会议讨论补选个别市人大代表。会议讨论常委会第二十八次会议建议议程（草案）。会议听取祁阳现代铁路物流园项目情况汇报。会议听取乡村振兴项目情况汇报。会议听取2019年预算调整草案的汇报。会议讨论2018年度审计查出问题整改情况。会议听取县十七届人大四次会议议案、建议、批评和意见办理情况汇报。会议听取生猪养殖污染防治工作专题询问整改情况的汇报。会议听取关于县人大代表补选方案的汇报。会议讨论对个别代表依法采取强制措施。会议讨论祁阳县2019年度人大工作考核办法。会议讨论2019年12月工作预安排。

2019年11月28日，祁阳县第十七届人大常委会召开第四十次主任会议。会议讨论2020年度县人大常委会工作审议单位。会议听取县交通运输局、县市场监督管理局、县城市管理和综合执法局三个单位审议整改情况的报告。会议讨论常委会第二十九次会议建议议程（草案）。会议听取关于祁阳县饮用水水源安全保护情况的调查报告。

2019年12月24日，祁阳县第十七届人大常委会召开第四十一次主任会议。会议讨论2020年度县人大常委会工作审议单位。会议听取县交通运输局、县市场监督管理局、县城市管理和综合执法局三个单位审议整改情况的报告。会议听取关于祁阳县饮用水水源安全保护情况的调查报告。会议听取关于国有资产管理和预算绩效管理监督考察情况的报告。会议听取关于《宗教事务条例》执法检查情况汇报。会议讨论常委会第二十九次会议建议议程（草案）和2020年1月工作预安排。

祁阳县人民政府

【政府常务会议】 2019年1月4日，召开祁阳县人民政府第36次常务会议，主要传达贯彻习总书记在庆祝改革开放40周年大会上的重要讲话精神、习总书记2019年新年贺词、中央和省、市委经济工作会议精神、中央农村工作会议精神，研究全县《政府工作报告》起草、县级行政权力梳理公布、经开区新区部分地块控规调整等工作。

2019年2月19日，召开祁阳县人民政府第37次常务会议，讨论《祁阳县2018年预算执行情况与2019年预算草案的报告》。会议同意起草组拟订的《祁阳县2018年预算执行情况与2019年预算草案的报告》。

2019年2月27日，召开祁阳县人民政府第38次常务会议，研究农村宅基地制度改革、城乡建设用地增减挂钩、土地整理、“古院落”拯救、祁阳经开区项目建设和科创产业综合体厂房租售、创建“健康促进县”和“省级慢性非传染性疾病综合防控示范区”等工作，讨论《祁阳县2019年〈政府工作报告〉目标任务分解落实责任表（征求意见稿）》，会议研究通过《祁阳县2019年〈政府工作报告〉目标任务分解落实责任表（征求意见稿）》《祁阳县城乡建设用地增减挂钩项目工作实施方案》《祁阳县土地整理项目实施方案》。

2019年4月8日，召开祁阳县人民政府第39次常务会议，学习贯彻上级有关文件、会议精神，研究第四次经济普查、扫黑除恶、立项争资和重点项目谋划、自然保护区管理工作，分析一季度全县安全生产形势。会议研究同意县应急管理局提出的安全生产“工作村为主”和构建大安全体制机制、开展退耕还林还湿和小微湿地试点工程建设、调整编制祁阳县自然保护区总体规划和开展自然保护区确界立标工作。

2019年4月28日，召开祁阳县人民政府第40次常务会议，研究了脱贫攻坚、农村危房改造、自然村通水泥路及窄路加宽项目建设、防范化解政府隐性债务、就业资金管理和创业担保贷款政策调整、智慧园区（一期）项目建设工作，讨论《祁阳县开展“三好三出”做实消费扶贫实施方案》和调整后的《祁阳县光明小区棚户区改造项目房屋征收与补偿方案》。会议研究通过《祁阳县开展“三好三出”做实消费扶贫实施方案》《祁阳会议研究通过县2019年农村危房改造实施方案》《祁阳县2019年防范化解政府隐性债务落实任务清单》《祁阳县光明小区棚户区改造项目房屋征收与补偿方案》。会议研究同意安排2019年创业担保贷款计划额度3000万元、郎盛科技、深圳亿华、沃跃显示、诚悦塑胶、富安昌科技、贵州佳利通6家电子信息企业参照深圳沃客信息技术有限公司入园的优惠政策执行、启动祁阳经济开发区智慧园区建设与运营服务项目（一期）。

2019年5月14日，召开祁阳县政府第41次常务会议，主要传达贯彻中央第四生态环境保护督察组向湖南省反馈“回头看”及专项督察情况会议、全省推进污染防治攻坚战电视电话会议精神，研究安全生产、解决部分退役士兵社会保险问题和组建全县退役军人服务中心（站）、支持东骏纺织有限公司收购周边企业部分富余土地用于项目建设等工作。会议研究通过《组建全县退役军人服务中心（站）的工作方案》。会议研究同意成立祁阳县解决部分退役士兵社会保险问题工作领导小组；同意由县人民政府依法有偿收回湖南斯依康生物科技有限公司（简称斯依康）富余的1.87公顷国有出让土地使用权。

2019年6月18日，召开祁阳县人民政府第42次常务会议，研究祁阳撤县设市申报工作，讨论关于创建“无废城市”的实施方案。会议研究通过《祁阳县人民政府关于撤销祁阳县设立祁阳市的请示》《祁阳县人民政府关于撤销祁阳县设立祁阳市的方案论证和社会稳定风险评估报告》。会议研究同意以县人民政府名义向上级正式申报撤县设市；同意启动“无废城市”创建工作，同意关于创建“无废城市”的实施方案。

2019年7月19日，召开祁阳县人民政府第43次常务会议，研究全县污染防治、省政府“真抓实干”激励措施、县城排水系统项目和12个建制镇污水处理厂PPP项目、“十四五”规划编制、河长制和农村饮水安全、“五化”民政和养老服务体系建设、创建“中国天然氧吧”、2019年第一批国有资产处置、农业信贷担保体系建设等工作。会议研究通过《祁阳县2019年度污染防治攻坚战工作方案》及“2019年夏季攻势”任务清单、《祁阳县12个建制镇污水处理厂PPP项目实施方案》、《祁阳县创建“五化”民政先进县工作方案》、《祁阳县养老服务体系建设实施方案》、《祁阳县养老服务联合体建设三年行动计划》、《关于进一步加强政府购买服务推进养老服务联合体建设的意见》、《祁阳县创建“中国天然氧吧”实施方案》。会议研究同意成立祁阳县饮用水源保护区整治工作领导小组；同意成立祁阳县“十四五”规划编制工作领导小组；同意委托符合资质要求的第三方公司对今年尚待划定的4个乡镇“千吨万人”饮用水源保护区编制划分技术方案；同意对照省政府的激励措施实行责任分解，推动全县“真抓实干”；同意县污水处理工程建设指挥部提出的城北污水处理厂和东江污水处理厂项目建设规模和选址；同意由长虹街道、原种场负责县城平安西路、栖霞路、复兴路三处排水口建设工程的征地拆迁工作；同意依法按程序采取公开招标或竞争性谈判的方式，邀请专业团队参与编制祁阳县“十四五”规划纲要；同意分步分重点添置消毒设备；同意成立祁阳县创建养老服务体系建设试点县领导小组；同意成立祁阳县创建“中国天然氧吧”工作领导小组；同意成立祁阳县国有资产管理领导小组；同意依法按程序处置县房产局直管公房、县药材公司相关资产、县财富资产经营公司下马渡镇云盘甸资产等国有资产；同意以县人民政府名义与湖南省农业信贷融资担保有限公司签订合作协议；同意成立祁阳县农业信贷担保业务指导委员会。

2019年9月29日，召开祁阳县人民政府第44次常务会议，学习贯彻上级有关文件、会议精神，研究新建县荣誉军人休养院、城乡低保和特困供养人员救助、2019年全县危房改造、县城规划区住宅类存量房交易税收征管等工作，讨论《金洞管理区祁阳金浯小区棚户区改造项目房屋征收与补偿方案》和调整后的《祁阳县白水镇沿江小区棚户区改造项目国有土地上房屋征收与补偿方案》。会议研究通过《金洞管理区祁阳金浯小区棚户区改造项目房屋征收与补偿方案》《祁阳县白水镇沿江小区棚户区改造项目国有土地上房屋征收与补偿方案》《祁阳县人民政府关于加强县城规划区住宅类存量房交易税收征管的通告》《关于提高全县城乡最低生活保障标准和救助水平及特困人员救助供养标准的通知》。会议研究同意申报县荣誉军人休养院项目；同意2019年全县城乡低保和特困供养人员最低生活保障提标所需资金纳入当年财政预算，由县财政局整合资金解决；同意下达2019年祁阳县第二批农村危房改造指标分配计划，同意解决县级危房改造配套资金。

2019年10月23日，召开祁阳县人民政府第45次常务会议，传达贯彻上级有关文件、会议精神，研究了重点民生实事暨“回头看”、全县公务用车、农村建设投资开发有限公司市场化转型、进一步促进全县就业、现代铁路物流园项目建设、全县城乡供水一体化等工作。会议研究通过《祁阳县农村建设投资开发有限公司市场化转型工作方案》《祁阳县全面贯彻落实省市关于进一步促进就业工作的实施意见》《祁阳县城乡供水一体化工程规划》。会议研究同意建设全县公务用车信息平台；同意县水利局提出的大村甸水厂PPP项目超出设计招标范围的新增工程建设方案；同意成立水厂资产经营权转让和正式人员安置工作领导小组，同意启动城乡供水一体化（二期）工程潘市、进宝塘水厂PPP项目。

2019年11月14日，召开祁阳县人民政府第46次常务（扩大）会议，传达学习上级有关文件、会议精神，研究县人大议案建议和县政协提案办理、组建安全生产专业委员会、引进湖南棕榈浔龙河生态城镇发展有限公司合作开发乡村振兴项目、引进四川中亿新威能源有限公司建设祁阳科技工业园集中供热项目、全县农村集体“三资”监管平台建设、黎家坪综合供水公司和文明铺镇自来水厂资产经营权转让等工作。会议研究通过《祁阳县交通问题顽瘴痼疾集中整治行动实施方案》《祁阳科技工业园集中供热项目投资合同》。会议研究同意会议同意调整祁阳县安全生产委员会组成人员及组建安全生产专业委员会；同意以祁阳县人民政府的名义与棕榈生态城镇发展股份有限公司、湖南棕榈浔龙河生态城镇发展有限公司签订乡村振兴战略合作框架协议书；会议原则同意成立浔龙河乡村振兴项目建设指挥部；同意建设全县农村集体“三资”（资金、资产、资源）监管平台；同意成立祁阳县农村集体“三资”监管平台建设工作领导小组。

2019年12月12日下午，召开祁阳县人民政府第47次常务（扩大）会议，传达贯彻上级根治欠薪、安全生产等有关会议精神，研究政务服务大厅搬迁运行、存量办公用房清查处理、集体土地与房屋征收补偿安置、部分划拨土地办理出让土地手续、食品安全、王府坪棚改等安置小区部分房产处置等工作。会议研究通过《祁阳县安全生产集中整治工作实施方案》《祁阳县集体土地与房屋征收补偿安置实施细则》。会议研究同意召开全县根治欠薪工作冬季攻坚行动动员会议；同意相关行政职能部门要组织本单位行政审批服务事项和相关工作人员在规定时间节点整体进驻政务服务大厅；同意县政府办公室提出的全县存量办公用房调整方案；同意县机关事务服务中心作为全县办公用房日常管理监督机构；同意按照《祁阳县人民政府关于进一步规范划拨土地使用权出让和转让的意见》第一条、第四条规定，对于1992年3月8日之前已取得划拨土地使用权且符合条件的情形，可以办理划拨土地转为出让土地的手续；同意调整祁阳县食品安全委员会组成人员；同意将王府坪、原种场棚改安置小区项目部分房产作为经营性资产进行处置；同意县城建投以经过第三方评估公司评估的房产价格定价出售房产。

县政府办公室工作

【概况】 祁阳县人民政府办公室是协助县政府领导处理政府日常工作的机构，主要负责文电运转、材料起草、督促查办、后勤保障等工作，内设8个职能科（室、办）：综调室、督查室、文秘室、政工室、行政事务室、总值班室、信息室、金融办。

【综合调研】 2019年，高质量撰写和审核、把关工作报告、情况汇报及各类综合材料551篇，上报典型材料46篇，累计270多万字，较好地推介了祁阳，也为领导决策提供了服务。特别是较好完成了县委经济工作会议、县人大政协"两会"、县政务工作会议、经济形势分析会及各类流动现场会等重要会议的文字材料起草工作；认真搞好了县政府及县长、副县长等领导安排的汇报材料、经验材料、综合调研材料、理论文章、专题会议纪要等文稿起草工作；完成了省级油料综合大县、全省农村人居环境整治整县推进试点县等重大项目上报的材料起草、把关工作；开展了县城老旧小区改造、园区市场化改革、农村人居环境整治、重点民生实事、"不忘初心、牢记使命"主题教育为百姓解难题等重点工作调查研究，为县委、县政府决策部署提供了有效依据。

【文电运转】 严格按照公文办理规定，全年共办理县政府及县政府办文件318个（不含以县委、县政府和两办名义共同下发的文件）。按照"按时批办、不积压"的原则办理上级来文425个。同时，按照省一级档案室的标准，对2019年度的文件资料进行立卷归档、装订成册，并全部建立电子目录索引台账。全年提供档案查阅、借阅服务705人次，复印文件资料1210余份。"准确、及时、高效"做好公文送递工作。全年共送呈各类文件1.5万件次，无拖延、积压、丢失现象，全年未出现涉密事件。

【金融管理】 2019年，全县金融系统在县委、县政府的正确领导下，紧紧围绕以服务乡村振兴战略为总抓手，全力推进创新转型，以切实防范化解金融风险为重点，卓有成效地开展工作，全县金融平稳运行。信贷力度进一步加大。2019年，祁阳县深入实施稳健的货币政策，通过政策引导、项目推介、银企深入对接。年末全县各项存款余额382.59亿元，比年初增加9.27亿元，增长2.48%。各项贷款余额为191.84亿元，比年初增加31.74亿元，增长19.83%。新增存贷比达342.59%，存贷结构明显改善。贷款规模和净增额均创历史新高，居全市各县区之首。金融产品进一步创新。各金融机构针对县域企业特点，为企业量身定制推出了"税易贷"、"油茶贷"、"助保贷"、小微快贷、祁商贷、企业结算贷等业务，创新金融服务实体经济的方式和水平，更好地满足民营企业多样化的金融需求。全面推广"征信+库税融"模式，持续为小微企业"舒经活血"。担保业务进一步扩大。祁阳融资担保公司牢记"发展融资担保是破解小微企业和"三农"融资难、融资贵问题"初心，坚守主业，稳健经营，主动适应市场需求，面向小微，服务三农。2019年担保公司积极与县域内7家金融机构合作，累计为全县67家企业提供担保贷款2.4亿元，担保贷款余额达3.54亿元。金融环境进一步改善。通过开展以"金融破困"为主题的金融环境专项整治，进一步优化金融生态环境。严厉惩治恶意逃废银行债务行为，维护金融债权。加强金融知识宣传，营造全民学金融、懂金融、用金融的深厚氛围。严厉惩治非法集资，防范金融风险。全年无新发非法集资案件，陈案化解率达到100%。区域内非法集资现象得到了有效遏制，守住了不发生系统性区域性金融风险的底线。

【信息工作】 2019年，围绕全县经济社会发展大局，紧抓牵动全局的"关键点"、重点工作的"薄弱点"和基层工作的"闪光点"，开展政务信息搜集、整理、撰写、编发。全年向县直部门和各镇（街道）收集政务信息2000余条，采用、刊发412条；向省、市政府办公厅（室）推介报送产业链建设、农村人居环境整治“一拆二改三种四清洁”、园区市场化改革、公立医院改革、县城老旧小区改造等反映祁阳亮点、特色工作的信息稿件170余条，被省政府采用的经验典型和政务信息11篇，市政府采用52篇。全年编发《经济参阅》刊物12期，及时将中央、省市最新政策安排和外地创新性的工作举措提供给各级各部门领导参阅，以便于指导和促进政府工作。

【民生实事】 2019年全县实施重点民生实事项目共16件43项指标（其中省市定21项）。省市指标方面，完成新增城镇就业9379人；完成自然村通水泥（沥青）路401.058千米、农村公路提质改造101千米；大忠桥镇三合村、肖家镇黄石村、潘市镇源星村、观音滩镇水厂管网延伸叶家井村、肖家镇九牛坝村、羊角塘镇黄坪村、茅竹镇水厂管网延伸清水塘村等9个项目建成通水，新增农村通自来水人口10309人；减少义务教育大班额445个；农村及城镇低保适龄妇女“两癌”免费检查18705人，孕产妇免费产前筛查5348人；农村低保标准和救助水平提高到不低于3480元/年和195元/月，累计发放农村低保资金4217.365万元，困难残疾人生活补贴和重度残疾人护理补贴发放标准提高到每人每月60元，累计发放两项补贴资金1304.8129万元；消除村卫生室“空白村”28个；改（新）建农村户用厕所52152户；推行一村一辅警543人；列入省重点民生实事项目的9个行政村电网升级改造竣工，完成投资1191万元；农村高速宽带网络覆盖工程，新建308个贫困自然村通光纤，新建13个行政村4G基站；新增肖家、进宝塘2所公办幼儿园；新创学校（单位）标准化食堂30家；中仓街周边（二期）、新桥街小区、畅安小区、白水镇沿江小区（二期）实施棚户区改造549户。在全面完成省市确定的重点民生实事基础上，较好地完成县委、县政府确定的强力脱贫攻坚、加强城区学位建设、推进城乡供水一体化、完善电力设施、加强农村公路建设、深入实施“五园五化”战役、强化住房保障、深化“一拆二改三种四清洁”行动、推进城乡环卫一体化、提升健康水平等“十件民生实事”年度任务，着力解决与群众生产生活密切相关的民生难题，实现了向全县人民的庄严承诺。完成挂榜山、黄石、龙凼3个深度贫困村，9518名贫困人口脱贫摘帽，夺取脱贫攻坚全面胜利；通过新建、改扩建、租赁郡祁学校、文昌中学、宝塔完小、七里桥中学等，全县年内新增学位10055个；盘龙西路配水厂建成通水，县城实现“双回路”供水；大村甸水厂完成主体工程建设并通水，主管网完成95%、支管网完成70%，开户28946户；西区110千伏变电站8月份建成投运，完成86个行政村、20个县城台区及文高线、黎采线、经开区、现代农业示范园电网升级等7条10千伏线路提质改造；完成164个村18530盏路灯安装任务；全面完成城区44条道路、99个小区提质改造，新增城乡燃气用户20100户；完成农村危旧房改造2026户；共拆除危房、空心房、旱厕等148万平方米，完成全年拆危任务102%；种植绿化苗木100万余株，完成小游园建设100个，新建绿化特色街18条，完成秀美村庄示范村建设88个，实施农村人居环境整治重点村种花种树种果45个，新建小微湿地40.9公顷，村庄绿化率已达30%以上；农村生活垃圾无害化处理率90%以上，全年处理垃圾总量144000吨；加快推进养殖业转型升级，十里坪畜牧场改造强力推进；全县242座小二型以上水库已全面禁止投肥养鱼；完成海创固废危废综合利用项目主体工程及附属工程；纳入行政村环卫一体化管理的村525个，10座新建、6座改造垃圾站完工，购买垃圾转运车40台、垃圾收集车9台、垃圾桶10000个，建设垃圾平台4000个，垃圾亭1000座，采购压缩设备8台；实施抢救性康复75名0—6岁脑瘫残疾儿童；为65岁以上老年人落实1次免费健康体检74403人。

【重点督查】 坚持抓重点带全盘，按照“规范程序、注重方式、减少总量”原则，把主要精力放在县委、县政府领导高度关注、事关经济社会发展的大事难事上，通过重点督办、联合督查的形式，充分发挥了督查督办在推进工作落实中的作用。共牵头或参与开展春运安全生产、脱贫攻坚、非洲猪瘟防控、粮食生产、防汛抗旱、登革热防控、环保“回头看”、投资入统、“六出城三取缔”、重点项目、重点民生实事、城乡医保参保缴费、会纪会风等政务工作督查20批次，同比下降52%。共编发《督查通报》14期，《督查专报》7期，下发《督（交）办函》111份，督查提出整改意见56条。认真办理领导批示件和交办件，遇到难题不回避、不推诿，主动协调，处置妥当，既让领导满意，又让群众满意。全年办理领导批示件207件，回复及时率100%，按要求处理到位率100%。共接收市领导和市委、市政府督查室交办（转办）25件工作事项，全部按要求完成。对群众关注的热点、难点问题，坚持一件一件地督促检查，一件一件的协调落实，千方百计为群众排忧解难，树立政府良好形象。全年共受理群众来信来访62件，已全部办结，其中电话直接办结54件，现场督办18件。

政协祁阳县委员会

【概况】 2019年，政协祁阳县委员会在中共祁阳县委的坚强领导下，高举习近平新时代中国特色社会主义思想伟大旗帜，认真学习贯彻中共十九大、十九届四中全会和中央、省、市政协工作会议精神，团结带领全县政协组织和广大政协委员，聚焦中心大局，切实履行职能，积极建言资政、凝聚共识，为助推祁阳经济社会高质量发展贡献了智慧和力量。祁阳县政协第十届委员会现有正副主席6名，政协常委55名，政协委员293名，政协党组成员4名。政协机关设办公室、委员学习联络委员会、提案委员会、经济科技与外事委员会、农业农村和人口资源环境委员会、文教卫体和文史委委员会、社会法制和民族宗教委员会等“六委一办”，政协机关现有工作人员31名，离退休人员25名。2019年，祁阳政协荣获湖南省政协“云宝晒技能”活动先进单位、《湘声报》宣传工作成绩突出单位单位、《文史博览》宣传工作成绩突出单位、政协优秀调研报告评选二等奖等省级荣誉4项，荣获永州市政协系统“履职成果创新大赛”平台载体创新二等奖、体制机制创新类优胜奖、庆祝人民政协成立70周年文艺晚会金奖、“纪念人民政协成立70周年”理论征文大赛组织奖、“三创三争三好”主题活动调研三等奖等市级荣誉5项。

【政治协商】 “城区学位建设”专题协商。为加快祁阳学位建设项目，破解难题，共商对策，10月28日，县政协党组书记、主席郑增啟在县政协四楼常委会议室主持召开视察学位建设项目工作会议，副县长周贞霖出席会议，并作讲话。县政协副主席陈振文、于建春、文英雄、黄爱蓉、桂湘，县政协秘书长张松柏，各委室正副主任、部分县政协委员和相关职能部门负责人等参加会议。会前，与会人员视察了七里桥镇中学、大众完小、郡祁实验学校等3所学校学位建设项目现场。会上，县教育局汇报了学位建设情况，与会政协委员围绕视察主题，积极协商发言、建言献策，提出了中肯意见和建议。

“现代铁路物流园建设”专题协商。11月20日，县政协党组书记、主席郑增啟在县政协四楼常委会议室主持召开“现代铁路物流园建设”专题协商会议，县铁路物流园工程建设项目指挥部常务副指挥长唐安宝应邀出席，县政协副主席陈振文、于建春、文英雄、黄爱蓉、桂湘，县政协秘书长张松柏，各委室正副主任、部分政协常委参加了会议。会上，唐安宝就祁阳现代铁路物流园项目建设情况作了详细说明，政协委员围绕物流园项目建设进行了充分协商，提出了很多有针对性的意见和建议。

“推进农村饮水安全工程建设”双月协商。3月28日，县政协在水利局召开2019年第一次“双月协商”座谈会，协商“推进农村饮水安全工程建设”。会前，县政协正副主席、秘书长、委室正副主任，以及部分县政协委员集中视察了观音滩镇老水厂、和平村等3处农村饮水工程现场。会议听取了县水利局的情况汇报，县人民政府副县长蒋明明特邀出席会议并作了讲话。与会人员围绕“推进农村饮水安全工程建设”主题，开展了认真讨论协商。委员们在充分肯定祁阳县推进城乡供水一体化、农村饮水安全工程建设成效的基础上，提出了“加强责任，形成齐抓共管局面；加强统筹，实现城乡协调发展；加强管控，确保群众饮水安全；加强创新，建立运管长效机制”等四个方面的协商意见，并形成书面建议提供县委、县政府决策参考。

“创建省级园林县城”双月协商。6月13日，县政协在机关三楼会议室召开了2019年第二次“双月协商”座谈会，专题协商“创建省级园林县城”。会前，县政协正副主席、秘书长、委室主任，以及部分县政协委员集中视察了城南门户、祁冷快线、金马广场、陶铸公园、县城环境卫生及园林绿化服务中心，县城建投、县审计局等园林绿化情况。会议听取了县创园办工作情况汇报，县人民政府副县长刘军特邀出席会议，并作了讲话。与会人员围绕“创建省级园林县城”专题，开展认真讨论与协商。委员们充分肯定四年创卫、半年创园工作，提出了“高起点谋划、高品位建设、高水平管理”等三个方面协商建议，并形成书面建议提供县委、县政府决策参考。

“现代农业示范园”双月协商。10月16日，县政协在县农业农村局召开2019年第三次“双月协商”座谈会，协商“加快现代农业示范园建设”。会前，县政协正副主席、秘书长、委室正副主任，以及部分县政协委员视察了现代农业示范园建设现场。会议听取了县农业农村局的情况汇报，县人民政府副县长蒋明明特邀出席会议并作了讲话。与会人员围绕“加快现代农业示范园建设”主题，开展认真讨论协商。委员们在充分肯定祁阳县加快现代农业示范园建设所取得成绩的基础上，提出了坚持以创新发展理念为导向，破解“思路不清、方向不明”的难题；坚持以培育主导产业为导向，破解“只见树木、不见森林”的难题；坚持以构建新型农业经营为导向，破解“机制不顺、服务不善”的难题；坚持以构建多元化投入机制为导向，破解“谁来投资、怎么投资”的难题；坚持以提升科技和装备水平为导向，破解“支撑不强、生产不力”的难题等五个方面的协商意见，并形成书面建议提供县委、县政府决策参考。

“完善全民健身公共服务体系”双月协商。11月27日，县政协在县文化旅游广电体育局召开了2019年第四次“双月协商”座谈会议，协商“完善全民健身公共服务体系”。会前，县政协正副主席、秘书长、委室正副主任、部分县政协委员和县文化旅游广电体育局、县全民健身服务中心等单位负责人视察白竹湖广场、龙山公园、陶铸体育馆、陶铸公园等健身设施现场。会议听取了县文化旅游广电体育局的情况汇报，县政府副县长周贞霖应邀出席会议并作讲话。与会人员围绕主题，进行认真讨论与协商。委员们充分肯定了祁阳县全民健身工作成绩，提出了“加强顶层设计，推进规划引领；加强宣传培训，推进网络服务；加强设施维护，推进建管并举；加强资金投入，推进多方联建；加强载体创建，推进赛事延伸；加强机制激励，推进平衡发展”六个方面的协商意见，并形成书面建议提供县委、县政府决策参考。

【专题调研】 2019年，县政协围绕发展健康养老产业、粮食生产、物流产业、创建教育名县、百村振兴、养殖环保、乡风文明、加快工业园区转型升级、加大农业面源污染治理等课题，开展专题调研，形成了有质量的调研报告，积极为县委、县政府决策建真言、出实招、谋良策。县政协评选出农林联络组《关于祁阳县发展粮食生产的调查与思考》、科经联络组《关于加快祁阳县物流产业发展的建议》、白水镇政协联工委《关于创建教育名县的思考与建议》、长虹街道政协联工委《关于百村振兴工作情况的调研报告》、羊角塘镇政协联工委《关于规范全镇养殖业发展加大环保力度的调研报告》、黎家坪镇政协联工委《关于黎家坪镇乡风文明建设的调研报告》等6篇优秀调研报告，并在县委政协工作会议上予以表彰。从委员调研报告中，确定了第十届四次大会发言材料10篇，其中《加快新旧动能转换，推进园区转型升级》《根除“四种歪风”，让乡村盛开文明之花》《根治农业面源污染，建设生态宜居家园》、《发展健康养老产业，提升老人幸福指数》《办好学前教育惠泽城乡孩子》为口头发言材料；《创新推进群防群治工作打造社会治理祁阳样本》《四力齐发确保村民喝上“放心水”》《发展现代物流业提升经济竞争力》《推进农村“厕所革命”切实改善人居环境》《用活政协云平台打造智慧型政协》为书面发言材料。县委周新辉书记、县政府陈小平县长分别对大会发言材料作出了批示。

【民主监督】 提案监督落地见效。2019年，全县各政协组织和广大政协委员认真履行三大职能，积极建言献策，共提交提案235件，立案183件。对提案工作，县委、县政府高度重视，部门积极配合、认真办理。截至十届四次大会前，所有提案已全部办结，办复率100%。从办理结果看，所提建议已经落实或基本落实的133件，占72.7%；正在落实或列入计划落实的39件，占21.3%；因目前条件限制或政策原因暂时不能落实的11件，占6%。提案办理落实率比去年有所提高。一是围绕高质量发展，共提出提案35件，占立案总数的19.2%。内容涉及推进百企入园、建设现代农业园、发展民营企业、优化经济发展环境、做强油茶产业、发展铁路物流等方面。围绕政治建设，共提出提案15件，占立案总数的8.2%。内容涉及深化“放管服”改革、加强人才引进、融媒体中心建设、村级运转经费保障等方面。围绕文化旅游体育卫生事业，共提出提案48件，占提案总数的26.2%。内容涉及发展全域旅游、推进教育强县、保护传统文化、公立医院改革、预防登革热病等方面。围绕社会事务建设，共提出提案52件，占提案总数的28.4%。内容涉及巩固创卫成果、交通提质提速、农贸市场建设、缓解城区“停车难”、食品安全卫生、农村安全饮水等方面。围绕生态文明建设，共提出提案33件，占提案总数的18%。内容涉及城乡环境治理、养殖业转型升级、湘江保护、饮用水源保护、农业污染防治、推进绿色发展等方面。组织对《加快现代农业园区建设促进乡村振兴》《创建“美丽公路”助推交通惠民》《加快建设太白峰国家森林公园打造精品旅游线路》《全面推进“双河长制”打造生态“样板河”》《大力推进新医改　服务于人民健康》《做强祁阳油茶特色产业擦亮“中国油茶之乡”名片》6件重点提案进行集体测评，测评结果报送县委、县政府，开创第十届政协提案工作的新局面。组建5个特约监督小组，围绕“落实扶贫政策，决胜全面小康”“强化商品房销售监管，规范房地产市场秩序”“落实减税降费政策，助力民营企业发展”“加强医风医德建设，助推百姓安康”“加大民营经济保护力度，保障企业家合法权益”5个方面开展民主监督，在支持中服务、在服务中监督，收到明显成效。

【社情民意】 全年共收集整理社情民意信息269条，其中向省市政协报送35篇，被省采用7篇、被市采用26篇，名列县区政协前列。精编《社情民意专报》4期，将群众关切的问题反映给县委、县政府，并得到了有效解决。利用“政协云”平台，全县政协委员共提交社情民意202条、微建议77条，通过反馈到“智慧祁阳”应用系统平台，得到了相关部门的重视和处理，获得群众点赞。

【参政议政】 2019年2月23日—27日在百胜赛尔大酒店召开政协祁阳县第十届委员会第三次会议，议程为七项，分别是：听取和审议政协祁阳县委员会第十届常务委员会工作报告、听取和审议政协祁阳县委员会第十届常务委员会提案工作报告、听取县政府常务副县长关于十届二次会议重点提案办理情况报告、政协委员大会发言、县委书记讲话、列席十七届县人大四次会议并听取和协商政府工作报告及相关报告、审议通过政协祁阳县委员会第十届委员会第三次会议政治决议和其它各项决议。

【凝聚共识】 加强同各民主党派、县工商联和无党派人士的经常联系，通过政协大会发言、党派团体提案、联合调研视察等形式，为他们助力全县经济社会发展创造条件。为隆重庆祝人民政协成立70周年华诞，宣传人民政协，进一步扩大人民政协工作的影响力，调动各级政协组织、政协委员以及社会各界人士的积极性，巩固安定团结的政治局面，推动人民政协事业高质量发展，县政协组织开展了一系列活动。比如，举行“我是政协追梦人”征文活动、“十佳”政协委员评选活动、制作一部献礼电视专题片、开辟一个电视宣传专栏、召开一次纪念座谈会，等等。

【助学圆梦】 县政协充分发挥自身优势，组织开展了一系列献爱心活动。举行“助学圆梦”资助仪式，向63名贫困学生发放助学金10余万元；组织科力尔慈善基金会和政协义工志愿者协会，发放助学金30万元；政协“玫瑰爱心群”资助贫困学生3万余元；政协机关赴内下有关村走访慰问贫困学生，送去助学金2.4万元，用爱心温暖求学路。

【自身建设】 强化委员学习培训。在政协全会上对全体政协委员进行“政协云”业务培训。组织部分政协常委到北戴河、青岛等地进行培训，增强懂政协、会协商、善议政的能力。组织委员深入基层调研，广泛听取意见，搜集有效信息，完成50多篇有价值的调研报告。

严格对县政协常委和委员的考核和管理，制定了考核办法，从参加政协会议，撰写、提交提案、报送社情民意、参加主体活动、其他工作等、方面进行综合考核，按照公开、公平、公正的原则，评选出优秀、良好、合格和不合格四个等次。

在政协委员中广泛开展“四比四看齐”主题活动，即比忠诚，爱党爱国向我看齐；比担当，投身发展向我看齐；比奉献，扶贫济困向我看齐；比形象，遵纪守法向我看齐。通过活动的开展，共评选出先进单位24个、优秀政协委员38名、优秀提案建议案20件、优秀调研报告6篇、优秀社情民意信息10篇。

【助推脱贫】 县政协坚持把脱贫攻坚作为重要政治任务，深入开展“三进三助”聚力行动、“三个一”扶贫和“六送解六难”活动。县政协领导积极投身脱贫攻坚主战场，为全县脱贫攻坚勇挑重担。广大政协委员开展了“一对一”、“一对多帮扶”，送资金、送技术、送文化，用真诚和义举烘热脱贫攻坚温度，彰显了新时代政协委员的责任担当和情怀。

【党建工作】 充分发挥政协党组把方向、管大局、促落实的核心作用，着力推进了机关支部“五化”建设，严格落实了“三会一课”制度。扎实开展“不忘初心、牢记使命”主题教育，突出政协特色，狠抓学习教育、调查研究、检视问题和整改落实，增强了守初心、担使命，找差距、抓落实的思想和行动自觉，得到了市、县指导组的充分肯定。完善“三会一课”制度、党建工作联系点制度和党建工作考评制度，党建各项工作规范有序。

军　　事

人民武装

【概况】　2019年，县人武部有干部8人，在位7人（现役3人，文职4人），1人借调军分区，所有干部均具有本科以上文化；党委班子成员平均年龄40.2岁；2019年，在省军区、军分区党委和县委、县政府的正确领导下，县人武部紧紧围绕年度工作部署，狠抓理论武装、战备训练、兵役征集、基础建设、安全稳定等重点工作任务，人武部全面建设取得了新的发展进步。

【思想政治建设】　始终把思想政治建设摆在首位，突出习近平新时代中国特色社会主义思想和习近平强军思想学习贯彻，在同步参加省军区和军分区集中学习教育的基础上，制订《人武部党委理论学习中心组学习计划》和《人武部政治教育及个人自学计划》，完成6个专题理论学习，开展体会交流5次，形成调研成果8项。扎实开展“传承红色基因、担当强军重任”主题教育，组织专题教育，挖掘红色资源，协调县委县政府有关部门安排经费29万元，成功举办“庆八一、迎国庆”为主题的大型国防教育主题晚会，深受人民群众欢迎。深入开展民兵思想政治教育，领取购买编印8种学习资料，配发政治教育笔记本1500余本，利用微信学习群转发学习内容400多条，有力促进了教育效果。充分发挥基层一线优势，开展第19个“全民国防教育日”系列活动，经验做法得到军分区机关肯定。机关干部和国教专干积极撰写新闻稿件，目前在各级媒体上稿130篇，其中中央级媒体27篇，省级媒体70篇。

【备战施训】　严格落实战备秩序，及时修定完善四类25份应急处突和日常战备方案预案，坚持每月和重要敏感时期组织紧急拉动和反恐演练，扎实开展“应急担负任务、保持值班状态”教育整顿。认真组织专武干部和基干民兵训练，组织33名专武干部参加省军区资格认证考试，完成2期基干民兵集中训练，选送6期基干民兵参加军分区轮训。选拔56人参加军分区基干民兵群众性大比武，11个比赛项目中取得轻武器射击单项和团体第一名、道路清障团体第一名，多个项目名列前茅，最后取得团体第三名。选送2名专武干部、4名基干民兵参加省军区比武。扎实开展民兵整组工作，细致开展国防潜力数据调查，召开9次民兵整组工作部署和推进会，与6家企业签订装备预征预储协议。军队和地方政府联合进行2次全覆盖检查点验并发文通报讲评，有力推动整组任务圆满完成。扎实开展兵役登记和征兵宣传工作，全县适龄青年共登记7194人，登记率100%；按照“一季征兵、四季准备”要求，制订征兵宣传方案，及时召开征兵工作会议，严格组织征兵体检和政治考核，按规定公平公正审兵定兵，落实廉洁征兵有关规定，圆满完成兵役征集任务。

【自身建设】　以“不忘初心、牢记使命”主题教育为主线，狠抓班子能力建设，坚持集体学习与个人自学相结合、学习创新理论与学习专业知识相结合、理论研究与实践运用相结合，检视问题，整改落实，不断强化一班人的政治意识、政权意识和实践能力。认真贯彻民主集中制，组织班子成员深入学习《中国共产党党章》《准则》《条例》和民主集中制原则，及时修订完善《党委班子自身建设措施》《党委议事规则》等措施规定，严密组织召开民主生活会，班子成员对标对表开展自查互查，加快加深了相互理解、磨合和融合。以整改军委巡视反馈共性问题为牵引，开展作风建设专项整治，坚持日常小节抓点滴，过细从严立威信，管好亲属和身边工作人员，要求别人做到的自己首先做到，在征兵、财经、工程、交往等敏感事项，严格按规定办，不搞特权、不谋私利、不兴潜规则。

【安全维稳】 扎实开展创建“平安营院”活动，建立健全各类安全组织和规章制度并抓好落实。积极组织开展“学法规、用法规、守法规”活动，全体人员法规意识、依法办事能力明显提升。注重“四个秩序”规范，对作战值班室、学习室、文印室、保密室、档案室部分基础设施进行了补充完善。贯彻“严”“实”要求，全面规范后装业务管理，着力提高精细化、制度化水平，认真抓好年度经费预算编制和执行。从严落实武器装备管理制度，跟进做好维护保养，确保武器装备管理严格、性能良好。深入开展安全隐患排查治理活动，坚持每周组织一次安全检查，每月分析一次安全形势，查找问题隐患，制定整改措施，确保了人武部安全稳定和集中统一。

【军民同心】 积极参建参治，主动参与扶贫攻坚、治安联防、抢险救灾工作。七月祁阳两次出现洪涝灾害，全体官兵闻令而动、连续奋战，出动人员150余人次、救援车辆21台次、冲锋舟8艘、橡皮艇5艘，解救转移群众1820余人，抢运物资40多吨，处置险情5处。龙山、浯溪、白水、大忠桥、观音滩等13个镇（街道）共出动民兵563人，协助地方有关部门，转移安置被困群众15300多人，相关事迹在中央、省、市主流媒体发稿20余篇予以报道。积极响应县委县政府指示，全体干部、文职人员投入脱贫攻坚和乡村振兴一线，通过协调资金加大基础设施建设、改善公共服务基本设施、培育发展支柱产业和优化人居环境。帮扶对象基本实现脱贫。会同退役军人事务局等部门开展悬挂光荣牌匾、“荣誉进家门”和慰问等活动，积极开展送喜报和奖金等相关工作，努力营造拥军优属的浓厚氛围。扎实开展“军地平安创建”工作，积极配合地方相关部门做好涉军群体稳定工作。

人民防空

【概况】 新一轮机构改革后，县人防办作为县国动委常设办事机构与县住建局合署办公，实行一套工作机构，两个机关名称，于2019年3月26日揭牌。2019年，祁阳县人防工作在全市县级人防绩效考核评估中继续名列全市第一，实现五连冠。

【防空知识宣传】 结合“5·12”防灾减灾日，在白竹湖广场集中开展人防知识宣教活动。应邀在县城明德小学开展人防专题讲座。11月1日湖南省防空警报试鸣日，县人防办按照全省统一部署，准时拉响防空警报器，圆满完成试鸣任务。持续推进人防宣教“五进四化”，县人防办会同县创国卫十一专业组和浯溪街道在农机小区重点打造了全县第一个特色鲜明、主题突出、内容丰富、成效凸显的人防宣教示范基地，总占地面积2万平方米，总投资320万元，4月23日建成投用并免费开放，宣教效果十分明显，深受广大市民好评，年内接待外地来基地参观学习16批次。

【人防工程建设】 全面落实

"以建为主"原则，严格执行易地建设审批条件。2019年，全县人防工程建设加力加速，在建项目的防空地下室主体均已完工。坚持"应建尽建，应收尽收"，坚决杜绝违法违规批准免、少、缓修建防空地下室和免、少、缓交纳易地建设费的现象。2019年共办理人防行政审批件400件，征收人防易地建设费3171万元；所有行政审批件办结率100%，均做到第一时间审批，坚持做到零投诉、零差错。严厉查处违法违规行为。对应建未建、未批先建的建设项目严肃查处，2019年通过行政执法共依法依规处罚4个项目计20余万元，有效地规范了建设和缴费行为。

【指挥通信建设】 通过加强维护管理，实现了防空警报的完好率、覆盖率和鸣响率均保持100%。认真落实国家人防办颁发的人防训练大纲要求，积极参与省人防办和市人防办组织开展的各类人防系统指挥业务集训和指挥通信系统拉练。6月，参加全市人防系统通信短波电台操作比武取得第一名，并代表市里参加全省人防系统比武取得优异成绩。8月，参加市人防办组织的市带县通信支援保障拉练，行程2000余千米，有效提升了人防快速反应和应急救援能力。

法　　治

政法委及综治

【概况】 2019年，全县政法机关扎实工作，锐意创新，全县实现“无重大政治事件，无暴力恐怖事件和个人极端事件，无重特大群体性事件，无重大刑事治安案件，无重特大公共安全事故”的目标，社会大局持续和谐稳定，人民群众的安全感和满意度不断增强。

【化解矛盾纠纷】 建立律师调解工作室，完善“三调联动”调解体系。开展“坚持发展‘枫桥经验’实现矛盾不上交三年行动”“四查四防化纠纷、千乡万村创四无”专项调解活动。在元旦、清明、国庆等重大节日节点深入开展矛盾纠纷排查工作。

【扫黑除恶】 深入推进扫黑除恶专项斗争。全县打掉涉黑涉恶团伙8个，总数居全市第一方阵，新排查软弱涣散基层党组织26个，排查出违法违纪村干部85名，并全部处理到位。《人民日报》数字刊等全国性媒体4次报道祁阳县扫黑除恶专项斗争，《湖南日报》《湖南卫视新闻联播》等省级媒体51次报道推介扫黑除恶专项斗争工作的做法和成效。

【社会治理】 大力推动网格化服务管理升级上档，成立镇级应急处突队、村级义务护村队，建立“点、线、面”结合的常态化巡逻防控体系，实行群防群治，实现网格化管理全覆盖。积极探索信息化防控体系建设新路子，充分依托中国电信“平安乡村．雪亮工程”平台，按照办点示范、点面结合、成片推进的思路，全力推进“平安乡村．雪亮工程”建设，鼓励群众自建视频监控，将电子视频监控延伸至广大农村，进组入户，整合各类资源，加强社会治安状况监测评估、重点人员动态管控。2019年，全县广大居民共自愿安装视频监控2000余个。积极创建新时代“枫桥式”派出所，县公安局陶铸路派出所被评为全省创建“枫桥式”派出所先进单位。巩固发展“一村一警”成果，全县543个农村辅警站全面建成，派出所联村民警、驻村辅警、机关包村民警和农村交通安全员“四位一体”联勤联动机制进一步完善，社会治安“多元参与、共管共治”的新格局进一步夯实。扎实开展公共交通安全治理，深化平安畅通建设，全面推行“路长制”“戴帽工程”“一路多方”工作机制，一般程序道路交通事故、死亡人数、受伤人数、财产损失“四项指数”同比分别下降22.10%、18.74%、19.48%、16.98%。长途客运、娱乐服务等重点领域实名制和寄递物流业“三个100%”全面落实。

【司法改革】 加快完善员额管理制度，全面落实入额领导干部办案数量要求，公职律师和公司律师得到快速发展壮大。突出抓好执法监督。积极协调督办重大疑难案件11起。规范办理中央、省委、市委、县委交办信访件14起。司法救助工作落到实处，2019年省司法救助资金53万元，县财政配套司法救助资金60万元，现已发放司法救助资金53万元，救助案件15件，惠及群众30余人。加大案件评查力度，将案件评查工作纳入执法监督常态化工作，作为主抓手，不定期、不定时、不定量地开展案件评查工作，2019年对县法院10件案件进行评查。法治化管理水平不断提高，全县共15567人参加学法考法，合格率达99.84%。

【平安祁阳建设】　坚持把主动服务发展作为永恒主题，重拳整治社会环境。共破获涉毒案件55起，其中部督案件1起、市督案件4起，在全市禁毒百日会战专项行动中，祁阳县缉毒执法考核排名全市第一。祁阳籍外流贩毒人员同比下降37%。加强民生领域的法律服务，联合各执法单位开展以案释法活动，用群众身边的事教育身边的人，达到宣传一案、教育一片的效果。将法治文化阵地建设向乡村延伸，新建三家村、麒麟山庄法治小游园，让群众在休闲娱乐中潜移默化接受法治文化熏陶。组织各村（社区）开展“法律明白人”培训班，全面推行“一村（社区）一法律顾问”工作，县、乡、村三级公共法律服务实体平台基本形成。

【队伍建设】　坚持把政治建警作为根本保证，狠抓政治建设，以“不忘初心、牢记使命”主题教育为载体，借力“民主生活会”“学习强国”等平台，落实政治建警各项工作。狠抓履职能力建设，开展大练兵活动，培养一批办（破）案能手、调解能手、服务能手。狠抓作风纪律建设。深入开展整风肃纪专项活动。落实从优待警政策，在全县范围内推广“李良钢调解工作室”，积极开展“十佳干警”评选活动，积极发挥榜样力量，大力弘扬祁阳政法精神，文富市司法所所长李良钢获评“永州榜样”（全市政法系统唯一入选人员）。公安干警张叔博获评全省首届“十佳缉毒警察”，陈文生被评为全国公安机关70周年大庆安保维稳工作成绩突出个人、“湖南省模范退役军人”。

公　　安

【概况】　2019年，祁阳县公安局在上级公安机关和县委、县政府的正确领导下，始终坚持以习近平新时代中国特色社会主义思想和全国、全省、全市、全县公安工作会议精神为指引，牢牢把握对党忠诚、服务人民、执法公正、纪律严明总要求，树牢“四个意识”、坚定“四个自信”、做到“两个维护”，围绕为新中国成立70周年大庆创造绝对安全稳定的政治社会环境这一主线，聚焦“风险防控”“严打犯罪”“基层基础”“改革创新”“队伍管理”等主业，精准发力，全面用力，步步为营、节节取胜，各项工作成效显著。新中国成立70周年大庆安保维稳工作获评全市优秀单位；扫黑除恶破获涉黑涉恶团伙8个，总数居全市第一方阵；命案攻坚、集打斗争、禁毒执法等专项行动多点开花。

【机构设置】　2019年，全县公安系统共有在职民警456人、职工45人。内设机构有指挥中心、政工监督室、考核办、法制信访室、警务保障室、刑事侦查大队、治安管理大队、国内安全保卫大队、有组织犯罪侦查队、技术侦查大队、巡逻防暴城管警察大队、禁毒大队、人口与出入境管理大队、公共网络安全保卫大队、经济犯罪侦查大队、反恐怖大队、警务督察大队、文富市治安检查站、执法办案区和涉案财物管理大队、交通警察大队等20个。派出机构有民生路派出所、黎阳路派出所、陶铸路派出所、灯塔路派出所、白水派出所、黎家坪派出所、观音滩派出所、茅竹派出所、大忠桥派出所、三口塘派出所、肖家村派出所、八宝派出所、进宝塘派出所、黄泥塘派出所、羊角塘派出所、下马渡派出所、七里桥派出所、潘家埠派出所、梅溪派出所、大村甸派出所、文富市派出所、文明铺派出所、龚家坪派出所、内下派出所、水上派出所等25个。所属单位有祁阳县看守所、治安拘留所。

【政治建警】 以省厅、市局政治督察为推力，以“不忘初心、牢记使命”主题教育和“践行新使命、忠诚保大庆”实践活动为载体，认真落实政治建警规定动作，狠抓基层党建各项工作，大抓教育和管理工作取得明显成效，召开主题教育扩大学习会10次，局领导专题民主生活会4次，全体民警纪律作风警示教育大会1次，每周一晚全局民警职工政治理论学习制度得到全面落实，队伍政治思想素质得以全面提升，11月全市政治建警推进会在祁阳召开，祁阳县公安局“党建引领政治建警”工作经验被重点推介。深入开展纪律作风教育整顿、“清朗警营”专项整治和“形式主义官僚主义”专项整治行动，推动监督执纪“四种形态”全面落地落实，局领导亲自带队开展政治、业务和纪律作风常态化督察工作机制进一步完善，全年下发各类督察通报共计210余期，其中政治建警专题通报25期；摸排教育思想滑坡民警15人，提醒谈话7人，告诫约谈1人，停止执行职务3人，禁闭民警4人，纪检立案7起7人，刑事拘留民警1人。坚守正确用人导向，“吃苦的吃香、实干的实惠、有为的有位”选人用人制度进一步完善，1月提拔副科级领导干部45人，调整副科级干部54人；9月13名表现优秀的基层民警通过“双向选择”，“火线提拔”走上副职领导岗位。进一步抓实关心关爱民警工作。立功受奖38人，其中大庆安保战时立三等功4人，嘉奖7人。组织开展重温入党入警誓词、主题党日和党员过“政治生日”等政治仪式，以及新警入警、从警30年授奖和战时奖励等活动。健全民警维权慰问机制，依法严厉惩治暴力袭警等违法犯罪活动，共办理民警维权案件13起，依法处理侵权嫌疑人27人，优抚慰问因公受伤民警136人，发放慰问金36万元。

【惩治犯罪】 精心组织开展扫黑除恶百日攻坚、禁赌百日攻坚、禁毒百日攻坚、惩治三贷三霸、集打斗争等多个专项行动，惩治主业各项指标全线飘红。全年立刑事案件1105起、破651起，同比发案率下降2.6%、破案率上升1.2%，全县社会治安形势持续好转。扫黑除恶实现了历史性突破，共摧毁涉黑团伙2个，破刑事案件53起，刑事拘留55人，逮捕28人，监视居住12人，上网追逃6人，查封和冻结涉案资产价值近2亿元，向纪委监委移交“保护伞”线索2条；摧毁涉恶团伙6个，破刑事案件16起，行政案件3起，刑事拘留43人，逮捕42人，移送起诉43人。自4月9日开展集中惩治整治“三贷三霸”专项行动以来，共破获涉恶类个案107起，刑事拘留113人，行政拘留100人，同比上升12%、15.5%。切实做到命案必破，5起现行命案均在第一时间侦破，10月破获了一起12年前的命案积案。从严惩治“三堵三强”行为，为项目建设保驾护航，刑事拘留35人，治安拘留74人，同比上升2.5%、8%；重拳惩治黄赌犯罪，刑拘拘留46人，治安拘留334人，同比上升4.1%、12%；全力惩治食药环犯罪，破刑事案件3起，治安案件4起；聚力攻坚“云端”行动，破获一起重大电信网络诈骗案，抓获犯罪嫌疑人14人，冻结涉案资金1000余万元；禁毒攻坚专项行动深入推进，共破获涉毒案件53起，其中部督案件1起，市督案件4起，破公斤级毒品案件3起，缴获毒品15260.3克，刑事拘留74人，移送起诉涉毒犯罪嫌疑人75名；查处吸毒人员319人，社区戒毒（康复）138人，强戒107人，收治23人；铲除罂粟毒品原植物2877株。全县毒情持续好转，因吸毒人员引发的两抢一盗发案同比下降32%。外流贩毒抓获34人，与上年同期抓获54人相比下降37%。加大惩治“三非”外国人工作力度，查处外国人非法入境、非法就业案件5起，遣返缅甸籍、越南籍外国人32人。

【风险防控】 推动形成党委统一领导、有关部门积极参与的维护政治安全工作体系和工作机制。按照“五个坚决防止、三个确保”工作目标和要求，全力做好新中国成立70周年大庆、“两节”、“两会”“军运会”等特防期、敏感期安保维稳工作，有效维护全县政治社会大局持续稳定。尤其是大庆安保攻坚战以来，我局严格落实24小时领导值班、带班、联勤值守等制度，全面加大社会治安巡防力度，在文富市检查站和白水高速路口安排专门警力实行24小时等级勤务；在城区，每天安排局机关一半警力对20个重点路口从早8点值守到晚11点；在农村，每个派出所设立一个查缉卡点盘查至晚上12点，有效确保全县社会治安大局持续平稳。对涉稳类违法犯罪行为，做实证据，坚决予以惩治，共行政拘留34人、刑事拘留15人、训诫275人。

【窗口服务】 以“创建文明窗口、提高服务水平、提升服务质量”为目标，狠抓警调工作和队伍建设。以群众满意为目的，积极探索，大胆创新，不断改进工作方法，不断强化报务意识和服务职能，积极投入到“执政为民，服务发展”的学改活动中，工作上有了很大进步，取得了一定成绩。全年来，共办理、审签身份证61286张，出国证照申请45175人次，其中办理护照14700人次，办理港澳通行证28379人次，办理台湾2082人次，补录无户口人员1990人，更改姓名1393人，更正年龄106人，迁移户口8785人（其中迁入1674人、迁出7111人），为到祁阳阳县务工的流动人员办理居住证350张，办理临时身份证1120余张，办理新生儿入户4000人，注销死亡人员户口4568人。下乡办证90余次，为老、弱、病、残、行动不便群众办理身份证110余张，送证268张；新增、维护三实信息888799条。

【公共安全】 积极创建新时代“枫桥式”派出所，陶铸路派出所被评为全省创建“枫桥式”派出所先进单位。巩固发展“一村一警”成果，全县543个农村辅警站全面建成，派出所联村民警、驻村辅警、机关包村民警和农村交通安全员“四位一体”联勤联动机制进一步完善，社会治安“多元参与、共管共治”的新格局新一步夯实。深入推进立体化、信息化社会治安防控体系建设，雪亮工程全面部署推进，“城市快警”运行机制进一步完善，“大巡防、大管控、大整治”成效进一步显现。扎实开展公共交通安全治理，深化平安畅通建设，全面推行“路长制”“戴帽工程”“一路多方”工作机制，一般程序道路交通事故、死亡人数、受伤人数、财产损失“四项指数”同比分别下降22.10%、18.74%、19.48%、16.98%。长途客运、娱乐服务等重点领域实名制和寄递物流业“三个100%”全面落实；枪支弹药、危爆物品、管制刀具等重点物品和新业态新领域安全监管责任进一步压实，全县没有发生重大安全生产案事件。切实加强监所安全管理，看守所、拘留所未发生在押人员非正常死亡、脱逃等安全事故。

【警务保障】 “三所合一”项目建设稳步推进。计划两年投入1200万元新建黎阳路、陶铸路、大村甸三个派出所，提质改造肖家村派出所，目前肖家村派出所改造已完工，黎阳路、陶铸路派出所年底前实现搬迁，大村甸派出所主体工程完成。投入280万元实施“防漏改厕工程”。投入200万元新购警车21台。投入150万元完成了350兆通讯设施建设。投入25万元采购了150套新型单警装备配发各实战单位。投入200万元对机关园林绿化进行提质改造，局机关大院面貌焕然一新。投入100万元用于刑侦、扫黑等单位基础设施建设，机关大队办公条件全面改善。投入50万元，升级打造全市一流的执法办案中心和涉案财物管理中心，其他县区公安机关多次到祁阳县考察学习。不断强化应急处突力量和快速反应防暴装备建设，全面落实“三在前”“三同步”“四个第一时间”等工作机制，有效确保全县各类突发案事件能得够到及时处置。

【深化改革】 结合职务序列改革和职务职级并行改革，做好职务套改、职务晋升、警衔评授等工作。进一步规范警辅队伍管理，政府牵头、有关部门齐抓共管的警务辅助人员管理工作机制进一步完善。主动对接市局大情报平台，加强大数据智能化应用，以情报引领、数据支撑的情报、指挥、行动一体化警务运行机制进一步完善，警务运行效率进一步提升。“公安服务平台”推广排名全市第三，预约服务实体化运行机制进一步完善，人民群众真真切切感受到了“互联网+公安服务”带来的便利。深化信访机制改革，全年共接待群众来信来访共计193人次。受理信访案件108起，正在办理1件，办结率为99.07%。全局共排查涉法涉诉矛盾纠纷38件，化解38件，有效预防信访案件的发生。

检　察

【概况】 2019年，县人民检察院讲政治、顾大局、谋发展、重自强，各项检察工作稳中有进，成效显著，为祁阳的社会大局稳定和经济高质量发展做出积极贡献。获评“全省检察机关2014—2018年度先进基层检察院”，继续保持“全国检察机关文明接待室”和“湖南省文明单位”称号，33个集体、43人次受到县委、政府和上级检察机关表彰。

【刑事检察】 以维护社会稳定和政治清廉为己任，依法严厉惩治各类刑事犯罪，共办理审查逮捕案件332件、448人，批准逮捕245件、334人，不逮捕87件、114人，办理审查起诉案件552件、705人，提起公诉434件、572人，不起诉118件、133人。一是深入推进扫黑除恶专项斗争。以打财断血、打伞破网为重点，对黑恶势力犯罪案件提前介入、快捕快诉，共受理审查逮捕10件、38人，批准逮捕5件、26人；受理审查起诉13件58人，提起公诉7件44人。依法审查起诉以胡某某、郑某某、胡某某为首的黑恶势力操纵地下赌场、非法高利放贷、欺压残害群众的案件，以及蔡某某、童某某恶势力利用网贷平台实施套路贷犯罪，涉及全国范围数千万元资金的案件，有力保障人民群众的人身和财产安全。突出惩治毒品犯罪、遏止毒品蔓延。共审查逮捕61件、74人，审查起诉52件、55人，办理公安部督办的桂某某等11人跨国贩卖大宗毒品案、朱某某非法持有大宗毒品案等大要案件，有力惩治毒品犯罪分子的嚣张气焰。推动反腐败斗争持续深化。加强与纪委监委的协作配合，提前介入重大、疑难和复杂职务犯罪案件。成立专门办案组织，按照捕诉一体办案机制要求，专职办理职务犯罪案件，共审结4件、4人。聚焦未成年人保护。严厉惩治针对未成年人的故意伤害、性侵等犯罪，对未成年人违法犯罪综合运用惩治、预防、监督、教育等手段，最大限度维护未成年人合法权益。共办理未成年人犯罪案件26件、39人，对轻微犯罪并有悔罪表现的未成年人不批捕3人，不起诉8人。

【法律监督】 强化法律监督，维护公平正义。一是树立“在办案中监督、在监督中办案”的正确理念，不断强化立案、侦查、审判和刑事执行监督。共办理立案监督案件19件，依法追捕漏犯10人、追诉漏犯10人，提出抗诉4件、5人，对侦查违法行为发出纠正违法通知书36份。在办理一起贩卖毒品案件当中，依法追捕犯罪嫌疑人郑某锋，经法院一审判处死刑。坚持检察长列席法院审判委员会制度，共列席会议6次，专题研究扫黑除恶和重大风险案件。积极开展刑事执行和监管活动监督，按照检察机关监督特赦实施的要求，办理特赦案件18人。针对监所安全和刑罚执行问题，发出检察建议31份，建议撤销缓刑10人，对391名社区矫正人员实行同步监管，有效防范脱管、漏管的发生。二是加强民事行政监督，确保司法公正。拓展全方位、多元化的法律监督格局，综合运用检察建议、抗诉等方式，依法对法院生效裁判、执行活动等实行监督，同时积极化解社会矛盾，达到办案效果的最优化。共办理各类民事行政案件98件。针对全县违法占地现象突出问题，以国土资源领域为重点，开展行政非诉执行专项监督活动，共受理案件23件，其中吴某宝非法占用农用地非诉执行案件，经依法发出检察建议，法院裁定强制执行，该案被高检院作为优秀案件向全国推介。

【公益诉讼】 推进公益诉讼检察，保护公共利益。把公益诉讼作为助推高质量发展、法治建设和生态文明建设的着力点，聚焦群众身边公益，关注网络舆情热点，积极督促行政机关依法行政、认真履职，成效凸显。共办理公益诉讼案件71件，提起刑事附带民事公益诉讼3件。某公司等3家采石场毁损国家生态公益林系列案，经提起刑事附带民事公益诉讼，检察长出庭公诉，依法追缴被告人补植复绿费120余万元用于修复生态。积极构建公益诉讼工作机制，争取县委、政府下发“关于支持检察机关提起公益诉讼的意见”，与纪委监委、法院等部门签署工作意见和会议纪要3份，为工作的开展提供制度保障。

【服务大局】 将检察工作置于党委和政府的中心大局中谋划和推进，确保县委、政府的重大决策部署在检察机关落地落实。一是精准服务三大攻坚战。深化惩治非法集资犯罪专项行动，加强财产刑判决和执行监督，加大追赃挽损、处置涉案资产的力度，尽量减少群众损失，防范化解金融领域的重大风险，共办理金融领域犯罪案件20件、26人。积极投入蓝天、碧水、净土保卫战，结合办案开展生态环境赔损修复，共办理生态环境领域犯罪案件21件、22人，督促补植复绿42.79公顷。有序推进脱贫攻坚工作，着力构建稳定脱贫长效机制，结对帮扶的甘棠坪、双塘两个贫困村均脱贫出列。积极配合纪委监委惩治扶贫领域的微腐败，确保扶贫资金快速返还，真正用到刀刃上。二是切实保障民营经济健康发展。严厉惩治影响民营经济发展的犯罪，依法惩治扰乱企业生产经营的强买强卖、阻工堵厂行为，共办理相关案件47件56人。对民营企业审慎采用限制人身和财产权利的强制措施，最大限度减少办案给企业带来的不利影响。民营企业主刘某荣因涉案被羁押，考虑其犯罪情节轻微，且与被害人达成和解，继续羁押不利于企业经营发展，对其取保候审，得到省、市院的充分肯定。开展检企共建，主动深入东骏纺织、富康源电子等企业，对口提供服务，帮助企业健全制度、加强管理，合法经营、健康发展。三是立足食品药品安全，努力维护民生民利。开展“保障千家万户舌尖上的安全”专项监督，惩治制售假药劣药、有毒有害食品行为，重点办理影响中小学校、农贸市场、网络外卖食品安全的案件。针对中小学校和幼儿园周边食品安全开展“护苗行动”，对食品卫生不达标的学校和商店进行集中整治，收到较好效果。利用检察联络室和“两法”衔接平台深挖线索，对25家不符合食品卫生要求的网络餐饮店发出检察建议、督促整改，确保治理到位。

【队伍建设】 以提高治理能力现代化为目标，努力打造一支高素质检察队伍。一是以主题教育为导向，着力加强政治建设。认真开展“不忘初心、牢记使命”主题教育，深化理论学习、调查研究，立足检察职能查摆问题，切实加以整改。认真执行中央八项规定，严格落实党风廉政建设“两个责任”，聚焦领导班子关键少数和检察权运行关键环节，加强监督管理。深入推进全面从严治检，以问题为导向，加强警示教育，讲授廉政党课 4 堂、观看警示教育片 3 次，通过时刻提醒、长抓不懈，确保干警“零违纪”。二是以司法改革为契机，不断激发内生动力。深入推进检察人员分类管理、员额动态调剂机制，遴选 2 名优秀辅助人员进入检察官队伍。畅通晋升渠道，12 名员额检察官依次晋升了等级，同时落实了相应职业待遇，充分调动了干警的工作积极性。健全司法责任制和绩效考核制度，将指标量化到岗、细化到人，实现考核全覆盖，进一步增强了责任心。借助内设机构改革的契机，进一步充实一线办案力量，确保司法办案的顺利进行。三是以业务培训为抓手，全面提升综合素能。坚持高端引领、梯次发展、整体推进，按照检察人员类别和岗位需要，实行院校共建、订单培训，组织干警分别赴中南财经政法大学、西南政法大学等高校和国家检察官学院进行培训，不断提高干警履职能力。同时组织全院干警参加各类网络培训和视频学习 360 余人次。四是以文明实践为载体，努力打造检察形象。作为祁阳新时代文明实践中心唯一县直试点单位，率先成立检察院文明实践站，开展文明劝导和志愿服务活动。利用道德讲堂、法制小游园等场地宣传文明风尚，弘扬时代精神。积极参与全县创卫创森创绿、抗洪防疫抢险等中心工作，组织开展“村庄清洁我先行、希望工程爱心捐”等文明实践活动，大力提升检察机关的社会形象。

（周逸林）

法　　院

【概况】　2019 年，在县委的坚强领导，县人大及其常委会的有力监督，县政府、县政协和社会各界的大力支持以及上级法院的精心指导下，县法院坚持以习近平新时代中国特色社会主义思想为指导，深入学习贯彻中共十九大和十九届二中、三中、四中全会精神，忠实履行宪法和法律赋予的职责，不忘初心、牢记使命，扎实开展“审判质量、效率和公信力提升年”活动，为全县改革发展稳定提供了有力的司法保障。全年共受理各类案件 9244 件，结案 9122 件，结案总数较去年增加了 3215 件，结案率 98.87%，居全省第 10。县法院被省高院评为“优秀基层人民法院”，12 项工作获得市级以上表彰。执行工作综合考核名列全市第一、全省第四，被省高院荣记集体一等功。刑事审判工作被省高院荣记集体三等功。6 名法官被省高院记功表彰。因公殉职的执行法官何京平，被省高院追记一等功，被最高法院追授“全国法院执行工作先进个人”。继续保持“全国五四红旗团支部”等荣誉称号。

【刑事审判】　受理刑事案件 418 件，审结 404 件，判处刑罚 489 人。严厉惩治影响群众安全感的刑事犯罪，从重从快判处故意杀人、故意伤害、强奸、绑架等严重暴力犯罪案件 39 件、43 人，判处抢劫、抢夺、盗窃犯罪案件 63 件、77 人。深入开展禁毒工作专项斗争，审结毒品犯罪案件 49 件，判处刑罚 51 人。严格执行《中华人民共和国监察法》规定，加强与监察机关、检察机关沟通协调，精准惩治和预防职务犯罪，审结 3 件、3 人，其中县处级干部 1 人、科级干部 1 人。坚决落实中央专项斗争决策部署，对黑恶犯罪依法重判快判，审结涉黑恶势力犯罪案件 12 件、35 人，判处五年以上有期徒刑 7 人。加大“打财断血”力度，对“见黑见恶不见财”案件逐一排查，依法判处追缴、罚没、责令退赔财产，坚决铲除黑恶势力经济基础。加大“打伞破网”力度，审结涉“保护伞”案件1件1人，永州市公安局冷水滩分局原党委委员、副局长罗某某为黑恶势力充当“保护伞”，被依法判处有期徒刑4年。积极延伸司法职能，针对黑恶势力案件办理过程中发现的社会治理薄弱环节和行业管理漏洞，向相关乡镇、村社提出司法建议6条。

【民商审判】 受理民商事案件5368件，同比增长68.3%，审结5275件。坚持调判结合化解矛盾。妥善审结家事案件883件，调解撤诉443件，继续发挥与县交警大队共同成立的“三调联动”办公室的能动作用，调处交通事故损害赔偿纠纷236件；推进“诉前调解速裁+快审”模式，共受理物业服务纠纷115件，调解、撤诉111件，即时履行率达91.5%。多举措优化营商环境，出台《关于服务保障祁阳县融入粤港澳大湾区承接产业转移的意见》《关于保障民营企业发展的实施意见》，依法保障企业依法经营，保护企业家合法权益。打好“蓝天碧水净土”保卫战。按照省高院统一部署，积极开展“湖南环保·审判三湘行”活动，审理环境资源类案件5件，依法维护生态环境公共利益。

【行政审判】 依法审查涉自然资源、市场监管、劳动、环保等行政部门申请的非诉行政执行案件103件，准予执行103件。重点突出依法监督和支持行政机关发挥市场监管、公共服务和社会管理等职能，审查并执结祁阳4家机动车检测公司价格违法行政处罚案，执行罚款23.4万元。稳妥处理城乡规划、土地征用、房屋拆迁等社会广泛关注的热点案件9件，依法审查和执结县自然资源局申请的92件拆除违法建筑案件，社会效果良好。

【执行工作】 持续巩固“基本解决执行难”成果，健全长效机制，共执结案件3435件，到位标的2.04亿元。深化执行工作机制改革，率先在全市基层法院建立“执行指挥中心若干执行实施团队”工作机制，实现快速反应、分段集约、高效流转，大大提高效率。一个月内依法执结涉北鼎名府房屋买卖合同纠纷案件96件，切实保障业主的居住权。开展涉农民工工资集中执行专项活动，执行到位647万元。完善财产评估定价方式，全年司法拍卖成交62件，成交额1.12亿元，资产处置周期平均缩短20天，为当事人节约拍卖成本200余万元。加大惩处失信被执行人力度，严厉惩治拒执行为，纳入失信名单276人、限制高消费925人，拘传156人、司法拘留100人，移送涉嫌拒执犯罪23人，判处刑罚1人。按照最高法院部署和省高院指定执行命令，赴内蒙古和新疆集中执结涉中联重科工程机械系列执行案件49件，执行到位金额5000万元。

【审判服务全县中心工作】 着力防范重大风险。紧扣稳定大局，妥善处理重大建设项目中出现的民事纠纷16件，确保重大项目和民生工程顺利推进。主动协调审理房地产项目引发的群体纠纷，稳妥推进天宇破产案件审理，联动政府各部门持续化解系列复杂矛盾纠纷。严厉惩治恶意逃废债务行为，依法开展涉金融机构案件专项执行行动，强力清收不良贷款，执行到位标的1.16亿元，其中，为祁阳县农村商业银行收回各类贷款本息7600余万元，有效推进金融风险的化解。着力保障生态文明。开展保护湘江专项审判“春雷行动”，审查并执结非法采砂行政处罚案件3件，执行罚款65万元，查封、没收船只2艘。依法推进环境污染专项整治，审查并执结涉污染企业行政处罚案件15件，执行罚款215万元，联动政府相关部门对7家未建设配套污染防治设施的养猪场全部执行关停。依法严惩滥砍滥伐、森林失火、违法排污、非法捕捞等违法犯罪行为，审结破坏环境资源犯罪案件16件。积极探索补植补种、鱼苗放流等恢复性司法措施，审结全县首例刑事附带民事系列公益诉讼案，依法判处并执行到位生态修复款120万元，筑牢生态安全屏障，守护祁阳的绿水青山。着力服务中心工作。积极开展脱贫攻坚，深入梅溪镇龟山村精准扶贫，成效明显。积极参加“创卫创园创绿”、防治登革热疾病等相关工作，持续加强“五园五化”建设，争创“省级园林单位”和“市文明标兵单位”。积极参与扶贫助学，连续12年资助多名贫困学生，其中2名学生已完成大学本科教育，3名学生已完成中等职业技术教育。投入9万元支持梅溪镇中心小学建设，改善学校办学条件。

【司法为民】 一是推进两个“一站式”建设。全力推进诉讼服务中心提档升级，打造约1000平方米的一体化、智能化、人性化新型诉讼服务平台。增设执行事务窗口，前移执行接待服务。引入人民调解、律师调解、特邀调解等，形成多元调解大格局，累计诉前化解纠纷210件次，当场履行率达50%。搭建人民调解网上平台，实现网上指派调解员、远程调解、线上申请司法确认等。在诉讼服务中心增设2个速裁团队，实行要素式审判和要素式文书，简化流程、提高效率，共办结简易案件266件，平均审理周期15天。

二是加快信息化建设。全年投入信息化建设资金300万元，机关审判庭和人民法庭审判庭实现科技法庭、庭审直播全覆盖。推进无纸化办公，实现电子呈阅、审批文书。做好“湖南移动微法院”相关配套建设，继续推进网上立案，通过到各律所讲解网上立案操作、建立诉讼服务律师微信群随时在线解答等方式，实现随时随地申请网上立案、财产保全，配套财产保全保险服务及文书一键生成功能，网上立案率居全市第一。推进跨域网上立案服务，成功受理跨域立案案件25件，便利群众在本地立案、到外地打官司。

三是拓宽司法便民渠道。完成机关刑事审判法庭和羁押室的建设，浯溪、白水、潘家埠三所人民法庭的办公场所和“数字法庭”建成并投入使用，辖区群众打官司更为方便、安全、快捷。继续深化巡回审判，以8个人民法庭为中心，发挥好各乡镇巡回审判点的审判服务职能，巡回办案765件。落实法律援助制度，协调司法行政部门为409件民事案件520人次提供律师代理援助，为170件刑事案件207人次提供律师辩护代理。

【司法改革】 深化审判工作机制改革。推进院庭长审理重大疑难案件常态化，院长、庭长结案数占41.5%。院长带头办理全县首例刑事附带民事环境资源公益诉讼案。推进以审判为中心的刑事诉讼制度改革，严格落实刑事诉讼庭前会议、非法证据排除、法庭调查“三项规程”。建立诉前鉴定工作机制，将鉴定程序前移，缩短审判流程。做好人民陪审员换届选任工作，新选任人民陪审员49名。扎实推进涉诉信访改革，与律师事务所联动开展律师参与化解和代理涉诉信访工作。推进涉诉信访工作纳入法治轨道，依法惩治非访，陈福元等4人非法信访，均被依法判处刑罚。强化内部监督纠错机制，受理申诉、申请再审、抗诉案件19件，审结19件，改判5件。全年没有发生新的信访案件。完善审判监督管理机制。以开展“审判质量、效率和公信力提升年”活动为抓手，严格审限管理，进一步规范办案节点流程，加快案件办理进度，大力化解积案，平均案件审理周期由2018年的43.5天缩短至28.3天，一年以上的未结诉讼案件全部“清零”。充分发挥审判委员会作用，统一司法尺度。制定审判权力、职责清单，加强院长、庭长对“四类案件”的监管，确保放权不放任。推进辅助事务社会化。面向社会公开招录聘任制书记员54名，确保每名员额法官配备一名书记员。实行扫描纸质卷宗、建立电子卷宗社会化服务，全院10余万册纸质卷宗实现了电子归档，档案管理进一步规范。在诉讼服务中心引入心理咨询、京东、淘宝、网拍、公证等多元社会力量，切实提高诉讼服务效能。

【队伍建设】 突出政治建设。始终把政治建设摆在突出位置，扎实开展“不忘初心、牢记使命”主题教育，受到省委巡视组、市委指导组的充分肯定。多措并举开展党建工作，将主题教育、党建工作与审判工作紧密结合起来，以党建带队建促审判强执行。注重能力提升。加强法官能力建设，组织全院干警分两批赴浙江大学、西南政法大学开展集中培训，干警撰写的案例、论文5次获国家级奖励。大胆使用主动作为、敢于担当的优秀年轻干部，进一步激发队伍活力、凝聚合力。强化纪律作风。全面强化铁纪治院管警，重点整治“六难三案”问题，坚持有案必查，违纪必处，诫勉谈话1人，党内警告处分1人，全院干警队伍形象持续好转，司法公信力不断提升。

【民主司法】 积极配合县人大专题调研和集中视察，向县人大常委会报告刑事审判等专项工作情况。办结人大代表关注案件3件，满意度100%。邀请人大代表、政协委员视察法院、旁听庭审、见证执行115人次。依法接受法律监督，邀请检察长列席审委会6次。加强官方网站、官方微信、官方微博等平台建设，发布新闻报道300余条、工作信息165篇，拉近与群众的距离，满足群众的司法知情权、参与权和监督权。

（李春林）

司法行政

【概况】 2019年，县司法局以习近平新时代中国特色社会主义思想为指导，深入学习贯彻十九届二中、三中、四中全会精神，深入开展“不忘初心，牢记使命”主题教育，认真落实上级决策部署，忠诚履职，勇于担当，开创了新时代司法行政工作新局面。县司法局被评为市级文明单位、市级园林式单位、全县优化经济发展环境和机关效能建设工作满意单位。在县绩效考核中，县司法局获基层组织建设工作、意识形态工作先进单位。在庆祝新中国成立70周年“学习强国之永州祁阳答卷”大型电视知识竞赛上，县司法局被评为“学习强国”学习平台推广使用先进单位，县司法局代表队荣获二等奖。

【党建引领】 强化政治引领，夯实党建基础。深入学习贯彻习近平新时代中国特色社会主义思想，全面贯彻落实中共十九届四中全会精神，坚决把增强“四个意识”、坚定“四个自信”、做到“两个维护”落实到行动中。高标准推进“不忘初心、牢记使命”主题教育，把开展主题教育与履职紧密融合、同步推进，坚持问题、目标、效果“三个导向”，对标对表抓学习，深挖根源找问题，靶向治疗促整改，以学促改，以改促成，助推主题教育学深悟透做实。加强纪律作风建设，推动全面从严治党。以县委第三巡察组常规巡察为契机，进行找差距、补短板、强弱项，制订《巡察整改工作方案》和整改任务清单，将巡察反馈的5个方面19个问题交办整改，逐一销号。大力开展“二级机构集中整治年”活动，通过采取“四不两直”的方式对局属二级机构进行督查，认真落实“一岗双责”制度，有力推动了党风廉政建设向纵深发展。推进机构改革，加强队伍融合。按要求如期完成县司法局、原政府法制办机构重组，全面加强队伍融合，提升工作合力，实现了工作不断不乱、人心凝聚团结、系统上下精神振奋的新面貌，涌现出一批以李琼芳、李娟、张凌云、郭海南、唐佳华、刘世明、高成福等同志为代表的工作表现突出、工作成效显著的先进个人及以龙山、肖家、梅溪、文富市、三口塘、进宝塘等司法所为代表的先进集体。

【依法行政】 突出合法性审查，促进依法行政。规范审查工作，提升审查效率，全年共受理审查规范性文件24件，政府合同35件，招标文件74件，会议纪要、领导交办件及政府文件等173件，出具法律审查意见106份，提供法律意见及建议1000余条。坚持法治参与，推动县政府制发《祁阳科创产业园项目入驻若干规定》，为民营企业在祁阳投资提供政策支持。针对祁阳县建制镇污水处理厂PPP项目，进行前期介入、专题研究，积极提供法律意见，力争促成祁阳第三个2亿以上重大PPP项目落地。积极参与处理重点项目征地拆迁纠纷等涉法疑难问题10余起。履行复议职责，化解行政争议。认真审理案件，客观分析，依法评判，公正严谨地作出复议决定，对行政执法机关的违法或不当行为，明确指出、绝不含糊，切实维护当事人的合法权益，督促行政机关依法履职尽责。2019年共接到各类行政复议申请24件。坚持行政应诉“六要素”工作方法，牢牢把握应诉工作主动权，县政府作为当事人的案件共19件，其中已结案15件，获得市政府和法院支持的7件。严格规范执法，提升执法水平。通过以案释法、交流探讨、组织案卷评查等方式，提升行政执法队伍整体素质，推进公正文明规范执法。在自然资源局等行政执法任务重的部门开展法律实务培训，参训人员200余人。组织开展执法案卷评查，对17个单位的71份行政许可和行政处罚案卷进行了全方位点评。认真组织全县行政执法人员考试，参加考试人数131人，通过43人，通过率为32.82%。

【法治宣传】 因人施教，抓重点人群法治教育。组织全县15567人参加学法考法，合格率达99.84%，全市领先。联合县教育局等单位在中小学开展“法律进校园”活动，组织宣讲24场次，推选出9堂优秀法治课堂参加全市评选。开展“祖国在我心中，法律伴我成长”青少年法治征文竞赛活动。为全县各中小学校聘齐聘强了法治副校长178人。突出重点，抓责任单位普法宣传。制订2019年《祁阳县法治宣传工作要点》，要求各责任单位制定年度普法计划和“谁执法谁普法”责任制清单。联合相关单位在各镇（街道）开展农村法治宣传教育月活动，以文艺会演、有奖答题、发放宣传资料、提供法律咨询等群众喜闻乐见的方式，大力宣传扫黑除恶专项斗争、禁毒、信访、电信诈骗、非法集资、国家安全等方面的法律法规。编排《釜底抽薪》《利诱》《禁毒》等一批富有祁阳特色的法治小品，其中《釜底抽薪》荣获全县“庆祝建国七十周年之欢乐潇湘、幸福祁阳群众汇演”二等奖，并参加了省、市调演。以镇为单位组织开展村（社区）“法律明白人”培训。突出法治文化，抓宣传阵地建设。不断创新普法手段和载体，加强祁阳普法微信公众号、如法网等网络平台法治宣传阵地建设。充分利用法治文化产品宣传，印发法治文化衫、纸杯、保温杯、雨伞、毛巾等礼品3万余份，印发“七五普法”读本等宣传资料25万余份。对全县已获得国家、省级民主法治示范村（社区）进行复核，保留7个，规划建设三家村、麒麟山庄法治小游园，丰富群众文化生活，营造浓厚法治宣传氛围。

【社会管理】 矛盾化解专业化。在全县范围内推广“李良钢调解工作室”，为化解矛盾纠纷树立了样板。探索完善矛盾纠纷多元化解机制，积极推动律师参与化解社会矛盾纠纷，建立律师调解工作室4个。按照“四统一”要求，加强对人民调解员的管理，规范各类文书制作，充实各行业性专业性调解委员会队伍。组织开展“坚持发展枫桥经验，实现矛盾不上交三年行动”、“大排查、早调解、护稳定、迎国庆”等专项活动，动员系统上下全面摸排不稳定因素，切实做好新中国成立70周年大庆信访维稳工作。2019年，全县各级人民调解委员会共排查调处各类矛盾纠纷6853件，调解成功6818件，成功率达99.5%。社区矫正规范化。组织开展“社区矫正规范化建设年”活动，抓好社区矫正中心规范运行，实现了“报到—中心宣告—测试评估—制订方案—监管教育—帮困扶助”的一站式科学矫正模式。完善10项基础台账，推行信息化核查日记制，按季召开社区矫正安全形势分析会，最大限度防止脱管漏管。加强社区矫正智慧系统、社区服刑人员定位APP、电子腕带等数字信息技术的应用，延伸县级指挥中心建设。圆满完成15名社区服刑人员特赦工作。全县累计接收社区服刑人员2666名，累计解除社区服刑人员2326名，在册社区服刑人员340名，无一人因脱管漏管而导致重新违法犯罪。安置帮教制度化。对监所反馈的271名服刑在矫人员基本信息进行核实，积极开展“五个一”安帮专项活动，共走访重点帮教对象50名。与省女子监狱、网岭监狱联合开展“情暖高墙．关爱孩子”帮扶活动。建立刑释解矫人员信息库，落实帮教责任。联合德辉现代农业建立温馨家园劳动基地，创造就业岗位，已安置“三无人员”10人，累计过渡性安置刑释人员、社区服刑人员就业培训50人。扫黑除恶常态化。扫黑除恶法治宣传掀起新高潮，印发扫黑除恶专项斗争知识手册6.5万册、扫黑除恶挂图3万余份、知识折页2万余份，出动宣传车120余台次。在沿江路法治一条街制作扫黑除恶宣传栏，在唐家岭车站、友谊广场、高铁站等人口密集地利用LED电子显示屏滚动播放扫黑除恶相关法律法规。利用元旦、春节和赶集日等时机向群众开展法治宣传教育60余次，开展“法治课堂”法律宣讲30余次。动员调解员、社区服刑人员、广大群众检举揭发并移送线索11条，涉黑涉恶线索摸排取得新突破。

【法律服务】 公共法律服务城乡全覆盖。落实公共法律服务站点坐班值班制度，12348热线平台24小时提供服务，如法网公共法律服务进一步多样化。加强公共法律服务平台规范化、标准化建设，通过线上线下宣传，提高公共法律服务知晓率、首选率和满意率。落实“一村（社区）一法律顾问”制，发放便民服务公示牌，切实打通公共法律服务群众“最后一公里”。法律援助扩面提质。对困难群众做到应援尽援，刑事案件法律援助覆盖面不断扩大。放宽农民工援助条件，开通援助“绿色通道”，2019年共受理农民工法律援助案件64件，为农民工追回损失300余万元。建立案件回访制度，做到一案一回访，全力提升办案质量。全年共接待咨询2000余人次，共受理各类法律援助案件454件，同比增长21.7%。公证律师服务便民利企。优化办证流程，宣传公证知识，进一步完善各项管理制度。对行动不便的当事人提供上门办证服务，共办理老弱病残困难群众法律援助公证106件，减免公证费用7万余元。对第五届鱼人节暨“绿色湘江8 保护母亲河”3 4禁渔期活动启动仪式进行现场监督公证，助推绿色发展。全年共办理各类公证2269件，无一件错、假证。落实律师涉法涉诉信访维稳值班制度，参与接访30余场次，协调处理重大矛盾纠纷20余件。开展“三亮三争三服务”专项活动，督促律所为企业进行“法律体检”，帮助企业防范化解法律风险。2019年，全县律师、基层法律服务工作者共担任企业法律顾问84家，办理案件1968件，为当事人避免或挽回经济损失6000余万元。司法鉴定严谨规范。制订《2019年祁阳司法鉴定管理工作要点》，加强规范化建设，统一指派鉴定人员、统一操作规范，统一文书格式，严格执行回避制度，严格按最新鉴定标准实施鉴定。全年共鉴定各类司法鉴定案件 1628 件，采信率 100%。

【重大活动】 7 月 8 日，省司法厅党组成员、副厅长张维杰一行到祁阳阳调研，召开"保护民营企业发展营造良好法治环境"座谈会。相关单位及企业家围绕"保护民营企业发展，营造良好法治环境"畅所欲言，就遇到的困难和问题提出各自意见和建议。座谈会后张维杰一行还深入县经开区科创产业园、电子信息产业园以及黎家坪司法所等地调研。

10 月 29 日，县委书记周新辉主持召开中共祁阳县委全面依法治县委员会第一次会议，深入学习贯彻习近平总书记重要讲话精神和省委全面依法治省委员会、市委全面依法治市委员会会议精神，研究部署全面依法治县工作。成立立法、执法、司法、守法普法 4 个协调小组，审议通过了"两规则一细则"、《县委全面依法治县委员会 2019 年工作要点》。

（郭海南）

群团组织

总工会

【概况】 2019年，县总工会以创新工会工作、助推高质量发展为主线，突出开展维权机制建设、困难职工帮扶、基层工会建设和建功立业活动四项重点工作，2019年，全县基层工会组织639个，工会会员5.49万人。县总工会在职干部职工12人，退休人员12人，内设机构有：办公室、财务部、组织宣教部、法律保护部、女工部、困难职工帮扶中心。县总工会获得永州市县区工会工作优秀单位、党风廉政建设工作、统一战线工作荣获县级先进单位称号。

【工会组织建设】 按照“扩大覆盖面，增强凝聚力”的要求，坚持和完善“党建带工建、工建促党建、党工共建”的工作机制，着力构建“横向到边，纵向到底”的工会组织网络，推进非公企业建会和农民工、劳务派遣工等新职工群体入会。11月22日，县总工会举办“九大群体”集中入会启动仪式，全县保安员、送餐员、家政服务员等新兴群体职工代表100余人宣誓加入工会组织。全年新增工会组织25家，新增会员8000余人，其中，非公企业6家，会员1200余人。率先在全市启动职工服务阵地建设工作，以打造职工身边的建身场所为目标，通过本级自筹和上级申请资金共筹资100万元，建成职工之家健身基地，配齐配备各类活动设施。12月11日，在白竹湖广场举行了职工之家健身基地揭牌仪式，全县机关、企事业单位工会主席及工会会员共计200余人参加，为全县广大职工提供一个开展文体活动的场所，活跃职工文化生活。

积极做好工会换届选举工作。10月24日至25日，县总工会组织召开全县工会第十五次代表大会，来自全县各机关、企事业单位共计302名代表进行换届选举投票，产生县总工会第十五届委员会、经费审查委员会和女职工委员会。22个乡镇（街道）工会联合会已全部换届，39家机关、企事业单位工会完成换届。全面完成工会基层组织建设工作管理系统（数据库）管理，机关、企事业单位工会组织建会率、职工入会率达到了85%以上，100人以上企业建会率达90%以上。

【职工技能竞赛】 在全县范围内广泛开展群众性劳动竞赛，为职工技术交流、技能展示和岗位成才搭建平台，激发广大职工的创新活力。全年共组织60场次劳动竞赛技术比武活动，参加人次达1.2万人。抓好全市示范性劳动和技能竞赛，推荐优秀选手参加“潇湘花开·芙蓉绽放”全市女职工芙蓉公益讲堂讲师比武大赛，县委党校赵祥贵获三等奖、冯宝君老师荣获优胜奖；推荐优秀教师参加全省女职工学前教育职业技能竞赛，县中心幼儿园教研组长、班主任陈汪菲和保育员唐春华成功进入决赛，其中，唐春华获幼儿教育保育组二等奖。

【职工文体活动】 以“中国梦·劳动美”为主题，开展丰富多彩的职工文体系列活动。

6月28日，县总工会承办的“中国梦·劳动美”全县职工千人齐做工间操活动在陶铸广场隆重举行，县四大家、市总工会领导和全县各基层工会会员近千人参加，活动规模庞大、气势恢宏，被新华社、人民论坛、红网、《湖南日报》等主流媒体推介报道，取得良好的社会影响。9月23日，县总工会承办的庆祝新中国成立70周年暨“中国梦·劳动美”全县第四届镇（办）职工气排球比赛在祁阳二中天翊球馆场隆重举行，共有来自全县各乡镇（办）的21支代表队、250余名干部职工代表参赛，展示了职工风采，激发了职工活力。

【女工工作】 为了深入开展女职工素质教育，县总工会在省总工会送课基础上，更加广泛深入地开展“全县工会女职工素质提升流动课堂”活动，走进基层和企业。11月20日，举办全省女职工素质教育大讲堂祁阳县专场，由永州职院教学心理学讲师彭美春讲授《如何面对孩子的各种情绪》，全县行政、企事业单位的180余名女职工听取讲座，受益匪浅。全面推进第八轮“芙蓉杯”竞赛，继续开展女职工“芙蓉标兵岗”和“芙蓉百岗明星”争创活动。积极推荐祁阳一中覃梅芳获永州市“芙蓉百岗明星”、国家税务总局祁阳县税务局人事教育股荣获永州市“芙蓉标兵岗”、祁阳县第一中学桂春媚申报湖南省“芙蓉百岗明星”。湖南正美光电科技有限公司刘燕被授予“全国五一巾帼标兵”称号。将困难女职工的帮扶纳入工会困难帮扶的整体格局。借助工会困难帮扶中心这个平台，把女职工“关爱行动”与“四送活动”结合起来，拓宽帮扶渠道，扩大帮扶数量，努力让更多的困难女职工受益。全年共帮扶困难女职工21名，发放大病救助、生活救助及金秋助学款72000元。切实维护好女职工合法权益和特殊利益，以第109个三八国际劳动妇女节为契机，县总工会举办祁阳县2019年女职工维权和关爱行动座谈会，讨论了2019年全县女职工工作要点，对《促进工作场所性别平等指导手册》《依法维护女职工权益典型案例》和《集体合同工作典型案例》做了详细讲解和学习，同时还针对女职工维权问题和与会女干部展开深入讨论和交流。

【维护职工合法权益】 深入开展“遵法守法·携手筑梦”服务农民工法治宣传和公益法律服务行动，到农民工集中的街道、社区、工业园区、企业开展公益法律服务活动和法律知识讲座，为被拖欠工资的农民工进行法律咨询服务，提供调解、仲裁和诉讼等帮助，解决农民工权益维护问题。全年，开展司法咨询50人次，法律援助2例。

【帮扶慰问活动】 擦亮工会“四送”工作品牌，持续做好春送岗位、夏送清凉、金秋助学、冬送温暖活动。春送岗位100名，为企业搭建就业平台，为农民工送岗位；夏送清凉，共筹集物资8万元，慰问户外单位6个，重点项目6个，重点企业7个，慰问一线职工共1434人；秋送助学，举行了2019年“金秋助学”启动仪式，为26名困难学子送上助学金7.5万元，圆了他们的上学梦；冬送温暖，筹资资金18万，走访慰问大病和困难职工450人次。抓好第六期职工医疗互助工作，全县参保职工达2.158万人，缴纳职工医疗互助金199万元，累计帮扶住院职工1180人次，发放医疗补助金127万元，切实解决了职工“看病难、看病贵”的问题，职工医疗互助工作稳居全市各县区第一。开展“百名工会干部进企入户”活动。组织全县100名工会干部与建档困难职工进行结对帮扶，将困难职工档案按照困难程度分为全总级、省级和地市级三级档案，精准帮扶困难职工62名，发放困难帮扶金12.5万元。

【劳模管理】 积极做好劳模

先进选树工作，推荐陈兰、陈文生、邓勇等6人获“永州市五一劳动奖章”，县疾控中心数字化预防接种门诊、湖南凯盛鞋业有限公司电脑针车组等5个部门（班组）获“永州市工人先锋号”，湖南科力尔电机股份有限公司、祁阳宏泰铝业有限公司、雷锋号志愿者协会获“永州市五一劳动奖状”。奏响“劳动光荣、工人伟大”主旋律，在县电视台开辟“劳动最美丽”专题专栏，采访、播放了2019年荣获“永州市五一劳动奖章”邓勇等4人的先进事迹。召开全县劳模代表座谈会，王国强、曾劲松和刘燕3位劳模分别分享自己的先进事迹和工作成果。积极向市总工会争取将劳模助力乡村振兴行动放在祁阳召开，充分发挥各级劳模在乡村振兴中的示范引领作用。12月13日，在肖家镇黄石村组织开展劳模助力乡村振兴行动，邀请部分市劳模召开专题讲座，对该村食用菌和黄桃种植实地指导和交流培训；对村民进行义诊，宣传日常保健和医疗知识，发放免费药品，解决百姓看病难、就医难生活难题。开展全县市级以上劳模生活状况摸底调查工作，实现了劳模电子、纸质档案常建常新。规范发放和使用劳模资金，对全县市以上劳模进行健康检查，对省部级以上困难劳模进行了走访慰问。积极为12名省级以上低收入劳模申请生活补助金13.67万元，为10名省级以上特困劳模申请困难补助金18.66万元。

（曾红艳）

共　青　团

【概况】 共青团祁阳县委属群团机关，为正科级行政单位，内设综合性办公室、学少部、权益部、青年志愿者指导中心，定行政编制5名，事业编制2名，其中书记1名、副书记2名，在编在岗人员5名，实配领导数1正2副。2019年，共青团祁阳县委各项工作成效明显，为建设美丽幸福新祁阳贡献了青春力量。

【思想引领】 “青年大学习”强化政治引领。建立和完善“青年大学习”网上团课学习考核机制，针对青年大学习参与人数少、排名靠后的问题，查摆原因，改进方法，明确专人专抓，理清各单位阶段性学习情况，每周汇总通报，切实提高青年思想政治素养。主题活动加强青年使命感。开展“红领巾相约中国梦”“我与祖国共奋进”“迈入青春门，走好成长路”等系列主题教育活动30余场，影响青少年万余人。以纪念建团97周年、五四运动100周年等重要节点为契机，开展“重温长征精神，走好新长征路”“青春心向党，建功新时代”等旗帜鲜明的红色主题教育活动。理论宣讲引导青年健康成长。围绕学习贯彻中共十九届四中全会精神，采取报告宣讲、理论培训等形式多样的学习教育活动，推动党的理论主张在团员青年中入脑入心。一年来宣讲团深入农村学校开展了20余次宣讲活动，增强了学生的责任意识和爱国精神。通过“祁阳团县委”微信公众号和“共青团祁阳县委”微博公众号，稳定联系青年近2万人，年影响青年达40余万次。

【服务青少年成长】 多渠道关爱留守儿童。在元旦、“六一”、中秋等重要节日期间，到农村小学开展关爱留守青少年“我们一起过节日”等志愿服务活动20余次，每年暑假依托大学生三下乡到各乡镇连续开展“梦想花开”留守儿童圆梦行动。组织爱心企业家和社会组织为留守儿童捐赠助学金、购买文体用具，帮助300余名留守儿童实现了微心愿。全方位维护青少年合法权益。联合公检法司等部门广泛开展法制宣传活动，增强广大青少年的法制观念。以“青年助力脱贫攻坚”为主题，开展了“共青团与人大代表、政协委员面对面”交流座谈会。广泛开展“青春自护”系列活动和“青春红丝带”“禁毒宣传进社区”等教育宣传活动。构建线上线下维权平台。结合“共青团开放日”“入团仪式”“入队仪式”“主题队课”“主题班会”“青年之家”“网络团课”等活动开展维权活动和禁毒宣传，全方位筑起青少年成长安全防护墙。先后组织了青年歌手大赛、“缘你心愿·怦然心动”祁阳县单身青年交友联谊会，协助成功举行“春风行动”大型招聘会。

【志愿服务】 助力农村人居环境整治行动。积极参与美丽乡村“一拆二改三种四清洁”行动，依托“1+100”团干部联系青年等形式，在青少年中开展了“弘扬雷锋精神、建设秀美祁阳”、“小手拉大手·共建宜居城”等一系列活动。组织志愿者、爱心义工到人流集中的公共区域及重要交通路段开展集中清扫、不文明行为劝导，组织团干部到新埠头水厂取水口上游清扫垃圾，号召各级团组织积极参与创文创卫创园等活动，推动形成了讲文明讲卫生的良好风尚。围绕时间节点开展志愿服务。结合“春运”“三五”“登革热防控”等时间节点，开展了文明劝导、志愿服务等一系列活动。定期到责任小区和责任路段进行文明劝导和日常管护，并组织各级团组织和祁阳县各志愿者协会开展常态化创卫活动，为祁阳县精神文明建设贡献了青春汗水。

【扶贫帮困】 立足团组织职能，积极开展“希望工程一元捐”“户帮户亲帮亲，互助脱贫上大学”和“爱心助学，助力扶贫”等活动，动员广大青年做投身脱贫攻坚战的生力军。联系广东省湖南祁阳商会、祁阳县青年企业家协会等一批爱心组织、企业和肖钢、王勇良等一批爱心人士，筹集爱心扶贫资金超过70余万元，资助贫困学生超过500人次。

【基层团组织和队伍建设】 2019年10月，严格按照换届相关程序和步骤，选举产生了新一届团县委班子。积极推动镇、村两级团组织和部分县直单位团组织换届选举工作，确保了团的组织活力。目前全县共有团组织1373个，其中团委53个，团工委6个，团总支8个，团支部1306个，团组织对基层青年的覆盖面得以进一步拓展和延伸。成立教育团工委，配齐配强学校团队干部，择优选拔调整学校团队干部50余人，95%以上的新任团队干部年龄在30周岁以下，并按程序下发任命文件，提升团队干部积极性。严格规范团员发展管理，建立团员档案管理制度，按要求清理不合格团员。目前，全县中学、中职学校初中毕业班团员发展比例控制在30%以下，高中毕业班团员发展比例控制在60%以下。

组织乡镇及县直单位78名团干部参加团省委、团市委各类团组织培训班；以共青团改革为抓手，选拔22名在校大学生到乡镇（街道）兼任团委副书记，在寒暑假期间到兼任单位协助开展共青团和青年工作。11月18日至12月17日在县委党校举办团干部培训班，各乡镇、县直单位、高中学校团组织负责人共56人参加培训。

（唐丽琳）

妇女联合会

【概况】 2019年，县妇联按照省市妇联的工作部署，紧紧围绕县委、县政府中心工作和建设美丽幸福新祁阳战略目标，按照党政所需、妇女所急、妇联所能的工作定位，努力增强政治性、先进性、群众性，主动作为，拼搏实干，创造性开展一系列工作，取得优异成绩。获湖南省“三八红旗集体”、湖南省妇联系统宣传工作先进单位、湖南省“巾帼暖人心”维权创新项目执行单位、县绩效评估工作优秀等次、县全面从严治党工作先进单位、县推荐市级文明单位、县文明县城创建先进单位、县统一战线工作先进单位、县关心下一代工作先进单位等多项荣誉。

【政治引领】 持续深化“百千万巾帼大宣讲”活动。扎实开展“不忘初心、牢记使命”主题教育，邀请市宣讲团开展“传承红色家风莲姐姐故事汇”宣讲活动，邀请县委党校讲师宣讲红色党课，举办“不忘初心再出发、勇攀高峰创佳绩”主题登山活动等，让广大妇女干部进一步坚定理想信念，让妇联组织的红色基因薪火相传。开展“巾帼心向党·礼赞新中国”、“我和我的祖国”等群众性主题教育活动。

【妇联改革】 10月28日，祁阳县妇女第十三次代表大会顺利召开，选举产生1名妇联主席、2名专职副主席、1名挂职副主席、2名兼职妇主席，打造“专兼挂”为一体的县妇联班子。抓阵地建设，全县建成村级“妇女之家”560个。同时，深化网上妇联建设，建立微信公众号1个、抖音号1个、县镇村三级妇联微信群1100余个，实现线上线下妇女工作的有机融合。抓自身建设，开展“基层妇联领头雁培训计划”，积极组织部分县直单位、镇街道妇联干部参加省、市妇联举办的各类培训班和外出学习交流，并通过以会代训的形式开展4期妇联系统干部培训班，提升妇联干部履职能力。

【巾帼建功】 开展“春风送岗位”活动，为妇女转移就业牵线搭桥，帮助2000多名女性实现就业。发挥基层妇联执委、女企业家、女能人领头雁作用，建成扶贫车间22个，带动1500余名贫困妇女实现家门口就业创业致富。推动妇女小额担保贷款工作落到实处，全年累计发放妇女小额担保贷款1176万元，帮助83名城乡妇女解决创业资金问题，带动数千名妇女就业。开展家政、种植、养殖等为主要内容的创业就业技能培训，使广大妇女掌握一技之长，其中，到北京农家女学校进行幼师培训5名、养老护理培训10名、创业培训5名。完善“巾帼文明岗”的动态管理机制，不断拓展创建领域，激发广大妇女建功立业。2019年创建市级“巾帼文明岗”1个、市级“巾帼建功先进集体”1个、市级“巾帼建功标兵”1名。

【文明创建】 开展“美家美妇——我为文明代言”活动，引导广大妇女争做“最美女性”，广大家庭争当文明家庭。持续开展“建设美丽乡村，寻找最美的她”评选活动，评选表彰18名建设美丽乡村的优秀妇女典型，进一步传播正能量，为实施乡村振兴战略贡献巾帼力量。在全县广泛开展寻找“最美家庭”“五好文明家庭”“平安家庭”创建等系列活动。唐顺华家庭获市级“平安家庭示范户”称号，谭宝联家庭和唐延禄家庭获市级“最美家庭”称号。开展“治陋习、树新风”等活动，积极倡导社会主义核心价值观，推进移风易俗。联合县纪委开展“弘扬廉洁家风建设清廉家庭”征文活动，弘扬家庭美德、传承良好家训、营造良好家风，促进清廉祁阳建设。组建30余支巾帼志愿者队伍开展文明劝导、关爱帮扶等活动，倡扬文明新风，助力文明县城创建。

【妇女保障】 持续推进“建设法治祁阳·巾帼在行动”活动，利用“三八”维权周、“11·25”国际反家庭暴力日、国家宪法日等契机，广泛宣传男女平等基本国策、《中华人民共和国婚姻法》、《中华人民共和国反家庭暴力法》、《中华人民共和国未成年人保护法》等法律法规，增强广大妇女维权意识，大力营造尊重妇女、保护儿童的良好社会氛围。充分运用信访窗口、“12338”维权热线等平台，耐心开展思想疏导和矛盾化解工作，全县妇联系统共接待来信来访来电412件，办结率100%。依托湖南省“巾帼暖人心”维权创新项目的支持，利用“妇女之家”等现有阵地，将婚调工作延伸至镇（街道），在全县22个镇（街道）组建婚姻家庭纠纷调解工作坊（简称“婚调工作坊”），打通妇女维权的“最后一公里”。县婚调委工作成效明显，2019年共调处婚姻家庭纠纷案件273件，调和237件，极大地促进了家庭和谐、社会稳定。

【关爱帮扶】 扎实开展“两癌”免费筛查和“两癌”救助工作，为18705名适龄妇女提供“两癌”免费筛查；争取“两癌”救助金138.8万元，救助129名“两癌”贫困妇女，为5000余名女性送去“两癌”预防等女性健康知识。开展“户帮户亲帮亲互助脱贫奔小康”活动和“姐妹守望、邻里相助”妇联执委帮困行活动，每3名妇联执委重点帮扶1户贫困户，全县共帮扶2800余户贫困户。深入贫困村大忠桥镇开阳岗村开展结对帮扶，对帮扶的10户贫困户定期走访，帮助他们解决实际生产生活困难，为他们送去毛毯、衣物及慰问金。动员社会各界关爱留守儿童、孤残妇女等弱势群体850余名。大力开展“儿童青少年近视防控科普妈妈行”“关爱雏鹰·呵护健康——预防儿童意外伤害知识公益讲座”等活动，深入推进“知心屋”项目，为儿童身心健康撑起保护伞。大力实施“温暖微行动·彩虹行”，开展走访慰问帮困行动20余次，给孩子们送去爱的温暖。

（刘彬）

侨联

【为侨服务】 为广大归侨、侨眷服务，维护归侨侨眷权益是侨联的工作重心，一年来，县侨联通过各种渠道以多种形式认真做好群众工作，深入贯彻《中华人民共和国归侨侨眷权益保护法》和国务院《信访条例》等法律法规，切实解决归侨侨眷中的热点难点问题。重大节日，县侨联组织丰富多彩的集体活动活跃归侨侨眷生活，如新春座谈会、庆中秋茶话会，重阳登高峰峰行等群众活动深受广大归侨侨眷的欢迎和喜爱，起到了凝聚侨心，团结侨力的作用。在日常工作中侨联对归侨侨眷做到“患重病必访、发生困难必访、婚丧嫁娶必访”，将归侨侨眷日常遇到的困难问题及时解决。

【工作亮点】 侨联工作人员全员参与县重点项目建设。侨联主席李永明作为香港铜锣湾项目建设指挥部办公室主任，积极跟踪服务该项目建设，认真做好大量协调及服务工作，深得企业好评；副主席谭斌在县哈弗学校扩建指挥部工作，为学位建设出力。积极参与脱贫攻坚。针对联系村的生产生活和村政建设的实际，研究制订帮扶工作方案。努力克服单位人手少的不足，坚持统筹兼顾，为村筹集资金10万元。

扎实开展党建带侨建工作。以侨属企业祁阳县侨联仪器仪表厂“党建带侨建”示范基地为依托，党建带侨建工作已辐射到周边的黎家坪、文明铺等镇。积极参与“海外侨胞故乡行—走进湖南”活动，结识更多一批海外华人华侨，推介祁阳。原祁剧团名演员唐国华女士，定居澳大利亚后，将祁剧带到了澳大利亚，还应邀专程回国参加永州春节联欢晚会演出。

开展扶贫帮困活动。在新中国成立70周年之际，走访慰问归侨代表。通过开展“千侨帮千户”“进侨家，听侨声，解侨难，聚侨心”侨界扶贫帮困“春风行动”，切实帮助困难归侨侨眷脱贫致富。

【参政议政】 组织侨界人大代表、政协委员和侨联委员，就群众关心的热点、难点问题，深入基层开展专题调研，为维护侨界合法权益和全县经济社会发展参政议政，献计献策。在2019年祁阳县“两会”期间，侨界人大代表、政协委员认真撰写的议案、提案和社情民意受到各级领导的关注和重视。

工商联

【概况】 2019年，县工商联在县委、县政府的正确领导和上级工商联、县委统战部的具体指导下，以推进“五百工程”为重点，以创建“五好”县级工商联示范点为抓手，不忘初心、牢记使命，围绕中心、服务大局，狠抓“五好”建设，促进了非公有制经济的健康发展和非公有制经济人士的健康成长，有效发挥了工商联的桥梁纽带作用。截至2019年年底，全县共有工商联会员1177个。其中，企业会员812个，团体会员36个，个人会员329个，企业会员，团体会员和个体会员在会员总数中所占比例分别为：69%、3.1%和27.9%。县工商联再度获2018—2019年度全国五好工商联。

【优化会员结构】 以基层商会和会员单位为重点，抓好发展新会员及健全完善基层分会工作，制订会员发展规划，将企业规模大、热爱工商联工作的民营企业及具有法人资格的私营企业协会、个体劳动者协会、行业商（协）会、异地商会等工商社团和其他有关社会组织吸纳到会员中来，使会员更具有全面性、代表性和先进性。全年新发展会员129人，优化会员结构。2019年，全县非公经济代表人士中，市党代表1名，县党代表2名，市人大代表11名，市政协委员6名；县人大代表35名、占总数的11%；县政协委员36名、占总数的12%，其中政协常委10名、占总数的20%。

【完善商会建设】 目前，县工商联34个团体会员中有22个为镇、街道商会，覆盖率达到100%，各分会都有独立的办公用房，部分镇、街道还把商会工作经费纳入了财政预算。各分会会长都由当地知名企业家担任，由1名副会长或若干名理事组成领导机构，确保镇、街道工商联分会日常工作有人抓、具体事务有人办。12个已建行业商（协）会，涵盖汽车、农业、林业、服务业等多个本地经济支柱行业，均由该地行业领军人物组织筹建并担任会长。同时，制订出台《祁阳县工商联（总商会）“四好”商会建设工作实施方案》，使商会建设工作进一步规范化和制度化。建立联系镇、街道、行业商（协）会工作制度，工商联班子成员每人联系4—5个镇、街道、行业商（协）会，每年下联系点蹲点、调查研究不少于60天，与基层组织负责人和会员进行面对面座谈交流，共同谋划、集体协商、开拓思路、研究对策、解决问题。

【提升服务水平】 2019年，县工商联坚持服务经济、服务社会、服务会员，与多家银行有效对接，帮助会员企业解决融资难、融资贵等问题。如与建设银行祁阳支行联合合作上线的“惠懂你”APP持续为民营企业提供更加便捷的融资平台。其次加强协作，完善法律服务平台。吸纳律师事务所等中介机构加入工商联，通过聘请法律顾问，开展法律咨询、诉讼代理等形式，为民营企业提供便捷的法律服务。

【倡导公益事业】 深入开展“百企联百村”精准扶贫行动，大力实施企业就业扶贫、产业扶贫、公益扶贫、商贸扶贫四大扶贫工程。2019年6月，组织11名非公经济人士到羊角塘镇牛坪坳村和平安村开展精准扶贫捐赠，会员企业天宇建设工程有限公司当场为牛坪坳村捐赠8万元扶贫资金。会员企业永州华阳教育责任有限公司为平安村捐赠5万元扶贫资金。9月，组织长沙市祁乡商会开展2019年捐资助学活动，资助贫困学生118名，发放助学金30万元；会员企业宇晖重工机械有限公司与潘市镇陶家湾村举办“牵手贫困村、企业倾力帮扶”定向捐赠仪式。宇晖重工公司将分三年捐赠10万元用于陶家湾村基础设施建设，同时定向资助该村一名贫困学生，为其每学期资助5千元助学金直到大学毕业。11月14日，组织15名非公经济人士和4家帮扶单位深入文富市镇建香村，开展以“心系贫困群众助力精准扶贫”的扶贫捐款活动，捐赠15.74万元帮扶资金。

科　协

【概况】 2019年，县科学技术协会加强学会管理，普及科学技术知识，成效显著，被评为“全国农民科学素质网络竞赛县区级优秀组织单位”。“祁阳科普日活动”被评为“全国科普日优秀活动”，“中国流动科技馆湖南永州祁阳县站巡展活动”被评为“湖南省2019年中国流动科技馆湖南巡展优秀活动”，县科协被评为“2019年度永州市全民科学素质纲要实施绩效考核优秀单位”。

【全民科学素质工作】 2019年，县科协紧紧围绕全县中心工作，大力开展提高全民科学素质工作。在全县创建国家卫生城市、创建国家森林城市、创建国家绿色城市、乡村振兴、洪灾卫生、防蚊灭蚊等工作中，宣传和普及专项科普技术，举办各类主题科普活动，通过举办科技展览、科普讲座、科技培训、科技示范、科技推广、发放技术资料等方式，提高公民科技知识总量和覆盖面，保障公民安全健康，保护生态环境，促进全县经济社会高质量发展。

【科技之家创建】 2019年10月，召开县科协第十次代表大会，代表215名，选举产生县科协第十届委员会委员36名，常务委员17名，主席1名，专职副主席2名，挂职副主席1名，兼职副主席5名。县委组织部、县科协联合行文下发《关于印发〈关于加强祁阳县科协基层组织建设的实施方案〉的通知》，22个镇（街道）科协召开代表大会，配齐领导班子，引领科协组织向村（社区）延伸。成立8个企业科协、1个企业科协联合会（祁阳经济开发区企业科协联合会）。推荐6个单位和3名个人参加省、市先进单位和个人评选。县百合种植专业技术协会被评为全省优秀农村专业技术协会，茅竹镇容驷村于配良被评为全省农技协先进工作者，县潘市镇酥脆枣协会、县林旺种植协会被评为永州市先进农村专技术协会，县德辉水土保持科技示范园被评为永州市科普教育基地，县人口学会冯湘云被评为永州市科协学会工作先进个人。

【科技创新】 全县各学（协）会加强学会组织建设，采取各种方式提升学（协）会会员科技服务能力和科技创新水平，服务“三农”建设，服务县域重点项目实施等，开展学术交流，撰写调研报告和学术论文，为全县科技经济发展建言献策。举办青少年科技创新大赛活动，县第二十二届青少年科技创新大赛51件获奖作品参加2019年“永州市第二十四届青少年科技创新大赛”，获一等奖12个、二等奖14个、三等奖11个。

【品牌推广活动】 5月21日，以“科技强国，科普惠民”为主题，举办祁阳县“科技活动周”活动，活动义诊400多人次，科技咨询200人次，展出科技展板100余块，发放实物5种，发放科普资料50种3万余份。5月30日，围绕“科技强国、创新报国”主题，举办“全国科技工作者日”活动。组织21名县内科技工作者、省市科技特派员、在祁阳县服务高校、企业的科技工作者代表，开展参观现场和召开座谈会活动。参观湖南稳羿电子科技有限公司、祁阳一中α科技创新名师工作室、中医院特色治疗中药研究室。座谈会上，就全县科协组织建设、开展人才引进与培育、科学研究、新技术引进、科普工作、依靠科技发展特色产业、科技与经济深度融合、科技发展政策制订等方面收集整理意见建议30余条。9月14—20日，由县委、县政府主办，县科协承办，以“礼赞共和国，智慧新生活”为主题，举办祁阳县全国科普日活动。活动现场展出3D打印、湖南省获国家级青少年科技创新大赛获奖作品，机器人人机对话互动体验、机器人表演等科技项目。开展乡村振兴科普行动、脱贫攻坚科普行动、健康生活进社区科普行动、倡导科学文明生活科普行动、科普教育基地开放行动、新闻媒体联合宣传行动等特色行动。活动共展出科技产品实物 100 件，展出挂图 180 幅，展板 380 块，发放图书资料 80 种 20 万余份（册）。

【媒体科普】 组织全县农民参加 2019 年中国农民科学素质网络竞赛，参赛人数 12.2 万余人次。开展湖南省第三届科学素质网络竞赛，全县参赛人数达 11.2 万余人次。开办“科普大篷车”电视专栏。在县电视台开播的县“科普大篷车”专栏全年播放 52 期。

（张永红）

文　联

【概况】 2019 年 10 月 26 日，祁阳县召开县文学艺术界联合会第四次代表大会，县委、县政府有关领导出席会议并作讲话。大会选举产生新一届县文联领导班子，修订并通过《祁阳县文联章程》。

【文艺活动】 1 月 6 日，桂芝老师举办专著《祁阳方言熟语》的首发暨献赠仪式。

1 月 22 日，永州市网络作家红色基因故事文学创作采风活动到祁阳阳。

1 月 28 日，县书法家协会到三家村开展送春联下乡系列惠民活动。

3 月 3 日，中国书协副主席江西省书协主席毛国典先生莅临祁阳进行书法艺术讲座。

4 月 6 日，文化部艺术发展中心中国画创作研究院研究员王先岳先生莅临祁阳进行创作讲座。

4 月 20 日，县作家协会到祁阳四中进行“文学创作之路”讲座。

5 月 20 日，县戏曲艺术协会到内下等地送戏下乡。

5 月 24 日，祁阳石文化研究协会在北京举办祁阳石艺术作品展。

6 月 17 日，祁阳祁东京剧票友联谊会在黎家坪镇三冲村举行。

6 月 25 日，中国作家协会公布 2019 年新会员名单，祁阳县作家、知名诗人伍锡学成为中国作家协会会员。

6 月 28 日，中共祁阳县诗词协会党支部成立。

6 月 28 日，县戏曲艺术协会、县摄影家协会到潘市镇侧树坪村举办庆祝建党 98 周年文艺会演和“三吾胜地醉美祁阳”摄影作品展。

6 月 30 日，省书法家协会副主席刘晓斌莅临祁阳进行书法讲座。

7 月 6 日，“70 年我和我的祖国”永州知名诗人作家写永州大型文学采风到祁阳阳。

9 月 2 日，中国书法家协会公布全国第十二届书法篆刻展入展名单，祁阳县书法家陈山河作品入展。

9 月 18 日，“壮丽七十年”祁阳新田两县书画联展开展。

10 月 3 日，县舞蹈家协会主办庆祝新中国成立 70 周年步步高祁阳新天地广场舞大赛。

10 月 19 日，县曲艺家协会“到人民中去”文艺志愿服务活动在黎家坪镇三冲村启动。

10 月 26 日，县文学艺术界联合会第四次代表大会胜利召开。

10 月 29 日，第二届“两祁”曲艺交流演出在三冲村开幕。

10 月 30 日，长沙衡阳永州三市书法家代表到祁阳阳采风交流。

12 月 26 日，县书法家协会县美术家协会在文昌中学开展送书画艺术进校园活动。

12 月 28 日，全县文艺界第二届迎新联谊会在百胜赛尔大酒店隆重举办。

【文艺成果】 2019 年，县文联组织编辑《浯溪艺苑》《祁阳文学》和《浯溪诗词》。6 月，成立县诗词协会党支部。县书法家协会在全国第十二届书法篆刻展入展 1 人（陈山河，连续两届），全省楷书、行书书法作品展入展 5 人（蒋青松、刘文霞、何苏、张松柏、张坤文)；曲艺家协会获国家非遗展1次、省级奖4次、市级奖5次；摄影家协会获奖作品59幅，其中国际奖6幅、国家级34幅、省级14幅、市级5幅；音乐家协会获国家行业优秀奖1次、央视播出作品1件、省级政府奖二等奖1次、著名歌唱家张也演唱作品1首；作家协会在《湖南日报》《永州日报》《潇湘》等刊物上发表作品11篇；县诗词协会在市以上刊物发表作品200余首（篇）；美术家协会入选省级作品展1幅、市级8幅（其中获二等奖1幅）。县文联被湖南省文联评为2019年度全省文联系统先进单位。

残　　联

【概况】　2019年，县残联在职干部职工27人，内设办公室、康复股、宣教就业股、维权股四个股室，下辖祁阳县残疾人用品用具服务站和祁阳县残疾人劳动就业服务站两个股级事业单位，主要负责全县残疾人康复、教育、培训、就业、扶贫、社会服务、用品用具供应等工作。

【康复工作】　2019年，县残联积极争取公办康复服务项目开工建设，充分利用民办康复机构，争取上级康复救助资金150万元。对109名0—6岁残疾儿童进行了抢救性康复工作，康复效果明显，特别是人工耳蜗和助听器适配的残儿，能和正常小朋友一样融入社会，走进课堂；脑瘫儿童在参加康复训练后，部分能独立行走。装配假肢35例，对肢体残疾人430名、盲人61名、智残儿童36名、聋儿15名、聋儿家长21名进行康复训练和培训。为400余名白内障患者免费实施复明手术。为困难残疾人配赠了轮椅车、拐杖，盲杖、助听器、助视器、坐便椅等辅助器具2000余件，彩票公益金辅助器具适配680例。为300余名精神病患者进行免费服药。

【残疾人劳动就业】　采取社会培训机构及残联自办培训班相结合的办法，2019年共组织计算机组装、微店微商、盲人保健按摩、电子商务、养殖、种植等培训班12期，参训残疾人485名，其中盲人按摩培训40名，实现100%就业。与人社部门联合举办5场残疾人就业专场招聘会，帮助785名残疾人实现就业。建立残疾人扶贫基地4个，为88名残疾人创业及残疾人就业基地落实小额贴息贷款资金补助，申报贴息金额31.52万元，为50名残疾人创业争取扶持资金36.5万元，辐射带动残疾人户220户从业和就业，逐步实现了残疾人扶贫工作由“输血型”向“造血型”转变。扎实开展残疾人体育事业，县残疾人运动员在各类体育比赛中，共获得国际性奖项2个（其中金奖2个），全国性奖项3个，全省性奖项3个。这是祁阳县残疾人运动员首次参加世界残疾人运动会，并荣获金牌的历史性突破。组织残疾人参加全省文艺会演，祁剧《福满人间》荣获二等奖，二胡独奏《夜静百花香》获三等奖。

【残疾人扶贫】　2019年，为6632名困难残疾人按每月60元标准发放生活困难补贴，为11464名重度残疾人按每月60元标准发放重度残疾人护理补贴，将6632名残疾人纳入城乡低保，将4546名残疾人纳入城镇集中供养和农村五保供养，对160名重度残疾人进行托养服务，对1370名残疾人进行了康复救助，为550名残疾人争取并发放机动轮椅车燃油补贴。为16—59岁的重度残疾人，代缴每年100元的养老保险费。为86户贫困残疾人家庭进行无障碍设施改造工程，为317户特困残疾人实施危房改造。

【残疾人稳定工作】　加大维权维稳力度，确保残疾人群体稳定。全县共有残疾人法律服务站12个，律师志愿者5人，对有需要的残疾人提供免费法律救助，共办理残疾人法律援助案件19件，为40名残疾人提供各类法律咨询服务，为残疾人减免律师咨询费、代理费和诉讼费20多万元，为残疾人挽回经济损失100多万元2019年，共接待残疾人来信来电来访280余件次，上级交办件和网上信访件已全部办结并及时给予回复，办结率达到100%。县残联成立助残志愿服务队伍，共提供助残志愿服务380余人次。

（成春燕）

经济管理与监督

发展与改革

【概况】 2019年，县发改局内设10个职能股室，即办公室（政工股、行政审批服务股）、法规股（规划综合改革股）、投资股（前期办、PPP办公室）、社会发展股、工交能源股、农经股、环境资源股、重大项目稽查股、价格调控股、价格和收费管理股，归口管理县重点项目服务中心、县以工代赈办公室、县价格成本调查队、县价格认证中心、县价格调节基金管理办公室。全局干部职工130人，其中在职92人，退休38人。

【改革创新】 2019年，深入推进供给侧结构性改革，落实“三去一降一补”重点任务，关闭沙五井煤矿，实施主要污染物减排项目20个，整治页岩砖、冶炼企业18家。切实降低企业成本，全年两次降低一般工商业电价，累计降低电价6.87分/千瓦时。进一步取消和降低涉企行政事业性收费，为纳税人减税降费4.94亿元，惠及纳税人5.8万户次，新增市场主体3709户。梳理公布“四办”事项1024件，“一件事一次办”走在省市前列。“互联网+政务服务”一体化平台建成投用，全年网上办理事项18.6万余件。持续推进项目并联审批、联动机制等改革。深入开展工程领域招投标专项整治，交办整改问题267个，招投标行为逐步规范。

【项目审批】 2019年，打造“放管服”改革升级版，不断优化营商环境，进一步精简项目审批流程，提升效率，开展发展环境优化行动、投融资攻坚行动、招商项目落地行动、产业对标升级行动、企业降本增效行动等六大行动，持续优化发展环境。在全国投资在线审批监管平台上，立项、核准、备案项目350个，项目金额25.6亿元。根据《中华人民共和国招标投标法》、湖南省招标投标管理条例》等法律法规，规范招投标管理，全年核准招投标项目118个，招标金额6.7亿元，无一错漏。

【项目建设】 始终把项目建设作为第一菜单，出台重点项目考核实施办法，重点考核到位资金、投资强度、实现税收、项目进度，实施“一月一调度、一通报、半年一排名’。2019年推进重点建设项目106个，完成投资109.7亿元。全市考核名列第一，并在全省投资工作会议上作典型发言。2×19.98万瓦集中式光伏扶贫、润天建材砂石骨料生产线、德明农牧、科力尔罩极电机、众信中药饮片等项目建成投产，大村甸水厂和县城配水厂建成通水，县城主干道、背街小巷提质改造全面完工，浯溪北路提质改造、祁冷城际道路改造及黎马、木金、黄龙公路全线建成通车，完成农村公路建设429千米，龙溪李家大院景区提质改造完工。纳入省、市考核的重大产业项目7个，完成投资35.12亿元，占年计划的147.6%，荣获全市“六大战役”重点项目和“5个10”产业项目建设一等奖，祁阳经开区获评全省真抓实干产业项目建设先进园区。科创产业园一期、凯盛二期、大联纺织、海创固废危废综合利用等建成投产，祁阳经开区成功创建省级科技企业孵化器、省级众创空间；红星美凯龙、杨梅湖智慧文旅生态新城、王府坪市场、东部商贸城等建设提速；贵澳集团、广垦集团、唐家山等联合发力，农业园区路网、双牌水库灌区渠带路工程基本完成，全国单片面积最大的油茶生产基地已具雏形。

共向国家、省市呈报项目560个，挤进国家、省计划笼子452个，到位资金27.2亿元，同比增长14.6%，到位资金千万元以上项目65个。

【价格监管】 做好国家、省、市分配的各项农产品成本调查工作；撰写好早、中、晚籼稻，油菜籽，生猪（中规模、大规模）全年成本与收益情况调查与汇报材料；圆满完成关于农户种植意向，农户存、售粮情况专项调查；开展关于祁阳县农村客运票价、前期物业管理费的调查及全县保障性住房住房租金调查，出具祁阳县农村客运票价成本测算报告，及保障性住房住房租金调查测算报告初稿；开展全县九年制义务教育生活费成本测算，出具成本测算报告。全年共受理价格认定案件68件，认定金额598.42万元，做到公平、公开、公正、零投诉、零复核。围绕供给侧改革，落实有关取消、降低、减免和放开部分经营服务性收费政策49项（其中取消6项、降标10项、减免15项，放开18项）。

【粮食调控】 2019年，切实抓好粮食生产，确保粮食作物播种面积8.4万公顷，总产55万吨以上。收购轮换粮9678吨（县储3150吨、中储6528吨），移库收储2018年省储粮9842吨，商品粮1万余吨。注销粮食收购许可证42本，换发新的粮食收购许可证16本。再次获评“中国好粮油”行动计划国家级示范县。

【民生实事】 易地扶贫搬迁累计完成1599户、5512人，建设易地扶贫搬迁集中安置点25个，安置对象830户、2789人；建设分散小集中安置点4个，安置59户、195人，采取分散安置710户、2528人，连续四年被省级考核为一类县。全年完成86个村网改造，12个县台区及7条10千伏线路建设，城西110千伏变电站建成投用。

审　　计

【概况】 2019年，县审计局在职干部职工52人，其中：在职人员中初级职称6人，中级职称14人；退休职工16人；党员47人。局机关内设办公室、政工股、法规审理股、经济责任审计室、财政金融审计股、行政事业和社会保障审计股、固定资产投资审计股、政策跟踪和重大项目审计稽查股、农业农村和外资审计股、经贸审计股、财政预算监督检查股、审计执行股；下设祁阳县审计事务中心，系全额拨款事业单位。

【审计监督】 2019年，全年共对32个单位进行审计，查出违规问题金额204万元，管理不规范金额55784万元，非金额计量问题51个，向纪检监察机关和有关部门移送处理事项1件；通过审计，促进增收节支538万元；核减工程造价433万元。着力促进提高财政资金使用绩效，积极开展2018年度县本级财政预算执行和其他财政财务收支情况审计。主要审计县财政局组织执行的县本级预算执行情况、县地方税务局负责的税收征管情况以及结合县人大对述职的县交通运输局、县市场监督管理局、县城市管理和综合执法局等单位预算执行情况。大力开展对县财政局、县扶贫办及相关部门精准扶贫、精准脱贫政策措施落实情况开展审计，聘请社会中介机构对全县三个融资平台公司进行财务审计。切实保障和改善民生，积极开展省建工集团统规统建祁阳县易地扶贫搬迁项目建设情况、祁阳县2018年保障性安居工程资金投入和使用绩效情况进行审计。按照党政同责、同责同审的要求，全面开展对22个单位已离任的主要领导任职的经济责任审计。同时，切实发挥审计在反腐倡廉建设中的职能作用，向纪检监察机关和有关部门移送案件线索1件，积极选派人员参与纪委监委办案、巡视巡察和专项督查等工作。突出狠抓全县政府性投资项目预算执行和决算审计，对祁阳大道、大村甸镇高标准农田建设项目等7个重大政府投资项目开展审计，重点揭示反映政府投资管理中存在的超概算、损失浪费等问题。

【管理体制改革】 积极承接有关部门划转职能职责，优化内设机构，并积极做好人员转隶工作。成立县委审计委员会和审计委员会办公室，制定相关工作规则细则，并按规则细则要求有序运行。

【党建工作】 扎实开展“不忘初心、牢记使命”主题教育，加强审计业务培训，全年组织开展集中学习18次、专题学习7个；组织选送2名工作人员参加省厅组织的学习培训。切实履行党风廉政建设主体责任，修订完善党组主体责任清单及责任追究措施，研究和制定廉政风险防控管理办法，排查廉政风险点，采取针对性措施进行防控。加强审计组执行审计“四严禁”工作要求和“八不准”工作纪律检查，完善并出台审计业务会议6项制度，重要审计项目业务会议邀请派驻纪检监察组的同志参加，主动接受监督。注重长效机制建设。坚持问题导向，结合巡察整改、主题教育，深入查找问题根源和制度缺陷，对照上级新规定、新制度、新要求，结合实际加强制度建设，健全完善规章制度23项，涵盖党的建设、党风廉政建设、机关内部管理、业务建设等各个方面，用制度管人管事，规范审计权力运行和审计执法行为。

（黄丽莉、胡明宪）

统 计

【概况】 2019年，全县统计工作以习近平新时代中国特色社会主义思想为指导，紧紧围绕县委、县政府决策部署和国家、省、市统计工作重点，认真落实统计方法制度改革，积极规避和防范统计风险，提高统计数据质量。

【普查工作】 全力推进普查调查。2019年，县统计局全员参与、全力以赴开展入户登记和数据审核上报。先后举行4期大的业务培训，累计培训普查骨干3000人次。建立祁阳经普QQ群、微信群，开展远程指导和回复普查咨询，有针对性地提升普查员登记水平。以地域无隙为原则，逐街逐巷，逐楼逐房，逐门逐户进行“地毯式”的全面清查和入户登记。认真开展数据对比和现场复查，做到单位不重不漏、类型准确、主要信息无误。同时，做好表格手工关联、数据比对、逻辑审核以及查找数据奇异值等工作，努力提升普查数据质量。各专业小组流水作业、相互配合，加班加点，历时156天，全面完成全县7811个单位（企业）和48720个体经营户、77项数据指标，约2600万笔PDA数值录入、初审和传输上报工作，及时向县委、县政府和全县人民交上了一份合格的答卷。县统计局荣获全省先进单位荣誉称号。9—10月，县统计局还承担了市委组织部、市国调队委托的全县党建基础数据问卷调查任务。实地走访包括金洞管理区在内的近千名村（居委会、社区）党支部委员，完成620份调查问卷的收集、整理和数据录入等工作，撰写高质量调查报告和分析材料，受到了上级好评。

【数据质量管控】 坚持质量立统，继续加强统计数据监测力度。完善数据起报机制，严格执行“统计站初审、专业人员二审、分管局长复审、局长终审”四级联审制度，加强源头数据上报，提升固定资产投资、全面建成小康、生猪、粮食、住户收支、限额以下商贸、规模以下工业、文旅产业等监测数据质量，提高统计监测工作的科学性、准确性和时效性。创新工作方法，加强全县月度、季度指标的跟踪监测，深入分析各行业领域经济运行情况，注重对先行指标、同步指标、滞后指标的趋势研判。深化协作配合，加强与主要经济杠杆部门的沟通联系，对全县工业、农业和商贸流通等行业发展情况早预警、早研判、早分析，对苗头性问题积极调查研究。尤其对重点领域、重点企业、重点项目和关键节点预警分析，为县委县政府掌握微观情况、把握宏观走势、实施科学决策提供优质服务。注重锤炼精品。积极开展实地调查，精益求精地撰写经济运行报告和《决策与参考》。全年共撰写6篇《决策与参考》，均受到了领导的重视和肯定。进一步丰富统计服务产品，优化《祁阳统计年鉴》的采集和排版。注重公众服务。延伸服务触角，适时撰写统计信息和调查报告，及时发布国民经济和社会发展的统计公报。利用“祁阳县电子政务网”统计专栏等网络及时发布统计数据和分析解读，及时回应社会关切。

【队伍建设】 配齐兼职统计人员，加强基础台账的保管和移交，保证基层统计资料的完整性和连续性。加大统计员培训力度。分批选派基层统计员和局内业务骨干赴参加统计调查系统业务能力提升培训班。进一步加强部门统计工作基础。强化与发改、科工、商务、住建、交通运输、农业农村、财政局、人民银行、税务局等相关部门紧密联系和沟通交流，发挥部门在普查、调查、GDP核算、“四上”企业入统计、投资项目报送、项目调查核实等方面的基础性作用，确保应报尽报、应统尽统。巩固脱贫成效。扎实做好大忠桥镇金旗村已脱贫对象的走访和“四扶四建”工作。配合镇、村开展产业扶贫、教育扶贫、健康扶贫以及村庄环境整治代和代销农副产品等，巩固全村脱贫成效。完善扶贫工作台帐资料和档案手册，协助镇党委和扶贫工作队建立金旗村扶贫资料信息库，为精准因户施策奠定基础。推进依法治统。广泛开展《中华人民共和国统计法》《统计法实施条例》的学习和宣传，并以市统计执法检查为契机，将诚信统计理念贯穿于普查、调查和日常报表工作当中，确保统计基础工作更扎实、上报资料更及时、调查流程更规范、统计台帐更健全、数据来源更清楚、资料保管更完善。锤炼干部队伍。加强机关党支部建设和专业统计人才培养。以党日活动为抓手，强化责任担当，聚焦全县经济发展，高质量完成各项调查任务；以“传帮学”等为手段，加大统计专业轮岗力度，培养一批新生专业人员。日前局机关已有3名年轻同志走上了工业、投资和劳动工资等统计岗位，以评先评优和推荐干部任用为契机，增强队伍干劲，锻造忠诚、干净、担当、奉献的统计团队。

市场监督管理

【概况】 祁阳县市场监督管理局于2019年3月22日挂牌成立，内设21个职能股室，1个直属分局、7个事业单位和9个基层监督管理所。全局在职干部职工304人，其中行政执法人员253人。2019年，县市场监督管理局紧紧围绕市场监管这个主题和县委、县政府中心工作大局，以“抓改革、优环境、保安全、提质量、重维权、强基础”为主线，持续优化营商环境，激发市场主体活力，创新监管方式，抓好消费维权，全面提升产品和服务质量，推进市场综合监管和综合执法，调动全系统干事履职积极性，以优异成绩向新中国成立70周年献上大礼。县局平安建设、统一战线、意识形态、“六出城、三取缔”、基层党建、党风廉政建设、民生实事工作获得县先进，立项争资工作荣获三等奖，年度绩效考核列为县良好等次。

【注册登记】 2019年，全县新登记注册企业1235户，同比增长14%；新登记农民专业合作社84户，同比增长37%；新登记个体工商户4002户，同比增长23%。

2019年，共办理企业变更登记901户，注销登记、简易注销287户，企业迁出、迁入48户，增补证照59户，核准企业名称/个（为自主申报）；办理股权出质8件，出质有限责任公司股权2981.28万元，担保债权总额8760万元。

提高登记注册便利度，进一步压缩企业开办时间。深化“最多跑一次”改革，办理企业设立登记时间已压缩至不到1天，包括公章刻制、税务事项办理共3个工作日内完成。推进“证照分离”改革。从9月3日起，正式启动食品药品行政审批制度改革，针对市场主体申请食品、药品经营等5大类14个事项全面推行“告知承诺即发证”制。持续推行“多证合一”改革。推行食品、药品和医疗器械“多证合一“改革。申请办理许可证递交材料最多22项（五证合一）、最少仅12项（二证合一），办理时限1个工作日，只需1次现场检查。9月3日，县市场监督管理局率先发出全市第一张“五证合一”药品经营许可证。

推行“一件事一次办”改革。6月17日正式推行“一件事一次办”改革。全面整合申报材料，取消证明材料2件，取消申报材料8件，事项申报材料压缩60%以上；推行“告知承诺”制；推进“一件事一次办”服务端口向基层延伸，将食品经营、特种设备使用登记等四大类20个事项下沉基层监管所。推动实施“企业开办全程网上办”改革。实现企业设立、变更、备案、注销等各个环节通过互联网办理，提升无纸化、智能化水平。推行企业名称登记改革。企业名称基本上实现自主申报。推行企业注销便利化改革。全面推进企业简易注销登记，对公告期满且未被提出异议的170户企业准予简易注销。

【品牌创建】 强化商标品牌培育。“祁阳茶油”申报国家地理标志产品保护资料已上报国家知识产权局。加大专利申报力度。全年知识产权专利申请量由上年的83件增加至231件，同比增长178%。多措助力企业融资。为企业办理股权出质设立登记8件，担保债权数额8760万元，知识产权质押融资3000余万元。加强知识产权培训。2019年成功承办永州市“维权大讲堂”知识产权培训会，省市县市场监督管理部门领导及相关企业300余人参会，进一步增强各企业知识产权维权意识，提升了维权能力。

【市场监管】 加强反垄断和反不正当竞争执法。结合扫黑除恶专项斗争，大力开展执法行动，对市场内存在的“欺行霸市”“垄断经营”等限制竞争行为开展专项整治，积极摸排市场监管领域涉黑涉恶线索，共摸排上报涉黑涉恶线索3条。强化价格监管。聚焦民生，强化重点领域价格监管工作，对人民群众关心的客运票价、节假日物价、医疗机构收费、驾培收费、机动车检测收费等领域开展专项行动，共查处案件15起，涉案金额100余万元。严厉惩治各类市场违法行为。组织开展惩治传销、侵权假冒、虚假违法广告、网络违法、侵害知识产权等专项整治执法行动，全年共查处各类案件670件。

在全县率先启动“双随机、一公开”抽查监管工作，促进市场主体自觉守法，监管部门阳光执法、规范执法。目前已建成“一单、二库、一细则”为主要内容的“双随机、一公开”监管工作机制，纳入执法人员747人。全年开展了企业公示信息、登记信息、特殊食品、餐饮行业等“双随机、一公开”抽查工作，共抽查企业283户。

抓实消费维权，认真开展“3·15”消费者权益日、“5·20”国际计量日、“5·25”国际护肤日等宣传活动，受理投诉举报、走访、网络问政等

406起，消费者合法权益得到有力保障。

【食品安全监管】 2019年办理食品经营许可证1073份。坚持食品安全监管常抓常严，祁阳县保持连续17年未发生食源性食品安全事故的记录，人民群众舌尖上的安全得到了有力保障。开展食品生产加工小作坊升级改造工作。对不同行业明确标准，分类指导每个行业改造1—2家样板小作坊，做到以点带面。经提质改造后发证的食品生产小作坊40家，取缔卫生条件差，风险隐患突出的黑作坊5家。

持续推进小餐饮整治、学校食堂标准化建设、“明厨亮灶”工程建设和农村集体聚餐备案管理工作。持续加大野生蘑菇防控宣传力度，农村集体聚餐现场指导率达96%以上，完成34所学校食堂标准化建设，加快“明厨亮灶”改造步伐，小餐饮持证率明显提高，农村食品安全得到有力保障。强化网络餐饮食品安全监管。美团外卖等网络餐饮平台监管日益规范。

开展食品专项整治。以法定节假日为重点时段，以婴幼儿配方奶粉、保健食品、桶装水、冷冻肉、植物油和大米等为重点品种，以校园及周边、城乡结合部、农贸市场等为重点区域，开展食品药品安全隐患大排查和各类专项整治；圆满完成县内重大活动和重要会议期间的食品安全保障工作。

做好非洲猪瘟疫情防控工作。按照县委、县政府和市局安排部署，昼夜值守，对全县鲜猪肉市场进行全面排查整治，共出动执法人员1263人次，检查农贸市场356家次，发现问题猪肉296公斤。

食品安全监管科技支撑加力，完成抽检食品446批次、食用农产品1311批次，完成率101.04%。其中，食品合格的397批次、不合格49批次，合格率为88.6%；食用农产品合格的1292批次、不合格19批次，合格率为98.55%；充分发挥食品安全快速检测车作用，大力开展食用农产品快速检测，所有抽检结果分期在政府网站上公示。

【药品医疗器械监管】 药品、医疗器械行政许可。2019年受理药品经营企业行政许可申请事项共128起，办结率100%；受理医疗器械零售企业许可9起，办结9起、退回0起、变更1起；办理二类医疗器械备案许可39起，办结率100%。抓好日常监管和专项整治。开展中药饮片、医疗器械、化妆品、疫苗等专项整治15次，出动执法人员426人次，检查药械化经营单位220余家次。全县药品安全事故零发生，保障了人民群众的用药安全。抓好药品抽检。积极完成市级下达的药品抽检20个批次的工作任务。抓牢药械化不良反应上报。督促指导医疗机构上报药品不良反应841份，上报医疗器械不良事件190份。抓严疫苗监管检查。定期开展疫苗专项大检查，保持疫苗的日常监管不松懈，有效地保障了全县疫苗质量安全。

【特种设备安全监察】 2019年，全县在用设备1450台，其中锅炉117台、压力容器618台、电梯1142台、起重机械149台、厂内机动车辆34台、大型游乐设施0台；此外还有17个气瓶充装站1个气瓶生产单位，在用液化石油气钢瓶15万余只。主体责任落到实处。与全县50余家特种设备使用单位签订《特种设备使用单位责任状》，明确特种设备使用单位相关责任及义务。严格控制特种设备安全隐患。对使用未经检验和检验不合格特种设备的行为从严查处。专项监管抓在实处。认真开展春节、“五一”、端午、中秋、国庆和安全生产月等重要时段特种设备安全专项监管工作，全年共出动执法人员478人次，检查特种设备使用单位268家次，检查各类特种设备1580台次，下达特种设备安全监察指令书110余份，查封特种设备5台，全力保障全县特种设备运行安全。

应急管理

【概况】 2019年，祁阳县应急管理局按照机构改革的统一部署，整合11个部门和13项职责重新组建而成。全年安全生产事故实现“双下降”，安全生产形势持续稳定向好，安全生产绩效考核排名全市第一。被评为“全省安全生产月活动先进单位”和全县优化营商环境测评“满意单位”。

【应急监管】 以“三大行动”为抓手，对烟花爆竹、交通运输、建筑施工、特种设备、燃气、农机、工业企业等多个重点领域进行大排查大整治大管控，保持安全生产的高压监管态势，全年未发生生产经营性死亡事故和因自然灾害致人伤亡安全事故。

【防灾减灾】 科学应对“7·14”洪灾，实现全县“未垮一库一塘一坝、无一人因灾死亡”的目标，8月全省因灾倒损农村居民住房恢复重建工作会议在祁阳县召开，11月在全省受灾困难群众救助和倒损住房工作推进会上作典型发言。制定落实了严防山洪灾害“六个百分之百”管控清单，有效细化了自然灾害防范措施。组建综合扑火队、专业扑火队、半专业扑火队、村级巡防队，通过严控火源、严控人员，全面提高森林火灾快速处置能力，森林火灾起数和过火面积同比分别下降20%和13%。

【工作创新】 创新应急管理工作“村为主”，通过落实“三个一”（一张网格、责任到位、明确“谁来做”；一套制度、明晰职责、解决“做什么”；一本台账、动态管理、解决“如何做”）措施，加强与群众生产生活息息相关领域的安全管理；祁阳县应急管理“村为主”做法被市安委会办全市推广。探索“互联网+”线上监管，建成了“智慧应急”大平台，接入了100余家高危企业视频数据、500余台客车（校车）、200余家学校、平安城市和交通卡口视频数据等，初步形成了高效便捷的“互联网+”线上监管模式，构建了全县统一指挥、反应灵敏、上下联动的的应急指挥体系。率先在全市建设特勤及战保消防站，主体工程完工。

消防工作

【概况】 2019年，县消防救援大队有指战员27人（其中干部9人、消防员18人），合同消防员34人，消防文员8人。大队被评为2019年全省安全工作先进大队；“11·14”祁阳人民东路火灾案例被评为全省火灾调查优秀案例之一；并荣获全县绩效评估先进单位、文明单位。7月中旬抗洪抢险救援任务中，2名同志被支队荣记个人三等功，8名同志被支队荣记个人嘉奖；新中国成立70周年安保中，3名同志被支队荣记个人嘉奖；岗位练兵中，1名同志被支队荣记个人三等功，5名同志被支队荣记个人嘉奖；年终奖励考核中，1名同志被支队荣记个人三等功，1名同志被县委、县政府荣记个人三等功，6名同志被支队荣记个人嘉奖。全年共接警出动548次，火灾扑救306次，抢险救援181次，社会救助39次，抢救和疏散人员1278人次，抢救财产价值4980万元。

【思想政治建设】 大队组织开展“不忘初心牢记使命”主题教育活动，引导指战员牢铸“四个意识”。授旗仪式后，大队多次召开党委会、党员大会等专题会议，研究部署深入学习习总书记授旗训词精神，坚定“四个自信”，坚决做到“两个维护”，切实熔铸忠诚队魂、激励队伍斗志、提升能力素质、严明纪律作风，自觉服从改革大局，忠实履行职责使命，肩负起应急救援主力军和国家队的神圣职责。

【基础设施建设】 2019年，全县消防经费投入总额为1660万元，大队争取经费300万元购置一台18米高喷消防车，并为6个城市社区各配备一台全地形消防摩托和一批消防器材。同时，祁阳县第二消防站（战保及消防指挥中心）战保楼、特勤楼、2号公寓楼、10层训练塔等主体项目已全部完工，进入营区配套设施和装修工程施工阶段。

【实战化大练兵】 紧扣祁阳县区灭火和救援的形势任务特点，全面加强实战演练、战术推演、体能技能训练、“六熟悉”和“四掌握”工作。先后开展“安全隐患排查整治”“作战训练安全教育整顿”“指战员心理健康咨询”等专项活动，强化指战员个人意识。全年共开展辖区“六熟悉”及消防安全重点单位灭火演练135次，针对辖区主要灾害事故特点开展战术研讨12次，修订各类灭火救援预案131份，不断提高遂行任务能力。

【火灾防控】 全方位推进消防工作社会化进程，大力推进多种形式消防队伍建设。开展“今冬明春火灾防控”“人员密集场所”“高层建筑”“易燃易爆场所”“电气火灾”、“歌舞娱乐场所” “文物古建筑”“重大节假日”“十九大安保”“高风险区域”等一系列专项行动，对检查发现的火灾隐患，严格按照“四个一律”的刚性措施坚决依法督促整改到位，排查和整改一大批火灾隐患，确保全县火灾形势平稳。2019年，共检查单位1309家，发现并整改火灾隐患1631处，下发《责令改正通知书》1625份，“三停”单位7家，采取临时查封措施14处，罚款267000元，提请政府督办重大火灾隐患单位4家。

【消防宣传教育】 2019年，大队宣传工作始终坚持以《全民消防安全宣传教育纲要》宣贯为主线，依托各类报刊、电视、网络、新闻媒介的作用，将消防安全提示利用电视飞播、短信提醒、楼宇广告、LED显示屏、微信公众号等方式传递给人民群众，强势推进消防安全宣传。借力“防灾减灾”消防宣传活动、消防安全知识进乡村活动、“安全生产月”、“119消防宣传月”等多种宣传活动，向群众发放安全防火宣传彩页，讲解消防安全知识，扩大社会宣传效果，提高群众的安全意识。同时，通过中央、省、市主流媒体及抖音等网络平台，加大对灭火救援中消防员优秀事迹的宣传报道。大队被中央级媒体报刊报道3次，省级媒体报道12次，市级媒体报道6次，特别是“3·6”采砂船抛锚救援、“3·16”手术台巧取戒指以及7月中旬抗洪抢险和灾后重建家园等事迹，引发社会强烈反响，据统计共有70余万粉丝为祁阳消防点赞。

自然资源管理

【概况】 2019年，县自然资源局较好地完成了各项工作任务。意识形态、农村人居环境整治、全面深化改革、应急管理、平安建设、跑项争资、信访、统战等工作被评为全县先进单位，县绩效评估综合工作近十年来首次从合格提升为良好等次，绩效评估综合工作获得全市自然资源系统一等奖，妇女工作被市妇联评为永州建功先进集体。

【党建工作】 加强思想理论建设和党员教育工作。以学习中共十九大精神和习近平新时代中国特色社会主义思想为重点，组织集体学习6次，专题教育2次。严肃党内政治生活。认真组织召开党内民主生活会，落实领导干部参加双重组织生活会制度；严格落实“三会一课”制度，特别是领导带头讲党课制度；严格落实谈心制度。扎实开展“不忘初心、牢记使命”主题教育。稳步推进机构改革。按照全县机构改革的统一安排部署，转入人员199人，落实职能划转工作；建筑规划设计院、勘察测绘院、国有土地征收与补偿工作办公室的资产财务和规划工作资料移交到位。

【规划工作】 统筹做好国土

空间总体规划编制前期工作。全面整合城乡规划、土地利用总体规划等各类空间规划，编制完成国土资源环境承载力和国土空间开发适宜性评价（双评价）和国土空间规划实施评估成果资料，优先划定生态保护红线、永久基本农田、城镇开发边界三条控制线，围绕“区域协同、城乡融合”这个目标，启动县域村庄分类和布局专项规划编制。完善国土空间规划体系。探索构建总体规划、专项规划、详细规划和县城、乡镇、村庄等多层次的空间规划体系，科学编制祁阳县国土空间规划、乡镇国土空间规划、村庄规划，牵头成立祁阳县村庄规划编制委员会，以龙溪村为试点，力推“多规合一”。龙溪村规划被省厅作为“省级村庄规划试点”优秀案例上报自然资源部。同时，完成肖家、进宝塘及黄泥塘镇异地扶贫安置绿化设计等300余个修建详细规划和专项规划。提升设计水平。严格按照新型城镇化和城市总体规划的要求，对项目自身的规划、建筑、景观、生态进行全面综合分析、研究，不断提升设计水平，提高设计质量。全年高质量完成祁阳众信大药房生产车间等设计项目600余个。

【资源保障】 土地要素保障能力增强。组建用地报批专班，跟省厅汇报争取，获批建设用地项目16个，总面积137.58公顷。组织挂牌出让并成交土地22宗，实现土地出让金收入9.4863亿元。完成2018年度、2019年度城乡建设用地增减挂钩项目共226个地块，总面积119.3008公顷，新增耕地总面积63.7138公顷，填补祁阳县城乡建设用地增减挂钩工作的空白。实行阳光拆迁，组织完成征地145.02公顷，拆除房屋166户12788平方米，征收房屋面积37680平方米，补偿1.88亿元，全县没有因用地问题影响发展。及时组织调规编制工作。为助力“百企入园”，对不符合规划的项目，及时联系技术部门编制调规方案，召开部门审查及听证会，积极与省厅衔接汇报进行调规，完成了祁阳城乡环卫一体化PPP项目等用地项目的调规工作。做好测绘服务工作。积极配合市局完成测绘资质巡查与测绘地理信息质量监督抽检工作，对勘察测绘院、房产测绘队进行全面检查，对发现的问题立即整改，市局复检通过。对全县测量标志点进行实地踏勘拍照18个，全面摸底排查测量标志委托保管人，对不能履行保管责任的保管人，重新确定人员并签订《测量标志委托保管书》。同时，做好测量放线服务工作，完成公建项目放线179处，建设用地面积30.83万平方米，建筑面积75.37万平方米；完成私人建房放线263处，建设用地面积为2.68万平方米，建筑面积31.86万平方米；完成竣工验收384户，建筑面积为114.48万平方米。

【资源保护】 将耕地保护纳入县委县政府对镇（街道）党委政府绩效考核内容；聘请省测绘二院为技术单位进行永久基本农田储备区划定及划定成果核实整改工作，划定储备区506.17公顷；2019年度耕地质量等别年度更新评价工作全面完成；自然资源部下发祁阳县储备补充耕地核查项目19个，涉及13个镇，19个项目，143个地块，完成外业调查举证，省厅审核通过，提交国家审核。省厅下达祁阳县（含金洞）耕地保有量目标52750公顷，实际耕地保有量53578.60公顷；基本农田保护目标4.75万公顷，实际划定基本农田面积4.76万公顷。

加强日常巡查监管。组织查处自然资源违法案件272宗，向法院申请强制执行104宗，移交公安机关追究刑事案件29宗，移送纪检监察部门追究责任3宗，执法罚没款1030万元。加强卫片执法整改工作。查处土地违法图斑32个，监测面积93.18公顷，其中耕地面积18公顷。按宗数算：履职完成32宗，履职率为100%；查处完成11宗，查处率45.8%；整改完成6宗，整改率25%。按面积算：履职完成26.51公顷，履职率为100%；查处完成3.78公顷，查处率14.3%；整改完成23.3亩，整改率5.9%。2018年度全县共12个矿产图斑，经过反复核查，违法图斑10个，违法图斑已查处整改到位。加强闲置土地处置工作。共盘活空闲存量土地167宗，面积395.75公顷；对国家自然督察武汉局例行督察发现的13宗闲置土地采取动工、收回等方式处置12宗，处置面积44.74公顷，其中司法冻结1宗，面积5.9公顷；盘活批而未供土地14宗，面积81.17公顷。加强房地产小区清理整治工作。对全县所有已建及在建开发小区项目进行了摸底清查并登记造册，依法查处违规建设小区项目25个，追缴土地出让金2295.92万元。加强"大棚房"问题专项清理整治工作。共整改违规"大棚房"问题20个，拆除违规建、构筑物42处，拆除面积26.97亩，复垦土地面积26.97亩。加强违建别墅问题清查整治专项工作。出动核查人员280余人次，通过自查和对省、市分别下发的261个图斑开展实地核查，共排查出疑似违建别墅44处，其中确定为违建别墅3处，共计21栋违建别墅全部整改到位，其中，完全拆除违建别墅18栋，面积2000平方米，部分拆除违建别墅1栋，面积90平方米，没收违建别墅1栋，面积500平方米，不纳入整改范围1栋。加强拆违控违工作。自规划及管理职能划转以来，对城区建设项目实行每天三班动态巡查，共巡查580余次，拆除违法违章建筑160余处、面积3.75万平方米，其中大型拆违行动18次。加强矿产秩序清理整顿工作。晚间出动矿山盗采巡查人员200余人次，联合公安、林业、镇政府等部门采取强制执法行动3次，关闭矿点1处，立案查处6件。制定和公布祁阳县采矿权出让收益市场基准价，办理采矿权延续变更登记15宗，收缴采矿权收益3700余万元，整治整改超深越界开采矿山9家。全力推进全县砂石土矿专项整治工作。

【惠民服务】　持续深化"放管服"改革。研究出台《历史遗留问题处理纪要》，将不动产窗口与税务联合设立一体化办理窗口，共同受理"一件事一次办"中的二手房交易和房产赠与业务，全面提速不动产登记业务，2019年，全县共颁发不动产权证书12244本，不动产登记证明10611本，登薄量39307件。率先建立不动产智慧云平台。把不动产交易、登记、纳税以及其他涉房业务全部整合在平台上，推进"一窗式办理，一站式过户"。在不动产林权发证工作中，创新工作方法，组织专业技术人员将80坐标的老地形图全部转换成2000坐标，全县的航片影像图由2000张合并成100张，省厅已将县林权类不动产调查、制图方法作为可复制的"祁阳经验"向各县推广。做好耕地开垦文章。完成县级投资土地开发项目6个，确认耕地指标1673.21亩，完成市县水田合作开发项目2个，确认耕地指标535.42亩，正在报省厅确认耕地指标项目1个，预计新增耕地130亩。做好地灾防治工作。编制好年度地质灾害防治方案，完成重点地质灾害隐患点应急预案16个；完成茅竹镇坦坪村、黎家坪三冲村2个大型地质灾害治理工程；完成下马渡等5个中小型地质灾害治理工程；申报地质灾害搬迁安置工程211户；申报干旱缺水成井项目1个。积极开展第三次国土调查工作。在三调过程中，及时跟踪发现相关问题并与省市三调办沟通汇报，三调成果现已通过市三调办预检，省三调办复核，国家级内业核查。

行政审批服务

【概况】　祁阳县行政审批服务局于2019年3月22日挂牌成立，系县政府工作部门。主要承担行政审批制度改革、优化营商环境、政务公开和管理服务、电子政务、大数据管理、网格管理和信用体系建设等职能。2019年，在县委、县政府的坚强领导下，祁阳县行政审批服务局以升级改造服务大厅等软硬件建设为抓手，持续打造“放管服”改革升级版，不断优化营商环境，创新深化政务公开，坚持提供“阳光、便捷、高效”的政务服务体验，推进政府治理体系和治理能力现代化。祁阳政务服务窗口全年共受理各类行政审批和公共服务事项196468件，办结195559件，按时办结率100%。

【政务服务体系建设】 构建以政务服务大厅为龙头，带动镇（街道）、村（社区）便民服务体系逐步完善，最大限度方便群众办事。全县22个镇（街道）启动建设便民服务中心，市农村综合服务平台（城乡网格化）延伸至560个村（社区），努力实现“让数据多跑路，让群众少跑腿”。12345公共服务热线、县公安局110非警务报警平台与市城乡网格化平台有效对接，形成“网格—县指挥中心（网格化平台）—县直有关单位（乡镇）”三级联动格局，共受理联动事件6.1万件，按期处置率100%，办结率98%。

【创新政务公开】 深入贯彻落实《国务院办公厅关于全面推进基层政务公开标准化规范化工作的指导意见》精神，全过程推进决策、执行、管理、服务、结果公开，打造阳光透明型政府。全面实现县政府门户网站集约化，积极发挥政府门户网站政务公开第一平台作用，开设政务公开专栏，涵盖领导及机构信息、政府会议、政策文件、政府公报等共15个二级子栏目，同时另设环保督查、饮用水资源、扫黑除恶、财政预决算公开等10个专题。推进重点民生领域、营商环境优化强化、镇（街道）村级等信息公开，公示食品药品安全领域抽查、处罚信息3000余条，环境保护督查整改、处罚和环境影响评价信息400余条（篇）等其他重点民生领域方面信息。全面对接“信用永州”平台，填报“双公示”数据和其他相关信用数据45747条，全力推进全市创建全国社会信用体系示范城市工作。

【“放管服”改革】 出台《祁阳县深化“放管服”改革转变政府职能重点任务分工方案》《祁阳县“一件事一次办”改革工作实施方案》《祁阳县政务管理服务工作实施方案》等工作方案，落地实施省定第一批“一件事一次办”事项，得到中新网、今日头条、新湖南、永州红网等新闻媒体大力推介，第二批“一件事一次办”事项正在部署落实。整合全县26个县直职能部门行政审批职能，落实“三集中三到位”，实现审批服务事项和人员入驻到位、窗口审批授权到位、电子监察到位。大力推进“减证便民”行动，完成梳理1203项依申请类事项证明材料，取消2项没有相关设立依据证明材料。推进政务事项梳理标准化及上网运行工作，完成梳理4987项行政权力事项和537公共服务事项，形成规范统一、服务高效的政务服务事项办理标准。

【网上政务服务】 “互联网+政务服务”一体化平台投入使用，并完成与省市平台对接，实现在湖南省网上政务大厅统一身份认证延伸对接至祁阳政务服务公众号、APP，注册用户数据互联互通。积极开发县级个性化功能，完成政务服务事项管理、政务服务运行管理平台、统一支撑平台、网厅发布系统开发，统一移动服务推送，开发移动APP服务、微信服务，完成第一批121件不见面审批事项功能开发，实现线上线下无缝衔接，完成第一批12类套餐以及33件事项“一件事一次办”功能开发。

【优化营商环境】 出台《祁阳县优化营商环境专项整治工作方案》《祁阳县优化营商环境测评方案》和《祁阳县开展“履约践诺”专项整治行动工

作方案》，对全县所有政府合同进行认真清理。深入开展“三走遍”活动，共走访企业267家次，召开现场会11次，协调解决科创产业园规划办证、制鞋产业招工、凯盛鞋业二期项目开工等实际问题39个。

农业农村·林业·水利

农业和农村经济

【概况】 2019年是机构改革组建祁阳县农业农村局的第一年，3月22日举行挂牌仪式。祁阳县农业农村局与中共祁阳县委农村工作领导小组办公室“两块牌子，一个机构”，合署办公，在原农业委员会的基础上，进一步整合县发改局的农业投资、县财政局的农业综合开发、县自然资源局的农田整理、县水利局的农田建设等职能。辖县畜牧水产事务中心1个正科级单位，县农机事务中心、县蔬菜办、县能源办、县农村经营服务站、县原种场、县河埠塘农场、县农业技术推广中心、县农业执法大队、县农作物种子繁育推广技术服务中心、县农产品质量综合检验检测站、县耕地质量建设管理局、县粮油作物站等12个副科级单位，以及县种子管理站、县植保站、县经作站、县农环站、县农广校、县绿色食品管理站、县农业信息站、县农药监管站等8个正股级单位，内设办公室、综合调研室、政工股、发展计划与财务审计股、法规与科技教育股、种植业管理股、县域经济发展股、农产品质量安全监管股、新农村建设股、农业产业化指导股等10个股室。原县农业开发办公室整体并入县农业农村局，下辖的22个乡镇农技站划归各镇（街道）管理。

2019年，全县农业农村工作取得较好成绩，得到省市领导的充分肯定。被评为全省真抓实干农村人居环境整治成效明显县、全市实施乡村振兴战略先进县，入列全国农民专业合作社质量提升整县推进试点县、全省首批美丽乡村建设全域推进县。5月7日，湖南省第一期“厕所革命”业务培训班在祁阳举办；8月3日，全省市州农业农村局长会议、8月30日，全市农业产业兴旺暨对接粤港澳大湾区“菜篮子”建设现场推进会在祁阳召开；先后在省委农村工作会议、全省市州农业农村局长会议、全省农村人居环境整治现场推进会上作典型发言。祁阳县农业农村局荣获全县绩效评估工作先进单位、基层组织建设工作先进单位、意识形态工作先进单位、脱贫攻坚工作先进单位、重点民生实事先进单位、全面小康建设先进单位、农村人居环境整治先进单位、创建国家卫生城市先进单位、应急管理工作先进单位、信访工作先进单位、“六出城三取缔”工作先进单位和特殊贡献奖等12项县级奖项。县委农村工作领导小组办公室牵头的推进乡村振兴战略工作小组在全县经济社会发展十个工作组考核中荣获一等奖。

【种植业】 2019年，全县确权耕地面积75.15万亩，其中水稻生产功能区面积63.01万亩。全年共播种粮食作物166万亩，蔬菜播种面积43.27万亩，冬种油菜面积42.5万亩，水果种植面积25万亩，茶叶种植面积4.5万亩，农业综合生产能力进一步增强，产业结构日趋优化。

粮食生产方面。继续将发展粮食生产摆在首要位置，坚持“稳”字当头，着力稳面积、稳产量、稳政策，全县共完成粮食作物播种面积166万亩，总产量67.98万吨，分别比上年增加0.9万亩、2.4万吨，其中，水稻114.9万亩、玉米20.79万亩、大豆9.71万亩、薯类等其他旱粮作物20.6万亩。水稻中，早稻51.9万亩，中稻和一季晚稻11万亩，晚稻52万亩。推进“湘米产业工程”，共创建“早加晚优”绿色高产高效万亩示范片10个、千亩示范片11个，示范面积达12万亩，开展“稻油”水旱轮作试点2.5万亩，亩均增加粮食产量37.3公斤，通过示范带动，全县优质稻种植面积突破70万亩，其中高档优质稻订单生产面积达32.71万亩。大力培育种粮大户，新增30亩以上种粮大户100户、市场化育秧主体80个，大户种植占全县粮食生产总面积的67.25%，梅溪镇王海峰、肖家镇周春霞被评为全省专项扶持种粮大户。强化资金保障，县财政共投入3000万余元，用于水稻集中育秧、种粮大户补助和“早加晚优”绿色高产高效创建、耕地抛荒治理、统计监测点经费等，发放耕地地力保护补贴7370.42万元、适度规模经营补助1222.9万元。

经作生产方面。全县经济作物有水果、蔬菜、油料、茶叶、棉花、麻类、糖料、烟叶、药材、席草等10大类上百个品种，其中，以水果、蔬菜、油料、茶叶为主。积极落实“菜篮子”行政首长负责制，2019年共落实蔬菜种植面积43.27万亩（商品菜种植29.51万亩），总产量62.18万吨，总产值16.25亿元，对德辉、天子龙、根智、新农等蔬菜基地进行了提质改造。突出以柑桔为主的水果生产，均衡发展西瓜、红提、枣、草莓等时鲜水果，全年种植面积达25万亩，完成柑桔提质改造1.3万亩（品改扩园5100亩、低产园改造8000亩），在白水、文富市、三口塘、茅竹、潘市、羊角塘等镇新建柑桔园4180亩，重点推广了美国糖桔、锦红冰糖橙、纽荷尔脐橙等优良品种。立足资源优势，发展以黑茶、白茶为主的高档茶叶，新扩茶园7000亩，全县茶叶种植总面积达到4.5万亩，年产茶叶900吨，产值3.5亿元。湖南自然韵黑茶科技有限公司在肖家镇的鸭婆亭、豪富等村的黑茶种植基地扩大到1.8万亩，祁阳湘君白茶种植专业合作社在七里桥镇虾蟆湾等村的白茶基地扩大到9000亩。同时，抢抓机遇，精准发力，充分利用资源优势、区位优势和产业优势，按照“一个标准供市场、一个平台搞流通、一套体系强监管”的思路，主动对接融入粤港澳大湾区“菜蓝子”建设，不断提升农产品市场竞争力，全县共有15家种养加工企业获得了进出口食品备案证书、11个生产基地通过了粤港澳大湾区“菜篮子”产品供应生产基地认定，企业备案及基地认定数量均居全市前列。

秋冬农业生产方面。坚持“宜粮则粮、宜经则经、宜油则油、宜菜则菜”的原则，因地制宜发展秋冬种生产，全县完成秋冬种生产面积86.45万亩，采购优质油菜种子36.2万包、绿肥种子20吨、有机肥450吨、油菜专用复合肥245吨免费发放到农户。继续扩大油菜种植面积，发展旱地油菜、“一季稻+油菜”种植，推进加工升级，做大做强油菜产业，完成冬种油菜42.5万亩，较上年增加0.5万亩，创办县级油菜万亩示范片5个、镇级油菜千亩示范片22个。推进绿肥生产恢复性发展，倡导耕地绿色过冬，发展绿肥种植22万亩，创办绿肥生产示范点4个。同时，积极发展旱粮生产，种植蚕豌豆1.11万亩、小麦0.09万亩、马铃薯1.43万亩。

【养殖业】 2019年，生猪产业面临非洲猪瘟袭击，但通过强有力的工作举措，全县养殖业发展总体平稳，生猪产能从下半年开始逐步恢复。全年出栏生猪80.62万头、牛1.56万头、羊5.86万只、家禽1468万羽，同比分别增长2.1%、4.3%、1.2%、1.5%，水产品起水量6.67万吨，同比增长2.81%。建成了万头种猪场1

个、生猪标准化养殖小区2个，淘汰产能落后生猪养殖场27个，改良生猪养殖品种3个。生猪产能项目建设进度加快。温氏50万头生猪养殖一体化项目三口塘凝山种猪场已建成投产，启动良衙里种猪场建设，发展合作养户21户；鑫广安生猪养殖一体化项目规模从30万头扩大到45万头，文明铺青云村种猪场、十里坪和白水上凉村育肥小区已投产达效，进宝塘种田村养殖小区开工建设。养殖业转型升级步伐加快。按照“456”发展路径，即走好规模化、标准化、生态化、智能化等“四化”道路，坚持生态优先、企业主体、政策引导、源头治理、依法监管等“五项”措施，推行“退”“改”“引”“合”“用””打”等“六字”方针，加快畜禽粪污资源化利用整县推进，累计完成养殖场退养313个24.88万平方米，提质改造18个，新建设施容积1865立方米、网管2960米，养殖污染得到有效治理。

着力打好春秋两防“常规战”、零散疫情处置“阻击战”和非洲猪瘟防控“持久战”，免疫密度和质量实现双提升，基本做到了应防尽防，不漏一村、一场、一畜，全县春秋两防畜禽免疫密度达100%、免疫抗体检测合格率达90%以上，全县没有发生重大动物疫病。始终对非洲猪瘟保持高度警惕，准确把握防控形势，牢牢把握关键环节，做到责任明确、人员到位、信息畅通，建立防疫值班、报告和举报核查制度。突出抓好“两场”保护，严格落实生猪运输指定通道进出制度，狠抓消毒灭源、监测排查、调运监管、屠宰监管等关键措施，有效提升养殖场生物安全保护水平。

【农业产业化】 2019年，全县农产品加工业完成总产值189.8亿元，实现营业收入168亿元，其中市级以上农产品加工龙头企业实现销售收入43.16亿元。新金浩纳入全省优势特色千亿产业农产品加工标杆企业，德辉纳入全省“百企”名单。新增鑫利生物、德辉农业2家省级龙头企业，永州永粮、湖南根智、湖南亿佳、和顺新电商、农联五色米、湖南科森农业、湖南顾君7家市级龙头企业。推动德辉农业、永粮米业、业茂农业3家企业签订了省区域性股权交易市场挂牌服务合同。新产业新业态蓬勃发展。2019年全县休闲农业企业发展到92个，接待游客57.38万人次，实现营业收入0.92亿元，同比分别增长1.08%、12.18%、15.36%。麒麟山庄、金乌山庄成功创建五星级农庄，香湖湾、新农民客栈、德辉农庄被认定为四星级农庄。同时，承办2019年《湘祁杯》中国祁阳越野汽车场地挑战赛，举办祁阳乡村旅游文化周、第二届“中国农民丰收节”等系列活动，进一步擦亮了休闲农业和乡村振兴业品牌。

【产业扶贫】 认真贯彻落实党中央、国务院脱贫攻坚决策部署和省、市工作要求，将产业扶贫作为精准扶贫根本之策，加大政策扶持，培育富民产业，完善利益联结机制，不断增强贫困群众“造血功能”，为打赢脱贫攻坚战提供了有力支撑。突出产业培育，厚植脱贫增收基础。坚持长效产业和短平快产业相结合，建立“县有示范园区，村有产业基地，户有增收项目”的三级产业扶贫体系，重点围绕优质稻、生猪两大基础产业和“两茶一柑一菜”（油茶、茶叶、柑桔、蔬菜）特色产业，全力培育“一县一特、一镇一业、一村一品”富民产业，推动优势产业向贫困户延伸，农业项目向贫困村倾斜，引导贫困群众通过发展产业增收致富。全县累计建成产业扶贫基地79个、光伏发电扶贫项目75个，覆盖所有贫困村，惠及了大多数贫困户。同时，深入开展“三好三出”消费扶贫，2019年中秋、国庆期间，全县联村后盾单位现场采购农产品价值达2600万余元，全年完成线上线下销售约1.16亿元，带动贫困户户平增收近1500元。创新带动模式，筑牢利益联结机制。深入推进“百企联百村”行动，通过政策倾斜，引导新型经营主体在贫困村建基地、传技术，发展订单生产，吸收劳务就业，鼓励贫困户以土地入股，形成紧密的利益联结共同体，全县29家市级以上龙头企业中有11家在62个贫困村建立了生产基地，覆盖率达83%；贫困村创建各类种养专业合作组织123个，覆盖率100%，吸纳了5300个贫困户成为社员、股东，成为带动贫困群众增收致富的重要力量。实施省重点产业扶贫项目10个，通过委托帮扶的方式，直接带动994户、2185人实现稳定增收。强化要素支撑，夯实产业扶贫保障。研究出台《祁阳县2019年产业扶贫实施方案》《祁阳县脱贫攻坚产业扶贫基地建设方案》，明确全县产业扶贫的主攻方向、目标任务和工作措施，全县共投入产业扶贫资金5271.78万元，其中，中央和省级财政专项扶贫资金3159万元，占区域内可自由安排财政扶贫专项资金的66%。建立贫困村产业发展指导员制度，极大地激发了贫困群众自主发展内生动力。

【农业综合执法】 扎实开展“湘剑护农”农资打假专项行动和放心农资下乡进村活动，重点围绕种子、农药、肥料开展农资打假专项行动和放心农资下乡宣传周活动，有效整顿农资市场秩序，规范农资经营和使用行为，共出动执法车辆158台次，执法人员768人（次），发放《中华人民共和国种子法》《农药管理条例》《中华人民共和国种子法》《购买和使用农资注意事项》《农民用种需知》等宣传资料5.9万份，抽查种子样品102个，农药样品72个，肥料样品38个，检出不合格肥料3个、农药3个，依法扣押过期农药160公斤、散装玉米种子43公斤、常规水稻种子30公斤，立案5起，结案2起，下达责令改正通知书49份。重拳惩治非法捕鱼行为，组织开展了“联合执法”“零点行动”“清江行动”“交叉执法”等专项整治执法行动12次，收缴地笼网1350张、高频升压机45台、电瓶85台、电竹杆132根，依法处理处罚当事人24人，扣留非法捕捞船只22艘，移交公安部门案件3起，检察机关依法批捕当事人3人。同时，首次举行非法电鱼案生态补偿暨渔业资源增殖放流活动，共向湘江投放青、草、鲢、鳙等鱼苗420万尾。

【农产品质量安全监管】 大力推进质量兴农、绿色兴农、品牌强农，加强农产品质量安全监管体系建设，建立了县、镇有监管站、村有监督员、组有协管员的四级监管网络，在全县确定10个市级、30个县级农产品质量例行监测点，形成了“纵向到底、横向到边，全覆盖、无盲区”的农产品质量安全监管网络。加快农产品质量安全追溯管理信息平台和农产品身份证监管系统建设，全县市级以上农业产业化龙头企业产品、“三品一标”认证产品及“永州之野”公用品牌入驻产品信息已全部录入平台，实行赋码管理。加强“三品一标”认证，新增认证产品13个，新增基地监测面积1.33万亩，全县种植业有效使用“三品一标”标志的农产品37个，其中无公害农产品14个，绿色食品21个，有机食品2个，年认证产量近2万吨。深入推进农产品质量安全示范县创建，推行食用农产品合格证管理，严厉惩治销售病死动物产品和添加牲畜“瘦肉精”等违法行为，强化日常监管、例行监测、重点监控，建成标准化示范基地8个，示范面积达2.3万亩，制定标准化生产技术规程3项，开具食用农产品合格证19.55万余份，县域内184家农资经营单位签订诚信经营目标责任书和质量承诺书，全年抽检果蔬样品8000个，采集检测动物样品5000份，总合格率达99.95%，确保全县人民“舌尖上的安全”。

【农业技术推广】 充分利用送“科技下乡”活动，采取集中培训、现场讲座、试验示范等方式，大力开展冬春农民科技培训和农作物节本增效实用技术培训，举办各类农业技术培训班40期，培训新型职业农民300余人、冬春农民科技大培训1.58万人次，发放技术资料2.5万份。各镇（街道）结合农业生产实践创办农民田间学校65期次，培训农民学员4110余人，学员以种植大户、新型职业农民及科技示范户为主。水稻方面重点推广了株两优819、株两优4024、桃优香占、泰优390、泰优98等高档优质稻品种，以及无盘旱育抛秧、三定栽培技术、测土配方施肥、频振式诱蛾灯杀虫、病虫害专业化统防统治等配套技术，并在文富市镇、茅竹镇、大村甸镇创建水稻新品种跟踪评价和展示示范基地面积410亩，展示水稻新品种36个，粮食生产主推技术到位率达到98%。油菜方面重点推广了中双11号、金香油11号、中油杂19、亮油9号等优良品种，以及油菜高产高效栽培技术、一穴双株、普施硼肥等关键技术。水果方面重点推广了锦红冰糖橙、爱媛38等名优新品种，以及果园生草栽培、科学修剪、合理施肥等技术。此外，还分别在肖家、下马渡等镇建立了再生稻高效生产示范片1个、“稻蛙”综合种养示范基地1个、水果标准化栽培示范园2个、水果生态农业园1个，充分发挥示范带动作用。

【农业机械化】 2019年，全县农业机械总动力达到16.8万台、88.3万千瓦，其中大中型耕作机具3172台、收割机械835台、栽插机械607台、烘干机98台套、植保飞行机27台，全年完成机械作业320万亩次，主要农作物机械化作业水平达到55%，其中在水稻方面，完成机耕85万亩、机插36万亩、机防18万亩，水稻耕、种、收综合机械化程度达到67%以上。农机购置补贴精准发放，进一步规范了操作程序，简化审批手续，推进信息公开，全年发放农机购置补贴280万元，带动农民投入620万元。农机“两新”推广富有成效，全年共推广农业机械化新技术10项、新机具3000台套。农机安全保障有力，严把农业机械注册登记关、年检关和拖拉机驾驶员考试关，新登记注册农机具135台，核发驾驶证29个，排查农机安全隐患635例，整改率达100%，纠正违章操作1147台次，无牌无证、非法改装、超速超载、非法载人等违法现象基本杜绝，确保农机作业安全。

【防灾减灾】 7月中旬，受强降雨和双牌水库开闸泄洪的影响，祁阳遭遇“7·14”严重洪灾，农业损失十分较大。精心组织，全力推进。面对严峻灾情，农业农村部门上主动作为、不等不靠，有力有序开展灾后恢复重建，先后3次召开会商会，第一时间组织200余名农业技术人员深入受灾一线，全面开展防汛救灾，查勘统计受灾情况，指导农民群众开展生产自救。迅速成立灾后恢复农业生产工作领导小组，印发《灾后恢复农业生产实施方案》，明确目标任务，压实工作责任。积极向上级部门汇报，省农业农村厅、省农科院和市农业农村局技术专家亲临祁阳指导，为灾后恢复农业生产提供了强有力的技术支持。科学救灾，高效补损。针对农作物受灾、成灾、绝收情况，因地制宜，综合施策，指导落实排水除渍、洗叶扶苗、改种补种等救灾措施，共督促抢收成熟早稻1.2万亩、蔬菜0.9万亩，抢种“倒种春”水稻0.9万亩，改种秋玉米、秋红薯等旱粮作物0.5万亩。大力开展办点示范，以点带面，重点突破，带动受灾群众积极开展生产自救，共创建种植业补损示范点27个，面积1.13万亩。强化保障，务求实效。多方筹集救灾补损资金，县财政专项列支补贴改种补种，整合农田水利项目，重点向基础设施损毁严重的村倾斜。通过“惠农担·粮食贷”增加灾后恢复生产信贷投入，争取到位省级农业救灾资金110万元。加强与保险公司的协调沟通，促成受灾理赔快速到位，落实农业领域理赔资金1200万元。切实加强生产物资保障，紧急调运并免费发放补种水稻种子2万公斤、玉米种子530公斤、肥料300吨，修复蔬菜大棚70个，防治农作物灾后病虫害20万亩次，有效保障了灾后恢复农业生产需要。

【耕地保护和管理】　深入推进化肥使用量零增长行动，全年累计应用测土配方施肥技术面积198.1万亩，推广水肥一体化面积1.2万亩，施用商品有机肥3710吨（替代化肥113吨），种植绿肥面积20.6万亩，化肥用量同比减少1.51%，不合理施肥减少37.8%。在八宝、大村甸、七里桥、肖家、文富市、黎家坪、三口塘等镇分别建立化肥减量增效示范基地，开展中微量元素试验、肥料利用率试验、大量元素水溶性肥料试验，示范区普遍土壤有机质提升了0.5%以上，每hm2综合节本增收达1200余元。加强耕地保护和管理，严格实行耕地质量占补平衡机制，制止处理了下马渡镇黄茅冲村耕地损毁事件，对茅竹镇竹山村、白水镇众升村等地新增耕地进行了质量评定。强力开展“大棚房”问题专项整治行动，排查影像图斑和设施农业大棚2100余处，对34个违规项目进行了清理整治，恢复农业生产功能面积29.73亩。农业“两区”划定基本完成，并通过了省级核查验收。大力实施农田污染综合管理项目，在白水镇和肖家镇开展了镉砷复合污染产品展示试验，综合治理受污染耕地510亩，共撒施土壤调理剂153吨、生石灰76.5吨、有机肥52吨。扎实推进土壤酸化耕地治理，在八宝镇集中治理面积3000亩，通过施用土壤调理剂、有机肥，以及秸秆还田和种植绿肥等措施，增加有机质含量，改善理化性状，土壤的pH值上升了0.2个单位，达到了预期目标。

【农业环境保护】　有序开展第二次全国农业污染源普查，进行了数据审核、校对和完善工作。依托第三方机构，完成了3543个重金属污染耕地加密调查点位核实、取样和检测。加强外来入侵有害生物防治力度，全年开展水葫芦、假高粱等外来入侵物种清理面积5万亩。在“3·15”、世界环境日和日常工作中积极开展农业环保知识宣传，累计发放防治资料1万余份。

全年推广农村新能源设施（用户）3000余台（户），其中安装太阳能路灯1500余盏、太阳能热水器500台、推广建设新型节能炉灶1000余台（户），创办农村能源示范点5个。组织开展沼气回访服务和安全排查专项行动，共出动技术人员200人次，走访沼气工程600个、用户2000户，免费维修各类沼气病池250个，促进了全县沼气工程的安全、高效使用。

【高标准农田建设】　严格按照高标准农田建设有关要求，精心组织，周密部署，全力推进，确保质量，有效改善农业生产条件。全年建成高标准农田4.28万亩，新建改造排灌渠53.06千米、机耕道46.49千米。其中，新增粮食产能田间工程总投资2100万元，在大忠桥镇和肖家镇的9个村建成高标准农田1.4万亩、高效节水灌溉300亩；农田水利建设改革试点项目总投资1000万元，在龚家坪、肖家、观音滩等镇的7个村，建成高标准农田0.97万；高标准农田建设（奖补资金）项目总投资1000万元，在观音滩镇和下马渡镇的8村，建设了高标准农田0.9万亩；农业综合开发项目总投资1525万元，在大村甸镇的7个村建设了高标准农田1.01万亩。

【现代农业园建设】　2019年，祁阳现代农业园被认定为国家级农村创新创业园。基础设施不断夯实。进一步加大交通路网、渠道水网建设力度，大循环、大畅通、大灌溉的格局基本形成。完成了十五支渠、十六支渠渠带路路面工程建设，启动了渠道维修及绿化工程。S320线联兴村入口至长塘冲水库路段的村级公路提质改造已完成线路截弯取直、路基加宽等基础工程。园区内东泉街、新钢铁村、碧湘苑生态观光园交通连接线，已形成5千米5米宽的碎石路面，即将启动路面硬化。主导产业彰显特色。园区油茶、花卉苗木、有机蔬菜、特色水果等主导产业的规模逐步扩大，一、二、三产业融合发展得到了生动体现。油茶以唐家山基地为龙头，完成抚育2000亩，放养油茶土鸡5万羽，新建休闲木屋30座，在基地内规划自行车赛道5千米，多形式、多链条产业业态已初具雏形；花卉苗木以碧湘苑生态观光园为主，种植面积突破了3500亩，并已完成观光园入户花园建设；有机蔬菜以农建投水肥一体化智能大棚为核心，为百姓“菜篮子”提供有力保障；特色水果主推S320线旁边的红心火龙果、红心柚和有机葡萄，休闲采摘已成为新的销售模式。发展活力明显增强。以实施“百企入园”工程为主抓手，利用农业科技园区现有基础及资源禀赋，进一步充实招商引资工作力量，大力开展产业招商，总投资20亿元的贵澳油茶产业园项目已落户农业科技园区，被列为建国70周年献礼全县标志性重大项目之一，现已完成智能大棚2万平方米，并种植了樱桃等名特优水果。另外，园区招商引资如期推进，目前在谈项目4个，计划签约项目2个，有望尽早落地。

【农村综合改革】 农村土地制度改革蹄疾步稳。全面完成了农村土地确权登记颁证任务，组织开展了“回头看”，全县农村土地确权实测面积75.15万亩，发证村数560个，确权信息应用平台已建成并投入运行，档案整理工作已按要求全面完成。积极探索农村土地“三权分置”多种实现方式，出台了《关于进一步落实农村土地所有权承包权经营权分置办法的实施方案》，进一步放活土地承包经营权，引导农村土地规范有序流转，新增流转面积2.45万亩，全县耕地流转面积达到41.95万亩，促进了农业适度规模经营。新型经营主体培育富有成效，新增农民专业合作社102个、家庭农场138个，创建全省首批百强农民合作社2个、省级示范合作社1个、示范家庭农场4个，全县注册农民专业合作社、家庭农场分别达到1103个、857个。农村集体产权制度改革阔步前行。出台《祁阳县农村集体产权制度改革工作实施方案》《关于全面开展祁阳县农村集体资产清产核资工作方案》，集体资产清产核资和成员身份确认全面完成，股权量化到户工作即将启动，进一步释放了农村经济发展活力，全县共登记账面资产总额52204.98万元，其中经营性资产23698.17万元；核实资产总额184163.68万元，其中经营性资产47812.06万元。农村集体经济得到长足发展。充分依托资源优势发展特色产业，盘活闲置资产，对不同类别的村确定差异化的年度发展目标，采取针对性的措施，基本消除了空壳村。全县村集体经济收入5万元以上的行政村达到271个，占比56.3%（不含城市社区和农村社区），其中5—10万元的村233个，10万元以上的村38个。

【农民负担监督管理】 组织对近三年全县农机购置补助资金、中央农业适度规模经营补助资金、“一事一议”财政奖补资金的管理使用情况进行了全面清查，针对村级财务管理、中小学收费、农业“三项补贴”发放等工作出台了系列规范文件。此外，开展了为期3个月的惠农补贴资金“一卡通”专项治理行动，进一步规范了补贴发放工作流程，完善了工作机制，明晰了补贴发放的各个环节，严格规范了补贴发放管理。2019年，全县共发放耕地地力保护补贴7370.42万元，适度规模经营补助

1222.9万元，养殖大户扶持资金317万元，农机购置补助280万元。

【农村人居环境整治】 紧紧围绕农村人居环境整治三年行动要求，持续深化“一拆二改三种四清洁”行动，大力实施“百村振兴”工程，全县农村人居环境整治得到明显改善。全省第一期“厕所革命”业务培训班在祁阳举办，先后在今年省委农村工作会议、全省市州农业农村局长会议、全省农村人居环境整治现场推进会上作典型发言，祁阳被列为全省首批美丽乡村建设全域推进县，成为全省首批、全市唯一的农村人居环境整治中央财政预算内投资项目建设县，文明铺镇新塘角村被评为美丽乡村省级示范村。

拆危方面。全年共拆除危房、空心房、旱厕等126.5万平方米，全县有400个村（社区）拆危进度达到90%以上。百村振兴113个村（社区）共拆危50万平方米，占全县拆危总数的40%。

两改方面。全年完成改厕52152座，其中玻璃钢改厕4.5万座、现浇或砖混改厕0.72万座；新建卫生公厕82座539个蹲位，其中村级平台及村五保之家新建或改建卫生公厕11座19个蹲位，均超额完成全年任务。兴建集中供水工程34处，其中工程建设27处，完善消毒设备7处，总投资1684.45万元，12.1662万农村居民饮水安全得到巩固提升。城乡供水一体化PPP项目一期工程大村甸水厂经过1年半时间的建设，于10月24日通水试运行，彻底解决了衡邵干旱走廊核心区域的大村甸镇、文明铺镇、黎家坪镇、长虹街道、十里坪畜牧场、龚家坪镇、文富市镇共计29万常住人口的饮水问题。

三种方面。全年建成小游园160个。完成各类造林2.92万亩，其中油茶新造1.51万亩，裸露山地造林0.3万亩，湘江生态廊道造林0.36万亩，面上造林0.75万亩。建设秀美村庄绿化示范村88个，种植各类大苗10万余株，新增绿化面积25万平方米。

四清洁方面。推进城乡环卫一体化，累计建成垃圾中转站12座、圾收集平台4500个，在建垃圾中转站3座，购置垃圾收集转运车辆50台、保洁员人力收集车200台、农户分类垃圾桶2.5万个。多种形式开展了村庄清洁行动，“村村户户大清洁，干干净净迎新春”“万名党员齐上阵、村庄清洁我先行”“军人退伍不褪色、齐心参与村整洁”“小手牵大手、洁美创一流”“扮靓家园、献礼国庆”等村庄清洁集中整治行动富有成效，经验在省市媒体宣传推介。全县共有260个村（社区）推行了“垃圾不落地”模式，181个村实行了农户环境卫生缴费制度，70%以上的生活垃圾转运到海螺水泥窑协同生产线处理。加快畜禽粪污处理，引进永州绿而康、湖南科森公司，建成了年产8万吨的有机肥厂，畜禽粪污处理能力大幅提长。加大水库投肥养鱼治理力度，3座中型水库、29座小Ⅰ型、40座重点小Ⅱ型水库终止了承包合同，其它水库基本完善了以禁止投肥养鱼为主要内容的承包合同。破解污水处理难题，在25个环境综合整治村、50个农村生活污水治理村的建设了污水处理设施，三格式化粪池污水处理率达到85%以上。大力提升村容村貌，完成430个村庄规划编制，新建村民集中建房点25个，安装农村路灯1.85万盏，在祁冷快线、G322国道、G356国道及县内主要公路沿线全力推进农房风貌改造，共改造农房5000余栋，改造坡屋顶近60万平方米。

（伍平友、唐　波、彭卫华）

脱贫攻坚

【概况】 2019年，祁阳县辖22个镇（街道），全县有建档立卡贫困人口82831人、省定贫困村75个，其中深度贫困村3个，是全省脱贫攻坚任务较重的面上县。在省委省政府、市委市政府和县委县政府的坚强领导和省、市扶贫办的精心指导下，坚持精准扶贫、精准脱贫基本方略，创新思路，背水一战，精准作战，尽锐出战，脱贫攻坚工作取得较好成效，如期完成年度目标任务，走出一条面上县脱贫攻坚新路子。2019年年底，全县75个贫困村全部完成摘帽退出，25039户、80696名贫困人口实现稳定脱贫，贫困发生率降至0.19%，2016—2019年连续四年荣获永州市脱贫攻坚先进，2018—2019年连续两年在全省脱贫攻坚年终考核中被评为“好”等次。

【脱贫成效】 2019年，实现3个深度贫困村出列、3523户9497名贫困人口稳定脱贫，占年度任务9419人的100.83%。全县累计75个贫困村全部顺利实现摘帽退出，25109户81047名贫困人口稳定脱贫，贫困发生率下降至0.19%。“十三五”期间祁阳县易地扶贫搬迁任务数5512人，实际完成搬迁1598户5512人，建设易地扶贫搬迁集中安置点25个，安置搬迁对象831户、2789人；建设分散小集中安置点4个，安置搬迁对象59户195人。采取分散安置的搬迁对象710户、2528人。2016年以来，全县累计发放扶贫小额贷款9096户，贷款金额32166.53万元。2019年，实际投放1443笔、6518.44万元，占省年度指导性计划5850万元的111.43%。严控小额信贷风险，已按期回收扶贫小额信贷7237笔、24155.5万元，到期安全回收率达100%，未发生一例贷款逾期。切实落实“两线合一”，做到了“应保尽保”。

【精准帮扶】 聚焦“两不愁三保障”核心指标，把握小额信贷风险防范和涉贫信访等重点工作，用心用情用力，精准施策，做到真扶贫、扶真贫、真脱贫。一是突出推进高质量脱贫。坚持把提高脱贫质量放在首位，取焦贫困人口脱贫“两不愁三保障”、贫困村出列“一个确保两个完善”核心指标，精准施策，尽锐出战，已建成党群服务中心445个，完成566个村卫生室、村辅警室标准配备，实现75个贫困村光伏发电全覆盖，光纤进村全覆盖。培育专业合作社和家庭农场1905家，其中，75个贫困村占123家，实现“一村一社”“一村多社”。新增转移贫困劳动力就业1013人，贫困家庭“两后生培训”150人，四个渠道安置贫困劳动力就业5695人。义务教育阶段建档立卡困难家庭学生“零”失学辍学，教育扶贫资助1718.8万元，惠及贫困学生24409人次，实现教育扶贫资助全覆盖。贫困人口基本医疗保险参保率实现100%，参保个人缴费部分资助930.061万元，资助覆盖率100%，共救治33399人，县域内救治32594人，县域内就诊率97.59%，县域内住院实际报销比例达到89.15%。贫困人口29种大病共救治1798人次，其中在定点医院救治1687人次，大病专项定点医院救治率93.83%；4种慢病贫困患者9233人，签约服务率100%。对“四类重点对象”房屋进行危险性鉴定47545户，张贴安全等级明白卡47545户；住房安全保障全覆盖。完成“四类重点对象”存量危房危改1383户，全部验收合格，2604.9万元危改资金及时足额拨付到位，实现住房安全保障全覆盖。完成电网改造升级102个村，实现所有贫困户生活用电有保障。完成农村公路建设窄路加宽里程82.499千米、脱贫攻坚自然村通达里程322.612千米、安防工程294.836千米，全县建制村通客班车率达到100%。农村饮水安全巩固提升工程总投资6826.2万元，解决12.65万人居民饮水，解决全县所有贫困村的饮水安全问题，实现了全县建档立卡贫困人口82831人饮水安全有保障。新建成的大村甸水厂，惠及5个镇一街道一场的19个贫困村29万常住人口23171名贫困人口。大力推进美丽乡村“一拆二改三种四清洁”行动，75个贫困村拆除危房、空心房、旱厕450

万平方米，改厕4.86万户，确保贫困户用上卫生厕所。突出抓好小额信贷风险防范。一手抓规范管理，促进风险化解。全面厘清贷款底数，准确掌握当月到期贷款、还款和逾期贷款情况，以及下月到期贷款、可能出现逾期的情况，制定针对性措施，坚持一天一调度，督促其按时还款，减少到期贷款逾期率。一手抓精准投放，促进产业融合。以县或镇（街道）为单位，确定主责银行，实行名单制管理，做到能贷尽贷。同时引导贫困户自主贷款发展产业，或在能人带动下共建共营，使贫困户融入产业发展并长期受益。

【专项治理】 突出问题导向，扎实开展扶贫领域腐败和作风问题专项治理，全力确保脱贫工作务实，脱贫过程扎实，脱贫结果真实。全县扶贫领域发现问题线索1071条，立案50起，党纪政纪处分32人，组织处理273人，移送司法机关3人，上缴财政资金35.522万元，退还群众资金13.7521万元，形成了有力震慑。

【工作创新】 立起“四扶四建”新标杆。持续推进以扶志气建讲堂、扶技能建中心、扶产业建基地、扶队伍建堡垒为主要内容的“四扶四建”扶贫新模式，激发贫困群众的内生动力。新建乡村扶贫车间46个，促成61家企业与贫困村结对帮扶。创新“六个全覆盖、六个必到户”新举措。县委主要领导扎实开展“回头看、回头查、回头帮”活动，走遍22个镇（街道）75个贫困村，聚焦实现“两不愁三保障”“一确保两完善”核心指标，结合贫贫困村提升工程，强力推进“六个全覆盖、六个必到户”，为每个贫困村增加10万元专项资金（深度贫困村增加100万元），实现党群服务中心、光伏发电、村级医务室、村辅警室、通讯网络电商服务平台、扶贫产业项目全面覆盖到村和产业就业连接到户、教育医疗服务到户、住房安全保障到户、电网升级改造到户、公路建设通达到户、改水改厕实施到户，得到了省委、省政府的高度肯定，其中“六个全覆盖”工作经验被汲纳提升为省委十一届九次全会工作报告，为全省脱贫攻坚提供了“祁阳智慧”。三是探索“分类帮扶”新方式。制订出台《贫困户分类施策精准帮扶工作方案》，按照“实事求是、动态管理、分类评定、因户施策”的原则，对贫困户按A类脱贫致富型、B类稳定脱贫型、C类巩固脱贫型、D类计划脱贫型等四类分类施策、精准帮扶，实行结对帮扶跟踪服务。A类和B类作为稳定脱贫户，切实做好相关政策落实；C类，实行低保、保险补充；D类，明确帮扶责任人，签订帮扶责任状，对收入难以达标的，实行整户兜底保障。建立“消费扶贫”新机制。创新实施以“好货出巷、好景出山、好汉出乡”为主要内容的“三好三出”消费扶贫新模式，大力开展扶贫农产品“四进”行动，即进机关、进学校、进医院、进企业。各单位在党日活动、工会活动、食堂采购中，采取“以购代捐”“以买代帮”等方式采购贫困村产品。中秋、国庆期间，全县联村后盾单位组织干部职工到75个贫困村、10个非贫困村现场采购农产品价值达2600余万元。龙溪村、龙凼村、三家村、挂榜山村等贫困村成为乡村旅游新热点，带动周边贫困户户平年增收1000元以上。

林　　业

【概况】 祁阳地处湖南省南部，永州市北部，阳明山北麓，是陶铸的家乡，是全国绿化模范县、中国油茶之乡、国家油茶产业发展示范基地、国家级林业科技示范县、全国森林康养基地试点建设县、中央财政森林抚育补贴、造林直补和生态公益林补偿试点县，湖南省重点林区县。全县森林覆盖率60.51%，活立木蓄积681万立方米，湿地面积12.35万亩。

2019年，祁阳获得全国森

林康养基地试点建设县称号；龙溪、龙凼、邓家岭获全国森林乡村称号；东方红立体农业有限公司获评全国林下经济示范基地称号；由县林业局推荐，省林业局选送，署名“绿水青山”的“祁阳石”原石成功落户北京世园会同行广场，占据C位。省级森林城市总规顺利通过评审。东方红立体发展有限公司获评国家级林下经济示范基地；顾君、新金浩两公司获全省首批“湖南茶油”商标授权茶油产品企业，唐家山、顾君通过中国放心粮油示范企业认证。

【造林绿化】　完成各美造林2.92万亩，其中油茶新造1.51万亩，裸露山地造林0.3万亩，面上造林1.11万亩。建设村庄绿化示范村88个。3800亩浯溪国家湿地公园造林绿化工程、5000余亩碧湘苑生态观光园绿化工程、525亩退耕还林还湿试点第二期工程、乡村振兴示范带建设工程等重点项目建设风生水起。

实施中央财政森林抚育补贴项目总面积37000亩，按权属分，集体林35800亩，国有林场1200亩。完成生态廊道造林3000亩，衡枣高速公路、湘桂复线、G322国道、G356、黎石路沿线全面绿化，无宜林荒山荒地。通道沿线新造幼林抚育5100亩。新建连片500亩以上基地6个；巩固提质万亩油茶基地4个、千亩珍贵树种培育基地1个。

【公益林保护建设】　截至2019年年底，全县有各级生态公益林地710896.5亩。按事权等级分：国家级公益林584744亩，省级公益林81142亩，县级公益林45010.5亩。国家级公益林按权属分：国有17959亩，集体（个人）566785亩。省级公益林全部为集体（个人）所有。2019年央中、省级财政共拨付祁阳县森林生态效益补偿补助资金总额1179.61万元，其中中央财政910.2万元，省级财政269.41万元。涉及镇（街道）22个，行政村369个，国有林业单位2个，林农105785户，落实公益林护林员407名，签订管护合同407份，管护面积到位率100%，资金发放到位率100%。

【退耕还林】　截至2019年底，全县累计实施遇耕还林201544亩，其中坡耕地造林76520亩，配套荒山造林109024亩，封山育林16000亩，工程覆盖全县24个镇、（街道、场）454个村、53939户，2019年国家下达完善退耕还林资金113.22万元，涉及全县22个镇办、5793户，县林业局组织技术人员检查验收后，对合格小班造具发放表，经县财政审核后打卡发放。

【湿地保护】　2019年，实施退耕还林还湿试点面积1575亩，其中提质1073亩，浯溪国家湿地公园纳入全县重点工程项目稳步推进建设，全县增加湿地面积6000余亩。

【资源管护】　开展鸟类保护执法行动3次，收缴违法猎捕工具21件，放生鸟410只；发放野生动物驯养繁殖许可证77本，发放野生动物及其产品经许可证5本。开展珍稀树种挂牌保护等专项执法行动，制作珍稀树木标识牌（带二维码）1499块。

推行“采伐指标进村入户”阳光工程，年度下达主伐指标17000立方米，采伐蓄积14000立方米，办理林木采伐许可证255份，查处无证加工案件1起，加工无证木材案件15起，办理县内木材运输证3份，省内和出省木村运输证共82份，审核审批建设项目使用林地15起，面积125.6732公顷；农民建房使用林地10起，面积0.144公顷。

【油茶产业】　2019年，完成油茶新造15100亩，低改3.1万亩，油茶林总面积60.38万亩，茶油总产量8112.9吨，产值达13亿元。年内突出建设广垦集团15万亩高产油茶示范基地、唐家山油茶主题文化公园、金浩公司油茶产业园，八宝油茶特色产业园、羊角塘油茶特色产业园和祁羊公路沿线油茶低改产业带；育苗80万株；开始提高油茶基地建设补助标准，工程项目区内油茶新造每亩补助500元（含种苗），低改每亩补助500元。广东农垦集团年内流转林地12300亩，开垦荒山和残次林10200亩，高标准建设高产油茶示范基地8200亩。

【森林“两防”】 成立祁阳县森林防火指挥部，由分管农业的副县长任指挥长，下设防火办。县森林消防大队设3个中队，共有25名队员。24个镇（街道办、林场）设半专业防扑火队伍24支。2019年，县政府发布《关于森林防火禁火的通告》，印发《关于加强森林防火工作的紧急通知》和《森林防火、人人有责》公开信10万份，签订责任状，重点林区村制订《森林防火乡规民约》，开展村内“五清”活动（清地边、清林边、清坟边、清矿边、清隔离带内的可燃物）。全县投入森林防火经费120万元，修建望台（哨）10台，购置了高压水泵4台，喷水灭火机6台，油锯6台，购置2号扑火工具300套，配备砍刀600把，无线对讲机12部，全年未发生较大森林火灾。

2019年，全县白蚁危害古树名木21株，采用防治白蚁专用药液防治21株，苗木检疫圃地面积2156亩，产地检疫1987亩。

水　　利

【概况】 2019年，全县完成水利建设投入4.53亿元，其中中央资金投入0.59亿元，地方资金投入3.91亿元。全市农村饮水工作推进现场会、全国水库移民脱贫攻坚工作座谈会先后在祁阳召开；祁阳县推进城乡供水一体化和水库移民脱贫攻坚先进经验分别全国宣传推广；湘江祁阳县城东段被省河长办评为全省“水美家乡——美丽河湖”。县水利局荣获全省水利建设县市区考核第三名，全市农村安全饮水工作考核第一名，全县年终绩校考核特别贡献奖、“五百工程”优秀奖，脱贫攻坚、立项争资、应急管理、创建国家卫生城市工作先进单位，大村甸水厂荣获重点项目一等奖、城乡供水一体化二期工程荣获前期项目三等奖等。

【水旱灾害防御】 成功抵御了“7·14”洪灾，抗洪救灾取得决定性胜利，实现“未垮一库一坝、无一人因灾死亡”的目标，最大限度保障人民群众生命财产安全。灾后重建再续“祁阳速度”，第一时间抢通水、电、路、信等基础设施，以最快速度恢复了人民群众正常的生产生活秩序。7月下旬，湖南省2019年因灾倒损农村居民住房恢复重建工作会议在祁阳县召开。

【项目建设】 通过引用山泉水、打井等集中供水方式，兴建集中供水工程34处，其中工程建设27处，巩固提升12.1662万人饮水安全问题。2019年10月24日，城乡供水一体化一期工程大村甸水厂通水，彻底解决了祁阳县地处衡邵干旱走廊核心区域的大村甸等五镇一办一场近29万人民群众世世代代饮水难题。二期工程已完成工程咨询服务招投标、设计、立项批复等前期工作。

完成中间塘、干塘冲等6座小型水库除险加固工程扫尾及验收。完成贺家塘、梅木等6座小型水库除险加固主体工程，完成投资509万元。完成内下、大江、龙江桥3座中型水库除险加固工程竣工验收。完成218座小型水库年度维修养护。

实施湘江治理项目区7个，中小河流治理项目区5个，堤身见草，堤顶见绿。祁阳县湘江城东段样板河创建获“湖南省美丽河湖”称号。

完成2019年度中央财政农田水利建设和水价改革项目扫尾工作。主动服务贵澳现代高效智慧农文旅一体化产业（油茶）示范园建设，高标准完成双牌灌区祁阳十五、十六支渠9.5千米渠带路工程，渠道采用一次性斗开挖成型，先进的滑模板一次性现浇成型，施工采用定型渠道分水口进行流量计量和信息化建设，渠道运行工况实现远程监控，集水利、交通、生产、休闲、旅游、观光为一体，成为现代农业园区一条生态渠、景观渠。

【水资源和水土保持】 落实"节水优先"，依法开展建设项目水资源论证，发放千吨万人以上农村饮水工程取水许可证7处、千吨万人以下取水许可证227处。核查登记取水工程572处。中央、省环保督察反馈问题和中央生态环保督察"回头看"交办问题全部整改销号。加强水土保持监督，以砖厂、采石场、土地工发、房地产项目为重点，受理审批水土保持方案29个；开展长江经济带水土保持监督执法检查100余次、下达各类通知书120余份，检查项目80个；如期完成水土保持遥感监管图斑现场复核工作以及图斑对应项目的查处工作；加强对水土保持设施自主验收情况备案。

【河长制】 474个村率先推行河长制"村规民约"。建立官民"双河长制"，官民一体长治水。启动"一河一策"，打造特色"样板河"。河长巡河成常态，全年县级河长巡河130多人次，镇级河长巡河3500人次，村级河长巡河1.5万人次。建立"一河一警"制，遴选103名公安民警担任河道警长。

【移民开发】 全县完成移民避险解困搬迁安置350户、1218人，完成贫困移民易地搬迁安置113户、370人。实现了全县15个贫困移民村1623人贫困移民全部出列。2019年投入移民产业开发资金632万元，完成产业种植开发面积3000亩。

【水政执法】 先后组织4次大型专项执法行动，出动执法人员450余人次，查处各类非法采砂作业行为11起，封停采砂船2艘，强制拆除、切割挖机6台，没收采砂船4艘，挖机4台，停止非法上砂码头27个，复绿砂场14个。

内下电站管理

【概况】 7月，祁阳经历了两次特大洪水，7月5日至7月9日降雨量为307毫米，最大入库流量达605立方每秒，7月11日至7月14日降雨量为178.1毫米，最大入库量达761立方每秒，县内下电站管理局建立科学调度的长效机制，根据库区降雨量、入库流量和大坝水位及时调整了泄洪计划，防止了大坝水位过高，导致紧急泄洪，危及下游老百姓生命财产安全，也未对发电站造成影响，平稳度过紧急关头，保证了电站设备最优工况。

【项目建设】 完成二、三级电站增效扩容项目工程。2012年，由中华人民共和国财政部和水利部联合发文，对农村小水电运行20年以上且设备老化，效率低的电站，实行改造，经内下电站管理局的努力争取，水利部批准，该局的二级水电站和三级水电站列为改造对象，国家及省配套资金3937.5万元。增效扩容改造工作于2014年10月10日开始至2015年11月底结束，2016年1月23日顺利通过验收，2016年10月28日顺利通过农村水电安全生产达标建设的验收，2018年3月全面完工，2019年11月完工验收。改造后，水能损失减少，出力效率大大提高，自动化程度得到提高，保护动作更灵敏，更安全，改造成后总共扩容3000千瓦，设计年增发电量1000万千瓦时，电费收入增加360万。

棚改工程全面完成。挂网招标了一级电站棚户区改造工程，此工程争取国家资金380万元，于2018年9月17日开工，2019年全部完工，局机关大楼于9月19日正式投入使用。

气象工作

【概况】 祁阳县气象局成立于1957年10月1日，属于国家一般气象站。主要工作职能有天气预报、气候预测、气象灾害防御、人工影响天气、干旱监测与预报、雷电防护、农业气象等项目。现有在编职工13人，其中高级工程师2名，工程师6名、助理工程师5名。2017年2月13日，祁阳县编办下发文件成立祁阳县气象防灾减灾预警中心，为归口我局管理的股级公益一类事业单位，加挂“祁阳县气象防灾减灾指挥部办公室、祁阳县人工影响天气办公室、祁阳县突发事件预警信息发布中心”三块牌子。2019年县气象局因综合管理工作优异，在全县的年终目标管理中被评为良好等级。

【综合气象观测】 祁阳县气象局全体业务人员严格按规章制度要求自已，严格按照观测程序进行观测。全年综合观测质量优秀，年错情率为零，年内未发生观测业务事故，无缺测、缺报、涂改伪造等行为发生。

2019年观测项目有气压、气温、相对湿度、能见度、天气现象、降水、蒸发、日照、地面温度、浅层地温、深层地温、草面（雪面）温度、风向、风速、积雪、电线积冰。承担大风、冰雹、龙卷、雷暴、雾、霾、积雪、雨凇等重要天气报的观测和发送。

国家级气象自动站全年上传小时数据8760份，累计观测要素总数402960个，分钟数据365份，日数据365份，编发重要天气报56份，数据上传及时率100%、数据可用率99.99%、设备稳定运行率100%。

全县共有48个区域自动气象站，1个土壤水分自动观测站，3个农田小气候观测站，6个交通气象站，4个负氧离子站。全年累计自动观测、上传数据516840份，上传到报及时，数据可用率高。

因观测工作成绩突出，县气象局局被市局评为“2019年度晴雨预报质量先进集体”，陈欢被评为“地面测报质量先进个人”。

【气象服务】 2019年气象局主要开展了决策气象服务、公众气象服务、直通气象服务、专业气象服务、应急气象保障服务和气象预报、预警信息的发布。重点开展了“三农”专项气象服务，建立健全县镇村三级防灾减灾体系，全县22个乡镇、街道成立由分管领导担任组长的气象防灾减灾领导机构。同时，县气象局建立和完善部门共同参与的气象为农服务工作机制。县气象局与水利、国土、林业、农业、水文等涉农涉灾部门联合印发文件，建立联合调查、联合会商，联合制作、联合发布等协同服务机制。。

全年启动应急响应7次，通过微信、短信、网站等新媒体发布暴雨、雷电、冰雹、大雾等气象预警50余次，气象预警信息96200余条；全年共制作发布周报、旬月报，春播预报、汛期（4—9月）预报，重要节假期预报、重大活动专题预报、重要天气专题预报等服务材料138期、17000余份。全县免费短信预警用户包括县委、政府等相关领导、县防汛抗旱指挥部人员、全县各单位应急联系人和全县各村、水库防汛应急责任人、交警、交通海事等1600余人；气象服务单主要有县委、政府、农、林、水、各乡镇场、农民专业合作社等74个。

为加强对国道的气象监测和灾害预警，提供准确的天气预报，县气象局联合交通局开展交通气象站建设工作，年底前全部完成6个站的建设任务，2019年下半年，祁阳县部分乡镇出现了旱情，县气象局抓住有利时机开展了火箭人工增雨作业，为缓解当地旱情发挥了一定的作用。县气象局还重点抓好汛期气象决策气象服务和应急保障服务工作，向县领导及有关单位及时提供气象决策服务材料，局领导还经常打电话向县委书记、县长及副县长汇报雨情及天气形势，得到了他们的肯定。另外，还做好两会、重大晚会等社会活动的气象保障任务，得到了有关单位领导的好评。因工作突出，罗飞云同志被湖南省气象局评为“专业气象服务（科技服务）优秀个人称号”，何友军被永州市气象局评为“气象科技服务能手”称号。

【防雷安全监管】 为了加强祁阳县烟花鞭炮企业的防雷安全管理，县气象局按照防雷安全监管的有关要求，联合县应急管理局下发《关于加强烟花爆竹企业防雷工作的通知》，要求各企业切实落实主体责任，严格执行《防雷减灾管理办法》《防雷装置设计审核和竣工验收规定》《烟花爆竹工程设计安全规范》等规章、标准规定，完善防雷防静电安全管理制度，同时对防雷防静电装置、设施建立管理台账，落实定期检测、检查和维护制度。组织对加油气油、炸药库等危爆场所和企业进行了防雷安全检查，对检查中发现的问题及时提出整改意见，限期整改。

（邹志红、罗潇、周娟、唐雪花、陈欢）

水文测报

【概况】 2019年，县水文局有正式职工10人，其中工程师3名，助理工程师1名，高级工5名，中级工1名。下设祁阳水位站、下马渡水文站、金洞水文站及一个水质监测中心。三站的测验项目有水位、流量、降水、水质分析等，共管辖马井、日升堂、窑头铺、黎家坪、白沙源、白水、白果市7个基本雨量站及水文中小流域监测系统新建的白水、坪阳町等10个水位、雨量站，管理维护全县山洪非工程措施的24个水位雨量一体站。祁阳水位站为湘江干流站，国家重点站，集水面积25182平方千米，主要监测湘江祁阳段的水位流量变化情况。下马渡水文站于2000年由黎家坪水文站下迁至下马渡镇大湖塘村，为湘江一级支流祁水控制站，省级重点站，流域集水面积1627平方千米，主要监测祁水流域的水位流量变化情况。金洞水文站位于金洞镇神怡山庄，为湘江一级支流白水控制站，省级重点站，流域集水面积795平方千米，主要监测白水流域的水位流量变化情况。

【设施设备建设】 县水文局紧紧围绕全县防汛和抗旱的大局，做好水情分析预报和墒情预测预报工作。为保障湘江流域自动测报系统正常运行，在洪水期间能准确及时提供雨水情信息，对出现问题的站点进行维护21站次，对祁阳县山洪预警系统维护36站次。根据据省防汛抗旱指挥部《关于印发湖南省山洪灾害监测预警系统维护管理办法的通知》精神，全县山洪灾害监测预警系统共有24个监测站点纳入县水文系统管理。按县防办的安排，组织技术力量对该系统逐镇逐站进行查验、维护，对发现的问题及时向县防指汇报，要求承建单位整改。协助完成市水文局2019年度水资源简报及水资源公报数据收集、整理、编制等准备工作。完成湘江、祁水、白水流域全年的水质监测工作12份/站，完成全县农村安全饮水的水源地水质监测26份。

【防汛测报】 全年湘江流域祁阳段未发生一次超警戒洪峰水位。全年主要洪水过程出现于7月，径流主要受上游强降雨影响形成。全年最高水位为87.28米，最低水位为75.28米，年变幅12.00米。县水文局积极与市水文局会商，及时发布雨水情预报，共发布实时洪水预报10次，洪水分析简报12份，发送雨水情信息短信200余条。参加县防指防汛会商会9次，为江河水库科学调度、防汛减灾工作提供了可靠的决策依据。

（钟铭、冯永华）

工业·科技

工　　业

【概况】 2019年，全县工业经济持续保持稳步上行的发展态势。全县规模工业总产值实现303.2亿元，同比增长12.36%；规模工业增加值实现83.24亿元，同比增长8.8%；工业实缴税金5.9亿元，同比增长14.61%，其中，规模工业实缴税金5.31亿元，同比增长9.3%。工业用电7.93亿度，同比增长8.08%；新增规模企业23户，居全市第一、全省前列。新增小微工业企业221户。轻纺制鞋、电子信息等7个新兴优势产业累计实现产值290.43亿元，占规模工业产值比重达95.7%，同比增长12.2%；实缴税金5.11亿元，占规模工业税金比重达96.2%。产值过亿元规模企业达99家，过5亿元企业达11家，过10亿元企业3家。实缴税金1000万元以上的7户，500万元以上的15户，100万元以上35户，均好于上年同期。凯盛鞋业、海螺水泥、东骏纺织年产值均过10亿元。全年全市上交税金过亿元的3家工业企业中，祁阳县占2家（海螺水泥、凯盛鞋业）。2019年，实现工业固定资产投资114.68亿，同比增长39.9%，其中技改投资完成60.54亿，同比增长29.5%。

【服务企业】 尽力争资金。1—12月，组织企业申报各类项目36项，为企业争回各种竞争性项目资金2570.39万元，占年度任务135%。竭力解难题。深入开展“工业企业服务年”活动。1—12月，110家企业反映融资、用工等问题174个，已解决和正在处理中168个，问题办理率达96.55%，有力破解了一大批影响企业发展的困难和问题，坚定了企业发展信心。全力抓保障。截止11月底，祁阳县已将纳入省欠账范围的国有企业等单位拖欠民营企业中小企业账款9448.82万元，全部偿还到位。担保平台对企业服务作用持续增强。1—12月，县担保公司为79家小微企业发放免抵押、免担保贷款2.92亿元，在保余额3.54亿元，缓解部分企业资金困难。

【生态环境整治】 依据《祁阳县非法上砂码头现场拆除行动方案》文件要求，依据职责对全县22家河道采砂场实施停产断电，并组织人员配合县政府统一执法，对全部沙场实施依法拆除。根据《关于印发〈湖南省省级环境保护督查交办问题整改销号指导意见〉的通知》、中国共产党永州市委员会《关于污染防治攻坚战工作为落实到位问题的交办函》文件要求，开展淘汰冶炼厂落后产能专项整治工作，严格按照上级部门要求，对反馈的16家高炉全部拆除到位，并对名单之外的6家冶炼企业9台小高炉淘汰拆除，实行了“两断、三清”。配合环保部门对全县8家企业进行了限停电措施，严控全县工业污染。出台《祁阳县“散乱污”企业集中整治工作方案》，对全县“散乱污”企业开展整治行动，淘汰拆除44家“散乱污”企业。

【工业荣誉】 祁阳县获2019年度全省工业经济运行监测协

调工作先进单位、2020年度湖南省引导支持市县创新驱动发展财政奖补县和2018年度永州市推新工作先进单位；祁阳经济开发区获批省级高新技术产业开发区；祁阳县科技和工业信息化局获2019年“创客中国”湖南省中小微企业创新创业大赛优秀组织单位和2019年湖南省中小企业“上云上平台”工作先进单位；祁阳县中小企业服务中心被认定为湖南省中小微企业核心服务机构。

（蒋志强、艾茂林、伍双莲、桂泽方、毛桂方、高扬、邓竣、杨芬丽）

科 技

【科技创新】 2019年，祁阳全社会科技投入8.87亿元，占GDP比重达2.67%，其中财政科技投入4707万元。新增国家高新技术企业10家，新增科技型中小企业14家。浯创科技企业孵化器、三吾同创众创空间分别被认定为省级科技企业孵化器、省级众创空间，均实现零的突破。祁阳铝材精深加工与智能化工程技术研究中心被认定为省级工程技术研究中心。全县拥有省级企业技术中心、省级工程技术研究中心共5家。新认定市级星创天地2家。现代农业产业园获批国家农业创新创业园区，经开区成功转型省级高新区。科技投入产出成效明显，成为全市唯一获得2020年度湖南省引导支持市县创新驱动发展财政奖补支持的县区。

【科技成果】 2019年，新金浩茶油、金箭新材料等一批企业与江苏大学，苏州中材等高校院所开展产学研合作。东骏纺织与中南大学共建“校企合作人才培养基地”，大联纺织与湖南工程学院共建“产学研合作基地”。组织湖南旺华保健科技有限公司、湖南品颜智能科技有限公司等企业参加了湖南省创新创业大赛，其中湖南旺华保健科技有限公司入围第八届中国创新创业大赛成长组行业总决赛，获得优秀奖。全年完成技术合同交易额3030万元。湖南斯依康生物科技有限公司的“青蒿素、芦丁、博落回提取及天然产物衍生物双氢青蒿素、槲皮素等黄酮化合物半合成项目”被评为永州市重大科技创新优秀项目，湖南江涵电子科技有限公司“日产60K各种连接器、USB数据连接等线材研发生产项目”被评为县重大科技创新优秀项目。湖南省自然韵黑茶科技有限公司的“红壤富硒有机茶高效生态栽培新技术研究与示范”项目申报2019年湖南省中央引导地方科技发展专项项目并获得了中央引导资金40万元。

【科普培训】 深入开展“科技活动周”、“科技特派员下乡”等活动，“加快培育“两茶一柑一菜”和特色农业产业，积极推进“省市科技人才支持计划”行动，对口引进外国专家人才2名、组建20名由省内外专家组成的科技专家服务团，申请省级科技特派员3名，市级科技特派员3名，选聘县级科技特派员33名，深入各镇（街道办）开展“科技、科普集市”宣传活动。免费发放科普资料53种5万余册，接待群众咨询达2700人次，直接受惠群众达4600人次。

（韩湘、肖怡花）

企业改制服务

【服务企业职工】 深入开展办好事实事活动，帮助改制企业职工再就业20人，协调南天建筑安装公司解决困难企业补助资金10万元。走访慰问困难职工150人次，走访慰问复退军人65人，看望慰问退休老同志20人，慰问资金50000元。协助改制企业职工解决养老保险退休和政策咨询办理工作300余人次，满意率达100%。

【思想疏导】 全办坚持主要领导负总责、分管领导负专责、对口人员具体负责办，积极主动化解矛盾。全年共接访650多人次，初信初访办结率98%以上，答复率100%。不定期到各镇及原企业职工代表家里下访、了解、交流信访情况40余次，收集信息100余条，解决重人信访事项11起。按照湘发〔2011〕12号文件关于解决未参保城镇集体企业退休人员基体养老保险问题的精神，全力服务职工养老保险接执工作。对原系统企业尚未办理养老保险的职工进行了详细的调查、摸底、调研，为二轻系统原企业职工办理养老保险200人。

祁阳经济开发区

【概况】 2019年，祁阳县经济开发区抢抓湘南湘西承接产业转移示范区建设机遇，全面对接融入粤港澳大湾区，创新园区发展模式，大力实施“百企入园”工程和“园区升级战役”，园区发展欣欣向荣、强劲向好。

【园区经济】 主要指标含金量提升。2019年，祁阳经开区新增规模以上工业企业17家，达到134家；实现规模工业总产值294.6亿元、规模工业增加值79.5亿元，同比分别增长10.7%、9%；实缴工业税金5.488亿元，同比增长17.4%，产业聚集度达到96.4%。其中：凯盛鞋业年产值15亿元、税金1亿元；海螺水泥年产值11亿元，税金2.1亿元；东骏纺织年产值12.5亿元，税金0.35亿元，科力尔电机年产值9亿元、税金0.45亿元。全区国家高新技术企业达到19家，高新技术产业主营业务收入225.57亿元，占工业主营业务收入比重的76.56%。产业发展含绿量提升。坚持“生态优先、绿色发展”理念，严格执行入园企业准入制度，凡属污染环境、浪费资源或不符合国家产业政策的项目不引不上，让保护与发展并重、做大总量与提升质量并行、产业竞争力与环境竞争力同步提升、经济建设与生态建设同步推进，正组织申报省级绿色园区。转型升级含新量提升。坚持把创新作为发展的第一驱动力，鼓励园区企业开展产学研结合，创新发展能力逐步增强。全区国家高新技术企业达24家，高新技术产业主营业务收入230亿元，占工业主营业务收入比重的75%。祁阳经开区转型为省级高新技术产业开发区已呈文省政府待批。祁阳浯创科技企业孵化器、三吾同创众创空间，被评审认定为省级科技企业孵化器、省级众创空间。

【项目建设】 以深入实施“产业项目建设年”活动为契机，在招商、技改、入规、升高、上市等重点领域关键环节持续发力，加快项目建设落地。以创新当“抓手”，加快项目引进。一方面，借力金荣集团20多年的招商运营经验，以及其业界品牌、项目资源、人脉渠道、战略联盟等优势，开展委托招商、代理招商。另一方面，与省商务厅委托金荣集团运营管理的“湖南粤港澳产业转移综合服务中心”招商平台建立战略合作关系，驻点招商，借力招商。通过借梯登山、借力发展，8月15日成功举办祁阳融入粤港澳大湾区承接产业转移大会暨百企入园签约仪式，副省长何报翔宣布祁阳科创产业园开园，集中签约项目70个、总投资额120亿元。另科技企业孵化器入驻企业60余家。拿链条当“引擎”，加快项目聚集。以东骏纺织为依托，引进大联纺织、永宏纺织、骏邦纺织，以品颜科技依托，引进诚悦塑胶、安昌科技、佳利通科技，以科力电机为依托，引进碧锦塑胶、合力塑胶、永鑫纸箱，以大晶新材料、巅峰新材料为依托，吸引其上下游企业，拟建设锂电池产业园，已达成初步意向。目前，轻纺制鞋、电子信息形成相对稳定产业链，“链条”聚集效应初步彰显。视效率当“生命”，加快项目进度。实行“挂图作战”、公示上墙，倒逼责任落实，确保项目早落地、早开工、早投产、早见效。凯盛鞋业二期、巅峰新能源、聚达电子、德明农牧、梦联佳电子、品颜科技、民生药业建成投产；晶鑫新材料、浯溪粉业、三鹏食品、朗盛科技即将投产；东骏三期、大联纺织、永宏纺织、骏邦纺织、特种电机、富康钢结构、明睿陶瓷、林辉鞋材等项目加紧建设；自然韵黑茶、富福服装扩建工程进展顺利。入驻祁阳科创产业园36个项目，已投产企业10家，有16家企业正在装修。全区全年共新增开工项目37个，新增投产项目16个，新增入统企业12个，完成固定资产投资85亿元以上。

【园区基础设施建设】 积极化解金融风险，有序缓解资金压力，有效保障建设资金，全年完成基础设施投资11亿元。加快园企共建，与省内知名园区运营商金荣集团合作共建的科创产业园、科技企业孵化器、智慧园区等项目进展顺利。其中：科创产业园1.1期36栋10万平方米标准厂房已经整体交付使用；科创产业园1.2、1.3期36栋12万平方米标准厂房预计春节前有18栋厂房以及食堂、宿舍主体封底，6栋厂房主体建至一、二层，双创大厦及科创2期启动规划设计。全年新建标准厂房40万平方米。白竹污水处理厂完成主管网铺设3千米，日处理能力达到到1.2万吨，祁阳科技工业园污水处理厂完成整改，指标全部实现达标排放。新埠头自来水厂主管网安装基本完成，预计年底前完成设备调试并供水。灯塔公租房、长流公租房具备交付使用条件，水亦香路、望洲路、白竹路、渡香路、浯溪南路延伸段开工建设，祁阳科技工业园道路改造正在实施。灯塔、元结、滨江区、枫树等安置区加紧建设，五里特色安置小区挂网招标。大力实施“百园靓城”工程和绿化攻坚“百日大会战”行动，启动或完成新埠头自来水厂、科创产业园、电子信息产业园、长流路、湘江桥头以及长流路公租房、灯塔公租房绿化工程，浯溪南路绿化正预算送审。鼓励企业建绿色工厂、创园林单位，共有21家企业实施了厂区绿化。全年完成绿化投入3200万元，新种大苗6000余棵，小苗80万株，铺草皮10万平方米。

【园区服务】 以打造“政策最优、成本最低、服务最好、办事最快”的营商环境为目标，全方位服务企业，让客商放心投资、放手创业、放胆发展。加强企业入驻、建设等手续全程代办，为所有新签约、新开工、新投产按期办结手续证照，基本实现“开办企业3个工作日内完成、不动产登记8个工作日内完成、工业建设项目施工许可50个工作日内完成”的目标。扎实开展“工业企业服务年”“实体经济三走遍”等活动，对每一个入驻企业组成专门项目服务工作组，从立项、审批到开工建设、招工、投产，实行全程跟踪和“一条龙”服务。推进诚信招商，全年共兑现装修、物流、土地出让金奖补等资金3253万元。组建专门班子，专抓征地和土地报批，全年征地1105亩，拆迁315户；通过流动招聘、驻点招聘相结合、支持“机器换人”、帮助企业争取养老保险缴费费率过渡试点等措施，全力服务企业用工，全年新增招工6700人；率先成立供应链金融公司，积极搭建银企合作平台，较好地满足了企业融资需求。

商贸·服务

商　　务

【概况】　2019年，祁阳落实开放崛起等政策措施成效明显，连续第三年获省政府表扬激励。县商务局被省发展开放型经济领导小组评为全省外贸先进单位；被省商务厅评为全省商务工作综合考核先进单位、电商扶贫工作优秀县区。在全市开放型经济考核中获得第一名。

【招商引资】　全年实际利用外资2.2亿美元，内联引资50亿元。各招商主体开展商务洽谈活动277场次、签约项目达106个，总投资达187.2亿元。8月15日，祁阳县高规格举办“祁阳融入粤港澳大湾区承接产业转移大会暨百企入园签约仪式”，共签约项目70个，总投资120亿元。成功举办深圳商会、广东商会等大型招商引资活动，并引进广州市轩瑞食品有限公司、东莞明睿陶瓷科技有限公司、深圳市佛光照明有限公司等3家祁阳籍老乡企业落户祁阳。引进湖南祁阳骏邦纺织品科技有限公司等为代表的轻纺产业链、湖南品颜科技有限公司为代表的电子信息产业链企业落户祁阳。

【对外贸易】　积极承接沿海产业转移和对接东盟，大力发展外向型经济，全县外贸进出口总额达36.8亿元，增长23.7%，总量全市排名第二。2019年，有外贸进出口实绩企业25家，其中8家企业实现“破零”，3家企业实现“倍增”，轻纺制鞋、机电等出口过百万美元的企业及新增电子产品生产企业势头较好。积极开展外贸业务知识培训。组织举办4期外贸政策宣讲及业务培训，25家企业共90余人次参加培训。

【商贸流通】　2019年，县商务局联合统计、税务部门多次深入开展专项调研，了解企业情况，为其排忧解难。全年新增第三产业规模企业和限额以上法人企业15家。新天地城市综合体项目于10月1日正式营业。全省商贸流通载体建设工作推进会在祁阳县召开，副省长何报翔出席会议并发表讲话，对祁阳积极推进商贸流通载体建设工作取得的显著成效给予了充分肯定。做好成品油行业日常监督管理。对全县所有成品油经营企业进行年检，扎实推进加油站（点）安全生产工作。同时，积极与省厅、市局对接，完善加油站布点规划，对2018年上报新增的11座加油站布点规划，实际通过公示4家。

【电商发展】　建设完成1万平方米县级电商产业园1个、镇级电商服务中心19个、各类电商站点337个，其中县电商产业园签订入驻企业达36家，电商交易总额达12亿元，农村电商站点覆盖率达60.2%。通过和京东签订站点建设协议，对全县75个贫困村电商服务站点建设给予8000元/个基础设备支持并逐一入村调研寻找合适的电商运营人才。全县所有贫困村服务站点集物流快递收发、代购代销、生活缴费、金融服务、政务功能于一体，都处于正常运营状态。2019年，全县电子商务交易额达30亿元，网络零售额达8亿元，农产品上行交易额2.65亿元。加强电商人才培训，先后完成各类培训44期，培训总人次达12631人次，贫困村电商培训做到村村全覆盖，电商扶贫培训近7000人次，其中线上培训课件流量达6966次，下载量达2043次。在全国电子商务进农村综合示范项目中期绩效评估中成功获得优秀等次。

（汤旭）

市场管理

【概况】 祁阳县市场管理服务局于2000年5月成立，是县人民政府直属正科级自收自支事业单位，实行企业化管理，2015年10月事业单位改革更名为祁阳县市场管理服务中心，2019年3月更名为祁阳县市场服务中心，为县商务局所属正科级公益类事业单位。主要工作职责是经营管理市场资产；负责市场内的物业管理、市场规划、市场开发和维修；负责市场内治安、消防、卫生等日常服务；提供交易场所和服务设施，开展代储、代运、信息咨询和其他服务；收取市场设施租赁费、交易手续提成费和其他符合国家和省规定的有偿服务费。2019年市场服务中心共有干部职工409人，其中在职292人、退休117人。内设政工股、财计股、监管股、建设股、调纠股、办公室、工会等7个部门，下设13个市场管理服务所。

【市场开发建设】 特邀农贸市场专业规划设计单位，联合规划、街道等部门深入县城区各地实地调研。根据方便居民生活的原则，结合建设总体规划和土地利用规划，编制了县城及周边5镇农贸市场设置布局规划，同时，作出了全县农贸市场"十四五"建设规划。稳步推进城区市场建设。城区王府坪、芦家甸、望浯园、西区、西北、盘龙、宝塔街、经开区8个市场建设改造项目相继成立了由县级领导挂帅的项目指挥部（协调小组），各项工作有序推进。王府坪市场改造项目改造面积45761平方米，拆迁房屋面积73800平方米，拆迁户数1008户，地上总建筑面积为220000平方米，其中农贸市场16000平方米、商铺18000平方米、住宅186000平方米，总投资9.47亿元。建设成为市民受益得实惠的棚户区改造示范工程和农商贸综合市场的样板工程，打造祁阳宜居小区新名片、交易流通大平台，提升城市新形象。目前，已拆除面积2.2万平方米，市场建设基础工程基本完工，已完成一期工程的第1、2栋工程主体，5号、6号楼建好第19层；二期工程完成征收房屋测绘、评估工作，即将开工建设。芦家甸市场改造项目改造面积约41200平方米，拆迁房屋面积约65800平方米，拆迁户数为885户，改造后总建筑面积为190000平方米，其中农贸市场16000平方米，商铺18000平方米，住宅157000平方米，总投资4.08亿元，第一期已100%落实签约并全部拆除，市场建设招标前阶段准备就绪，计划三年内全面完成芦家甸农贸市场及棚户区改造工程建设。经开区市场总用地15415.4平方米，总建筑面积25402.73平方米，总投资5000万元。建筑四层，负一层为停车场，地面第一层为农贸市场，第二、三层为商场、超市。2019年已完成主体工程，正在进行全面装修及配套设施建设。盘龙市场、宝塔街市场的过渡便民市场已投入使用。西北市场的过渡市场已完工，春节后即将投入使用。望浯园市场已开始启动征收，市场建设方案已定。西区综合市场第一层农贸市场投入使用，目前正在完善配套设施。黄道街蔬菜批发市场搬迁至西区市场一路街，市场二楼已启动招商。提质改造乡镇市场。投入资金400万元，进一步改善八宝、肖家、梅溪、羊角塘、大村甸、文明铺、黎家坪、进宝塘等乡镇农贸市场基础设施，共维修厂棚、摊位等96处，硬化地面6000平方米，增设摊位187个。新建太平市场已搬迁投入使用，白水镇中心市场棚改项目已启动房屋征收程序。根据全县小城镇“10+X”工程建设的要求，已拿出新建梅溪、八宝等市场，标准化改造文明铺、肖家、潘市、羊角塘、文富市、进宝塘、大忠桥、三口塘等镇级中心农贸市场建设改造初步实施方案。

【市场交易和管理】 2019年，全县有各类集农贸市场74个，总占地面积257680平方米，总营业面积192530平方米，资产总值（市值）5.98亿元。其中，由县市场服务中心管理的国有市场33个、租赁代管民营市场4个，民营村级市场37个。按区域划分，县城有集贸市场10个，乡镇有集贸市场64个。按市场结构划分，有集贸市场57个，工业品市场2个，专业批发市场2个，综合性市场13个。按产权及管理性质划分，国有资产市场33个，镇办、村办或合资联办等形式的市场33个，个体民营市场8个。全县市场年交易额约40亿元，年上缴税收550万元，各项规费合计1000余万元。市场管理人员总数464人，其中县市管中心市场管理人员293人，各民营市场管理人员171人，市场内经营户数8000余户，从业人员2.3万余人。2019年，全面加强市场管理工作，大力推动城区市场创国卫工作。筹措资金300多万元，按照创国卫要求，对城区市场设施进行全面升级，硬化地面6000平方米，疏通下水道8700米，添置了熟食、腌菜、豆制品等“三防”设施300余套，健全消防系统，完善保洁器材，强化广告宣传功能，新建农药残留检测室及监控室等，市场面貌焕然一新。2018年9月开始，进行政府购买服务，引进专业保洁公司对西区、王府坪、芦家甸市场试点市场清扫保洁，2019年又把望浯园市场纳入试点，逐步推进市场卫生保洁专业化。重点整治经营秩序。对每一个市场都进行调研，并制定整治方案，按照“分工明确、部门联动、依法行政、规范治理”的原则，联合公安、城管、镇（办）、交警等部门开展执法行动30余次，对城区市场和白水、下马渡、观音滩、大忠桥、三口塘等马路市场经营秩序逐一进行整治。通过集中整治，城区的王府坪、芦家甸、西北等10个重点市场和白水、观音滩、大忠桥、三口塘等乡镇市场无摊位外溢，无占道经营，摊位秩序井然。规范交易行为。联合市监、畜牧、疾控等相关职能部门加强对农贸市场的检查，重点查处市场内经营户无照经营、经销假冒伪劣商品、消费欺诈、欺行霸市及市场周边铺面业主占地非法收费等行为，取缔马路市场摊点950处，治理流动摊贩830户，规范固定摊点3280个，拆除违章棚架520个，农贸市场经营交易秩序明显好转。

（何向东、奉永发）

企业改制服务

【概况】 县商业企业改制服务办公室（以下简称县商改办）因县机构改革成立于2016年3月，下设3个党支部即机关支部、退休一支部、退休二支部，分别有党员11人、30人、24人。县商改办属参公事业单位，机构编制20人，实有在职人员11人，退休人员125人，改制下岗职工5000余人。2019年，县商改办认真贯彻落实县委、县政府的决策部署，认真履职担责，开拓创新，在年底全县绩效考核评比中，被评为“优良”等次。

【排忧解难】 全力化解信访矛盾，为职工排忧解难，召开联席会5次，解决群众操心事、烦心事和揪心事15件；全年解决历史遗留问题32起。按湘人社（2017）103号文件精神，政策范围内落实原二水泥厂改制职工补缴养老保险29人，投入资金36.25万元；落实特困户、贫困户等信访问题，投入资金25万元，解决特困户、信访户生活和生产困难；启动县物资贸易总公司改制人员第一批纳入机关事业养老保险新系统工作，出台《实施方案》，妥善处理了积压15年之久的遗留问题，解决了99名下岗职工的养老保险后顾之忧。开门接访群众986人次，入户下访群众175人次。

【国有资产管理】 通过抓好安全经营和市场化运作，确保国有资产保值增值。2019年，所有出租门面实行公开招投标，出租收入较上年同期递增7%，为财政增收7.35万元。祁阳民爆公司实现销售收入1200万元，税金48万元；羊角塘烟花炮竹市场专营部实现销售收入50万元，税金1万元。

（张明亮）

供销合作

【概况】 2019年，祁阳县供销工作在县委、县政府的正确领导和市社的精心指导下，紧紧围绕县委政府中心工作，以实施乡村振兴战略为主题，以深化供销社综合改革为重点，以助农增收为目的，坚持为"三农"服务办社宗旨，按照年初制定的目标，扎实工作，狠抓各项工作的落实，取得了一定成效。先后被评为2019年度全市供销合作社系统综合业绩考核优胜单位一等奖、2019年度全市深化供销合作社综合改革先进单位。县新三湘农资有限公司被评为"全国供销合作总社2019年度全国基层社标杆社"。

【农资供应】 立足"五早"开展工作，即职责分工早安排、农资储备早调运、农资打假早联系、农资产品早下乡、农资服务早到位。一年来，县新三湘农资有限公司已销售各类化肥共计11000吨，农药2468吨，圆满完成全县农业生产农资需求任务。

【基层组织】 加快乡镇基层社改造步伐，启动观音滩基层社唐家岭分社改造建设项目。继续搭建好为农服务综合平台，在2018年已全部恢复新建22个镇供销惠万家惠农服务中心、430个村（社区）供销惠万家惠农综合服务社的基础上，2019年又新增130个村（社区）供销惠万家惠农综合服务社，实现村（社区）为农服务综合平台建设全覆盖。

【企业发展】 推进现代农资经营服务网络建设。在黎家坪镇过境路上购置了原永州远地铁合金有限公司的厂地13亩，新建县新三湘农资有限公司配送中心。新的配送中心建成后，将是全县最好的农资配送中心，可提供全程服务。结合农村人居环境整治行动，以县再生资源公司为依托，把全县的再生资源回收网点延伸到个镇村，对农村回收的垃圾集中到祁阳县海螺水泥窑处理。提升土地托管服务能力。以县供销安邦农业服务有限公司土地托管为切入点，着重提高企业生产效率和服务质量。社属企业永州市绿而康农业发展有限公司2019年被湖南省供销合作总社评为"基层社标杆社"。祁阳县联胜孔雀养殖专业合作社于2019年被湖南省供销合作总社评为"农民专业合作社示范社"。

（陈芳青）

石油业

【概况】 2019年，中石化祁阳石油分公司在营加油站13座，在岗职工53人。公司秉承"发展企业、贡献国家、回报股东、服务社会、造福员工"的企业宗旨，以经营为龙头，以安全为保障，充分发挥永州成品油供应市场主导作用，忠实履行大型国有企业的社会责任，积极保供油品市场，为祁阳经济发展做出了积极贡献。

【油品供应】 2019年，在油价进高售低的一段时间里，该司面对严峻挑战和各种困难，坚持聚焦保供的思想观念，以"四个全力，两个推进"为工作思路，全力保供油品市场，努力加强管理，圆满完成保供任务。

【安全管理】 严格落实安全生产责任制，不断强化安全监管，及时消除各类安全隐患，确保安全稳定生产。牢固树立“以人为本”的理念，严格执行总部各项安全生产禁令，以实际行动践行《中华人民共和国安全生产法》和《中华人民共和国环境保护法》，安全环保理念在石化全员中入脑入心。严抓安全培训，加强基层员工应急处理技能培训，例如：防火灾、防抢防盗以及防暴恐等应急预案的学习和演练，组织现场应急预案演练10余次，全面提高应急实战能力。

【优质服务】 坚持“以客户为中心”，不断强化服务管理，完善服务品质，提升客户体验。持续开展“加油站综合服务提升年”活动，严格监控油品质优量足，践行“每一滴油都是承诺”；非油品保证“易捷万店无假货”；服务标准、服务流程规范化。

（郑带利）

烟草业

【概况】 2019年，县烟草专卖局有员工69人，具有中级以上职称员工22人，本科以上学历人员38人。下设办公室、财务室、综合室、纪检监察室、专卖监督管理股、市场服务分部、物流区域中转站等7个股室。一年来，县烟草专卖局认真贯彻落实地方政府及行业工作会议精神和决策部署，坚持“稳中求进”工作总基调，突出“三力三商”永州烟草高质量发展这一核心抓手，各项工作取得重大进展。全年销售卷烟2.79万箱，实现销售收入83585.35万元（含税），同比增长2.55%，实现利税2.247亿元，同比增长8.29%；实现税收3242.97万元，同比增长7.68%。在年终全市烟草系统6项重点工作考核中，县烟草专卖局企业管理排名全市第二、党的建设排名全市第三、安全保卫排名全市第一。

【党的建设】 一年来，全局上下坚持党的政治建设，牢固树立“四个意识”，坚定“四个自信”，坚决做到“两个维护”，在思想政治上行动上同以习近平为核心的党中央保持高度一致。3月，对党总支部委员会及所属支部委员会进行换届选举，制订《党支部月度考核方案》和《党员量化积分管理方案》。全年党组成员和支部书记讲党课、交流学习体会6次，全局开展集中学习4次。联合当地红十字会、所在社区和结对贫困村，组织党员参加为福利院儿童送温暖、深入贫困村脱贫帮扶、走访慰问孤寡老人等活动，累计服务群众1500余人。

【专卖营销】 紧紧围绕稳销量、提结构、强服务、增效益，深挖消费、终端、品牌、市场、机制潜力，致力于打造优秀品牌培育商。累计销售卷烟27914.28箱；配送卷烟27988.69箱、148074户次，实现全年零安全事故、零投诉。维护烟草市场秩序。全年办理烟草专卖许可证相关业务1118件，其中新办零售许可证566件、延续372件、变更6件、补办4件、歇业54件、责令整顿停业2件、责令恢复营业1件、审批注销97件、收回86件。

【企业管理】 紧紧围绕工作目标，着力抓好“安全保障、法规信息、财务管理、政务事务”四项工作，确保企业管理规范增效。全年督办事项10条，发布督查通报5期，各项工作按时按质高标准完成。履行社会责任。认真落实扶贫攻坚各项工作要求，开展走访168人次，提供帮扶资金2.3万元。弘扬企业文化。与市局合作制作的微党课《决择》，在全省评比中获得一等奖，在全行业获得三等奖。开发“提高员工对食堂的满意度”和“减少零售客户卷烟柜台非烟物品占有率”2个QC课题，其中“提高员工对食堂的满意度”课题获得全市系统2019年QC成果三等奖。

（赵春）

盐　务

【概况】 县盐业公司（盐务管理局）成立于1984年5年，属湖南盐业股份有限公司垂直管理，公司实行“两块牌子，一个机构”。现下设综合办、市场营销两个部室，在职员工7人。负责全县食盐战备储备、各类食盐、生产加工用盐的调拨、批发供应。

【盐政管理】 按国务院盐业体制改革要求，按进程向县市场监督管理局移交盐业市场监管全部职能，结束自1996年《食盐专营办法》实施以来的多年市场监管职责。

【营销管理】 在市场监管职能移交后，县盐业公司按照《食盐专营办法》规范要求自身经营行为，不断改进完善食盐营销制度，在全县按新修订的《食盐专营办法》要求，全面开展食盐零售终端网络建设，在全县共建直达供应网点1400余个，设立非碘食盐网点100多个，方便特需人群购买。不断优化改进配送服务方式，提升营销服务水平，全年共销售各类盐2200吨，确保了让全县人民买得到、吃得上放心食盐，履行好国有企业的政治担当。

（胡国勇）

城乡建设·环境保护

城乡建设

【概况】 2019年，县住房和城乡建设局认真贯彻县委、县政府决策部署，真抓实干、奋勇争先，大力实施“百园靓城”工程，深入推进城市“五园五化”战役、小城镇“10+X”工程、美丽乡村“四大行动”，着力构建以县城为龙头、特色小镇为重点、美丽乡村为基础的新型城镇化体系，取得扎实成效。县城建成区面积达34平方千米，常住人口33万。祁阳县推进新型城镇化和城镇污水垃圾处理、黑臭水体整治、棚户区改造等工作成效明显，获省政府表扬激励；农村建房和“精致城市”建设经验获住建部推广。成功创建省级园林县城。

【城市建设】 加快县城提质扩容步伐，城市更加宜居宜业、精致精美。完成新埠头水厂投用，浯溪污水处理厂“B改A”完工，祁阳大道及城南绿化景观完成扫尾，红星美凯龙项目竣工，东江桥拓宽工程通车，新天地城市综合体投用，王府坪、芦家甸等8个棚改项目稳步实施，县中医院二期、县妇幼保健院整体搬迁即将完工，郡祁实验学校等12个城区学位建设扎实推进。率先建成智慧祁阳“一平台三中心”平台，智慧教育、智慧城管、智慧水务等相继投用。完成县城供水管网漏损计量改造工程、城区双回路供水工程、盘龙西路配水厂建设工程、106项水质检测能力建设工程。对287个老旧小区及周边背街小巷进行水、电、路、信、气、雨污分流改造，采取“政府统筹安排、社区主体实施、居民全程监管”的方式，因地制宜，一区一策，科学组织，惠及县城居民四万余户。全年新改造提质老旧小区78个。新建小游园68个，创建县级园林式单位34个，创建市级园林单位15个。截至2019年年底，全县共打造了以十九大精神、核心价值观、廉洁、党建、交通、祁剧、法制、禁毒、统战、人防等为主题的特色文化小游园156个。莲子塘、坝塘黑臭水体完成第一阶段整治任务。

【建筑业管理】 下大力气狠抓建筑施工的质量和安全管理工作，持续开展建筑施工6月“安全生产月”活动和建筑施工“打非治违”行动，共组织了全县在建工程的4次质量大检查，发出隐患整改通知书78份，停工通知书10份，实现安全生产零事故、零死亡，工程质量进一步提升。2019年，共受监工程项目70个，建筑面积93.1万平方米，竣工工程69个，建筑面积39.1万平方米，合格率达100%；新开工工程47项，建筑面积90万平方米，完成总投资16.5亿元；全县招投标项目46个，建筑面积21.6万平方米，造价9.9亿元，县属施工企业完成税收1.6亿元。打造了一大批优质的建筑工程，其中，祁阳大道被评为省优工程；祁阳县职业中专科创楼获评省“芙蓉奖”；祁阳县广源置业有限公司承建的“湘江壹号”项目被列入“广厦奖”候选项目。

【村镇建设管理】 深入实施

小城镇“10+X”工程，开工建设小游园106个，新建或改造卫生院14个、学校22所、自来水厂8座、农贸市场25个、敬老院35个、垂直式垃圾中转站28个，建设特色街13条，建成美丽乡村示范点43个。黎家坪工业小镇、观音滩贡油小镇、下马渡花卉小镇、茅竹果蔬小镇、潘市江韵小镇、肖家茶叶小镇等一批特色小镇建设初显成效。大力推进城乡环境基础设施建设，坚持一次规划、分步实施，出台《全县建制镇污水处理设施建设三年行动计划》等一系列行动计划，稳步推进供水、供气、污水与垃圾治理等基础设施向19个镇、534个村延伸。编制完成全县17个建制镇污水处理厂建设专项规划，并将下马渡镇、七里桥镇、潘市镇、观音滩镇、黄泥塘镇等5个建制镇的污水处理厂作为一期工程首先启动。按照“人口集中居住、服务集约提供、产业聚集发展”的思路，坚持“政府推进、试点先行、农民主体、因地制宜、多元投入”的原则，积极引导镇、村规划建设2—3个集中建房示范点，配套做好水、电、路、讯等基础设施，强力推进农村住房建设试点。统一标准、统一风貌建成农村集中建房点22处1105户，完成4个建制镇风貌改造4700户、250万平方米。

【农村危房改造】 对全县符合4类重点对象的存量危房进行拉网式查漏补缺，实施入户核查全覆盖、房屋危险性鉴定全覆盖，做到了存量危房精准、应报尽报。顺利通过省委巡视组、省财政厅、省第三方评估、市委巡察组、市审计局等上级部门对危改项目、资金的专项检查、审计和评估。2019年全县危房改造4类重点对象存量危房核查上报省住建厅认定任务1157户，截至11月底，实际开工1383户，开工率119.5%，竣工验收1383户，竣工率119.5%，均超额完成了年度目标任务，实现了全县存量危房“清零”。

【消防验收备案】 新一轮机构改革后，消防验收、备案职能从消防救援机构划转到住建局，县住房和城乡建设局综合验收股，负责承办。至2019年12月底，共受理消防验收及备案业务27个，其中：消防验收18个、备案5个、复验4个，已完成24个，其中：合格的17个（含通过复验合格的项目2个）、不合格的7个，各项数据指标均居全市前列，其中新天地城市综合体项目为全市住建部门发放的第一张消防验收合格意见书。

（杨志波、李湛源、唐国民、涂真铭、汤晓峰）

住房保障服务

【概况】 2019年3月，根据《中共祁阳县委办公室祁阳县人民政府办公室关于祁阳县机构改革涉改科级事业单位调整的通知》文件，县房产局更名为县住房保障服务中心，为县住房和城乡建设局所属正科级公益类事业单位。中心设主任1名，副主任3名，纪检组长1名；股（室）长（主任）7名。内设股室7个：办公室、政工股、财计股、房屋交易与产权管理股、房产行业法规股（加挂行政审批服务股）、房地产市场监管股、县住房制度改革领导小组办公室。县住房保障服务中心归口管理县住房保障办公室、县物业管理办公室（加挂县房屋维修资金管理中心）、县房产执法监察大队、县房屋安全鉴定办公室、县公房管理所、县白蚁防治管理所、县房产交易所、县房地产开发公司。现有干部职工318人，其中，在职人员188人，退休人员130人。2019年，县住房保障服务中心获评县年度综合绩效考核优秀等次和市住房保障服务中心综合工作先进单位。

【保障性住房建设和分配】 2019年，县住房保障服务中心举全力推进住房保障工作，全年争取上级补助棚改资金和棚改专项债共计 1.67 亿元，成绩斐然。王府坪、原种场安置房项目主体封顶；中仓街项目顺利实现人众小学迁建的一期教学楼如期完工并招生投用；畅安小区改扩翻建设如期完成，使长期困扰该小区居民的内涝、脏乱差等问题得到彻底解决，居住环境极大改善。光明小区项目已签约 90%，白水沿江小区项目有序稳步推进。保障房分配全面推行“四级管理、三级审批、两级公示”的制度，向社会公布投诉举报电话，接受群众监督，并及时将保障性住房配租、配售对象的姓名、家庭人口、收入、配租配售的房屋面积等信息进行公示。根据国家有关政策，结合祁阳县实际情况，采取租（实物配租）、售（产权共有）、补（租赁补贴）多方式保障，保障范围由原来的城镇低收入住房困难家庭扩展至城镇低收入、中等偏下收入住房困难家庭、新就业无房职工和在城镇稳定就业的外来务工人员，做到应保尽保。全年超计划完成实物分配 1011 户，历年累计完成实物分配 8881 户，另通过租赁补贴方式保障家庭达 1461 户，补贴资金 110 万元，历年补贴 19771 户，补贴资金 1556 万元，极大地缓解了祁阳县城镇中低收入住房困难家庭的住房问题。采取“全面摸排、分类处置、严格监督”的方式，“三箭齐发”靶向整治公租房，转租、借租、欠租现象得到有效遏制，退出机制和动态管理进一步强化。追回违规领取的租赁补贴 23.67 万元；追缴欠缴租金 21.38 万元；对不符合廉租房居住条件，但符合公租房保障条件的 212 户按公租房租金标准收取租金；依法对不符合保障条件的 105 户实施了腾退。全年共完成租金收入 500 余万元。

【房地产行业管理】 目前，全县有房地产开发企业 36 家，办理备案登记的 31 家。全年批准 22 个项目 124 栋，预售面积 82.54 万平方米，销售面积 53.49 万平方米，销售金额 30 亿元，销售套数达 4127 套，批准预售面积、成交面积、成交套数与 2018 年同比分别上涨 82.73%，23.79%，11.99%。2019 年商品房销售综合均价为 5600.52 元/平方米，与上年同比增长 1.41%，其中西区均价 7513 元/平方米，与上年同比上涨 25%。重点对未取得商品房预售许可证擅自预售商品房、未取得房地产开发企业资质等级证书从事房地产开发经营等违法、违规行为进行查处，全年共立案 8 起，收缴罚没款 30.7 万元。

【物业管理】 2019 年，城区范围开展物业管理的小区 22 个，登记备案的物业企业 14 家，成立业主委员会的小区 8 个。全年共归集首次物业维修资金 1.3 亿元。开通使用物业维修资金银行自缴系统。

【安全管理及白蚁防治】 全年共鉴定房屋 305 栋，面积约 10 万平方米，检查房屋 903 栋，建筑面积约 19.53 万平方米。重点鉴定、检查贫困村、贫困户房屋 1568 户。全年承接新建房屋白蚁预防项目 21 宗，施工面积 98 万平方米，园林、树木、小区绿化公共区域灭治施工项目 12 宗，施工面积 10 万平方米，白蚁防治 8 万余亩；减少因白蚁危害造成经济损失 200 余万元。

（桂湘祁）

住房公积金管理

【概况】 2019 年，全县归集住房公积金 3.8 亿元，占全年计划 100%，挂帐余额 0.16 亿元，归集余额 13.9 亿元，新增开户单位 24 个，新增开户人数 3068 人，占全年计划 139.45%，提取住房公积金 5967 笔 2.2 亿元；发放职工个人住房公积金贷款 571 笔 2.24 亿元，占全年计划的 117.89%，已受理未发放的贷款 0.29 亿元，贷款余额 8.71 亿元，累计发放个人住房公积金贷款 12.87 亿元，贷款逾期率为 0。新增扩面人数已突破 3000 人，超额完成全年计划，约占全市新增扩面人数的四分之一。

（陈莉琼）

城市管理

【概况】 2019年3月，根据机构改革方案，县城市管理行政执法局更名为县城市管理和综合执法局，为县人民政府工作部门。全局共有干部职工409人，其中局机关和执法中队在职人员141人，环卫处250人，路灯所18人。局机关内设办公室、政工股、政策法规股、公用事业管理股、财务审计股5个股室，下设三个直属大队。下辖环境卫生和园林绿化事务中心（正科）、城市公用事业服务中心（副科）、城市路灯照明管理所。2019年，县城市管理工作以打造“更有序、更干净”城市为总体目标，以推进城市执法体制改革为契机，积极当好城市“管家”，在创建省级园林县城、“六出城三取缔”、渣土管理、马路市场整治等方面精准发力，全面促进了城管水平。

【六出城三取缔】 针对城区市容乱象，全力开展“六出城三取缔”行动，牵头组织修车、洗车出城工作，通过说服提醒、宣传教育、依法查处的方式，对城区环保设施不达标、无照经营、占道经营的修车店、洗车店、废品收购站等进行集中整治。共计实地走访调查店面268家，下达整改通知书250余份，以铁的手段努力确保各项执法措施的到位，累计取缔（查封）8家无证无照企业、22家喷漆场所。通过整治，既营造了出城氛围，又强化了执法威慑，修车、洗车行业占道作业行为基本得到遏制。

【市容市貌管理】 逐步推行路长制、街长制管理，对城区主次干道、公园广场、农贸市场、站场、学校周边等重点区域的各类占道经营行为展开地毯式排查整治，有针对性地开展“市容市貌大整治，干干净净迎国庆”等专项整治行动，累计查处违规占道经营、出店经营行为10368起，其中依法取缔395起，教育整改9973起；整改夜宵摊点169处；取缔流动摊贩2033起，高架桥下贩鸭、新达路马路市场等得到有效控制。

严格按照《祁阳县户外广告设施规划（2015—2020）》以及“四统一”标准审批广告设置，同时加大对违规、破旧广告的拆除力度。全年累计整治乱扯乱挂横幅现象1580余处，收缴违规设置的立式广告298个，清除破旧广告招牌380块，伸缩棚45处，“牛皮癣”1390处。

加强渣土管理执法力度，持续扩大建筑垃圾整治月行动成效，对重点工地安排专人值班，坚持白天、夜晚不间段巡查，严格控制源头，阻止污染行为发生。专项整治以来，共查处了65台次渣土运输车的违规行为，其中对带泥行驶、超载、未覆盖等违规运输行为暂扣26台次，给予相关单位（个人）行政处罚26台次，警告39台次，处罚建筑工地一个，责令整改渣土公司4家。

按季节集中开展夜市规范整治行动，不定时开展夜市整治“零点行动”，对城区所有门店经营夜宵店及乐堡夜市进行规范管理。9月，联合县环保、市监等部门对浯溪御园邻街商户新疆烧烤店等店铺进行专项执法，全部整改到位。

坚持定期巡查维养，不断优化整修市政功能设施。全面维修广场砖12600平方米，补修麻石地面砖8200平方米，清扫陶铸广场水池6次，补修人行道麻石地面砖26000平方米，补修沥青路面20000平方米，校正路缘石362米，维修被损坏的检查井100座、雨水井331座，更换检查井井盖210套、雨水井井盖436套，清理检查井、雨水井内淤泥及杂物共2100座，疏通排水管道1360余米。为防范恶性案件的发生，积极开展平安稳定风险排查整改行动，为陶铸广场安装防撞球200个，高铁站广场安装减速带210米，安装不锈钢栏杆210米，全部落实硬质隔离措施。

加强路灯管理，全年共维修灯具1260余套，微电脑钟控29个，交流接触器16台，修复路灯控制箱16台，处理路灯突发事故及地埋线故障20处，更换地埋电缆1630余米，安装LED路灯323基，保证了城区亮灯率在98%以上。

【燃气管理】 积极开展安全生产培训工作。安排专项经费，组织开展安全生产学习宣贯会以及安全生产月、安全生产宣传教育“七进”活动。10月中旬，组织乡镇燃气管理人员和16个燃气企业主要负责人进行燃气安全管理培训。狠抓液化气站监管。积极开展燃气行业“打非治违”等专项行动，累计组织检查组56个，出动检查人员382人次，排查整改安全隐患121起，惩治非法倒卖、储存液化气行为14起，收缴液化气瓶91个（含空瓶），行政立案处罚14起，累计罚款6.8万余元。大力支持管道燃气建设。累计投入资金6400万元，建设市政中压管网6千米、低压管网45千米，新增居民用合同签约20100户（累计39567户），新增商业用户33户（累计98户），拉通了下马渡镇、七里桥镇燃气管道。

【智慧城管】 自2018年12月成立祁阳县数字城管指挥中心以来，全局累计投入各项经费186万余元，配置LCD集成显示屏，集成音响，工作指挥台，建设数字城管网站及手机APP，并与祁阳公安天网工程摄像头连接。8—10月，城市管理监督指挥平台与省建厅及县智慧祁阳平台进行有效对接。全年受理派发各类事件335次，没有出现一起未及时处理事件，案结率100%，满意率100%。

（赵明伟）

城市环境卫生和园林绿化

【概况】 2019年3月，根据县机构改革方案，将县环境卫生管理局、县城市园林局承担的行政职能划入县城市管理和综合执法局，整合相关公益性职能，组建县城市环境卫生和园林绿化事务中心。2019年，中心拥有各类作业车辆104台，公厕128座，垃圾中转站17座，垃圾桶3583个，果皮箱2456个。全年环卫保洁街道深度保洁达到50%（保洁时间不少于16小时）；清运垃圾4.9万吨，生活垃圾无害化处置率100%；公厕实行标准化管理，服务水平稳步提升。

【垃圾处理设施建设】 年内投资500万元，采购移动式公厕7座；餐厨垃圾车3台、小型收集车10台；采购240#垃圾桶600个、120#餐厨垃圾桶800个。

陶铸中学新建垂直式垃圾转运站投入使用；湘妹食品厂垃圾转运站已建成验收；唐家岭和彭井塘两座垃圾转运站完成主体工程并安装设备完工。新建的垃圾站相应配套建设公厕、工具房、休息间，建设档次、规模和管理水平在永州市名列前茅。

根据国家环保部督查要求，投入资金30万元对垃圾场现有处理设施设备进行提质改造，增添一套RO处理设备，着力提升渗滤液处理能力。进一步规范垃圾场生活垃圾无害化填埋处理工作，推动实现垃圾治理资源化、减量化和无害化。

启动餐厨垃圾资源化处置建设项目，完成餐厨垃圾处理工艺调研，出具可行性研究报告，专家评审、财评和招投标工作也在进行中。

【环卫精细化管理】 在城区18条道路推行“深度保洁”模式，建立“机械洗扫为主、人工保洁为辅、快速保洁为补充”的城区道路保洁管理模式，城区道路每天湿扫至少2次，人行道板高压冲洗每7天循环1次，洒水作业每天主街6次，街道巡回保洁16小时。同时，管理实行精细化，城区86条主次街道（500万平方米）全部实行精细化管理，机械化作业率达到85%。

【园林绿化管护】 及时清理枯死树木，防治花草树木病虫灾害，加强抗旱和修枝剪枝工作，及时对绿化带进行补缺，实现城区乔木、灌木、草坪无缺株断带、无裸露土壤现象。提升祁阳县“百园靓城”小游园建设标准，特邀省专家作出专项规划设计导则，全县城区园林景观效果逐步显现。

（唐致樱）

生态环境保护

【概况】 2019年3月22日，根据中共中央办公厅、国务院办公厅《关于省以下环保机构监测监察执法垂直管理制度改革试点工作的指导意见》和生态环境部《关于统筹推进省以下生态环境机构监测监察执法垂直管理制度改革工作的通知》要求，县委、县政府决定在原祁阳县环境保护局的基础上组建市生态环境局祁阳分局，作为市生态环境局的派出机构，由市生态环境局直接管理。全局内设6个职能股室，即办公室、法制宣教管理股、污染防治股、政工股（财务室）、行政审批服务股（环境影响评价股）、自然生态保护股，下设8个直属全额预算事业单位，即祁阳县环境监测站、祁阳县环境保护局浯溪、白水、黎家坪、羊角塘监理站、机动车尾气检测站、祁阳县环境监察执法大队、祁阳县主要污染物减排工作办公室。全局干部职工144人（其中离退休人员23人）。

2019年，县生态环境局以打好打赢污染防治三大保卫战为重点，狠抓环保督察整改，加大环境监管及执法力度，加快生态文明建设示范县创建，落实“三线一单”等生态文明体制机制改革，生态环境各项工作取得明显成效，荣获全省生态环境保护执法大练兵先进集体、全市信访基础业务工作“业务规范单位”、全县意识形态、全面深化改革、全面小康建设、立项争资、信访工作和“六出城三取缔”工作牵头先进单位荣誉。

【减排目标完成情况】 实施主要污染物减排项目20个，完成二氧化硫削减461.4吨；氮氧化物削减1660.7吨；化学需氧量削减772.73吨和氨氮削减86.4吨，挥发性有机物减排171.6吨，达成年度主要污染物减排目标。

【突出环境问题整改】 持续整改环保督察和人大执法检查交办的突出问题，推进“双随机、一公开”，加强移动执法，集中开展饮用水源地、涉固体废物、养殖行业、建设项目环保“三同时”、挥发性有机物污染整治及中心城区“蓝天利剑”和“保安全、迎大庆”环境执法专项行动。中央环保督察22件信访件、中央环保督察“回头看”38件信访件、省环保督察转办17件信访件全部达到时序整改进度。全年下达责令停止排污通知书45份、责令改正违法行为决定书157份，立案查处101家，其中下达行政处罚决定书94份，罚款243.48万元，移送公安机关行政拘留7起，拘留8人。年度行政处罚办案数量占全市31.3%，居全市首位、全省第三。

【大气污染防治】 开展砖瓦行业专项整治，完成祁阳海螺水泥执行特别排放限值和智昇页岩砖厂窑炉二氧化硫及颗粒物处理设施改造工程；制定采石场、混凝土、砖瓦行业生态环境整治标准，全面排查38家企业52条工业窑炉生产线，组织18家采石场、16家混凝土、27家砖厂签订《整改承诺书》，对44家已淘汰企业开展回头看，严防死灰复燃。推进重点行业挥发性有机气体治理，全县37家加油站全部建设油气回收装置，13座加油站开展了油气回收检测；凯盛鞋业、燊辉汽车服务公司、天宇沥清混凝土公司、筑发沥清混凝土公司挥发性有机气体治理工作全面完成。开展建筑和道路扬尘专项整治，全县22个在建以及新开工项目落实扬尘防治“六个不开工”和“七个100%”的要求，对裸露场地采取覆盖、绿化等措施抑尘，扬尘控制设施配置率100%；狠抓渣土治理控源头，共查处65台次违规渣土运输车，给予相关单位（个人）行政处罚26台次，警告39台次，责令整改4家。开展油烟专项整治，排查餐饮行业商户（企业）1200余家，下达整改通知书389份，完成整改379家，整改到位率97.4%。开展柴油货车污染防治工作，新投运新能源公交车25台；划定和扩大重型柴油车、黑烟车等高排放车辆限行区域和限行时段，加大柴油货车尾气排放监督抽测频次，依法查处超标排放行为。全面禁止秸秆露天焚烧和县城禁燃禁放，大力提倡秸秆还田利用；坚持推行“禁燃令”，县城建成区基本杜绝违规燃放烟花爆竹或焚烧冥钱冥纸行为。

【水环境防治】 全面推行河长制，投入河道保洁经费290多万元，实行“官民河长”共同巡河和河长制村规民约；开展河库“清四乱”整治，排查出“四乱”问题28处，整治完成28处；全面启动样板河建设，采取控源截污、河道保洁、农村环境综合治理、农业面源污染治理、畜禽退养等综合治理措施，打造河畅、水清、岸绿、景美的样板河。持续推进城镇污水治理，完成浯溪污水处理厂提标改造工程，完成白水镇污水处理厂厂区土建工程和8300余米配套管网建设任务；完成全县17个建制镇污水处理厂建设专项规划编制，一期启动建设下马渡镇等5个建制镇的污水处理厂，完成项目用地预审、环评、可研报告及立项批复。持续推进饮用水源保护，完成境内湘江及一级支流入河排污口摸底排查任务；完成县级集中式饮用水水源地环境状况评估工作，定期对县级饮用水水源保护区开展巡查；完成“千吨万人”饮用水水源保护区划定和水质定期检测工作。全面加强工业集聚区污水处理设施建设运行及整治，白竹、黎家坪、白水科技工业园污水处理厂均安装了自动在线监控设施并联网，实现稳定达标运行；祁阳科技工业园配套管网建设全面完成，雨污管网已有效对接；及时修复祁阳经济开发区新区跑冒滴漏的管网，完成五里污水泵站土建工程、压力管安装及5千米主污水管改造任务；委托省环科院对祁阳县经开区黎家坪片区依托处理园区污水的黎家坪镇污水处理厂进行评估，及时修复黎家坪建材产业园跑冒滴漏管网。积极推进畜禽粪污资源化综合利用，依托永州绿而康、湖南科森公司（年生产能力共达8万吨）利用畜禽粪污加工生产有机肥；开展畜禽养殖场专项治理，完成提质改造养殖场288个，打造鸿丰农牧有限公司等标准化产业化示范场12个，改造的畜禽养殖场粪污实现达标排放或零排放。禁止水库投肥养鱼，全县禁止投肥养鱼水库196座，整治率80%。持续推进全省农村生态污水治理示范县建设，全县新增农村生活污水治理39125户，建设农村生活污水处理率达到90%的示范村20个。采取截污、清淤、水体净化、生态修复等综合治理方案，全面完成莲子塘和坝塘黑臭水体整治任务。持续开展湘江两岸退耕还林还湿工作，完成生态修复350亩；增量扩绿5015.67亩，其中建设水源涵养林4069.6亩、护岸林946.07亩；完成退耕还林还湿工程提质改造1027.1亩；小微湿地建设500亩；村庄绿化美化25个。

【土壤环保】 持续推进固体（危险）废物规范化管理，全年依法依规转移危废70吨，指导6家涉危单位达到危废规范化管理标准，促成30家单位与海创签订近40份危废处置意向合同；对长江经济带固体废物大排查行动中发现的6处固废违规问题（点位）开展“回头看”；从重从快查处广源利再生资源有限公司违规转移危险废物案和黄泥塘镇永祁村违规堆存废锰渣案。强化自然保护区监督检查，督促祁阳县自然保护区完成问题整改22

个。完成重点行业企业用地土壤污染状况调查基础信息和风险筛查工作，对全县列入清单内的62个企业进行调查核实，补充完善重点行业企业用地清单。依托祁阳海螺水泥窑协同处理生活垃圾项目，大力推进城乡环卫一体化PPP项目建设，农村生活垃圾实现“户集中、村收集、镇中转、县处理”。

交通·通信

交通运输

【概况】 根据2019年祁阳县机构改革涉改科级单位调整的意见，祁阳县交通运输局所属3个副科单位进行更名（祁阳县道路运输管理所更名为祁阳县道路运输服务中心、祁阳县地方海事局更名为祁阳县水运事务中心、祁阳县交通建设质量安全监督管理所更名为祁阳县交通建设质量安全监督站），1个副科级单位不再保留（祁阳县国防交通战备办公室的职责划入县交通运输局，不再保留）。改革后，祁阳县交通运输局内设办公室、政工股、财务股、安全法制股、计划基建股、运输综合股、农村公路股等7个股室，下设道路运输服务中心、交通建设质量安全监督站、水运事务中心、交通局路政管理大队、渡口管理站、河埠塘渡口、县城市客运管理办公室、县公共汽车公司等8个事业单位。全局有干部职工518人，其中在职人员413人（含公汽公司113人）、退休人员105人（含公汽公司34人）。

【交通建设】 2019年，全县交通建设完成投资4.902亿元，其中干线公路建设完成投资2.6亿元，农村公路建设完成投资2.3亿元。全县交竣工通车的二级以上公路通车里程达31.2千米。祁阳至冷水滩城际道路完成路面、辅道、绿化亮化工程等建设任务，建成通车；祁阳黎家坪至冷水滩马坪公路（祁阳段）11.7千米完成路面摊铺、绿化工程等建设任务，建成通车；完成木梓虚至金洞公路入口处扩宽的设计变更，木金公路建成通车。投资近2000万元，完成全省深度贫困村黄石至龙凼旅游公路提质改造和桥梁建设。出县瓶颈得到有效破解。衡阳至永州高速由省交水投公司担任项目业主，负责融资和建设，已成立项目部，推进永州至衡阳三级航道扩建工程前期工作，完成环保评价现场调查。交通干线规划新增里程。启动国省干线公路空间规划工作，紧抓省公路网有效衔接机遇，将龚家坪镇左家岭至窑头铺公路建设纳入了实施项目库中。全省只有28个新增项目共计83千米，永州只有该项目纳入了省里工程。项目前期工作推进顺利。S227祁阳长虹至白竹塘公路待用地批复、明确建设方式和资金来源即可动工建设；S227祁阳龚家坪至长虹公路获省立项批复；G356祁阳县城至白水公路30千米、S227祁阳白竹塘至潘市一级公路25千米、S339祁阳潘市至羊角塘公路20千米、祁阳县城至泉南高速大忠桥互通公路18千米、泉南高速大忠桥互通至金洞连接线27千米、环城西路等项目纳入省规划储备项目库，前期工可编制基本完成。

完成脱贫攻坚自然村通水泥路里程429千米，完成投资18847万元。出列的贫困村中，达到25户以及100人以上标准的自然村实现了100%通水泥路。投资2828万元完成农村公路建设窄路加宽里程101千米。完成农村公路安防工程294千米建设，涉及20个乡镇125个建制村，完成总投资3439万元。

【专项整治】 湘江上砂码头整治。开展了锚地船舶集中规范停靠和非法上砂码头集中整治等专项行动，拆解取缔湘江祁阳段非法上砂码头23处，规范船舶锚泊水域5处，集中停靠采运砂船舶70余艘。湘江沿岸上砂码头及堆场的全部取缔到位，实现复绿，再现满江碧透的美丽湘江。道路运输超限超载整治。10月份以来通过统一开展超限超载车辆治理集中行动，坚持源头管控和路面打压双推进。共投入执法人员9000余人次，检查车辆3567台次，查处非法超限超载车辆185台次。通过宣传教育，车主主动切割非法改拼装车426台以上，强制切割非法改拼装车35台，全县“百吨王”等非法改装车基本杜绝。对羊角塘镇、梅溪镇五家采石场超限超载严重的源头企业下达了《整改通知书》并给予了处罚。全县道路运输超限超载整治实现了“由乱到治”的工作局面。铁路沿线安全隐患整治。11月20日，起对衡柳高铁线祁阳境内23.7千米46处安全隐患开展整治行动。共整治硬漂浮物35处，违法违占6处，违法堆放3处，倒落侵限2处。拆除彩钢瓦棚约1.4万平方。截止12月10日，仅用20天的时间，祁阳县高铁沿线已排查的安全隐患点全部按时限要求整改销号到位。

【交通行业管理】 践行绿色公交发展理念。投入25台电动公交车在1路、10路公交线路上正式营运，逐步淘汰“高排放、冒黑烟”的传统柴油动力公交车45台。完成椒山公交停车场20个充电桩、火车站5个充电桩的安装。全县公交车全年旅客营运量1600万人次以上，为老年人群免费服务600万人次以上。水运管理进一步规范。对5家水上客运企业（龙建、马安岭、建新、安达、湘荣）水路有限公司进行整合，成立安达水路客运企业。配换发船舶营运证26本，注销45本。按照换发三类船员适任证书25本。全县渡船“换新衣、更新装”，对渡管站的渡船刷上新油漆，更换符合国标准的新款救生衣720件，配置儿童专用救生衣，提升安全保障能力。道路客运监管持续加强。年内共审验货运车辆1925台、审验率90%，审验客运车辆523台、审验率100%。通过审验，共淘汰各类老旧不达标车辆52辆，督促经营户主动更新客运车辆35辆。认真落实运政驻站管理制度，严把“站场关”。驻祁阳汽车总站、唐家岭汽车站等运政人员认真履行职责，严格执行“三不进站，六不出站”规定。认真落实视频监控制度，把好“监控关”。服务水平不断提升。开展全省群众满意客运站的创建，提高客运站场服务和群众满意度。对行业行政审批事项进行全面梳理，全面推行政务服务“最多跑一次”改革，全县道路普通货物运输车辆10月28日起，实现了网上年审，行业服务水平不断提高。开展行业文明创建活动，建立爱心送考长效机制。开展企业服务年活动，增开晚班公交车辆，为园区企业职工下班提供便捷的接送服务。

【安全生产】 强化安全隐患排查。实行企业自查、行业检查和交通运输局综合安全大检查的安全三级定期检查制度。年内共出动执法人员810人次，查扣“黑车”146台，查处违章车辆560台次；纠正水上违章行为25处。狠抓隐患排查整治。全方位开展隐患清零行动，细化落实安全责任制，按照一单四制要求进行整改。省2019年上半年考核中，祁阳县交通运输隐患清零行动进入全省前列，受到通报表扬。强化培训，增强安全生产管理能力。先后2次对全县100多名客渡船船员、签单员进行了培训；督促客运企业对客车驾驶员实行100%全员安全教育培训，通过事故典型案例学习，全面提高其安全意识和安全技能。分批派出10余名安全工作人员参加省、市里安全培训。交通运输行业全年保持安全稳定。

公路建设和养护

【概况】 2019年3月，根据机构改革有关文件精神，将县公路局更名为县公路建设养护中心，为县交通运输局所属正科级公益类事业单位。

【线路调整】 根据《中华人民共和国国家标准》（GB/T917-2017）公路路线标识规则和国道编号对境内国道：G322线原衡友线扩编为瑞友线（即：瑞安至友谊关公路），境内始止桩号为文富市镇书寺村K1365+989至界牌K1404+016；G356线原省道320线，三南公路扩编为湄西线（即湄洲至西昌公路），境内始止桩号为与常宁交界K1165+854至文富市书林寺K1234+859，其中三南路口至文富市段与G322线重合。境内省道在原县道基础上由省交通运输厅统一组网，境内省道编号有S227线、S339线、S340线、S343线。

【路桥改造】 实施G322线黎家坪过境路K1375+500至K1377+000大修工程，完成投资450万元；S339线梅溪大伍至羊角塘新华4.549千米水泥路改沥青路大修完成投资1800万元；S227线黄土岭至七里桥方向水塘段约300米路基路面扩宽完成投资130万元；对湘江一桥、东江大桥老桥部分、南河岭桥实施危桥改造，完成投资3265万元。

【公路养护】 以国道356线为重点，以“畅安、洁美、绿色、文明”为目标，大力开展以“清路障、整路肩、种花草、治水沟、砌挡墙、刷土坡、树村牌、建景观”为主要内容的“美丽公路”创建行动，共整治排水沟42千米、埋设涵管1560米、培填路肩29千米、种植法国梧桐和香樟1780多棵，新建了5座招呼站，完成祁阳大道段2.8千米绿化带建设，投入1200万元对公路沿线道路配套设施进行提质改造和整治绿化，“三季见花、四季见绿”“路融入绿、人融入景”的“美丽公路”日益显现。积极开展普通干线公路路域环境整治和养护保洁“百日行动”，共清理水沟3100多千米，疏通桥涵160多处，完成沥青补路1万多平方，清扫路面6800多千米、清运公路垮方、堆土及垃圾2万多方。采用沥青贴缝带新工艺处治国道裂缝6890多米，有效构建“畅、安、洁、美”通行环境。

【路政管理】 开展“路政宣传月”活动，通过流动宣传车辆、摆放宣传展板、悬挂横幅标语、发放宣讲资料、提供路政咨询等方式，深入城乡社区、村庄、集镇、厂矿企业、机关和学校加强宣传，现场发放宣传资料2660份，提供咨询426人次。大力开展“路政执法”行动，对国省干线公路开展违法棚屋、杂乱标牌、摆摊设点、堆物放料、砂石遗洒等严重影响公路路容路貌和安全、畅通的违法行为进行专项整治，并确定G322线、G365线为境内“严管”线路。从10月8日至11月30日，对G322线、G356线共清理各类路障980多处、拆除非公路标志2100多块、取缔洗车加水点36处、清除摆摊设点290多处。坚持“依法治超”，全年共出动执法人员6700余人次，检测车辆50352辆，处罚超限超载车辆335辆，卸载超限货物9707吨，处罚源头企业3家，对87名超载车辆驾驶人员进行了扣分处罚，非法改装货运车辆上路行驶、货运源头非法装载和货运车辆非法超限超载现象得到了有效遏制，实现了站点超限率在1%以下。

【安全生产】 2019年，共处理公路突发事件7件、清除公路山体塌方5处、处治桥面结冰10座、抢修水毁路段11处，排查整改安全隐患112处、增设标志标牌162块、修复钢护栏5400多米、砍除路肩枯树250多棵、完成公路沿线双幅打草280多千米、公路标线4580多平方。对省、市、县交办的35处公路安全隐患落实整改到位。

（邹德生）

电　信

【概况】　2019年，中国电信祁阳分公司下设3个管控部门（综合部（工会）、销售服务部、网络部），7个生产部门（政企分部、渠道分部、城东营业部、城西营业部、自营厅、接入网维护中心、客户端安装维护中心）、4个中心支局（下设14个支局）。共有在职员工133人，其中AB类员工103人，D类员工30人。2019年，中国电信祁阳分公司荣获省公司“2019年度中国电信湖南公司战略业务单元”和市公司“2019年度业绩考核先进单位”。

【企业发展】　2019年，累计完成年度预算的100.51%，较上年增幅8.86%。全年净增移动用户数34704户，期末移动用户达到139567户，宽带净增用户数为10378户，期末宽带用户达到55486户。

【网络建设】　累计建设完成FTTH接入光缆496.52皮长公里，共6278.99纤芯公里，新增主干和小区光交29套，新增光分纤箱1578套。新增FTTH用户端口数12948口，覆盖用户22409户。建设完成城区和农村主干、4G、800M等有线接入网光缆340.02皮长公里，共11079.92纤芯公里。开通LET800M基站59个，2100M4G基站23个，1800M4G基站35个，自建基站19个，开通室分站点9个。

（唐小红）

中国移动

【概况】　2019年，中国移动通信集团湖南有限公司永州市祁阳县分公司坚持以客户为中心和高质量发展理念，持续优化产品体系，全面推进融合发展，着力提升基础能力，深化降本增效，强化党建保障，巩固传统领域优势，培育新兴发展动能，较好地完成了各项既定目标任务。截至12月底，全县期末通话客户总数达25.9万户，营业收入达1.7亿元。

【市场经营】　深耕存量经营。以宽带融合产品、资费套餐归位、家庭网、集团V网、存费送费等多种方式，维系稳定存量客户。向非固移融合的头部客户，以99元及以上和家庭套餐推广为主要抓手，引导客户通过家庭网，亲情网，实现全家一起用移动，共享语音、流量，宽带电视免费用，实现固移融合。积极挖抢集客市场。开展集团单位驻点营销活动，组织客户经理向各办公室发放资料，宣传移动优惠政策，面向集团单位主推终端团购、集团专线、集团话务统付、政企彩云、云MAS等集团产品，实现集客收入增收。积极补强社区渠道、直销渠道。2019年新建社区渠道11家、农村渠道30家。对高价值低占小区、小微宽带小区、近三个月新开通小区、存量低端口利用率小区，做好排班，安排由渠道、员工、直销员、村/小区关键人等多支营销力量结合的促销小分队，进驻上述小区进行促销，取得了较好的宽带发展效果，全年净增宽带1.33万户。

【网络建设】　基站建设成绩斐然，目前2G、4G基站达到1199个，全县移动宽带全部执行光纤接入方案，共计完成523个行政村共计71265个端口。2019年，共建设LTE基站25个：LTE行政村建设12个农村宏站，城区建设13个；全县LTE基站突破800个，有效支撑城区深度覆盖和农村广度覆盖，提升VoLTE语音覆盖质量，全面提升了网络服务能力，为市场业务发展提供网络保障。

中国联通

【概况】　中国联合网络通信有限公司祁阳县分公司现有员工36人，合作代理渠道358家。2019年，祁阳联通公司传统业务稳健增长、创新业务规模突破，手机用户规模超过14.65万户，家庭宽带用户超过1.5万户，综合主营收入达到6500万元，创新业创收500万元。荣获湖南联通优秀基层单元、2019年度永州联通先进集体、永州联通安全生产平安创建先进集体、2019年度纪检工作先进基层单元。

【经营主线】 2019年，祁阳联通以持续提升客户感知为主线，坚持营销、服务两手抓，分阶段、抓节点有条不紊的推进各项工作，在公众市场营销上紧抓岁末返乡市场、春秋季校园开学市场、红五月及暑期学生市场、农村信息化扶贫市场等。在行业信息化市场上，达成了交警队红绿灯项目、电子政务内网项目、三所学校的教育信息化项目、自来水无纸化办公项目等，整体经营业绩在永州联通名列前茅。

【网络保障】 祁阳联通2019年有移网基站2G物理站点122个、3G物理站点303个、4G物理站点364个，物理站址共计789个，联通信号覆盖了祁阳地区的85%，网络运行情况良好，能够满足人民生活的通话语音、上网流量的正常使用。宽带接入网OLT站点42个，宽带项目146个，储备宽带端口28980个，满足祁阳县城区、乡镇及大部分村组的宽带网络需求，彻底改善和解决部分人民的通信生活问题，并通过网络助民、通信兴民助推了祁阳经济的发展。

【客户服务】 2019年度，根据NPS指标测评，祁阳联通公司移网客户满意度为96.2分，固网客户满意度为98.5分，用户感知与满意度大幅提升。

（唐红艳）

财税·金融

财　　政

【概况】　2019年，全县一般公共预算收入完成23.19亿元，同比增加2.32亿元，增长11.1%。其中，地方收入14.67亿元，同比增长17.3%；上划中央收入6.79亿元，同比增长2.0%；上划省级1.73亿元，同比增长1.3%。全年公共财政支出59.36亿元，同比增长12.3%，其中民生支出总额达46.89亿元，占公共财政支出总额的79.0%。

【财源培植】　释放政策红利。贯彻实施更大规模减税降费，深化增值税改革、实施个人所得税新政、小微企业普惠性减免等，用政府收入的“减法”换来了企业盈利的“加法”和市场活力的“乘法”，全县累计4.22万户纳税人享受了相关税收优惠政策，减免退税额4.94亿元。夯实财源基础。通过预算安排和向上争资2亿多元投入工业园，经开区成为全市首个规模工业产值过300亿元的园区。大力实施“百企入园”工程，采取财政奖补、贴息等方式，推行“保姆式”服务，吸引新入驻企业及孵化器企业130家。安排专项资金3000万元支持轻纺制鞋、电子信息、先进装备制造、建筑材料等新兴优势产业扩大规模，产值过亿元企业达99家，其中海螺水泥、凯盛鞋业上缴税金分别突破2亿元、1亿元。

【组织收入】　强化税收征管。摸清税源底子，建立税源台账，搜集各行业经济数据，进行对比分析，查找税负异常行业和企业，开展专项清理整治，堵塞征管漏洞。税收收入完成20.01亿元，税收占比为86.3%。竭力立项争资。全县到位上级补助资金较上年增加3.11亿元，增长8.1%。成功争取老旧小区改造、农村人居环境整治、背街小巷提质改造、产油大县、优质粮油工程、农村厕所革命、中小河流治理等一批重大项目和资金。

【风险防控】　以防范化解政府隐性债务风险为重点，多渠道推进债务展期和降息，建立动态监控机制，及时排查潜在风险点。全年化解政府隐性债务3.59亿元，超额完成年度任务。综合运用PPP、专项债等形式破解融资瓶颈，新增债券收入4.18亿元，一批重点项目建设资金需求得到有力保障。

【民生支出保障】　调整和优化支出结构，坚决兜牢保工资、保运转、保基本民生底线。一是优先支持教育发展。统筹财政资金1.5亿元用于义务教育学校建设和高中学校扩建，义务教育大班额“清零”和151所中小学校智慧教育建设任务如期完成。安排各类助学资金5541万元，资助贫困学生近10万人次。继续实施乡村教师支持计划，将农村边远学校教师补贴、班主任津贴、学科带头人奖励、名师工作室建设等各类支持乡村教师政策落实到位。二是全面落实三农政策。财政投入农林水支出9.29亿元，不断改善乡村人居环境，提高农村生活品质。财政投入3.1亿元用于脱贫攻坚，全县75个贫困村全部摘帽退出，实现贫困人口稳定脱贫25093户81068人，贫困发生率降至0.2%。“一卡通”发放惠民惠农补贴66项，累计发放各项补贴3.71亿元。三是切实优化医疗服务。财政补助7074万元，支持全面推进公立医院和乡镇基层医疗卫生机构综合改革。安排城乡居民医保配套3007万元，医保财政补助达到每人每年520元。安排城乡医疗救助经费1150万元，对城乡低保对象医保缴费按50%进行资助。为65岁以上老年人落实一次免费健康体检，为2.2万名农村妇女提供“两癌”检查及妇女病免费普查，5300名孕产妇实施产前筛查，4.5万名入学新生提供免费结核病筛查，开展疫苗免费接种及重大传染病防治等。四是建立健全社保体系。本级配套1244万元，落实中央城乡居民基础养老金调整待遇政策。安排被征地农民参保缴费补贴8000万元，解决失地农民后顾之忧。继续提高城乡低保指导标准，月人均救助水平达340元、204元。统筹安排五保户供养经费4500万元，月补助水平为401元。全面落实高龄老人、孤儿、流浪乞讨人员及65周岁以上失能、半失能人员救助等福利政策，完善残疾人救助制度。五是扎实开展污染防治。加强饮用水源保护，实现地表水及饮用水水质达标率100%。支持年处理固废10万吨的海创水泥窑综合利用固废危废项目建成并投用。支持268个养殖场提质改造，丨里坪区域养殖业转型升级环境整治成效明显。完成白水污水处理厂配套扫尾工作，启动下马渡等5个镇污水处理厂及配套管网建设。

【财政管理】 预算管理有新亮点。国库集中支付电子化改革在全省先行先试，打通预算单位、财政、银行之间财政资金支付信息交换的壁垒。全面清理财政暂付款，盘活财政存量资金，共清理收回1.1亿元。加大预决算公开力度，切实增强预决算透明度。支出管理有新作为。制订完善公务活动用餐、差旅费管理、过紧日子等一系列措施办法，规范财政资金使用行为。依法依规强化投资评审，完成评审项目1859个34.24亿元，审减7.97亿元，审减率达30.3%。严格政府采购，完成采购预算3.47亿元，实际采购3.1亿元，节约3730万元，节约率10.7%。财政监管有新提升。建立财政性资金监督检查长效机制，组织“一卡通”专项治理，对县直预算单位开展预算公开检查、“互联网+监督”民生资金检查，加大民生与扶贫领域专项资金的拨付、使用及管理的检查力度，共收缴入库2230万元。四是绩效管理有新成效。推进绩效管理与预算管理紧密结合，实行预算编制、执行、监督全过程的绩效管理工作机制，获全省绩效管理一等奖。在全省财政综合绩效考核中被评为A级，获得奖励资金400万元。

（唐武利）

税　　务

【概况】 2019年，国家税务总局祁阳县税务局现有干部职工275人，内设14个股室，下设第一税务分局、第二税务分局、金洞税务分局、浯溪税务所、黎家坪税务所、白水税务所共6个派出机构，负责祁阳县和永州金洞管理区范围内的税收征管。现有纳税人12382户，其中一般纳税人756户，年入库1000万元以上纳税人34户。县局先后获得“全国工人先锋号”、“省文明标兵单位”、“省文明卫生单位”、档案管理规划化建设省特级单位、永州市园林式单位、全市党风廉政建设和反腐败工作先进单位等称号。

【税收收入】 2019年，针对大规模减税降费、新增税源总量偏小等不利局面，全局上下齐心协力，分类施策抓收入，确保全年组织入库县政府口径税收（不含车购税7013万元和金洞管理区3821万元）20.56亿元，同比增收2.04亿，增幅11.01%。分税种累计入库方面，增值税累计入库95631万元；国内消费税入库196万元；企业所得税入库28744万元。

【机构改革】 社保费划转平稳顺畅。通过县委政府的指导协调，明确各单位的征管职责和财政拨款单位缴费的主体责任，更新社保缴费方式，采用“直缴入库”新模式，有效降低资金安全隐患，压缩中间环节，加快入库进程，减少了事后大量的人工对账工作。加强宣传考核，解决各单位因征缴工作划转带来的疑问，累计答疑2000余次，印制发放30多万份《城乡居民医保参保缴费告知书》，发送手机提醒告示短信60万条。与乡镇、街道签订《2020年度城乡居民医保参保缴费工作目标责任书》，对具体指标、时间节点和经费奖励等内容进行明确，确保城乡居民两险征缴工作顺利进行。安排4个组的人员到人社大厅进行跟班交叉学习，提升窗口人员服务能力。协调各商业银行建立社保费交流机制，及时增进与银行的信息传递和业务交流，帮助解决缴费中遇到的问题。大力推广“湘税社保”APP，积极倡导掌上缴费。2019年全县征收社保费8.4亿元，其中机关事业单位“四险”入库6.4亿，全县75.2万人缴纳城乡居民医疗保险2亿元。

【减税降费】 2019年，全县累计4.22万户纳税人享受相关税收优惠政策，减免退税额4.94亿元。其中享受小微企业税收优惠政策29860户，减免税额7079.6万元；享受个税改革优惠政策3117户，减免税额3954.39万元；享受深化增值税改革优惠政策555户，减免税额9153.38万元；办理出口退税1.23亿元；享受其他税收优惠政策8616户，减免税额近1.7亿元。全县小微企业和自然人普惠性减免退税工作成效突出，经验被湖南税务刊发推广，得到省市局领导多次表扬。

【税收征管】 “金三”并库工作圆满完成，成功录入并库版系统业务2828笔，上报问题单29个。“五率”保障有力，全年1万余条催报催缴记录全部按时完成；全年追缴欠税30余户，追缴税款300余万元。大力推广电子税务局，引导纳税人注册开通和使用，全县电子申报率达98.58%，位居全市前列。从9月起，对全县城区个体工商户逐户发放减税降费优惠台账，进行税收政策宣传，摸清“房土”两税相关信息，检查发票领用和开具情况，城区范围内登记率100%，起征点以上的个体工商户达到150户以上。主动提出申请，要求县政府升级更新存量房交易系统，全年共导入更新后的系统数据信息72693条，其中住宅65622条，非住宅7071条，评估均价每平方米3446元，全年存量房交易累计入库税款3298.85万元。

组织开展税收清查清算，大力追缴历年陈欠税款，查实永州天宇和园房地产开发有限公司陈欠税款3000多万元。完成各类风险应对任务542户，查补各项税费3371.66万元，调减企业所得税亏损额1273.49万元，加收税收滞纳金108.86万元，罚款5.5万元，切实维护国家税收秩序，为市场主体公平公正竞争营造良好营商环境。

开展土地增值税清算，选拔20余名业务能手组建5个清算小组，实行团队化作业。对符合条件的17个房地产开发项目进行集中清算，移送稽查4个，实际清算结案13个，入库各项税收1.1亿元，其中土地增值税6456.3万元。规范企业所得征收方式，引导暂不符合条件的核定征收企业向查账征收方式过渡，查账征收面99.9%，入库企业所得税2.86亿元。加大地方各税清理力度，加强对环保税的监管和征收，采集环保税税源信息124户，入库环保税568.45万元。

【纳税服务】 积极开展“便民办税春风行动”“纳税人需求大走访”等活动，走访纳税人6000多户，赠送税收政策辅导答疑书籍4000多册，收集意见建议100余条，事件处理反馈到位，得到纳税人的一致好评。严格落实178个办税事项最多跑一次清单，大力推广电子税务局，163项税收业务实现“全程网上办”。全面推出一窗通办、同城通办、自助办税等便民利民举措，清理并报送资料25%以上。在2019年纳税人满意度调查中，县局排名全省第2位，得到省市局的高度肯定。

【队伍建设】 坚持把加强党的建设贯穿改革和税收工作中，以党建引领改革发展，确保改革方向不偏、工作力度不减、干部队伍不乱。以“不忘初心、牢记使命”为主题，召开专题民主生活会1次和党支部专题组织生活会14次。2019年，开展明察暗访12次，下发通报6期，邀请县委常委、县纪委书记讲廉政党课，以案说法，淳淳教诲党员干部要警钟长鸣，挺纪在前。全年进行提醒谈话10人次，诫勉谈话1人次，中层副职以上集体廉政谈话1次，婚丧喜庆报告12人次，全局上下严格执行中央的八项禁令，在职干部全部填写《“八小时之外”违纪违法突出问题自查表》，全年未发生一起违纪违规事件。

中国人民银行祁阳县支行

【金融服务】 强化指导传导货币政策。定期召开区域金融运行形势分析会，引导金融机构贯彻落实国家信贷政策。2019年，全县金融机构在脱虚向实、回归本源，支持民营、中小微企业方面取得实效。做好央行政策导向，引导法人金融机构加大信贷投放，降低企业融资成本。全年累计发放支农、支小再贷款1.7亿元，利用再贷款的杠杆作用和利率加点导向，增加对区域实体经济信贷投入，降低了企业的融资成本。定期对农商行降准释放资金的投向开展监测分析，引导降准释放的资金全部用于民营企业和小微企业。积极督导辖内地方法人机构执行贷款市场报价利率（LPR）机制，提高利率传导效率。做好专项信贷政策评估，督促金融机构落实国家信贷政策。根据《涉农信贷政策导向效果评估指引（试行）》文件精神，对辖内8家符合评估条件的银行业金融机构进行了2018年涉农信贷政策导向效果评估。对评估结果为勉励的县中国银行，进行了业务指导。

推动创新增加有效投放。为加大对“三农”和小微企业的有效投入，督促县金融机构按照《祁阳县关于金融机构创新信贷产品和服务方式工作实施方案》的工要求，结合实际情况，先后创推出“油茶贷”“光伏贷”“征信+库税融”等信贷产品。

搭建平台促进融资对接。推动祁阳县第十五届银企合作洽谈会顺利召开。银企洽谈会共有46个企业现场参会，18家企业进行现场签约，意向贷款企业项目164个，意向贷款金额达36亿元，截止到12月份，落实贷款项目达27亿元。组织金融机构开展深化民营和小微企业金融服务，推广运用《永州金融惠企大走访管理系统》。筹建祁阳县金融超市，将各银行经营的信贷产品进行有机整合，向客户提供涵盖众多金融产品与增值服务的一体化展示平台，通过系统联网实时促成银企对接。

【金融稳定】 开展宏观审慎评估（MPA），督促地方法人金融机构稳健经营。全年对祁阳农商行和祁阳村镇银行按季进行评估。在评估中发现：2019年祁阳村镇银行前三季度评估结果为达标，祁阳农商行前两季度评估结果为达标，但第三季度评估结果为C类。对祁阳农商行不良贷款率从7月后持续上升且超出5%监管红线，支行分别9月、12月向农商行发出约谈通知书对其高管人员对进约谈，要求农商按月向人民银行报送信贷资产质量数据和不良贷款处置进展情况，并采取措施化解风险。

加强重点领域、重点行业的风险监测排查。按月上报2类物价批发和1家工业景气月报工作；加大了对地方政府融资平台债务监测分析，全面摸清辖内政府性债务底数及“六个一批”措施落实情况，进行分析评估，提出政策建议，推动地方政府落实风险处置措施化解风险；新增对县域房地产监测分析；按时完成上级行安排的18次各类快速调查任务。

依法有序做好存款保险制度实施各项工作，实现了“零差错”。配合上级行核查祁阳农商行和村镇银行2019年投保机构存款保险费率；核定地方法人机构存款保险风险差别费率；积极参加金融稳定局举办的存款保险信息系统远程培训，顺利完成存款保险信息系统上线运行；组织辖内投保机构交纳保费，全部及时、足额上划总行存款保险中心。

【金融监管】 做好“两管理两综合”工作。全面评估2018年度金融机构执行人民银行有关规定情况。做好金融消费者维权了解工作。全年接待客户投诉32人次，对于职能范围1例案件成功处置，对不属于受理的案件做好解释工作或提供处理建议。加强人民币管理。开展小额人民币明察暗访工作，对邮政银行营业部、农商行营业部、工行营业部等10余家银行网点的小额现金人民币供应情况进行了暗访工作，对部分银行网点小额人民币供应不足、不公布预约兑换电话等问题，采取约谈，督促整改。开展违规使用人民币图样专项整治行动。清明期间，联合县公安局、县技术质量监督局等单位，对辖内20余家祭祀用品销售店进行了检查，没收并销毁非法使用人民币图案的祭祀用品2000余张。开展纪念币发行巡查工作，确保纪念币发行工作井然有序。加强反洗钱监管。12月底，对辖内7家非法人银行业金融机构、1家证券机构、10家保险机构2019年反洗钱工作进行了全面考核评级，农发行祁阳支行等4家机构A级被评定为A级，工商银行祁阳支行等14家机构被评定为B级。发出监管意见书6余份，责令限期整改。通过考核评级，有力地促进了辖内反洗钱工作开展。利用与公安、检察等单位建立的工作协调机制，向公安部门移交反洗钱线索5条，促成公安部门立案调查一起。强化国库代理业务资格审核。按照《湖南省银行业金融机构代理非税收入收缴业务资格认定管理办法》的相关规定，对辖内工行祁阳支行等8家非税收缴代理机构代理资格进行了年检。年检主要采取非现场年审方式进行。对农业银行祁阳县支行营业部、祁阳农商行营业部等2家机构代理的非税收入业务进行了现场检查核实。对年检过程中发现部分代理行非税收入账户使用不规范、非税收入报解不及时等问题，责令相关代理银行进行了限期整改。开展国债发行巡查。国债首发日必巡查，发行期间开展不定期巡查，巡查做到不事先打招呼、不走过场。全年累计巡查9期11次，共巡查承销机构营业网点33个，督促相关承销机构营业网点整改问题7个。

中国农业银行股份有限公司祁阳县支行

【概况】 2019年，中国农业银行股份有限公司祁阳支行主体指标总体呈现稳定发展。至12月末，各项存款时点余额761782万元，比年初净增30322万元，四大行份额占比46.63%，排名第一。各项贷款余额189184万元，比年初净增699万元。全年实现营业收入1.65亿元，较去年同期减少1000万元。

【运营管理】 明确运营工作目标，制定工作规划。年初，明确提出了全行运营工作的总体工作思路、工作目标和主要措施，修订和完善支行运营管理考核细则，强化柜面业务日常考核。制订了《支行运营管理工作质量评价方案》《三化三铁创建实施方案》等；开展专项活动，严防重点领域风险。开展专项治理活动，组织网点员工开展ATM、柜员现金箱管理等专项治理活动，上班期间集中手机保管制度，并加强对重点人员的日常监督和检查；开展重点指标竞赛、电子对账签约竞赛，通过专项竞赛活动切实提升运营基础管理水平；进一步加强网点转型工作。购置11台现金超柜，减少高柜数量，释放柜员，实现减柜员、减成本；加强监管，按期召开运营例会。通过PPT的形式将现场监管、非现场监管发现的违规问题按网点逐个罗例出来进行点评分析，发现问题找源头，进一步规范柜台操作，提高工作效率，强化监管措施。

【风险控制】 加强对农户小额贷款的审批，完善农民养老贷新业务资料和流程，2019年审核发放农民养老贷一项377笔，贷款金额3393万元；加强贷后管理。通过邮件告知、电话通知、上门催收等多种形式，不断加强贷后管理工作，2019年法人贷款贷后管理216笔、个人贷款贷后管理达到384笔，使银行贷后管理工作基本走上正常轨道。

加强整改工作。自2019年1月至2019年12月，祁阳县支行在接受内外部审计检查中，共出底稿34份，涉及金额50692万元。按照整改要求，做到行为纠正、风险控制、责任追究。对底稿涉及人员，根据违规责任人员的行为，给予相应的处理，落实到人，追究到位，从通报批评、经济处理到警告处分，处理人员33人次。支行各部室均按条线管理设立了尽职监管员和整改录入员，发现问题，及时督办责任人，认真整改，按要求及时录入ICCS系统，整改率为100%。

中国建设银行股份有限公司祁阳支行

【概况】 2019年，中国建设银行股份有限公司祁阳支行有45名员工，辖4个物理网点、5个离行网点。一年来，祁阳支行在县委、县政府的大力支持下，在省市分行党委的正确领导下，坚持以支持地方经济发展为己任，不断加强基础管理工作和合规文化建设，着力提升全行经营管理水平，各项业务又好又快发展。支行全口径存款38.51亿元，其中个人存款32.97万元，对公存款5.54亿元，贷款余额18.97亿元，全年新增贷款5.61亿元，实现中间业务收入1649万元，账面利润8275万元。会计稽核差错率万分之0.14，全行客户集中对账回收率100%。

【信贷投入】 定期组织信贷管理学习，共同探讨交流学习，提升对公人员的服务和营销能力。同时，调整客户经理的考核政策，年度考核中增加产品、账户数量、有效客户提升等重点指标，扩宽业务知识面和增强业务知识储备。对公贷款新增5.61亿元，贷款余额全县“四行”中名列第一，贷款新增“四行”名列第二。

【乡村金融】 结合祁阳县域实际，扎根乡村振兴战略前沿，以金湘通为抓手，主动思考，勇于创新，引领支行全体员工凝心聚力，以农村集体经济组织改革为契机，大大提升建行在当地金湘通业务份额和品牌形象。

中国农业发展银行祁阳支行

【概况】 中国农业发展银行祁阳县支行是祁阳县直属国务院领导唯一的一家农业政策性银行，现有员工15人。2019年，全行上下突出“全力服务国家粮食安全、全力服务脱贫攻坚、推进农村产业兴旺、推动农村生态宜居”四个重点，围绕“粮食保根基、产业做特色、土地做文章、客户做产品、现金流定项目”五大抓手，推进“重点客户、重点项目、存款优化、服务民营小微企业提升”四大工程，全力推进高质量发展。现支持粮油产业化龙头企业2家、地方政府企业3家、大型水利建设企业

1家。

【业务发展】 在地方党政领导及相关部门的关心、支持下，以服务地方经济发展为重点，认真贯彻落实年初总行、省市分行年初行长会议精神，全力支持粮油收储，强化新农村建设中长期贷款的营销与管理，正确处理业务发展与防范风险的关系，提高业务运营质量，各项工作取得高效、稳键发展。全年累计发放各项贷款139091万元，其中：产业化龙头企业粮油贷款23301万元；水利贷款20000万元；棚户区改造贷款67750万元；标准化厂房贷款28000万元；民营小微企业贷款40万元。

【业务转型】 坚持“政府引导、紧盯政策、服务战略、依法合规”的原则，主动适应政策调整和市场需求，从原来的政府购买服务模式向公司自营、PPP等市场化运作模式转变。重点营销国企及实力较强的民营企业。全年重点营销的地方国企超过8个，民营企业6个。按照省政府“135”工程规划，充分发挥政策性金融逆周期调节作用，重点支持产业园区基础设施、标准化厂房以及配套设施建设等。累计支持园区项目2个，已审批金额2.8亿元并全部发放到位。湖南省农发行已调查项目1个，金额4亿元。11月与祁阳县政府召开项目贷款对接会议，制订意向贷款项目21个、项目金额115亿元，为2020年高质量发展奠定良好基础。

中国银行股份有限公司祁阳支行

【概况】 2019年，中国银行股份有限公司祁阳支行在职员工42人，辖3个网点、6个自助银行。全年支行各项存款余额16.64亿元，贷款余额4.44亿元，实现中间业务收477.18万元，净利润1348万元。

【惠民工程】 2019年，全行投入441万元，用于祁阳县人民医院银医项目建设，满足人们看病就医全流程的缴费、挂号、查询等服务需求，促进医院信息化建设上台阶；投入28万元，用于财政电子化支付系统建设，财政电子化支付全面上线；投入3万元，用于上线祁阳县自来水公司手机银行自助缴费平台。

【普惠金融】 2019年，全行新增及续做普惠金融客户22户，主要有：红农港农业、顾君茶油、祁州骨科医院、亚材门窗、清风包装、国洋装饰、祁兴民爆、天宇建设、龙天建设、天子龙有机农业等，总授信总额2300万元。

面对国际严峻的金融形势，中国银行祁阳支行为规避风险，建立进出口企业建立外汇业务交流群，每天对外汇市场分析，及时发布行情预警，通过外汇组合产品、远期结售汇等外汇工具，为进出口企业提供增值保值服务，规避汇率风险。全年累计为湖南凯盛办理汇利达组合931万美元，为科力尔集团办理远期结汇业务4200万美元。

【基层党建】 按照省、市分行党委推进新时代党建高质量发展要求，扎实推进基层党支部标准化规范化建设，全行在政治建设与业务发展中破难题、勇创新，不断提升基层党务实操能力，充分发挥好党的“两个作用”。2019年全行党支部在“七一”期间被省分行党委授予“先进基层党组织”光荣称号。

祁阳农商银行

【概况】 截至2019年年末，祁阳农商银行辖内有57个支行，1个营业部，共58个营业网点，其中农村网点47个，实现了对全县乡镇（管理区）的全覆盖。机关内设13个部室，全行员工470人，其中在职党员数241人，35岁以下员工220人，大专及以上学历268人。

【业务经营】 截止2019年12月末，全行资产总额131.74

亿元，较年初增加3.65亿元。各项存款余额119.69亿元，较年初增长4.79亿元，完成省联社分配任务的39.92%；各项贷款余额82.3亿元，较年初增长9.04亿元，增幅12.34%；存、贷总量、增量均居全县金融机构首位；不良贷款余额7.22亿元，不良贷款占比为8.77%；拨备覆盖率82.78%；资本充足率8.16%。

【支农服务】 坚持支农支小不动摇，立足“三农”，深耕农村市场，发掘有效需求，充分发挥人缘地缘优势，创新信贷产品；优化信贷结构，助推农业产业链经济发展。至2019年12月末，我行各项贷款82.3亿元，其中涉农贷款余额69.11亿元，较年初增加2.85亿元，占比83.97%；小微企业贷款余额24.26亿元，较年初增加3.22亿元；小微企业贷款客户数2398户，小微企业贷款同比增速15.32%，有效满足本地居民、小微企业的融资需求。

教　　育

教　　育

【概况】　2019年，祁阳县有各级各类学校（幼儿园）412所，其中幼儿园191所、小学129所、教学点44个、初级中学30所、九年一贯制学校10所、十二年一贯制学校1所、高级中学2所、完全中学1所、特殊教育学校1所、中等职业学校2所、成人中等学校1所。在校学生（幼儿）150420人，其中在园幼儿21818人、小学生66199人、初中生37726人、高中生15630人、受特殊教育学生96人、中职学生8951人。在编在岗教职工7000余人。

【办学条件】　2019年，县教育局以落实重点民生实事项目为重点，不断加大教育投入，全力推进学校基础项目建设。全年全县公共财政教育支出达12.2亿元，同比上年增长4.36个百分点；广泛吸纳、整合民间资金3.8亿元，较上年增加3.55亿元，进一步夯实教育发展基础。大力推进城区学位建设。全面实施祁阳一中扩建、七里桥镇中学扩建、光明学校新建等14个学位项目建设，新增学位2.09万个，顺利化解义务教育大班额445个，提前一年实现义务教育大班额清零，圆满完成省、市下达的学位建设和化解超大班额任务。全面实施“智慧教育”建设。投入1.37亿元，实施150所中小学校“智慧教育”建设，完成350辆校车视频监控系统、106间多媒体教室、63间计算机教室、11间录播教室、117所学校广播系统、150所学校“校校通”“班班通”建设，在全市率先建成新一代“互联网+教育”大平台。切实加强校园安防建设。投入1582万元，推动全县中小学校封闭式管理，专职保安配备，一键式紧急报警系统安装，视频监控系统与属地公安机关联网，筑牢校园安全防线。全县中小学校（幼儿园）现有图书室405间，藏书225万余册，生均17.5册；中学实验仪器室207间，总面积9794.8平方米；体育运动场地185700平方米，生均12.3平方米。

【学前教育】　投入1540万元，建立公办幼儿园4所，新增民办普惠性幼儿园14所，对62所民办幼儿园办园条件进行专项督导评估，评出优秀等次2所、良好等次7所、合格等次52所、基本合格等次1所。全面开展幼儿园“小学化”专项督查，有效提升幼儿园保教质量和办园水平。

【义务教育】　坚持城乡教育一盘棋，力促义务教育从基本均衡向优质均衡迈进。投入1.4亿元，维修改造薄弱学校119所，建设“芙蓉学校”1所、暖阳学校2所，建成标准化食堂34家，改厕19所；支持祁阳一中托管文昌中学、祁阳七中托管茅竹中学，扎实推进优质学校和薄弱学校结对帮扶，城乡、校际间教育差距不断缩小。2019年中考，全县初三合格率排全市第二名，平均分和优秀率均排全市第三名。

【普高教育】　完成祁阳一中校史馆、祁阳四中标准化田径场、祁阳二中提质改造等基础项目建设，普高学校办学条件进一步改善。落实“一届高考全程抓”战略，积极对接新高考改革，全面推进素质教育，精准实施科学备考，着力提高教育教学质量。2019年高考，全县一、二批本科上线2623人，其中一本上线1134人，2人被北大录取，212人被“985”“211工程”院校录取，3人被航空航天大学录取。县教育局和祁阳一中被湖南省教育厅及空军招飞局评为“招飞工作先进单位”；祁阳一中被评为“空军工程大学优质生源基地”，2人被湖南省教育厅和空军招飞局评为招飞工作先进个人。

【职业教育】 完成县职业中专商贸服务群实训室、产教融合实习车间等项目建设。县职业中专现在校学生突破8900人，对口高考升学率获全省9连冠；建成电子信息技术、加工制造技术、商贸服务3个专业群和15个特色专业；工业机器人应用人才培养中心成为国家级实训中心，电子商务专业立项为教育部1+X证书制度试点；成功创建“全国中等职业教育改革发展示范学校”，被评为“全国教育系统先进集体”。

【特殊教育】 为县特殊教育学校补充新教师10名，惠及96名智障残疾儿童。各中小学校创造条件接纳残疾儿童少年随班就读，对231名重度残疾儿童少年开展送教上门服务，让残疾儿童少年共享教育的阳光雨露。全县三残适龄儿童入学率达97%。

【民办教育】 全县现有民办幼儿园165所、民办义务教育学校16所、民办中等职业学校1所、民办十二年一贯制学校1所、校外培训机构114个。郡祁学校小学部和初中部顺利开学，华阳学校、光明学校、哈弗学校小学部等项目建设加速推进。陶铸中学、哈弗学校、郡祁学校等民办学校办学机制灵活，办学特色鲜明，为群众提供了多元化教育选择。

【“四名工程”建设】 深入推进“四名工程”，着力打造祁阳教育品牌。一是创名校。结合校园高规格绿化、高品质文化、高标准美化建设，扎实推进“一校一品”“一校一特”建设，不断改善育人环境，提高育人品味。祁阳一中被评为“湖南省文明校园”，长虹街道明德小学获评湖南省“平安学校”创建示范单位；成功创建“全国青少年校园足球特色学校”2所、“全国青少年校园篮球特色学校”2所、市级“园林式单位”8个。二是育名师、培名校长。补充新教师681人，交流教师273人。依托35个市、县级名师工作室，培育县级以上名校长、名教师、学科带头人等530余人。以庆祝第35个教师节为契机，表彰奖励“十佳”校（园）长、卓越教师、明星教师、优秀班主任等1728人。培训干部教师7200余人次，祁阳连续三年被评为全省国培计划“A类”项目县，成为湖南“国培计划”教师工作坊研修区域整体推进试点县，成功承办全省教师培训机构专业化建设现场会，祁阳师训经验在全省推广。县教育局被评为“湖南省中小学教师网络研修工作先进单位”。三是推名课。充分发挥“一师一优课，一课一名师”活动平台作用，广泛开展“磨课”“赛课”“名课”活动，网上晒课3800余节，打造市级以上优课、名课、微课153节。

【教育改革】 大刀阔斧推进四大改革。一是学前教育管理机制改革。在县教育局新增内设机构“祁阳县学前教育管理中心”，将基础教育股和职教成教股有关学前教育管理职能归口其管理，进一步理顺学前教育统筹协调管理机制，力促学前教育健康快速发展。二是教学模式改革。出台《祁阳县关于落实〈湖南省高考综合改革实施方案〉的具体实施办法》，积极应对“3+1+2”高考选考模式和“初中学业水平考试成绩+综合素质评价”的高中考试招生制度改革，探索推进高中“选课走班”教学模式，全面实施学生综合素质评价，大力推进两语类、科技类、体育类、艺术类等四大类学校特色课程创建，不断培养学生核心素养，着力提高教学质量和效率。三是育人模式改革。结合“雏鹰争章”、小组建设、国学教育、祁剧进校园、科技创新等工作，大力推进“向日葵工程”，培育潘市镇一中、人民小学等一批样板学校。县教育局获得“全国第六届中小学生艺术展演活动优秀组织奖”和“湖南省第四届中学生建制班合唱比赛优秀组织奖”。四是教育督导改革。在全省初中实验教学质量抽查中，祁阳排名全省第一。高质量完成全国义务教育阶段学生语文、艺术学习质量监测和全省义务教育阶段学生课业负担专项监测工作。

【教育综合治理】 积极开展廉洁机关、廉洁学校建设试点和廉洁文化进机关进校园活动。严格执行中央八项规定及其实施细则精神和省、市、县作风建设有关规定。扎实开展“不忘初心、牢记使命”主题教育专项整治和二级机构、教育扶贫领域腐败和作风问题、形式主义官僚主义集中整治行动，持续推进全县中小学违规征订教辅材料、学生食堂问题、违规收费办班补课问题“三项整治”，严肃查处损害师生群众利益的违规违纪行为，驰而不息纠正“四风”，营造了风清气正的教育政治生态。全年共调查核实问题线索 56 条，立案 16 起，党纪处分 12 人次，政务处分 4 人次，下发作风督查及典型案例通报 8 期，通报批评 44 人，谈话提醒 130 余人，诫勉谈话 39 人，取消年度评先评优资格、扣除 1—2 个月奖励性绩效工资 23 人，收缴违规资金 21.36 万元，清退违规资金 9.58 万元，实现政治效应、法纪效应和社会效应相统一。

【党的建设】 积极开展党员激励、关爱、帮扶活动。利用“七一”等节庆日，教育工委表彰 137 名优秀共产党员、优秀党务工作者及 10 个先进基层党组织。坚持走访慰问困难党员 180 余人。高度重视退休党员服务工作，确保退休干部党员离岗不离组织、流动不流失、退休不褪色，并落实好退休党员政治生活待遇，开展丰富多彩的文体保健活动，为老同志提供更多精细化、个性化、亲情化服务和精神关爱。

【教育扶贫】 全年发放国家助学金 5100 余万元，募集发放社会资助金 700 余万元，办理大学生生源地信用助学贷款 1955 万元，惠及困难师生 10.1 万人次，实现贫困学生资助全覆盖、义务教育阶段学生零辍学。圆满完成全省脱贫攻坚实地考核和省级脱贫攻坚交叉检查任务。县教育局被评为“湖南省生源地信用助学贷款先进单位”。

（周纲要、唐文、曾林生、石玉星、邓光春）

祁阳一中

【概况】 祁阳一中创办于 1912 年，是湖南省重点中学，省示范性高中，全国现代教育技术实验学校，清华大学、空军招飞优秀生源基地。是一所历史悠久、环境优美、底蕴深厚的百年名校。学校占地 250 余亩，建筑面积 8.8 万平方米。校内古木参天，亭台楼阁，曲径回廊，自然、人文景观相映成趣。学校名师荟萃。现有教职员工 386 人，其中特级教师 2 人，正高级教师 2 人，高级教师 128 人，一级教师 127 人，省级骨干教师 6 人，市名校长 1 人，市级名师、学科带头人、骨干教师 80 人。学校名生辈出，迄今培育工程院院士刘大响，清华大学教授、工程院院士候选人杨知行等精英人士近 6 万人，现有在校学生 4500 余人。2019 年，学校全面贯彻国家教育方针，着力打造示范性、实验性、特色鲜明、管理科学的国家一流高中学校，各项工作取得长足进步。获评“湖南省文明校园”“广西大学优质生源基地”

"空军工程大学优质生源基地""2019年度创新创造教育工作先进集体""空军招飞先进单位""全国基础教育科学研究先进单位"等国家、省级以上荣誉。

【办学成绩】 2019年高考，学校唐靖逸同学以高考原始分678分，获永州市理科状元；王萍同学以高考原始分641分，获永州市文科状元；全市理科前五名占三人；600分以上125人，全市第一；一本上线760人，二本以上上线1196人（不含省外艺术生），一、二本升学率均居全市之首，599班唐靖逸和文理仪两位同学被北京大学录取。学生学业水平考试全科合格率保持在99.5%以上。

【教学工作】 学校教学工作强力实施"三激活"（激活教师、激活学生、激活课堂），着力坚持"两抓实三强调四到位"。"两抓实"即抓实集体备课。对教师备课和备课组落实备课要求实行捆绑式量化考核，实行"等级考核评价"，纳入评选优秀备课组重要指标。抓实教学督导。每节课至少有两个人对教师上课进行仔细督导，对各班班纪班风、班主任到岗等情况进行核查登记并在微信群通报，每周年级管理人员进行一次实实在在的情况小结、分析和工作部署，每周分年级召开班主任和备课组长会，将一周情况通报并落实工作部署。行政会成员每周分别深入蹲点班级和备课组不少于2次，每周行政例会检查通报并奖罚兑现。"三强调"即强调年级部的战斗力和团队精神；强调科任教师的钻研精神和业务学习，每学年要进行一次业务考试和四次学生对学校管理和教师教学测评，考试成绩和测评结果作为评先评优、晋职、聘岗的重要依据；强调集体备课的研讨和资源共享。"四到位"即师生认识行动到位，年级部、班主任和科任教师管理到位，教学常规落实到位，家校协同教育到位。

【创新教育】 "α科技创新工作室"成效显著：申报国家级课题两项，开展知识产权保护宣传教育6000余人次，指导学生参加"第十届世界发明创新大赛""15届中国青少年创造力大赛""全国中小学信息技术创新与实践大赛（NOC）机器人格斗""第二十三届全国发明展览会·一带一路暨金砖国家技能发展与技术创新大赛"等重量级竞赛，喜获"一金、五银、六铜"佳绩，同时获实用性专利一项，创全市纪录。

【队伍建设】 学校牢牢抓住"关键少数"，班子成员做到了率先垂范，以身作则，日常的值班、上课、巡查、听课、教研、蹲班实行签到制，奖轻罚重。大力实施"名师工程"，学校对获得市级骨干教师及以上称号的教师给予奖励或月津贴，充分发挥他们的引领和示范作用，要求他们每学期必须上示范课不少于一节。通过师德引领、专业成长、青蓝结对等机制，努力做大做强名师团队。同时，强化考核激励机制。干部教师竞争上岗、双向选择，不搞"论资排辈"；岗位聘用、评优评先、进职晋级、提拔使用均向一线教师倾斜，形成讲师德、比教学、看实绩的良好风气。

祁阳二中

【概况】 概况2019年，祁阳二中在编教职员工346人，其中专任教师317人（副高级教师98人，中级教师139人，助理级60人，其他20人），工人29人。学校有市级学科带头人刘华中，市级骨干教师刘志平、蒋杰、尹夔，有高中物理、高中地理和高中生物三个县级名师工作室。2019年上学期有教学班64个，学生4041；下学期有教学班67个，学生4453人。

【教学成绩】 2019年高考学校实现三位数的突破，本届学生在中考前1500名只有14人的状况下，二本以上上线人数118人，其中重点本科48人，圆满完成县教育局下达给祁阳二中的高考目标任务；高二学业水平考试，全科合格率历史性的达到76.94%，单科合格率均在90%以上，排名在永州市示范性高中前列。高一期末全市统考中，祁阳二中在中考录取全县前1500名只有11人的不利条件下，模拟上线141人，尤其是俄语学生外语单科成绩普遍提升50分以上；初中各年级在全县期末统考中与文昌、哈弗并驾齐驱，稳居前三。祁阳二中获祁阳县2019年高考优胜单位、祁阳县2019年高考生源优胜单位。

【德育工作】　学校全面贯彻党和国家教育方针，落实立德树人的根本任务，践行社会主义核心价值观，坚持德育首位，实施素质教育。学生入学时，每个学生签署《祁阳二中学生遵纪守法承诺书》，政教处在全校学生中发起“文明礼仪伴我成长”倡议活动，通过教育及学生自主管理，学生能自觉遵守中学生守则和日常行为规范，语言文明，待人有礼貌，遵纪守法，诚实守信。在校团委、政教处的组织下，每周一早晨升国旗，第8节课开班会，以不同的主题对学生开展养成教育、理想教育、法制教育、诚信教育、心理健康教育以及励志感恩教育；学校聘请祁阳县司法局副局长担任法制副校长，定期对学生开展法制教育。组织学生多次到县禁毒中心接受禁毒教育。组织开展国学经典诵读、抵制诱惑远离网吧、远离毒品、防火防灾防溺水、行车和食品安全、创国卫等专项教育活动；学生自觉遵守中小学生守则和日常行为规范，文明程度高，遵纪守法，诚实守信。全校连续三年学生犯罪率为0，违纪处分率分别为0.16%、0.14%。坚持每期召开学生家长座谈会，积极构建“家校一体”的教育网络。2019年学校荣获祁阳县禁毒示范校称号。

【教改教研】　学校高度重视教改教研工作，紧紧围绕三大考试，加强高考、学考、中考备考研究，大力推进课堂教学改革和“团队创优”活动，强化课题研究，推行教师发展机制，着力培养青年教师，努力培养名师。每个学期开出公开课、示范课、课改课、比武课、汇报课达100节次以上，参与听课达1000人次以上。要求教师听课后及时开展评课活动，实现了教师课堂教学研究参与率100%。注重校本课程研发，尤其是地理、物理、生物名师工作室成绩斐然。高三各学科依托学科网和长沙市一中、长郡中学，各自建立高考备考质量监测题库，每次月考从中精挑细选题目，效果很好。在全体师生的共同努力下，2019年，共有720人次在国家及省市县发表论文或获得优秀奖励。

【校园新貌】　一年来，县委、县政府继续加大财政投入，学校想方设法多渠道筹措资金，进一步改善办学条件，加强学校基础设施建设，优化教育环境。同时，积极响应县委、县政府“五园五化”和创绿战略部署，把校园建设作为优化育人环境、构建和谐校园的重要工作来抓，精心规划，加大投入，现有古树66棵，盆栽花卉2800余株，绿化率达75%以上。被授予永州市园林式单位。

【校园文化】　校园文化全覆盖。图书馆、阅览室全天候开放，报刊长廊日日更新，艺术长廊展现教师风采，电子屏幕时时宣传正能量，黑板报紧跟新形势，演讲、书画、体育比赛、重华艺术节充分提供才艺展示平台，文学社刊《重华》、校园广播、祁阳二中微信公众号和网站及时发布学校新闻，祁阳二中丰厚的文化积淀绽放出时代的新火花。2019年学校宣传又上新台阶，全年在学校网站、二中微信公众号、祁阳教育网、祁阳红网、祁阳手机报、永州教育信息网、湖南教育网等发布新闻稿件68篇。

【队伍建设】 教师学科结构合理，学校专任教师学历都在本科以上，合格率 100%，每年新进教师 80%具有研究生学历，高比例逐年上升，学校在 2019 年补进了 18 位大学应届毕业生。建立教师专业发展规划，打造名师队伍和教育科研研发队伍，学校认真执行《祁阳县教师培训考核办法》，制订《祁阳二中教师培训计划》，教师培训有计划、有措施，积极组织教师参加各级各类培训，培训形式多样，每个学科有县级以上学科带头人或骨干教师。同时还积极组织教师进行校本培训。年初把教师培训经费和教育科研经费列入预算，2019 年经费达 32 万元以上。

祁阳四中

【概况】 2019 年，在上级教育主管部门的关心和支持下，祁阳四中师生紧紧围绕“乘势而上，重振雄风，打造湖南省特色高中”这一主题，努力工作，顽强拼搏，学校各项工作都取得了突出成绩。

【教学工作】 狠抓教学质量提升，全面落实教学常规管理，做到老师早晚辅导及时进课堂，教师教案月月查，学生作业及时看；严格规范“集体备课”的时间和任务，通过集体备课发挥教研组对教学的引领指导作用；致力打造“高考研究团队”、“学考研究团队”，组织有经验的老师，编写适合学情的高考、学考导学案，等等，确保教学质量在全市同类学校名列前茅，保持领先地位。2019 年学考，一次性合格率接近 90%。2019 年高考，我校成绩又上新台阶，再创新辉煌。二本 302 人，首次突破 300 人大关，比 2018 年 245 人多 57 人；一本 92 人，比 2018 年 66 人多 26 人；名优班 489 班全部二本上线，一本上线率 90. 8%。

【校园建设】 围绕“东改西扩、提质改造”建设计划，扩建了宽敞靓丽的校园大道、改建了标准化的学生食堂、完成了校内主干道“白改黑”改造，修建了典雅别致的“立德广场”、壮观大气的“清廉广场”和标准化的塑胶田径运动场，营造了优美雅致、温馨和谐的一流育人环境。积极推进“智慧校园”建设，打造“智慧课堂”，多媒体数字化覆盖全校，实现校园网、高速互联网、教育网三网合一，实现多媒体网络教学系统、智能语音广播系统等现代教育网络系统的升级改造。班级文化建设富有特色，每个班级都有班级目标、班级口号、励志条幅、作品展示栏、图书角，教室变得更有读书的氛围。书香校园建设富有成效，校园内各种建筑，国学经典、诗词歌赋、校史校训与墙体文化紧密结合，学生在休闲娱乐、举手投足之间受到潜移默化的熏陶，校园变得更有书香气息。

【队伍建设】 着力加强青年教师培养，大力开展“师徒结对”活动，发挥老教师“传、帮、带”的作用，每期举行新进教师汇报课比赛，每期根据教学成绩评选“优秀师徒”，促进青年教师迅速成长；大力推行“推门听课”“教学视导”“教学比武”活动，加强教师之间互相学习，交流沟通，促进教师之间互相竞争。2019 年下期，学校承办了湖南省国培“祁阳县高中教师数学坊”活动。目前，学校教师之间互相学习风气浓厚，形成了一支爱岗敬业、师德高尚、富有活力的教师队伍。

祁阳县职业中专

【概况】 2019 年，县职业中专深入开展“不忘初心、牢记使命”主题教育，不断提升广大党员干部、教职员工忠诚干净担当的政治品格，不断规范办学行为，在全省中等职业学校专项视导、永州市中等职业学校办学水平督导评估等检查中，获得广泛好评。获评“全国教育系统先进集体”荣誉称号；入选“湖南省教育学会校园安全学会理事单位”，荣获“湖南省2019年度安全文明校园”称号。成功立项为教育部“1+X证书制度试点院校”；立项“湖南省知识产权人才培训培养基地”。

【教育教学】 教学质量全面提升，对口高考一二本上线457人，以绝对优势续写“全省九连冠”“全市十七连冠”；在湖南省技能竞赛中，获得省二等奖10项、三等奖14项；在全省中职学校技能抽查中合格率、优秀均均为100%，文化普测名列全省前茅；省黄炎培创业竞赛中，获二等奖一个、三等奖1个；省文明风采赛获二等奖1个、三等奖3个。教育教学比武成绩斐然，在职业院校教师能力比赛中成绩突出，获全国二等奖3人次、省二等奖10人次；14位老师的课被评为县级名课，其中13节课被推荐参加市级名课评选。

【教师科研】 新增芙蓉名师1人、市教学名师1人、市骨干教师3人。截至目前，全校有省级名师1人，市教学名师3人、学科带头人3人、骨干教师18人。德育案例入选全省50强；“双翻转”实训课堂信息化教学模式，入选湖南省教育信息化典型案例；校园文化建设案例参评全国50强案例省级预选。3门课程成功入选湖南省优质精品课程。

【社会培训】 广泛开展劳动力培训，为乡村振兴培养人才，获得到位培训资金25万元；承担农民大学生培养任务，2019年招收学员262名，比2018年增加112人，增长74.67%。

（陈建华、刘志平、尹燮、蒋伟靖）

文旅·广电

文化旅游广电体育

【概况】 县文化旅游广电体育局现有在职干部职工179人，内设九个职能科室：办公室、人事股、财务股、艺术与非物质文化遗产股、科技教育与安全播出股（广播电视管理股）、产业项目股（执法监督股、行政审批服务股、扶贫工作办公室）、资源开发与全域旅游推进股（市场管理股、红色旅游指导股）、群众体育与竞赛训练股、文物管理股。下辖县旅游发展服务中心、县文化市场综合执法大队、祁阳祁剧团、县全民健身服务中心、陶铸图书馆、县文化馆。2019年，在县委、县政府的坚强领导下，在市文化旅游广电体育局的精心指导下，县文化旅游广电体育局全面贯彻实施“文教兴县”战略，按照“创特色、创优势、创品牌”的思路，坚持政治统领，突出抓好一项创建、落实两个理顺、抓好三大安全、打造四张名片、做好十件实事，大力推进文化旅游广电体育事业取得长足进步。

【群众文化】 积极打造“欢乐潇湘”群众文艺会演、广场文艺晚会、每周白竹湖戏曲大舞台表演、“周末剧场”演艺惠民、“全民阅读”等文体活动品牌。成功举行2019年春节文艺晚会与“欢乐潇湘·幸福祁阳”文艺会演；举办端午龙舟赛和端午群众文化活动周；承办2019全省陶铸故里红军行暨“大美永州”大穿越活动（祁阳站），永州市政府办系统气排球赛和市城管供排水行业第九届乒乓球暨第三届气排球赛，成功举办春季长跑、“迎新春”乒乓球赛等十余项全县综合性赛事，参与群众近10万人次。

【文艺创作】 完成文艺作品创作500余件，《倾诉》《釜底抽薪》《老婆告状》在2019年湖南省“欢乐潇湘”群众文艺会演中分别获得银奖；舞蹈《云水之间》、古筝《战台风》、歌曲《妈妈的眼睛》分别荣获2019年永州市第10届青少年音乐舞蹈大赛“一金两银”奖。

【文化惠民】 县陶铸图书馆到馆人数110万余人次，借还流通量92.4490万册次。全年举办讲座10次；全年下基层服务18次，开展特色服务、送书下乡、演讲比赛、阅读知识竞赛、各种免费培训班等，受群众一致好评。县祁剧团整理改编祁剧《马前泼水》《贺府斩曹》大型传统戏2台，周末剧场演出63场，送戏下乡演出120场次，开展“百姓大舞台”“文化大讲堂”“知识大展台”“周末剧场”等文化活动28场次，观众达到29.2万人次。开展戏曲进校园活动直接受课学生600多人，观摩师生5000多人；县文化馆打造“端午文化周”、白竹湖“百姓大舞台”周末剧场和“月月乐”广场文化三个品牌群众文化活动；成功组织2019年湖南省“欢乐潇湘”大型群众文艺会演祁阳分会场的会演活动，全县会演场次24场，参与会演群众达5000余人次，活动受众达62万人次。

【文化艺术团体】 2019年，全县有42个文化艺术类社会团队、16个文化艺术类社会组织、文艺培训机构70多家，群众广场健身活动团队100余个。以三新演艺有限公司、女子十二乐坊、文昌祁剧有限公司、竹山村农民艺术团、鑫扬艺术团、雅韵文化传媒有限公司等为代表的社会文艺团体蓬勃发展，丰富了人民群众的精神文化生活。

【旅游发展】 2019年，旅游业接待游客778.97万人次、同比增长17.65%，实现旅游总收入51.59亿元、同比增长10.36%。科学编制祁阳县全域旅游总体规划。完成黄龙景区公路提质改造。李家大院建成游客中心。杨梅湖智慧文旅生态新城加快建设。新建改建10个旅游厕所。三家村进入全国乡村旅游重点村推荐名单和湖南省乡村旅游重点村名录。陶铸故居、德辉农业成功创建国家AAA级旅游景区。

【体育事业】 一是承办省市级赛事。成功承办湖南省陶铸故里红军行暨“大美永州”大穿越活动、永州市政府办系统气排球赛和市城管供排水行业第九届乒乓球暨第三届气排球赛。二是举行全县综合性赛事。成功举办春季长跑、“迎新春”乒乓球赛、“迎五一”羽毛球赛、端午龙舟赛、祁阳县首届“浯溪杯”门球邀请赛、“8·8”全民健身日羽毛球赛、庆祝新中国成立70周年男子篮球赛、祁阳县2019年“体彩杯”气排球赛、“郡祁学校杯”永州市县区男子篮球邀请赛、祁阳县2019年庆祝建国70周年“宝鑫盈杯”男子篮球赛等大型赛事。三是组织参加专业竞技。组织运动员积极参加2019年永州市常年赛事，取得田径19金12银10铜、游泳3金5银3铜、举重3金4银6铜、团体总分第二的优异成绩。四是完善体育场馆基础设施。全力做好县全民健身中心和足球场前期准备，完成了规划设计、财政预审、建设规划总体设计、财政预审等。

【文物保护】 文昌塔修缮工作得到省文物局的批复，完成财政评审，进入招标程序。潘市镇杨氏宗祠、肖家镇九泥坝戏台成功申报省级文物保护单位，全县省级文物保护单位达5处。圆满完成国保、省保、市保、县保等不可移动文物的基础信息填报工作。

【文化基础设施建设】 建成图书馆分馆4个。图书馆数字阅读平台开通试用，实时大数据展示平台投入使用，自修室提质改造工程完工；对白竹湖百姓大舞台灯光、音响设施设备提质改造，增置舞台LED屏120余平方米，提升了舞台的文化服务效能；完成县全民健身服务中心和足球场建设的规划设计、财政评审、建设规划总体设计、财政预审等工作。完成565个行政村“村村响”广播系统后期维护，利用“村村响”广播宣传政策、防灾、预报天气、发布农业技术信息等2000余条。

【文化出版市场监管】 以中小学生放学、放假时段为重点，开展“午时行动”“零点行动”“节假日行动”，加大对网吧、娱乐市场违规接纳未成年人的查处力度。以出版物市场是否销售盗版、淫秽制品，印刷企业是否超范围印刷，演出市场是否存在非法色情演出等内容为检查重点，加大对文化出版市场违法行为的惩治力度。全年出动执法车辆210次，执法人员1000余人次，积极开展“扫黄打非”、旅游、健身专项整治行动10余次，检查文化市场经营单位350余家次，下发停业整改13家，查封有害书籍3000余册，有效规范了市场秩序。

广播电视

【概况】 2019年，县广播电视台紧紧围绕县委、县政府决策部署，以强化舆论阵地、增强“造血功能”为目标，以县级融媒体中心建设为重点，履行使命职责，全面推进改革，打造过硬队伍，争创一流业绩，为加快建设美丽幸福新祁阳提供了有力的舆论支持。荣获湖南省广播电视优秀通联集体和永州市广播电视新闻通联工作先进单位。

【新闻宣传】 坚持团结稳定鼓劲、正面宣传为主的工作方针，弘扬主旋律、传播正能量，在庆祝新中国成立70周年、脱贫攻坚、乡村振兴、扫黑除恶、创卫创园、“两创”、“五百”工程等重点工作领域，精心策划选题，密切跟踪报道，讲好祁阳故事，树好祁阳形象。全年共制作播出《祁阳新闻》360期，播发图像稿件3223条。高质量完成人大政协“两会”、县委经济工作会议、“七一”党课、祁阳春晚等重要会议重大活动的电视荧屏+手机微信同步直播宣传任务。在做好内宣的同时，积极对外宣传，在湖南卫视《新闻联播》《午间新闻》中播出新闻稿件95篇，时长超过32分钟，继续名列全省县级台前茅；在央视新闻频道播出稿件2篇。再度获得湖南省广播电视台县级电视台“优秀通联集体”、永州市广播电视台全市新闻通联工作先进集体。广播宣传趋于丰富。全年广播自办节目制播652期，合作节目下载制作播出2986期。

【事业发展】 坚持一手抓农村有线电视、一手抓无线数字电视，狠抓农网服务提质和管理增效，想方设法留住老用户、发展新用户，农村网络得到巩固和壮大。加强传输网络维护力度，努力提高网络传输质量。全年累计抢修及排除故障285次，其中排除大故障38次，投入抢修及维护人员825人次。在创收部门开展“百日攻坚”行动，与农网及广告监管中心签订春节百日行动方案，纳入年终绩效考核。

【安全播出】 始终将安全播出当做一项政治任务来抓，严格规范安全播出制度，切实加强日常值班和监管，及时组织技术人员对播出机房、前端机房、发射机房、供配电机房等重点区域进行检查，认真整改存在的隐患和薄弱环节，坚持24小时不间断值班，保证全国、省、市“两会”、新中国成立70周年等重大活动和“元旦”“春节”重大节假日期间全县广播电视节目的安全播出，实现了安全播出“零事故”。

【融媒体建设】 台党委认真学习中共十九大报告和习近平总书记关于媒体融合发展的一系列论述，广泛学习借鉴兄弟县市成功经验。2019年，县融媒体建设总方案经县委常委会通过，新址设计、建设及改革方案按计划逐步实施。

（曾海波）

浯溪文物管理

【概况】 2019年，县浯溪碑林风景名胜区（陶铸故居）管理处紧紧围绕县委、县政府提出的“1353”总体发展思路，以开展“不忘初心、牢记使命”主题教育和项目建设为抓手，全面提升文物保护和景区建设力度。一年来，所辖浯溪碑林、陶铸故居、龙溪李家大院等景区接待团队游客1200余批次，未发生一起重大旅游投诉事件和旅游安全事故，全处各项事业呈现出高质量发展势头。据不完全统计，自9月份开展第二批主题教育开展以来，陶铸故居和陶铸纪念馆共为370多个市内外党组织，20000余人次开展主题教育提供优质服务。

【景区规划】 2019年，加大规划编制力度，着力完善《浯溪碑林风景名胜区总体规划》，力争尽早通过省政府审批。启动编制《浯溪碑林风景名胜区总体规划》前期工作；完成《李家大院周边环境整治规划》编制工作；启动陶铸故居和李家大院联合创建国家AAAA级旅游景区前期工作。

【全域旅游建设】 围绕创建国家全域旅游示范县目标，积极推进全处所辖景区全域旅游建设。完善公共服务设施建设。实施景区提质改造计划，完成《陶铸故居红色文化旅游项目》可研报告、项目上报等工作，并争取到位首批资金120万元。深入推进景区信息化建设，完成景区视频监控、智慧旅游系统建设，全力将陶铸故居建设成全省知名红色旅游景区、重要红色研学基地和红色旅游目的地。推进旅游行业文明创建工作，浯溪碑林成功创建为市级文明景区。

【文物保护管理】 坚持“保护为主、抢救第一、合理利用、加强管理”方针，进一步理顺文物与旅游的关系，认真做好“以文兴景、以景养文”文章。推进龙溪李家大院修缮工程（一期），对新屋院、李氏宗祠（囚房）、上院正屋、下院正屋、务本堂、积善堂、药房、文物建筑24号，共计8处总面积约5058平方米的文物建筑进行抢险修复和修缮。工程于2019年12月8日完工。推进龙溪李家大院消防工程。工程于2019年4月6日开工，因消防水池位置变动，基础设计变更，管线长度增加、前期勘察不到位，烟感数量增加，消防水池用地协调难度大等原因，工程有所延期。投入资金30万元，完成陶铸故居屋顶捡瓦、墙体粉刷、展板设计布展等修缮项目。

【创绿创森改造】 投入资金50多万元完成浯溪碑林景区绿化、美化，共计完成绿化面积2000平方米；种植苗木300棵，增加立体绿化面积350平方米。投入资金20多万元完成改造浯溪碑林景区生态停车场900平方米。投入资金50多万元，按照“一树一方案”的要求，完成浯溪碑林园内20余株古树名木的保护，所有古树名木进行信息化管理，特别是对园内千年宋樟的保护，扩宽了树池，用防腐木铺装周边地面，改善了宋樟的周边生存环境。

（周建辉）

卫健·医疗

卫生健康

【概况】 2019年，全县卫生健康系统紧紧围绕工作目标，深化医改取得重要进展，健康扶贫工作成效显著，重大疾病防控和卫生应急工作持续加强，医疗服务水平稳步提升，重点人群健康服务扎实推进，各项工作取得新进展、新成效。

【医药卫生体制改革】 医疗服务能力逐步提升。创新工作机制，逐步完善乡镇卫生院绩效分配，鼓励乡镇卫生院大力开展医疗业务，做实基本公卫，实现“多劳多得”的管理机制。加强县乡帮扶，以三所县级医院作为帮扶主体，对全县各乡镇卫生院进行帮扶，全面规范医疗质量管理和培训，鼓励乡镇卫生院申报专科，打造专科团队。加强人才培养，2019年引进高层次卫生人才5名，面向社会公开招考卫生人才51名，“三支一扶”人员5名，公开选拔37名基层卫生人才充实到乡镇卫生院工作，1名农村订单免费定向培训生，转岗培训全科医生22人。推进健康信息平台建设，在全省率先启动县域健康信息平台建设，投入使用县心电诊断中心、影像诊断中心、远程会诊中心，实现“互联网+健康医疗”服务。

行政审批服务便捷高效。深入实施“放管服”改革，扎实推进县级卫生健康部门23件“一件事一次办”工作。在“湖南省互联网+政务服务一体化平台”确定行政权力事项219项，圆满完成目标任务。全年审批办理业务3334件，接收联动处置事件23件，全部反馈并归档，录入行政许可5064条、行政处罚115条。

行业综合监管协作推进。完成国家、省、市“双随机一公开”工作，抽检572家单位，对47家不合格单位进行行政处罚，并公示抽检结果及处罚信息。开展惩治非法行医、依法执业等专项整治和传染病防治分类监督综合评价工作，行政处罚27件。25家食源性疾病风险监测报告医院全年上报病例数1570例，完成率106.4%，卫生院食源性疾病监测工作已延伸至村一级，完成率77.3%。持续推行公立医院集团化建设。进一步明确改革思路，完善医疗集团建设实施方案。

【疾病预防控制】 扎实开展饮用水质监测和环境卫生监测工作，全面落实各项防病措施，保持全县传染病疫情稳定。全县法定传染病发病率388.41/10万，死亡率2.33/10万，病死率0.60%。无甲类传染病及甲类管理的乙类传染病报告。乙类传染病发病率181.86/10万，病死率1.28%。丙类传染病发病率206.55/10万。打赢登革热防控攻坚战，全县开展11次集中以灭蚊防蚊为重点的爱国卫生运动，全面清理垃圾和卫生死角，清除积水，消灭蚊虫孳生地。确保全县无重大传染病疫情，未发生一起登革热本土病例。艾滋病防治工作成效显著。祁阳县即将被纳入“全国第四届艾滋病防治示范区”。结核病管理得到加强。对所有免费治疗的涂阳肺结核病人全部实行全程督导与管理，DOTS覆盖率达100%，网报率达100%，病人追踪率达100%。开展免疫规划扩大免疫，每月一次冷链运转，全县免疫规划疫苗报告接种率达99 %以上。

【民生实事工作】 全力推进基层医疗卫生机构标准化建设。完成全县所有村卫生室标准化建设，实现有达标的场地、合格的村医、必须的医疗设备。对所有乡镇卫生院及社区卫生服务中心配置DR、彩超、全自动生化分析仪等设备。大力开展基本公共卫生服务。加强慢性病防治和“医防融合”，管理高血压患者50652人，规范管理率80%，人脸识别率94%；管理糖尿病患者17098人，规范管理率86.5%，人脸识别率95%；在管严重精神障碍患者4404人，规范管理率91%。持续开展居民电子健康档案建档工作，全县居民健康建档数899255份，建档率99.5%；完成65岁及以上老年人健康体检73452人，超额完成市定任务数5452人。妇幼健康和老龄服务工作稳步提升。妇幼公共卫生项目扎实开展，孕产妇系统管理率99.57%，高危产妇管理率100%，0—6岁儿童健康管理率97.49%，3岁以下儿童系统管理率97.58%，孕产妇死亡率14.17/10万，5岁以下儿童死亡率5.67‰。出生缺陷发生率为80.51/万，活产出生缺陷发生率为74.10/万，较上年有所下降。对全县医养结合工作进行三年初步规划，选定浯溪街道望浯园社区日间照料中心、浯溪社区卫生服务中心、龙山街道宝塔街社区日间照料中心先行试点。发布《关于做好医养结合服务审批登记工作的通知》，在医疗机构业务范围增加“养老服务、培训”等职能，并与编办、民政、市管部门进行对接，指导审批登记工作有序开展。继续实施家庭医生签约服务，推行家庭医生电子化签约工作。全县共完成签约居民422313人，其中老年人66809人、贫困户68977人，高血压26004人，2型糖尿病8208人；普通人群签约率52%，重点人群签约率65%。

【落实惠民政策】 全面落实各项计生奖励扶助政策，兑现各类奖扶金1303.47万元。免费孕前优生健康检查4473对，目标覆盖率95.17%。农村妇女“两癌”免费筛查18705人次，初筛完成率为103.92%。孕产妇孕免费产前筛查5348人，完成率为100.91%。尘肺病救治救助工作落到实处，全县共摸底尘肺病农民工患者670人。全面推进农村改厕工作，全年完成无害化改厕5.48万余座，卫生厕所普及率98%。

【健康扶贫】 全面落实“三提高、两补贴、一减免、一兜底”和先诊疗后付费的健康扶贫核心政策。2019年，全县建档立卡贫困人口参保率和慢病签约服务率100%。共救治贫困人口33443人，县域内救治32636人，县域内就诊率97.59%，县域内住院实际报销比例88.76%；贫困人口29种大病共救治1790人次，其中在定点医院救治1675人次，大病专项定点医院救治率93.58%；4种慢病贫困患者8966人，签约服务率100%。健康扶贫省检和国检成绩优异，11月，全市健康扶贫、基层医疗卫生机构标准化建设暨医改重点工作推进会在祁阳县召开。

【红十字会工作】 全年完成无偿献血2356人次，献血量达763600毫升，完成造血干细胞采样任务20人。申报小天使人道救助资金白血病患者6人，天使阳光资金先天性心脏病患者救助2人，获得救助金额6万元。开展“红十字博爱送万家”活动，发放救灾家庭包300余个，毛巾被400床，棉被200床。

【“两创”工作】 10月，健康湖南行动——健康知识普及行动启动仪式暨2019年全省健康促进工作推进会议在祁阳县召开，祁阳县创建全国健康促进县、省级慢性非传染性疾病综合防治示范区工作得到省市领导的高度认可，均被省卫健委推荐到国家层面验收。

（汤阳）

疾病预防控制

【概况】 2019年，县疾病预防控制中心坚持以习近平新时代中国特色社会主义思想为指引，稳中求进，强化管理，狠抓落实，中心各项工作取得了新的成效。现有在职职工153人，专业技术人员110人，中级职称49人，高级职称21人。中心先后获“全国饮用水监测工作突出单位”“湖南省农村环境卫生监测先进单位”“湖南省首届健康科普十佳能手大赛优秀组织单位”“湖南省宫颈癌防治宣传先进单位”等荣誉，并在全国肺结核患者密切接触者潜伏感染干预技术研究课题进展讨论会会议上作典型发言。

【免疫规划】 2019年，一如既往突出了免疫规划在疾病防控工作中的重要地位，加强了全县免疫规划工作督促指导，全县免疫规划逐步加强。继续在全县范围内开展免疫规划扩大免疫，全县免疫规划疫苗报告接种率达99 %以上。继续巩固无脊灰状态，麻疹发病率控制在低发病水平。对全县县直医院进行了每月三次的主动监测，主动发现病人并督促及时正确上报。进一步规范全县各接种门诊建设，免疫规划信息平台扫码接种覆盖率、个案及时上传率、接种信息完整率均达到了100%，单苗接种率达95%以上。继续在全县范围内开展免疫规划扩大免疫，保证每月一次冷链运转，全县免疫规划疫苗报告接种率达99%以上。

【传染病防控】 2019年，全县（含金洞）共报告法定传染病5344例，死亡30例，报告发病率、死亡率、病死率分别为497.87/10万、2.79/10万、0.56%。全年无甲类传染病及甲类管理的乙类传染病报告，报告乙类传染病2281例，死亡30例。报告丙类传染病3063例，无死亡病例，其中报告手足口病883例（重症2例，无死亡病例）。无霍乱、非典、人禽流感、狂犬病等重大传染病疫情。以普及艾滋病防治知识为重点，以综合干预为手段，认真落实“四免一关怀”政策及有关法律法规，通过VCT咨询及检测、推广安全套、美沙酮维持治疗、发放宣传资料等方式，全力推进艾滋病综合防治，被纳入“全国第四届艾滋病防治示范区”。加强结核病管理，全年共发现活动性肺结核955例，其中涂阳330例、仅培阳102例、仅分子生物学阳性93例、仅病原学阳性0例，病原学阴性424例，结核性胸膜炎6例。病原学阳性率54.97%（省市指标为≥50%）。突出重点，对所有免费治疗的涂阳肺结核病人实行全程督导与管理，DOTS覆盖率达100%。加大对县级各医院结核病网络专报的管理和督查，网报率达100%，病人追踪率达100%。对县直高中、九年义务教育学校、幼儿园开展入学新生肺结核筛查，共筛查45167人，查出活动性肺结核6例。有效发挥入学新生肺结核筛查工作的作用，杜绝学校肺结核聚集性疫情的发生。

【疫情监测与处置】 开展不明原因肺炎、人禽流感、狂犬病、钩体、流行性出血热、手足口病、霍乱、布鲁氏菌病等传染病监测，对报告的所有重症和死亡病例及时开展个案调查并上报。对各类疑似疫情均严格按照传染病防治“早、小、严、实”处理原则，做到发现一起，及时报告一起，规范处置一起。共有效处置各类疫情56起，避免了疫情扩散蔓延，确保人民身体健康。

【能力建设】 强化硬件建设，提升检测能力，中心成功创建湖南省“县级甲等”疾控机构，建成较高标准的县级实验室，先后购置了进口液相色谱仪、全自动微生物鉴定系统、7500荧光PCR仪等仪器设备20余台件。通过专业培训，检验人员能熟练操作上述仪器并全面开展工作。县卫计委、县疾控中心组织各医疗卫生单位举办多场次疾病预防控制工作业务培训，全面提高全县疾病预防控制和应急处置能力。

【健康教育与促进】 大力组织“3·24”结核病宣传日、“4·25”计划免疫宣传、“9·1”全民健康生活方式日等卫生宣传活动；深入社区、学校等单位积极开展健康知识培训。利用张贴政府通告、电视讲座、出动宣传车、发放宣传单等形式，在全县范围内开展了登革热防病知识宣传，累计发放宣传单20余万份，出黑板报、墙报500余期，张贴公告2000份。同时对手足口病、狂犬病、霍乱、流行性感冒等疾病开展健康教育，提高群众防病意识，扎实开展健康素养监测，创建健康步道、健康主题公园等健康支持性环境，倡导健康生活方式。积极推动控烟工作，营造无烟环境，推进健康促进县创建。

（张彩云）

祁阳县人民医院

【概况】 祁阳县人民医院是一所集医疗、教学、科研、保健、预防、医学鉴定等于一体的三级综合性医院，是全县百万人口的医疗活动中心。医院占地面积77亩，建筑面积94085平方米，编制床位1480张，实际开放床位1302张。现有在职职工1391人，其中高级职称专家163名，中级职称409名，硕士研究生22名；设有临床、医技、职能等81个科室。2019年，全院共完成业务总收入4.61亿元，完成门诊人次51.9万，住院人次6.49万人次，手术台次14188台。2019年8月，通过省卫健委评审成为三级综合医院。

【医改工作】 2019年，县人民医院以打造急危重症救治平台为抓手，切实抓好重点学科建设。扎实推进胸痛中心、卒中中心、危重孕产妇救治中心、危重新生儿救治中心建设。2019年1月，该院卒中中心加入湖南卒中联盟，全年共完成急性脑梗死静脉溶栓27例，明显减少了致死率、致残率。危重孕产妇救治中心和危重新生儿救治中心在救治全县危重孕产妇和新生儿病人也发挥了积极的作用。4月，胸痛中心通过国家胸痛中心总部评审并授牌，全年胸痛中心冠脉造影1097例，冠脉支架植入术185例，其中急诊PCI95例，心脏电生理介入6台，包括新开展的阵发性室上速的射频消融手术3台，各项数较上年增长近40%。以结对帮扶乡镇卫生院为重点，深入推进“优质服务基层行”活动，积极开展“优质服务基层行”活动，与潘市、八宝、龙山等3家乡镇卫生院签订对口支援帮扶协议，通过采取教学查房、人才培养、知识培训等方式，扎实抓好乡镇卫生院医疗技术水平提高和管理能力提升。以创建远程会诊视频教学中心为载体，不断提升全县医疗服务能力。2019年祁阳县远程会诊视频教学中心落户该院，通过互联网信息化渠道打通线上线下资源，全面对接省内三级综合医院教学中心达到优质医疗资源共享，开展手机APP床旁会诊，指导乡镇医院患者的诊断和治疗，举办全县22个乡镇卫生院全体医生护士进行5期培训学习班，培训2000余人次，促进县域优质医疗资源均衡发展。

【三级医院创建】 2019年是具有里程碑意义的一年，医院成功创建为三级综合医院，在2019年8月份顺利通过省卫健委三级医院复评。三级医院成功创建使医院在软硬件设施上全面升级、技术创新上加速发展、行政管理上高效有序、综合实力上都有了大幅提升。

【医疗质量管理】 不断加强科室基础管理和医疗质量督查，医疗质量和医疗安全持续提升。全年共组织业务查房140余次，组织院内会诊50余次，进行急危重症抢救40余次。着力医疗技术水平提升，全面开展新技术新项目13项，其中呼吸内科硬质支气管镜介入治疗填补市内空白，积极与湘雅医院、省儿童医院签订空中救援协议，打通空中“生命线”，实现航空转运。腹腔镜、胆道镜、关节镜、椎间孔镜、泌尿腔镜等微创手术在临床也得到广泛应用。重点学科规范化建设扎实推进，全力完成儿科 PICU 建设、呼吸内科 RICU 打造，2019 年 8 月呼吸与危重症医学科规范化建设项目（PCCM）通过国家级认证，医院在急危重症患者抢救能力上逐步提升。

【院区建设】　围绕县委、县政府“五园五化”工作要求，完成园林式医院建设，为患者提供安心舒适的康养环境，提升患者就医体验感。合理规划医院科室布局，改造行政楼及门诊楼会议室和党建活动室 6 间。完成智能车库建设、一住院六楼结核门诊改造、三住院部阶梯教室改造、行政办公楼至医疗综合大楼风雨连廊建设，着力改善医院就医环境和提升公众满意度。

祁阳县中医医院

【概况】　2019 年，面对各种压力和挑战，在县委、县政府的坚强领导下，在县卫健局的精心指导下，县中医医院全院干部职工戮力同心，以狠抓医疗质量和医疗安全为核心，强化内涵建设，打造中医特色，顺利通过了三级中医医院评审，圆满完成了年初既定的目标任务，完成经济总收入 2.05 亿元，同比增长 1.08%。其中业务收入 2.03 亿元，同比增长 1.56%；门诊人次 173143 人，较上年增加 16137 人，住院人次 30073 人，较上年增加 1211 人；全年手术 7900 台次，较上年增加 104 台。

【医疗质量】　认真执行医疗质量核心制度，实行医疗质量责任追究制。对医疗质量关键环节、重要部门、重要岗位每月进行监控、检查、考核。规范病历、处方管理，提高病历、处方书写质量。每月定期抽查病历，重点督查病历书写的及时性、三级查房的书写质量，治疗计划的合理性、病情告知的有效性等方面，做到及时发现、及时反馈、及时更正；每季度对终末病历进行抽查，查看病历书写的质量和完整性，在督察、反馈的基础上追踪更正情况，使病历质量及各项规章制度落实到工作中的每个环节。2019 年共开展全院性业务培训 28 次，病历质量检查和处方点评 20 次，抽查归档病历 9645 份，甲级率达到 96%以上，全院性大会诊及多学科会诊 27 次，疑难病例讨论 256 次，全院性应急模拟实景演练 6 次。加强临床路径管理，在已开展的 57 个病种临床路径基础上，2019 年再增加 9 个病种。

【中医特色】　2019 年，医院以创建三级中医医院为契机，把发挥中医药特色优势定格在医院发展战略、发展目标的重要位置。在绩效核算分配方案中，设立了中药制剂、中药饮片处方、中医特色治疗等单项工作量绩效，鼓励全院医护人员广泛学中医，用中医。全院共制定 63 个优势病种、3 个常见病种围手术期中医诊疗方案，共开展中医医疗技术项目 94 种，有 17 个临床科室开展了中医特色治疗项目，12 月份又新开设了中医特色综合治疗室。

【医疗合作】　与湖南省中医附一院、湖南省中医药研究院附属医院、湖南省人民医院、南华附一、南华附二、永州市中医医院建立医联体联盟单位；与大忠桥镇中心卫生院、黎家坪镇中心卫生院及观音滩镇中心卫生院开展“双向转诊”紧密型医联体建设，影像远程诊断中心全年实现 DR 远程阅片 31496 人次。指导乡镇中医馆建设，大力推广中医适宜技术应用。12 月份，在祁阳县卫健局的指导下，成功举办全县中医适宜技术大比武活动，进一步增强了全县基层医院对中医特色治疗的认识，为全县中医适宜技术推广奠定了坚实基础。

【党的建设】　2019 年，县中

医医院院先后被评为新中国成立70周年钜献全国70佳中医医院、湖南省中医药科技奖、永州市医院感染管理先进单位、全县深化医药卫生体制改革工作先进单位、全县卫生计生系统工会工作先进单位、创国卫重点行业（医院）评比第一名、卫健系统意识形态工作先进单位等多项殊荣。

（赵志华 尹德利 廖迎春 董慧 唐芳宇）

祁阳县妇幼保健院

【概况】 2019年，县妇幼保健院共收治门诊病人17336人次，收治住院10850人次；总收入为5007.63万元。

【孕产妇和儿童健康管理】 2019年祁阳县产妇8788人、活产8875人，剖宫产活产数3155人，剖宫产率35.55%；首次剖宫产数635人，首次剖宫产率10.69%，剖宫产率得到较好控制。住院分娩率为100%，孕产妇系统管理8782人，系统管理率99.93%，高危孕产妇3417人、高危产妇管理率100%，孕产妇死亡1例，孕产妇死亡率为14.17/10万，孕产妇死亡得到有效遏制。

全县0——6岁儿童69289人，健康管理67467人，健康管理率97.37%，3岁以下儿童32502人，系统管理31585人，系统管理率97.18%，5岁以下儿童53356人，5岁以下儿童死43例（其中婴儿死亡23例），5岁以下儿童死亡率为4.85‰，婴儿死亡率2.59‰，都控制在标准范围内。

【民生实事工作】 农村适龄妇女“两癌”免费检查项目。2019年，全县共完成“两癌”初筛18705人次（其中HPV检测4000人次），初筛完成率为103.92%。TCT阳性782例，TCT阳性检出率为5.32%，HPV检测阳性306例，HPV检测阳性率7.65%；乳腺初筛阳性445人，接受免费乳腺钼靶检查428人。查出宫颈病变169例，其中宫颈癌前病变58例，宫颈癌11例，乳腺癌6例，外阴癌1例。免费产前筛查项目。全年共完成产筛5346人（目标任务为5300人），完成率为100.87%，发现产筛高危对象887人，转上级医院接受产前诊断737人，高危干预率83.09%（目标要求70%），给予治疗性引产3例，有效避免出生缺陷的发生。

【出生缺陷综合防控】 2019年，婚登数9276人，婚检数8858人，婚检率95.49%。检出疾病总人数为791人，其中指定传染病493人，发现严重遗传性疾病5人，婚检疾病检出率8.93%，婚检中心对患病对象都进行了健康咨询。地中海贫血初筛15739人，血红蛋白电泳检测3351人，发现阳性对象473人。全年免费补服叶酸8069人，增补率98.84%。完成孕前优生健康检查4764对，早孕随访率95.73%，妊娠结局随访率99.47%，实验室室间质评合格率100%。全县各医疗机构新生儿疾病筛查5809人，筛查率97.82%。完成新生儿听力筛查数7432人，机构内活产数为5938，其中各医疗机构完成新生儿听力筛查5649人，机构内听力筛查率95.13%。

【预防艾滋病、梅毒和乙肝母婴传播】 全县各医疗保健机构将预防艾滋病、梅毒和乙肝母婴传播工作纳入妇幼健康服务常规工作之一。全县机构内产妇数5909人，接受艾梅乙检测的有5909人，检测率为100%，其中孕产妇孕期艾梅乙检测5738人，检测率为97.11%，未查出艾滋病感染孕产妇，对确诊13例梅毒感染孕产妇所生儿童进行了随访，其中结案2人。对537例乙肝阳性孕产妇所娩新生儿都及时进行了母婴阻断。

社会管理与服务

人力资源和社会保障

【创业就业】 促进就业。新增城镇就业11080人，新增农村劳动力转移就业6200人，失业人员再就业4060人，就业困难人员就业1923人，零就业家庭动态清零33户，就业见习200人。扶持创业。审核发放创业担保贷款3000万元，为1755人提供免费创业培训，发挥创业带动就业倍增效应，新增创业主体5465个，带动城乡就业8910人。减少失业。失业保险参保达2.71万人，完成目标任务的100.3%、征缴失业保险金616万元；为971人发放失业保险金99.31万元，为凯盛鞋业、科达精密、海螺水泥等9家规模企业发放稳岗补助77.34万元，发放技能提升补贴6000元；为2500人办理了就业与失业登记证，认定就业困难人员1574人；城镇登记失业率始终在4%以内。

【社会保障事业】 突出参保扩面。三大社会保险参保达69.4万人次。其中，养老保险参保61.53万人次（机关事业单位养老保险参保人数2.26万人，企业职工养老保险参保人数5.67万人，城乡居民养老保险参保人数53.6万人），工伤保险参保5.16万人次，失业保险参保2.71万人次。突出基金征缴。三大社会保险基金收入7.258亿元，其中，养老保险基金收入6.95亿元（其中机关养老保险费3.06亿元，企业职工养老保险征缴基金3.48亿元，征缴城乡居民养老保险基金4098.78万元），工伤保险基金收入1760.83万元，征缴失业保险金616万元（其中税务代征417万元，自缴199万元）。突出待遇支付。三项社会保险共计支付12.98亿元。其中，养老保险支出12.88亿元，为1.06万名机关事业单位退休人员发放养老金5.07亿元，“中人”待遇计发587人，116家单位退休人员养老金纳入系统发放。为28177名企业参保退休人员发放养老金5.97亿元。城乡居民养老保险为15.38万享受待遇人员支付养老金1.84亿元，为971人次发放失业保险金99.31万元，发放技能提升补贴0.6万元。养老金按时足额发放率100%，基金规范安全率100%。调查认定工伤273起，其中小额工伤46起，支付工伤医疗、伤残待遇、工亡待遇等1729.5万元，为工伤职工保驾护航。办理企业正常退休2556人次，办理失地农民转企业参保退休1596人次，申报病退鉴定70人次，特殊工种90人次，审核机关事业单位中人退休人员视同缴费年限536人次。2019年祁阳县社保卡发放数为4744张，现已完成信息确认1982人，即时办卡发放2300张，通过银行核查以及镇办、社区核对处理制卡失败数据1221人，现已基本实现参保人员人手一张卡。

【人事人才】 顺利完成2019年事业单位招聘笔试、面试、体检、审档、考核等各项工作，对811（含48名引进人员）名新进工作人员办理了入编手续，程序规范、公开透明。引进高校毕业生71名。

按期规范办理人员流动242人。做好了年度职称评审工作，申报高级职称材料71份，中级职称材料324份，初任初级职称499人，同时做好了2018年度中、高级职称评审转发下文工作。办理机关事业单位到龄退休488人次，审批机关事业单位死亡一次性抚恤金及遗属生活困难补助129人次，办理认定工龄审批526人次。

【劳动维权】 强化合同管理。规范劳动合同管理，督促152个用人单位签订和鉴证劳动合同5800余份，劳动合同签订率达100%，有效保护了用人单位和劳动者的合法权益。强化调解仲裁。处理劳动争议案件112件，其中下达不予受理书面通知20件，立案受理92件，结案90件（裁决13件，调解77件，另有2件正在处理中），按期结案率达100%，调解率达85%。强化用工管理。开展了清退拖欠民工工资和清理整顿非法使用童工等专项监察，检查各类用人单位150个，查处拖欠民工工资用人单位35个。强化监察效能。接待群众来信来访318人次，受理举报案件110起，调查处理109起，结案率达99%，农民工追讨工资600万元。

（谢世鑫）

医疗保险

【概况】 2001年12月底，祁阳县医疗保险基金管理中心成立，负责全县城镇职工医疗保险工作，为副科级全额拨款事业单位，归口县劳动和社会保障局管理。2007年2月，祁阳县农村合作医疗管理办公室成立，负责全县农村合作医疗的业务管理，为副科级全额预算事业单位，归口县卫生局管理。

2016年12月，城乡居民医保制度整合，原县医疗保险基金管理中心更名为县医疗保险管理服务中心，承担全县城镇职工、城乡居民医保的参保征缴、结算审核、基金支付等经办服务职能，为县人社局下属副科级参管事业单位，同时，祁阳县农村合作医疗管理办公室改为祁阳县医疗保险稽核监管中心，负责全县医保保险业务稽核监管工作，为县人社局下属副科级参管事业单位。

2019年3月，祁阳县医疗保障局正式挂牌成立，为县人民政府工作部门，承担全县90多万参保对象的医疗保险参保征缴、结算审核、待遇支付、基金监管稽查和药品、医疗服务价格管理、医疗救助等职责。

【参保缴费】 2019年度城乡居民医保参保缴费81.81万人。城镇职工医保（含生育保险）参保单位491家，参保职工4.9万人（其中在职3.43万人，退休1.47万人，离休23人）。

【基金征缴】 2019年度城乡居民医保基金总收入6.04亿元，其中个人缴费收入1.79亿元，各级财政补助收入4.24亿元（中央财政补助31021.79万元、省级财政补助9143.26万元、市级财政补助284.42万元、县级财政补助2001.39万元）；城镇职工医保基金实现收入1.66亿元（其中统筹基金收入10475万元，个人账户基金收入6219万元）；生育保险收入350万元；医疗救助基金收入3163.07万元（上级指标2163.07万元，县级配套1000万元）。

【基金支出】 2019年全县城乡居民医保总支出63786.4万元，其中统筹基金支出55214.6万元（其中住院统筹支出50953.83万元，特殊门诊统筹基金支出3965.01万元、门诊统筹基金支出295.75万元）；大病保险筹资5306.35万元，其中大病保险基金支出4258.04万元；划转家庭账户3265.45万元，其中家庭账户支出1317.14万元。城镇职工医保基金总支出14290.37万元，其中基本医疗基金支出9022.39万元（住院支出

7782.77万元，特殊门特支出1047.27万元，门诊支出10.62万元，大病特药支出181.39万元），个人账户基金支出5746.88万元；生育保险支出190.9万元，医疗救助基金支出3100万元。

【行业扶贫】 2019年度为全县贫困人口参保资助1317万元，资助率100%，82845名建档立卡贫困人口参加基本医疗保险，参保率100%。贫困人口住院报销比例提高10%、大病保险起付线降低50%、大病保险提高5%的基本保障政策。健康扶贫“一站式”结算平台，共为贫困人口县域内住院“一站式”结算3.91万人次，综合报销金额12162.54万元，实际报账比例90.94%，群众认可度和满意度持续攀升。

【稽核监管】 2019年，县医保局局根据实际情况，制定下发《祁阳县开展惩治欺诈骗保专项治理工作方案》、《祁阳县协议医疗机构监督管理实施细则（暂行）》、《祁阳县协议零售药店监督管理实施细则（暂行）》等一系列监管文件；组织开展“‘宣传医保政策共创健康生活’暨惩治欺诈骗保”大型宣传活动，深入乡镇（街道）开展“惩治欺诈骗保”现场咨询22场次，向广大居民发放宣传海报、宣传折页等15万余份；召开全县医疗保障基金专项整治工作会议，与医疗机构签订惩治欺诈骗保承诺书。全年对协议医药机构现场监管1100余场次，电话回访、实地走访调查800余人次，共处理违规医疗机构16家，通报批评并责令限期整改4家，暂停医保服务协议资格4家，追回医保基金248万元，行政处罚123万元。惩治欺诈骗保行动成效彰显，惩治欺诈骗保行动成效彰显。医保基金“跑冒滴漏”乱象得到较好遏制。

（杨鑫）

民　　政

【概况】 2019年，县民政局内设11个股室，分别为：办公室、政工股、信访室、规划财务股、社会组织管理股、法制股、行政审批股、老区办、基层政权和社区建设股、社会福利和社会事务股、地名办。局机关核定行政编制11名，事业编制1名。下辖9个直属单位分别为：民政事务中心、殡改执法队、慈善办、婚姻登记处、募捐办、城市流浪乞讨人员救助站、福利院、福利生产办、福利工厂。现有干部职工279人，其中在职182人，退休97人。一年来，全县民政工作牢固树立“民政为民、民政爱民”工作理念，着力提升基层社会治理水平，大力发展基本社会服务，各项工作取得了令人满意的成绩。县民政局被省“双联”和困难职工帮扶工作领导小组评为全省“双联”和困难职工帮扶工作先进参联帮扶单位，被省民政厅评为全省“五化”民政建设先进单位，被永州市民政局评为全市民政重点工作综合评估先进单位，在县绩效考核中被评为县政府工作部门第一名，16项单项工作被县委、县人民政府表彰为“先进单位”。

【“五化”民政建设】 为深入贯彻落实习近平总书记对民政工作重要指示精神和第十四次全国民政会议精神，实现湖南民政事业高质量发展，湖南省民政厅决定在全省民政系统范围内开展“人本化、法治化、标准化、信息化、社会化”的“五化”民政建设活动。祁阳县经永州市民政局推荐，被列入2018—2019年度五化民政建设重点县。经过第三方评估，祁阳县被湖南省民政厅确认为2019年度全省五化民政建设先进单位。

【困难救助】 通过审核，审批新增符合条件城乡低保对象296户、493人；新增高龄431人；新增特困供养人员265户、265人；新增孤儿20人；新增享受残疾人两项补贴112人。通过动态管理，取消城市低保135户、266人，取消农村低保412户、708人，取消高龄338人，取消特困103户、103人，取消享受残疾人两项补贴25人，实现了动态管理下的“应保尽保、应退尽退”。截至12月底，全县城市低保对象7179人，累计发放城市低保救助资金2309万元，保障线标准提至500元/月，人均救助水平每人每月340元。全县农村低保对象17158人，累计发放农村低保救助资金4166.6万元，保障线标准提至每年3720元/年，人均救助水平达204元/月。全县特困供养人员总人数8644人，农村分散供养年标准4812元/人。城市和集中供养年标准7800元/人，累计发放4620万元；全护理对象360人，半护理642人，累计发放照料护理费378.5万元；重度护理残疾对象11335人，累计发放824.5万元；困难残疾生活补贴对象6926人，累计发放478.1万元。

【婚姻登记】 2019年，县民政局规范婚姻登记工作，共登记婚姻数据7787对，其中结婚登记4113对，离婚登记1877对，补发结婚登记1660对，补发离婚登记137对。按照国家5A级婚姻登记机关标准，秉承“高点定位、科学布局、人性设计、严谨温馨”的理念，投资180万元，精心改造装修婚登大厅，总面积达726平方米。婚登大厅环境“严谨、喜庆、优雅、温馨”，结婚、离婚、咨询、候登、填表、颁证和婚姻家庭辅导等功能区齐全，工作人员着装佩证上岗，优质文明服务。成功创建全省文明窗口单位、5A级婚姻登记机关。

【殡葬管理】 落实惠民殡葬及生态殡葬奖补政策，贯彻落实党中央国务院殡葬领域突出问题专项整治行动，在全县范围内开展自查自纠工作，通过整治建立整改台账，并制定整治措施。做好“清明节”群众祭扫服务保障工作，开展殡葬服务场所设施暨封建迷信活动清理整治工作，认真开展违法违规私建“住宅式”墓地等突出问题专项摸排工作。对全县范围内公墓、集中散埋点违规违法私建硬化大墓、豪华墓、家族墓进行摸排登记，按照要求进行规范整治。

【区划地名管理】 全力推进地名普查成果转化工作。严格按上级要求完成国家地名词典第二部分词条和释文的上报工作和第一、二次修改。完成省市两级地名词典、地名志词条的上报工作和第一次修改工作。及时完成省市两级标准地名图集的初审工作，按要求完成了省市标准地名录的二审三审工作。积极推进县级标准地名图录典志的编写工作，完成初稿并送交出版单位审查。高标准规范化完成祁阳县第二次全国地名普查工作的档案整理工作，整理档案1132卷，顺利通过省市验收。牵头组织相关部门，清理整治不规范地名40余处。

【民间组织管理】 加强党对社会组织工作的领导，全年全县登记注册的社会组织共计314个。其中社会团体91个，民办非企业单位220个，基金会3个。共建立党组织176个，派出党建指导员95人。

【福彩和慈善工作】 2019年，共销售福利彩票5041万元，其中电脑票3765万元，即开票110万元，视频票1166万元。

开展各类临时救助活动。本着“慈善为人，善誉济世”的理念，以开展慈善救助，尽力为特困群众排忧解难作为慈善工作的出发点和落脚点，开展各类临时救助工作，共发放各类临时救助款40多万元，尽力解决弱势群体的燃眉之急，帮助他们度过难关。开展障碍人员摸底上报工作。澳大利亚魏基成天赖列车慈善基金会捐赠永州市一万台助听器，根据市慈善总会的分配的参考数额，祁阳县对助听器有需求、并在此前没有接受此类捐助的听障人士开展摸底调查。为确保每台助听器真正落到所需听障人员手中，县慈善总会高度重视、精心组织，共摸底上报受助对象 1600 名。开展生命之光大病救助慈善项目。准确把握项目申报的时间节点及救助对象的申请、调查、初审。截至 10 月底、上报省慈善总会受助对象 19 名。开展慈善大病救助。对 40 名大病、重病特困家庭进行摸底调查，共发放慈善大病救助 20 多万元。开展爱心圆梦助学活动，为 25 名贫困大学生助资 10 万元。积极开展慈善一日捐活动，接收善款 80 万多元。

【社会福利与社会事务】 严格执行《中华人民共和国收养法》，依法依规办理收养登记 2 对，并及时录入全国收养登记管理信息系统，确保收养登记合格率 100%。孤儿生活费发放工作。确保符合条件的孤儿对象全部纳入系统，及时清理全国儿童福利信息系统的到龄和不符合条件的孤儿，做到孤保资金的精确发放。解决好孤儿的就医、就学、就业、住房等保障机制。发放孤儿生活费 645.8 万元，发放 690 人。留守儿童和困境儿童工作。做好困境儿童的调查摸底工作，并将困境孤儿的资料录入信息管理，进行信息化管理。指导救助站开展留守儿童相关工作。全力推进养老服务工作。建立以居家为基础、社区为依托、机构为补充、医养相结合的养老服务体系。以满足老年人日益增长的多层次、个性化养老服务需求为着眼点，全县共建民办养老机构 5 家，设置床位 1350 张。建成城市日间照料中心 13 个。建成农村幸福院 231 个，覆盖率 90%。建成社区居家养老服务站 6 个。2019 年新建床位 354 张，全县每千名老人床位数达到 39.1 张。浯溪街道望浯园社区日间照料中心建成并运营，收到良好社会效果。公办民营养老机构永和养老院致力于打造医养结合示范点，将现代医疗服务技术与养老服务有效结合，打造“有病治病，无病防病”养老保障新模式。率先启动“一老一小”服务改革，被列为全省养老服务体系建设试点县。

（刘自强）

退役军人事务

【概况】 按照中央和省市关于退役军人服务保障体系建设的要求，祁阳县于 5 月 23 日在全市率先挂牌成立退役军人服务中心，全县 22 个镇（街道）、560 个村（社区）退役军人服务站于 5 月底前全部成立，核定镇（街道）退役军人服务站人员编制 101 名，建立了县、镇（街道）、村（社区）三级退役军人服务保障体系，形成了横向到边、纵向到底、覆盖全域的管理服务网络，打通服务退役军人和其他优抚对象的“最后一公里”。并顺利完成了机构改革职能移交和人员转隶工作。

【基础信息采集】 根据退役军人事务部和省厅统一安排，启动退役军人和其他优抚对象信息采集工作，采集信息 3.9 万余条，摸清了全县优抚对象的基本情况。

【优抚工作】 全年按时为各类优抚对象发放抚恤补助资金共计 5900 余万元，为 2017 年入伍的 229 名现役军人家属发放家庭优待金 595.4 万元。积极开展“解三难”活动，为特殊困难退役军人发放困难援助资金 37.03 万元，为各类重点优抚对象发放医疗补助金 166 万元，为 87 名长期卧病在床的退役军人解决家庭病床医疗补助 40 万元，为 59 名住房困难的退役军人解决房屋修缮资金 30 万元。并根据国家有关政策文件及时调整提高了部分优抚对象等人员抚恤和生活补助标准。在春节和“八一”期间，对驻祁部队、优抚对象、立功受奖现役军人家庭等开展走访慰问活动，共发放慰问金 425 万元、立功受奖人员奖励金 31.5 万元。在市局的指导下组织开展“爱心献功臣、服务送上门”活动，配合市优抚医院为全县 200 余名在乡复原军人、烈属开展送医送药（医疗巡诊）下乡服务。组织 119 名优抚对象参加了省、市组织的短期疗养活动。

【营造尊崇褒扬氛围】 通过“送”（主动送牌上门）、“挂”（工作人员挂上墙）、“宣”（宣讲悬挂光荣牌的重大意义）、“照”（给悬挂家庭照一张合影）、“访”（调查回访悬挂光荣牌的满意度）等形式，为全县已经进行信息采集的全县“三属”和现役军人、退役军人家庭统一悬挂光荣牌3.9万块，极大地激发了退役军人的荣誉感。积极开展“最美退役军人”评选活动，推荐退役军人陈文生当选“湖南省模范退役军人”；在新中国成立70周年之际，为56位新中国成立前参加革命的老战士、老同志颁发“庆祝中华人民共和国成立70周年”纪念章。为42名立功人员和荣获优秀基层官兵称号的现役士兵家庭上门送喜报。组织在对越自卫反击战中牺牲的21名烈士的亲属代表122人赴广西边境开展祭扫活动。组织开展“9·30”烈士公祭活动，县五大家领导、各条战线代表和学生代表400余人共同缅怀纪念烈士、传承烈士精神，接受爱国主义和革命传统教育。

【安置就业】 积极做好2019年退役士兵移交安置和技能培训工作。42名符合政府安排工作条件的退役士兵全部安置到位，其中转业士官37名，持优待安置证的退役士兵5名，首次创新实行“亮化评分、排序选岗”的阳光安置办法，打造风清气正的安置环境，社会反响良好。123名退役军人参加了职业技能培训，82名退役军人报名高职院校学习。与人社部门、县经开区联合举办退役军人专场招聘会，组织450名退役士兵参加了省、市、县组织的5次专场招聘会，提供就业岗位75个，意向签约62人。深入开展“双带双促”活动，投入资金94万元，为74位退役军人创业提供技术和资金扶持。

【社保接续工作】 根据中央部署和省厅要求，经前期摸底调查和准备，正式启动解决部分退役士兵社会保险接续工作。按照广泛发动、广而告之、广开渠道“三步走”，确保不错一人、不漏一人，截至2019年12月31日已受理申请4823余份，工作进度排名全省第一。

【双拥共建】 八一建军节前夕，局联合县农村人居环境整治办开展“军人退伍不褪色，齐心参与村整治”活动，近8万多人次参与洪灾之后的家园重建和村庄清洁行动，清理垃圾近万吨，参与塘坝沟渠护砌和清淤3万多方，打捞河道垃圾200余车，进行河道保洁50多公里，受到了社会好评。

人民信访

【概况】 县信访局（县调处纠纷领导小组办公室）属县人民政府工作部门。内设4个职能机构，分别是办公室、信访股、调处纠纷股、政策法规股；下设1个二级机构，县信访接待中心（副科级公益类事业单位）。2019年末，县信访局在职干部职工19人、退休人员4人。

【工作成效】 2019年，全县信访工作呈现出信访总量、赴省进京越级访和到非接待场所登记数量、信访积案存量下降，无重大群体事件、极端恶性事件、负面舆情炒作，信访秩序持续好转的“三降三无一好转”态势。全年信访总量4724人次，较上年下降7.04%。在永州市2019年度信访工作考核中，祁阳县排各县区第二位，被评为2019年度永州市信访工作先进县，实现信访工作全市“三年连优”。祁阳县推进“群众最多访一次”试点工作经验《“四分四建”提效能，多元化解创“满意”》，在国家信访局《人民信访》和湖南省信访工作联席会议工作简报上予以推介。

【落实责任】 制订《2019年祁阳县信访工作要点》《祁阳县贯彻落实<关于进一步健全

信访工作长效机制推动解决群众信访的意见>工作方案》《关于推行让群众“最多访一次”工作实施方案》《关于推行祁阳县村（社区）“群众诉求协办员”工作机制的实施意见》等系列文件，将信访工作与经济社会发展同部署、同推进、同考核，把信访法治化建设纳入法治政府建设、“六大战役”、干部执行力和绩效考核，县、镇、村层层签订目标管理责任书，为信访工作夯实体制机制基础保障。严格执行督查问责制度，对信访工作责任不实、措施不力、问题久拖不决的，及时启动倒查问责，通报问责处理22个单位、58人次。

【夯实基础】 坚持“工作村为主”，抓实信访“三无”和“人民满意窗口”创建活动，从村（社区）一级抓起，“三无”镇（街道）达标19个，占比86.36%；“三无”村（社区）达标519个，占比92.68%。全面推进“互联网+信访”，将湖南省网上信访信息系统连接到所有镇（街道）和县直单位，把远程视频接访系统运用到各镇（街道）、逐步延伸到村（社区），并建立信访工作网站、微信公众号和手机APP，引导群众快捷便利反映诉求，实现“数据多流通、群众少跑路”。

【开门接访】 每月10号开展县处级领导集中接访处访活动，县委、县政府主要负责同志分别约访接谈、带案下访39批次，其他县级领导分别到各个专项接待组接待来访群众、处理信访问题。每个工作日，全体县级领导轮流到县信访接待中心值班接待来访群众。每周一，各镇、街道和县直部门主要负责人在本单位接待来访群众。各级各部门其他干部随时随地接待来访群众。年内，各级各部门领导干部共接待来访群众256批3017人次，现场解决各类矛盾纠纷和诉求事项281件次，把“开门接访”逐步打造成为畅通渠道解决群众合理诉求的主阵地。

【化解矛盾】 坚持把解决群众合理诉求作为信访工作的第一要务，深入开展化解信访积案攻坚清零活动。全体县级领导主动领办信访事项，各级各部门履职尽责，按照“三到位一处理”要求因案因人综合施策，用心用力解决问题。信访事项及时受理率99.5%、按期办结率99.8%、群众满意率99.5%、群众参评率99.3%、网上信访占比率62.7%。

【信访法治化建设】 坚持把信访纳入法治化轨道，推动形成办事依法、遇事找法、解决问题用法、化解矛盾靠法的社会共识。注重教育先行，每季度开展一次法治信访主题宣传活动，全方位、常态化宣传信访工作。注重以案警示，在市、县电视台等新闻媒体公开曝光依法处置涉访违法行为典型案例，引导群众依法理性有序信访。依法处置涉访违法行为，全县信访秩序明显好转。

【队伍建设】 持续深入开展“不忘初心、牢记使命”主题教育，突出讲政治、讲规矩、讲责任，着力创示范岗位、创文明机关、创一流业绩，强化信访工作效能，提升服务群众能力，努力打造一支对党忠诚可靠、恪守为民之责、善做群众工作的信访队伍。祁阳县信访局被评为70周年大庆期间永州市信访维稳先进单位、永州市园林式绿化单位，提名为永州市文明单位。

（蒋海云）

乡镇·街道

龙山街道

【概况】 2019年，龙山街道在县委、县政府的正确领导下，龙山街道上下坚持以习近平新时代中国特色社会主义思想为指导，坚定不移打好“三大攻坚战”，齐心协力推进“五百工程”，较好地完成各项目标任务，经济发展稳中向好，综合实力不断增强，社会大局和谐稳定。街道荣获第四次全国经济普查工作先进单位，党管武装工作先进单位，全面小康建设先进单位，创建国家卫生城市二等奖，养老、医疗保障统筹工作先进单位，食品药品安全工作先进单位，招商引资分队三等奖，十星级文明户创建先进单位等。

【党建工作】 2019年，龙山街道扎实开展“不忘初心，牢记使命”主题教育，认真贯彻落实党的十九届四中全会精神，力促主题教育成果入脑入心。共举办读书班3期，开展研讨交流3次，撰写调研报告11篇，解决87个难题。以支部“五化”建设为抓手，高标准完成六合岭社区、黄土岭社区、天马社区、青竹村等10个村（社）党群服务中心建设，保障村民就近享受公共服务。大力推行村（社）“一肩挑”，圆满完成30%的工作任务。在村（社）继续推进“135”管理模式和“工作村为主”，六合岭社区荣获全县“工作村为主”模范村，宝塔街社区获组织建设先进村（社），百花社区获经济发展先进村（社）、征拆安置先进村（社），九塘冲社区获乡风文明先进村（社），龙山社区获安全生产先进村（社），青竹村获美丽乡村建设先进村。在7月的两次洪灾中，各级党组织和广大党员干部充分发挥战斗堡垒作用和先锋模范作用，迎难而上，冲在一线，筑起一道道“冲不垮的堤坝”，党旗在抗洪一线高高飘扬。全党动员，全民动手，开展以灭蚊为主的爱国卫生运动，通过防控，未发生一例登革热病例，全面打赢登革热防控阻击战，确保人民群众生命安全。切实履行抓基层党建、党风廉政建设和意识形态工作主体责任和“一岗双责”，将三项工作纳入责任制考核重点内容，纳入各级党组织书记述职重点内容。大力推进清廉祁阳建设，做好办事处、村（社）权力“四单一流程”，规范权力运行。全年通报问责8名村干部、单位负责人。

【经济发展】 2019年，龙山街道实体经济稳步发展。对辖区的企业在金融贷款、税收、土地审批和流转等方面加大了支持力度，祁阳县浯溪肉类食品有限公司、永州市华鑫建材有限公司、永州市北大农牧有限公司等一批企业发展形势良好，新引进广东鸿威国际会展公司落户经开区。电商经济稳步上升。深入开展电子商务进农村，着力扶持农村淘宝、京东服务站以及微商20余家。农业经济稳步增收。稳定发展粮食生产，突出制止“耕地抛荒”和培育壮大种粮大户。在天马、樟树岭、陶家岭等村流转土地1200余亩，培育种粮大户3户；以六合岭、建湘村为重点，名特优种植300亩。

村（社）的集体经济收入均呈现上升态势，百花社区盘活老龙山卫生院和原修配厂，集体经济收入年增百万元；光明社区依托新建光明小学，黄土岭社区、六合岭社区利用征地拆迁等举措，村集体经济收入快速增长。

【重点项目】 2019年，龙山街道芦家甸市场改造及棚改，大井新村棚改、祁阳一中扩建及棚改项目持续推进；宝塔小学整体搬迁项目投入使用，西北农贸市场百花社区17组征地完成，市场主体竣工；宝塔社区、六合岭社区日间照料中心建成投用；光明小学建成投用，哈弗中学扩建顺利推进。光明社区、陶家岭社区、天马社区河堤护砌项目顺利完工，建湘村土地增减挂钩项目全面完成，东江老桥完成提质改造，双向通车，祁羊路黄土岭段越弯取直如期完成。完成51个老旧小区提质改造，沙井陡违建拆除、阳家台小区改造、文化乐园小区改造倒房纠纷等一批老大难问题得到解决。

【城乡建设】 2019年，龙山街道持续推进“五园五化”“一拆二改三种四清洁”行动，积极推进农村人居环境整治，街道城乡面貌焕然一新。投入4.5万元购置240升集中收集垃圾桶150个，户垃圾篓1500个，在青竹村开展垃圾分类试点工作。投入25万元雇请专人安排专车集中转运农村垃圾。抓实河长制，全面清理河溪沟塘垃圾。强力开展“一拆二改三种四清洁”行动，拆空心房54栋、6370平方米，拆乱搭乱建铁皮棚214平方米，拆杂房1215平方米，拆埋旱厕155个，新建卫生厕所142个，新增自来水开户995户，种植乔木1070株，种植红枳木、红枫、万年青等小苗20361株，铺种草皮9660平方米，垂直绿化630平方米，屋顶绿化800平方米，新建天马等小游园6个。全年常态化组织开展“三清除”活动，清理清运各类垃圾8919吨，引导和奖补5万余盆景进家庭。

【民生事业】 2019年，龙山街道扎实开展脱贫攻坚工作，通过产业、就业、健康、教育、消费扶贫等方式，全年脱贫7户、17人，危房改造6户，其中贫困户危房改造3户。城镇新增就业4500人，提质改造天马农村公路2千米，青竹村农村公路1.8千米，新增农村自来水人口1200人，减少义务教育大班额41个，“两癌”免费检查1251人，孕产妇免费产前筛查570人，65岁以上老年人免费健康体检5766人，新创浯溪一中标准化食堂1个，百花、光明、六合岭社区提标发放60岁以上老年人生活补助金。天马山公园经提质改造，成为市民休闲好去处。

【综治维稳】 2019年，龙山街道每月召开一次信访矛盾纠纷排查专题会，分析研判形势，建立领导包案制度，通过开门接访、主动下访、定期走访和事后回访，将信访矛盾纠纷化解在萌芽状态。共排查调处矛盾纠纷122件，调处成功率100%。扎实开展社会治安综合治理，重点惩治“两抢一盗”和“三强三堵”。街道发生刑事案件52起，侦破50起，破案率96%，查处治安案件67起，治安拘留22人。在龙山社区积极开展防洪应急演练，开展“打非治违”和校园周边环境专项整治工作，依法取缔无证经营的流动摊点12个，关停3个非法烟花爆竹经营点。大力整治交通顽瘴痼疾，对芦家甸市场，盘龙市场周边交通堵点全面整治到位，对祁阳一中牌楼樟树岭入口道路堵点整改到位。大力整治高铁沿线安全隐患，拆除彩、钢瓦达6000余平方米。加强农村小商店、杂食店、学校、工地食堂食品安全监管，全面整治“一桌餐”“私房菜”。加大非洲猪瘟防控力度。全面开展安全和禁毒宣传教育，组织机关和村（社区）工作人员分批参观县禁毒教育基地，发放禁毒和安全知识宣传资料2.6万份。

长虹街道

【概况】 2019年，长虹街道党工委、办事处认真贯彻中央和省、市、县的决策部署，紧扣“五百工程”，推动各项事业取得了新进步新成效，谱写了长虹街道绚丽的发展篇章，贡献了长虹力量。全年完成地区生产总值25.76亿元，同比增长9.2%；财税总收入5100万元，同比增长12%。街道荣获“全市应急管理先进单位”“全县全面从严治党工作先进单位”“全县创国卫工作二等奖”“全县党管武装工作先进单位”“全县意识形态工作先进单位”“全面深化改革工作先进单位”“全县第四次全国经济普查工作先进单位”“全县养老、医疗保险统筹工作先进单位”“全县信访工作先进单位” “市级文明单位”等称号。

【产业发展】 2019年，长虹街道以招商引资为重点，大力发展新型工业。完成规模工业总产值37.9亿元、增加值13.69亿元，分别增长20%和17%；街道年产值过5000万元的企业10家，其中过亿元的企业2家。完成招商引资3300万元。完成工业固定资产及技改投入4.0亿元。加大信用社不良贷款清收，共完成清收不良贷款580万元。

深入实施乡村振兴战略，以服务农村产业发展和群众生产生活为重点，全面打造农村水、电、路、信等基础设施升级版，着力构建好农村发展“四张网”，即粮食安全水利网、农村全面发展电力网、新型农村交通网、覆盖城乡通讯网；着力推进农村产权制度改革，解决农村集体土地的确权和土地流转等问题，全力发展粮食生产，双季稻率达90%以上，粮食生产稳定发展。多形式提高农业机械化水平，新增种田大户21户，新增流转稻田1650亩，完善巩固光华、东风、官益村、苏油坪新村高产优质稻示范片。集中育秧示范面积共计150余亩。“四冬”生产热火朝天，整修、清淤骨干山塘30口，骨干渠三面防渗1500余米。完善巩固官益、光华等村800亩小柏松苗木基地，官益村500亩优质葡萄基地，东风、永福等社区500亩血橙基地和500亩冬枣基地，光华、爱国、苏油坪新村等村6000亩油菜示范基地，白露甸、官益等村2000亩蔬菜基地。 “创森创绿”工作持续推进。

【项目建设】 2019年，长虹街道征地拆迁全力推进。全力推进铜锣湾综合体、杨梅湖片区、高铁新城片区、白沙片区、红星美凯龙、郡祁学校、华阳学校等重大项目建设用地，累计完成土地征收1245亩，拆迁安置32户，拆迁面积15600平方米。全县重点项目建设进展顺利。组建专门班子积极配合县里各个工程指挥部开展工作，主动解决工程项目建设中遇到的各种困难和问题。全年协调和化解各类矛盾纠纷260余起。郡祁实验学校全面完成征地折迁和教学楼等主体工程，实现秋季开学。城乡供水一体化等项目工作基本完成。红星美凯龙项目火热招商。街道项目建设高潮迭起。投资180余万元，完成渠道三面防渗1.5千米，山塘清淤30口，水泥加固16口，山塘整修14口，电排维修1处，病险水库除险加固1处。全街道投入260余万元，修建入户道路5200米；硬化重点院落16000平方，防渗下水沟2600米，官益村、芹菜甸社区、爱国村等村社共安装路灯245盏，打造了苏华线、长福线等一批绿化样板路。提质改造居民线7条，新建修建芹菜甸社区群众文化广场1200平方米，11个村社区自来水建设全面完成，实现村村通自来水。

【创卫控违】 2019年，长虹街道统筹重点项目建设、小区提质改造建设、小游园建设等建设项目，城市建设全面提质，居民幸福指数和街道形象得到了进一步提升。城市建设更有品位。控违拆违成显明显，制止乱搭乱建22处，拆除零星建筑26处，450余平方；拆除空心房、危房等共856处，39652平方；因地制宜，科学规划，对原有的9个小游园进行了提质改造，新建白沙、东风、新兴街、光华村等4个健康小游园，面积达10000余平方米；对22个小区基础设施进行提质改造，新种乔木480余棵，灌木花卉1200余株，新铺草皮4000余平方米。创卫成果更加巩固。新增配备240升垃圾桶750余个，聘请保洁员69名，并投入40多万元购买社会服务，新购买两台新型压缩环保挂车对街道3个城中村、8个结合部村社分两个片区进行每村两天一次清运保洁，并且垃圾运到县统一指定海螺公司进行处理。全年共开展各类村庄环境整治行动65场次，全街道11个村社（不含3个城市社区）共清理杂物2850多处，清理垃圾2160余吨，清理下水沟220条，清理沟渠62千米，池塘230余个。清理整治官益村、白露甸村等养殖场所6处。完成农户房前屋后及公共区域平整夯土520余处、约3万余平方米。

【民生事业】 2019年，长虹街道脱贫攻坚全面推进。深入开展“三走遍三签字”活动，突出“四扶四建”，紧扣“两不愁三保障”核心指标，强力推进“六个全覆盖、六个必到户”工作举措，在4个贫困人口在100人以上的村派出了扶贫工作队，街道127名机关党员干部及部门干部、党员积极开展结对帮扶。全面推进产业开发、劳务协作、健康扶贫、教育扶贫等扶贫重点工作，巩固提升脱贫成效，长虹街道档立卡贫困户共476户1212人，现已实现稳定脱贫472户1202人。社会保障更加健全。在城区全面开展低保清理工作，共清理不合条件低保户112户，187人。低保户、五保户的救助工作和年检年审工作、农村危房改造、大病救助等工作稳步推行。认真开展城乡居民社会养老保险工作，全街道城乡居民社会养老保险完成缴费比例达95%。大力开展为全县企业招工服务工作，新增城镇就业1780余人。

大力改善城乡办学条件，全年教育投入1200余万元。积极开展文化下基层活动，全年送电影送戏到村、社区54场次，完善14个村（社区）农家书屋管理制度并更新图书5600册。城乡居民医保参保32995人，比上年新增631人。全面提高公共卫生服务能力，居民健康建档、职工和老年人健康检查全面推进；全力防控登革热疫情，累计发放灭蚊片药品8300余盒（瓶），进组入户5000余人次，发放宣传资料2万余份，登革热防控工作成效显著。计划生育“三基”工作扎实推进，人口出生率13.09‰，人口自然增长率8.92‰，符合政策生育率93.59%。

【安全稳定】 2019年，长虹街道健全完善防控体系，深入开展“打非治违”专项行动，检查有证合法生产经营1203家，下达禁止农用车载客通知单20余份，下达各类整改通知单10余份，查出各类安全隐患167条（处），立即整改152条（处），责令限期整改15条（处），挂牌督办2处，有效预防安全隐患引发事故，以创建“平安和谐长虹”为主题，牢固树立“发展是第一要务，稳定是第一责任”的观念，以“打防结合，预防为主，专群结合，依靠群众”为工作方针，全面落实社会治安综合治理专项工作措施，综治维稳工作迈入制度化、规范化的轨道；积极开展群防群治活动，社区义务巡逻队共处理纠纷53起，提供有价值的信息95条，发放群防群治宣传资料60000余份。强化网格化管理，在城区社区划分了41个网格，农村村社区划分17个网格，全面推行“网格化”社会管理模式，化解矛盾纠纷189起，为居民办好事实事460余起。大力开展矛盾纠纷排查调处，排查出各类矛盾纠纷178宗，并积极协调联合纠纷牵涉到的部门，运用经济、行政和法律手段，调处结案173宗，矛盾纠纷调处率达97%。积极接访处访和化解信访积案，接处访330人次，化解信访积案2起，解决上访问题85起，上门做上访户工作200余人次。严厉惩治“黄、赌、毒”等社会丑恶现象和违法犯罪行为。2019年共破获“两抢一盗”案件20起，抓获“两抢一盗”犯罪嫌疑人9人，起诉9人；查处涉赌、涉黄、涉毒案件25余起，抓获违法犯罪嫌疑人50余人，逮捕5人，刑事拘留5人，行政拘留45人，追回逃犯6人，强制戒毒5人次，社区戒毒（康复）得到全面加强。

【党建工作】 2019年，长虹街道强化队伍建设，支部战斗力全面增强。进一步加强班子建设，大力改善村社办公条件，全面落实县委“工作村为主”要求，支部战斗力全面增强。全面规范党组织及党员教育管理和“135”治理模式。推进支部“五化”建设达标验收，在各村社全部实行党建网格化管理。“不忘初心、牢记使命”主题教育高质量开展。深入查摆问题，列出问题清单，班子自查问题4条，收集各类建议和意见4类11条。根据问题清单逐一制定整改措施，明确整改时间，2019年现已全部整改落实到位。在各村（社区）党群服务中心设立意见建议收集箱，加大排查力度，发现并处理各类问题380余件。党建水平全面提升。以党建为引领，充分发挥党员先锋模范作用，办好民生实事300余件；投入200多万在各村（社区）建立蕴含红色元素的党员活动室、横幅、宣传栏、扫黑打非站、新时代文明实践站点、农家书屋等；在主干道彩绘打造文化墙，建立网络微支部，“双微平台”和各村（社区）网站，建立了精神文明文化小区、城建文化小区等十一个文化示范小区。创新“党建+流动人口管理”，建立2个“党员驿站”，成立天宇小区物业党支部。严格执行“四议两公开”制度，严格落实“三会一课”“村（社）干部管理”“不合格党员处置”等制度。以支部为单位每月25日定期组织开展党员主题日活动。建立健全“一定三有”为主要内容的村干部激励保障机制。落实村社区部门党支部书记向街道党工委、向党员双述双评制度，健全群众评议基层党组织和基层干部工作实绩机制。党风廉政建设全面加强。全面落实党风廉政建设“一岗双责”，积极建设“清廉街道”和“清廉村社”，落实“四单一流程”，规范权力运行，严厉惩治发生在群众身边、损害群众利益的违纪违法行为，先后查处党员干部违纪违法案件3起，处分3人；配合县委第四巡察组常规巡察，整改五大类问题16条，收回资金118586.23元。

浯溪街道

【概况】 2019年，浯溪街道坚持以习近平新时代中国特色社会主义思想为指导，全面贯彻落实省委、市委和县委的决策部署，以争当全县高质量发展先行军为引领，持续发力“五百工程”，坚决打赢三大攻坚战，加快建设富饶美丽幸福新浯溪。2019年，街道辖区人口80439人，其中农业人口12414人，城镇常住人口68025人，城镇化率89.5%。总人口中，男性44833人，占55%；女性35606人，占45%。人口出生率11.5‰、死亡率5.1‰、自然增长率6.4‰。城乡居民人均可支配收入分别达到20489元，18701元，分别增长8%，10%。街道在全县绩效评估中荣获二等奖，从严治党、基层组织建设、创国卫等工作荣获全县先进单位。

【产业发展】 2019年，浯溪街道规模工业总产值39659万元，比上年增长10%，实现税金16130万元，增长率10%。工业固定资产投资及技改投入19576万元。2019年，浯溪街道有耕地4664亩，人均0.2亩，其中稻田3267亩。蔬菜种植面积5000亩，产量6148吨。水果种植面积4864亩，产量4625吨。鱼类产量980吨，渔业总产值2497万元。林地面积3888亩，植树造林400亩，森林覆盖率48%。大力开展秋冬农业生产，落实红提基地400亩，发展草莓基地30余亩，建成唐家岭600亩油菜基地，沿江村灾后补损蔬菜示范点1000亩。

【脱贫攻坚】 基础台账精准。高质量完成481户1295人的建档立卡帮扶手册，高标准开展“三走遍三签字”活动。落实“四扶四建”帮扶措施精准。召开“夏季乘凉晚会”“冬季篝火晚会”70场次，入户走访1200余人次，听取意见与建议86件次，落实各项扶贫措施960件次，撰写扶贫日志710多篇，送慰问金4万余元，完成危房改造5户，解决困难群众就学、就医以及住房等实际困难300余件，介绍贫困户就业56人，培训技能248人次，争取创业资金25万元。扶贫政策落实精准。为贫困户解决扶贫特惠保每人60元，积极开展消费扶贫，组织购买贫困户消费扶贫产品5万元，全年共脱贫5户，11人。巩固精准脱贫成果。认真开展好“回头看、回头查、回头帮”活动，围绕“两确保两完善”，以“六个全覆盖、六个必到户”要求来查找问题和不足，巩固脱贫成果，提高脱贫质量。

【项目建设】 抓重点项目建设。投资7亿元的新天地城市综合体10月投入营业，农机小区等4个棚改项目完工，王府坪市场一期工程第1、2幢封顶；妇幼保健院、大众小学建设顺利推进，麒麟山庄成功引进战略合作伙伴，加快田园综合体打造。全力服务经开区建设。全力配合经开区征地拆迁工作，迁移科创产业园内近8年没迁的坟墓近80座，拆除房屋近60幢、15000平方米，拆除严重影响经开区建设的涵管厂1座，化解经开区各类矛盾纠纷35起，为经开区企业招工近804人。狠抓村社综合服务平台建设。把村社综合服务平台建设作为一项重要工作来抓，办事处便民中心、沿江村党群服务中心、新埠头村党群服务中心装修项目完工，投资100万元的望浯园社区办公楼投入使用，投资60万元的望浯园社区日间照料中心投入使用，成为全县解决“一老一小”问题的样板工程。

【城乡建设】 2019年，浯溪街道加大人居环境整治，百村振兴推动有力。深入开展“一拆二改三种四清洁”专项整治行动，农村、城乡结合部共拆除危房、空心房面积6500平方米，改厕50户，完成全办改厕任务，城市社区完成违章建筑拆除91处、7560平方米。小江村整村完成“厕所革命”，作为典型样板在全省推广，原副省长唐之享、省委改革办以及外县领导近20批人员到小江村考察调研。全力推进河长制，加强河长制“六化”建设，清理各类水面垃圾近30吨，打捞水葫芦近10吨。有序推进城乡风貌改造，描绘百里画廊美丽画卷。小江村沿祁冷快线、唐家岭村三南路口坡护顶改造进展顺利，完成40户。全办共完成荒山造林300余亩，小区新种、补种绿化树木6000棵，唐家岭、长流、小江秀美村庄初见成效。基础设施不断提质，强势打造百园靓城。硬化路面3.5万平方米，安装路灯400余盏，为小区新添体育器材58套。完成23个老旧小区改造，完成小江、唐家岭、孙市等5个小游园和椒山公园、旦建山公园、城南公园等公园的建设和提质改造。

【社会事业】 2019年，浯溪街道农村最低生活保障户数299户，人数383人；农村五保供养62人，其中农村五保分散供养62人；城镇最低生活保障户数1053户，人数1809人，发放残疾人两项补贴478人，发放地力补贴2847户786897.9元，为761人申请临时困难救助1146700元，为94人发放医疗救助资金28.7万元；办理城乡居民养老保险6970人，办理城镇居民基本医疗保险35823人，圆满完成上级下达的指标任务。超额完成企业招工任务。

2019年年末，街道有幼儿园23所（公办幼儿园1所），在园幼儿3049人，专任教师192人；小学6所（民办小学1所），在校生8308人，专任教师457人；小学适龄儿童入学率100%；初中2所（民办初中1所），在校学生2636人，专任教师168人；初中适龄人口入学率100%，小升初升学率100%。各级各类医疗卫生机构16个，街道卫生院1所，村级卫生室11个。新型农村合作医疗参合人数14717人，参合率100%。加大科普投入。投入20万元用于科技活动宣传和信息化设备购置，开展科普知识培训活动4场，发放宣传资料1200册。全面完成村社农家书屋建设，为6个书屋补充图书期刊等资料共计11万元。加强学位建设。大众小学投入使用，配合做好复读学校搬迁，化解大班额24个，全力做好浯溪街道初一新生就近到浯溪三中就读的矛盾化解工作。全力推进文化工作，成立多支文化艺术队伍，联合各社区在白竹湖广场举办了多场文艺会演，得到群众好评。卫生事业取得新成绩。完成农村适龄妇女“两癌”免费检查877人次，孕产妇产前免费筛查499人，65岁以上老年人免费健康体检4124人，“双创”工作扎实开展。全力防控登革热，成功处置3起柬埔寨回国人员感染登革热事件。精神文明建设不断加强，完成街道新时代文明实践中心示范点建设，健全村“一约四会一队”，大力推进十星级文明户评选活动，共选评“十星级文明户”738户、示范户96户。

【安全稳定】 2019年，浯溪街道深入开展安全生产“百日会战”专项行动，落实企业安全生产主体责任，扎实推进“四个签字背书”，先后对1236家生产经营建设单位进行“过筛式”排查，发现隐患112起，整改112起，完善资料1234份；加强道路交通安全监管特别是春节、端午节等重大节假日交通监管，开展道路安全文明劝导400次，排查各类安全隐患98起；落实班子人员每月带队检查制度，对重点部位、重点行业检查320次，重点做好黄道门渡口、三南路加油站、危险化学品等领域隐患排查，发现整改问题32起，全年实现了安全生产零事故。

以创“平安浯溪”治安整治活动为抓手，加大普法宣传力度，进行“送法进社区”“送法进校园”“送法进企业”等“五进”活动。投资30万元高标准打造浯溪街道戒毒康复中心，投资10万元打造街道退役军人服务站。成功排除金果一小区、二小区2个地质灾害点。历时三天三夜，取得抗击“7·14”洪灾的全面胜利，并在灾后一天内完成灾后卫生清扫与防疫工作。配合王府坪指挥部，历时三天三夜成功拆除王府坪工业品市场近4000平方米的D级危房，确保人民群众的生命财产安全。深入推进扫黑除恶专项斗争，摸排扫黑线索100余条，破获以文某某为首的黑恶势力，群众拍手称快。国庆70周年安保工作顺利完成。

【基层党建】 2019年，浯溪街道积极探索基层党建新途径。创新开展党员驿站、城市物业小区红色党建教育基地、党员志愿服务岗等特色党建项目，做强做优“党建+征地拆迁”“党建+物业管理”及每月主题党日活动；做实“两新”党组织，新成立麒麟山庄、安盾保安公司两个党支部，赛尔小镇、故乡缘2家“两新”党组织为商圈快速发展注入强劲动力；坚决落实“三会一课”、民主评议党员、组织生活会和领导班子民主生活会、领导干部双重组织生活等制度；严格党员发展程序，全年共完成预备党员转正15名、吸收预备党员10名；组织党员参加远程教育学习3200人次，组织各级专业技术培训4批，“学习强国”学习成广大党员干部新常态。完成街道机构改革，接受“七站八所”移交人员50人。抓好党支部“五化”建设。对村社两委班子成员进行履职培训，对44个党支部书记进行业务知识轮训，小江、新埠头等8个村组织党员到江西、延安等地考察学习，开拓眼界；椒山村组织党员开展军训，加强党员战斗力建设；机关支部党员到广西兴安参观湘江战役纪念馆，增强理想信念教育。抓好主题教育。坚持用科学理论武装广大党员干部头脑，切实抓好“不忘初心、牢记使命”主题教育，举办村、社干部集中培训班，坚持领导班子和街道机关党员干部带头，集中学习3次，开展专题研讨3次，对照检查各类问题108个，解决群众各类问题88个，做到学用融合。

【从严治党】 2019年，浯溪街道坚决贯彻全面从严治党要求，严格落实中央“八项规定”，扛牢党工委主体责任和纪工委监督责任，坚持把执行党风廉政建设责任制作为提高班子领导和执政水平、提高拒腐防变和抵御风险能力的重要切入点，加大查办案件力度，充分发挥震慑的利剑作用。全年来，街道纪工委认真落实监督责任，接待来访群众45起，受理查处案件28起，处理违纪党员干部5人，开除在任村干部党员党籍1名，开除普通党员党籍1名，党内严重警告3名，收缴违纪资金61897元，如期完成街道办、望浯园等清廉祁阳建设试点，为全市清廉永州建设提供了参观现场。

（黄恩鹏、李扩军）

观音滩镇

【概况】 观音滩镇位于祁阳县中南部，距祁阳县城12千米，湘江环镇蜿延流过，三南公路横贯全镇，距泉南高速公路2千米。全镇共有22个行政村，3个社区，总面积87.5平方千米，总人口4.14万人。其中农业人口3.44人，非农业人口0.7人。2019年，观音滩镇全面贯彻落实党的十九大及习近平总书记系列重要讲话精神，突出特色农业、美丽乡村建设、精准扶贫三大重点，周密部署，狠抓落实，扎实工作，全镇经济呈现出良好的发展态势，社会各项事业健康协调发展。全年完成地区生产总值12.17亿元、固定资产投资7.72亿元、规模工业总产值7.44亿元、农业总产值0.67亿元、财税总收入2100万元。绩效评估考核被评为全县良好等次，“10+X”小城镇建设和党风廉政建设被评为全县先进单位。

【经济发展】 农业经济特色明显。积极引导走“农户+企业”的方式，组建专门班子流转土地15200亩，服务于天子龙蔬菜有限公司、碧香苑苗木公司、御沁苑油茶产业发展有限公司、唐家山油茶开发公司、贵澳现代高效智慧农文旅一体化产业示范园等进驻现代农业产业园的龙头企业。特种养殖成效显著。巩固新铺村的肉蛋鸡养殖基地，实现肉鸡年出笼35万羽以上；叶家井村柏氏中蜂养殖得到国家、省市多项荣誉；团胜村孔雀养殖实行特色养殖与休闲观光农业有机结合；新龙湾及和平村充分发挥党建+精准扶贫的作用，支持本村养殖能手，带领本村贫困户成立了合作社及乡村车间，扩大黑斑蛙、鳜鱼养殖基地，新建鱼苗培育、莲子种植基地，共同脱贫致富。在G356沿线叶家井、联兴、双华、八尺、夏乐、三合、新钢铁、新铺等8个村和团胜村种植莲藕面积1236亩。认真落实“大棚房”整治工作。配合县自然资源局、县农业农村局等部门拆除八尺荷香竹园、双华、叶家井、新钢铁等村“大棚房”近6000平方米。

大力支持工业园区建设。园区内白竹、龙井两村引进企业9个，自然韵黑茶、湘妹食品、鑫利生物等均成园区骨干企业。加大升级改造力度。湘江稀土投入技改资金1.2亿余元，对厂内设施进行全面改造，远洋铸造及湘南铸造厂延伸产业链条，各引资 1000 余万元进行升级改造。加大服务企业力度。想企业之所想，急企业之所急，积极主动地为企业排忧解难，努力为企业提供优良环境。观音滩镇被评为“全县推进新型工业化先进单位”。

【脱贫攻坚】 2019 年，观音滩镇围绕“六个全覆盖、六个必到户”的要求，新建 15 座、改扩建 6 座党群服务中心全部投入使用，投入 9.3 万元完善各村（社区）卫生室建设，9 月底，25 个村卫生室投入使用。全镇对贫困户等“四类对象”共完成危房改造 57 户，组织 1565 名贫困劳动力外出务工，扎实开展“户帮户、亲帮亲、互助脱贫奔小康”活动，对 276 户“巩固脱贫型”和“计划脱贫型”落实了精准帮扶措施和结对帮扶责任人、社会爱心人士。大力发展产业扶贫，用好用活产业项目资金，积极培育金银花、食用菌、香芋、美国糖桔等扶贫产业，全镇 2019 年 105 户 298 人贫困人员顺利实现脱贫。

【民生事业】 2019 年，观音滩镇完善 13 座小（Ⅰ）（Ⅱ）型水库承包合同，坚决杜绝水库投肥养鱼；整改龙井村、团胜村、夏乐村、沿沽村、和平村等 5 个养殖场畜禽污染问题，改善养殖场面积达 1.18 万平方米。认真落实城镇低保、大病救助、五保供养、社会养老保险全覆盖等社会保障政策，扎实做好农村危房维修改造、救灾救济等工作，切实提高民生保障能力。完成危房改造 57 户，发放危房改建补助资金 121 万元，新增农村低保对象 239 人。全镇农村医保完成 3.3 万人，参保率 92%，政策性补贴 100%发放到农户手中。全镇现有优抚对象 429 人，特困供养人员 330 人，农村低保 700 人，城镇低保 235 人，残疾两项补贴 451 人。完善剩余劳动力和失业人员信息库，及时整理、登记、公布就业信息，为用工企业和农户搭建对接平台。组织开展农村实用技术培训 3 期，培训农民 3000 人次，输出农村劳动力 4500 余人次。

加大对教育的投入力度，镇中学教学质量不断提升，中考成绩在全县同类学校评比中名列前茅。镇卫生院全面实行基本药物制度，药品实现零差率销售，住院病人实行“1+6+8 补偿模式”，报账比例逐年提高，建档立卡贫困人口实行“一站式”结算，有效解决了老百姓看病难、看病贵的问题。进一步完善农家书屋建设，每个农家书屋存书达 3000 余册。

【城乡建设】 2019 年，观音滩镇全力推动城乡供水一体化，完成镇自来水叶家井管网延伸工程，受益人口 1356 人。以“一拆二改三种四清洁”行动为突破，突出抓好农村垃圾治理、农村厕所革命、规范农村建房，农村人居环境得到显著改善。落实了 25 个村（社区）卫生保洁“门前三包”责任，共配备保洁员 139 名，新添置环卫垃圾桶 3672 个，完成镇垃圾中转站征地 1731 平方米和三通一平；全镇 25 个村（社区）共计拆除危房空心房 23.3 万平方米；完成“玻璃钢”和“现浇模型”改厕 3133 座。镇区主要街道提质改造全面完成，在国道、村主干道种植大苗 6000 余棵，推进“种花、种树、种果”，新增绿化面积 2.7 万平方米，G356 沿线村房屋风貌改造 260 户，新建小游园 8 个，新建小微湿地 1 处，八尺集中建房点全面完成，漫山村集中建房点全面动工。完成团胜、新铺、夏乐、新龙湾、东泉、井仙等村田间工程 6 处，新修机耕道 16.9 千米，维修山塘 35 口。新铺、新钢铁、夏乐、三合、八尺等“五村连片”人居环境整治有序推进。

【安全稳定】 2019 年，观音滩镇建立“党政同责、一岗双责、齐抓共管”的安全生产工作机制，全面加强安全生产隐患排查与治理，扎实开展安全生产、森林防火、防洪抢险、地质灾害防治等应急管理工作。深化“打非治违”等专项行动；大力开展道路交通、水上安全、建筑工地等安全生产领域专项整治。一年来，全镇未发生一起较大的安全生产事故。深入开展“扫黑除恶”专项斗争和信访突出问题“深重促”专项行动，信访办结率达100%，越级非正常上访人员次数大幅下降，化解了一批老信访户突出问题。辖区内社区服刑人员总体安全稳定，未出现脱漏管现象，安置帮教工作有序进行，人民调解工作扎实有效推进，开展矛盾纠纷大排查2次，调解各类矛盾纠纷172起。社会治安拘留46人，刑事拘留12人，做好禁毒宣传和强制戒毒2人。

【党建工作】 2019年，观音滩镇认真落实《中共祁阳县委关于全面推进“工作村为主”的实施意见》，在全县“工作村为主，成果大比武”活动中，新龙湾村成功挤进决赛，沿沽村、白竹新村、和平村共荣获工作“村为主”7个单项奖，实现了新突破，增添了新喜色。同时全镇共评选出9个方面的“村为主”工作先进单位10个。扎实开展“不忘初心、牢记使命”主题教育，做到了规定动作不走样、自选动作创新意，达到了干部受教育、工作有促进、群众得实惠的目的。严格落实党风廉政建设责任制，坚决查处党员干部违纪违法问题。立案6件，结案5件，处分党员10人，其中开除党籍2人，党内警告3人，党内严重警告1人，诫勉谈话2人。扎实整改生态公益林资金发放工作，共清退生态公益林资金12.7万元。

茅竹镇

【概况】 2019年，茅竹镇位于县境南部偏西北边，距县城11千米。镇人民政府驻茅竹社区，全镇共辖茅竹、清水塘2个社区和三家、滴水、联合等16个村，共273个村民小组。全镇总面积92平方千米，总人口6700余户2.608万余人。全镇耕地面积2.3万亩，山林面积8.4万亩，是全县现代农业核心区和油茶重点产区，又是柑桔、西瓜、蔬菜的重要产区，素有“油茶之乡”的美誉。茅竹镇交通便利，地理区位优势明显，国道322、356、祁冷快速和清大公路贯穿全镇，湘江绕镇而过，终年通航。2019年，全镇各项工作取得长足进步，共为国家级、省级、市级、县级现场会提供参观现场37次，迎接省、市重要领导调研乡村振兴、脱贫攻坚、退耕还林还湿等11次。

【经济发展】 2019年，茅竹镇实现地区生产总值9.66亿元，增长8%；固定资产投资增长12%，财政总收入增长10%，农民人均纯收入增长10%。立足农业镇实际，大力扶持发展种粮大户，粮食播种面积稳中有升，粮食产量持续递增。鼓励和支持土地向种田大户、种田能手集中，全年流转稻田4500亩，其中流转面积在100亩以上的大户就有17户，早稻播种面积在1.4万亩、双季稻扩种面积2500亩，其中优质稻播种面积1.2万亩，实现稳早稻扩双季稻的目标。持续抓好油茶、花卉苗木、水果、无公害蔬菜四大传统产业的巩固和发展。依托专业合作社+基地+农户、公司+基地+农户的模式，流转土地6500亩，全年新增种养加工专业合作社9个，家庭农场9个，为祁阳再次获评“中国好粮油”国家级示范县贡献了茅竹力量。为切实制止未批先建、批东建西、违法乱建等土地乱象，对土地卫片执法和大棚房46个图斑，细致核查，加快整改，在规定期限内完成了拆除、回填、复草复绿、恢复耕作条件的任务。配合祁冷快速扩建、陶铸干部学院、贵澳集团现代农业园区建设、广东农垦集团等重点项目建设指挥部，累计完成土地流转6500亩，配合解决征地、土地流转、矛盾纠纷、项目信访等问题57个（起），为重点项目的建设和推进营造了良好的外部工作环境。德辉现代农业公司逐步发展壮大，德辉景区成功国家AAA级旅游景区。

【农村人居环境整治】 2019年，茅竹镇持续加大对全镇存量危房、空心房和杂房的拆除力度，全年共完成拆除危房、空心房和杂房124905万平方米，占年度目标任务的130.4%；联合村、清水塘社区自来水管网延伸工程竣工验收，有效解决了525户、2795人的安全饮水问题；茅竹、三家、幸福等村新增自来水开户共749户；完成改厕1982座，占年度任务的120.7%。在全镇范围内全面启动种树、种花、种果行动，坚持以乡村振兴示范区的三家、滴水、老山湾、茶园、幸福等5个村为重点，实行以点带面，整体推进。累计完成绿化大苗种植5万余株，种植观赏花卉面积350亩，引进种植特色水果586亩。以村庄清洁行动为契机，积极开展“四清一改”整治行动，通过示范引领，以行动促宣传，以宣传改陋习，发动群众全民参与，形成了环境整治的常态化机制。认真总结、巩固三家村“美丽庭院”评比经验和成果，并向全镇推广。卫生费的收取工作全面铺开，柏家新等5个村基本完成收缴任务，村民的环保意识、参与意识得到了进一步的提高。积极推进养殖业转型升级，按标准设立“禁养区”“限养区”“适养区”，建设无害化养猪基地，有力地促进了茅竹经济健康有序发展。坚持规划先行，在全镇全面铺开集中建房，实行统一设计、统一施工。三家村的集中建房点完成了样板房建设，第一批19套基本完成主体建设。

【社会事业】 2019年，茅竹镇按照“一超过、两不愁、三保障”的要求，严格落实政策、压实责任，以“四扶四建”为抓手，加大产业扶持和就业指导力度，切实巩固脱贫成果，按期完成77户169人的脱贫退出目标任务。

对照省、市、县重点民生实事的工作要求，抓实抓细各项指标完成。农村适龄妇女“两癌”免费检查任务446人，完成618人，超过任务172人；孕产妇免费产前筛查136人，完成137人；65岁以上老年人免费健康体检1763人，完成1769人，超任务6人；新增农村通自来水任务1480人，完成清水塘、联合村的管网延伸项目；完成3个村的自然村通光纤任务。自然村通水泥路完成年度目标任务；消除村卫生室空白村3个，均按要求建设到位，全镇18个村（社区）均已达标；农村卫生厕所改造任务1642座，完成1982座，超额完成年度目标任务。

【安全稳定】 2019年，茅竹镇深入开展安全生产风险隐患“大排查大管控大整治”行动，大力推进交通领问题顽瘴痼疾专项整治，有效防止和遏制较大及发上事故发生。共召开各级各类会议41次，开展安全培训8次，培训574人次。坚持主要领导亲自带队查和分管领导带队查的督促检查落实制度，共排查安全隐患13个，交办整改13个，完成率100%，全年未发生大的安全生产事故。面对来势汹汹的非洲猪瘟疫情，我们以高度的政治责任感，对人民群众负责的政治担当，集中人力、物力、财力，积极应对，科学防控，对全镇13户规模养猪场（存栏生猪16000多头），实行“一天一排查”防控机制，取得了预期效果。大力推进社会治安综合治理，强化网络建设。加大线索摸排，登记造册备案，全年共摸排线索50多条，对盗、抢、赌、毒等精准惩治，全年没有出现一起恶性案件和重特大刑事案件。

【党建工作】 2019年，茅竹镇扎实开展“不忘初心、牢记使命”主题教育，对梳理出来的50个问题，以责任制、销号制抓好落实。调整村党组织书记2名，村主任8名，村党组织书记与主任“一肩挑”达到55.56%；试点推行党员网格化管理，党支部“五化”建设达标率达85%；1个软弱涣散党组织已整顿提升。全年共受理各类举报件21件，办结率达100%，滴水村肖晓军等一批困扰党委政府多年的信访举报案得以化解。受理党员违纪案件4件，立案4件，给予4人党纪处分。切实加强作风建设执纪，全年共下发督查通报25期，提醒谈话32人次，诫勉谈话2人次。

（唐小勇、张平原）

三口塘镇

【概况】 2019年，三口塘镇辖14个村（居）民委员会，298个村民小组。全镇总面积55.2平方千米，其中耕地面积2.8万亩，林地面积3.6万亩。总人口24614人，其中城镇常住人口1517人，城镇化率6.98%。

【产业发展】 2019年，三口塘镇着力优化农业产业结构，增加农业产业效益。粮食生产稳定，畜牧水产业发展步伐进一步加快，畜牧水产业养殖标准化建设不断扩大。2019年生猪存栏1.69万头，家禽存笼42.46万羽，牛存栏678头，水产养殖面积3756亩，水产品总产量4139公斤。鼓励和引导农民面向市场需求，调整农作物种植结构、畜牧水产养殖结构，成立了多家种养一体化家庭农场。重点建设舜皇山土猪、良种油茶、果蔬等特色产业园加快发展订单直销、连锁配送、电子商务等现代流通方式，实现农业附加值提高。举办农民职业教育和技术培训6次，培育新型农民100余人。

坚持以项目建设支撑产业发展，引导企业投资400万元在唐家山万亩油茶基地核心区新修了10米自行车越野赛道，温氏股份生猪养殖高效一体化项目巍山基地与良衙里基地累计投资2亿元。永州农联五色米养生农业开发有限公司和永州五色米种养专业合作社通过土地流转联合租赁稻田2100亩，已建成永州市最大，唯一的“五色米”种植基地。投资1亿元的永州市最大节能环保页岩砖厂鸿鑫建材投产达效。成功引进亨润玩具公司、冠鑫灯饰、五色米加工公司和八虹精密仪器公司等投资3000万元以内企业4家。

【城乡建设】 2019年，三口塘镇加快推进小城镇建设，祁阳煤矿国有工矿棚户区保障性住房220套已交房，镇区过境路、晋乾路安装市电路灯70盏。特色街种大苗樟树120棵，铺装人行道3500平方米，投资150万元的农村安全饮水巩固提升工程全部竣工。投入200万元建成了党建小游园、禁毒小游园、法制小游园、晋乾小游园、康养小游园。

推进“一拆二改三种四清洁”人居环境整治行动和生态文明建设，持续优化人居环境。向上争取垃圾转运站建设项目，在里塘村新建一个压缩式垃圾中转站，完成二通平。持续开展全域环境整治。通过全面排查，及时整治了集镇范围内20多个乱搭乱建、乱堆乱放点以及238个院落积存垃圾点，同时，清洁田园8890亩，清洁河道21千米。集中开展空心房整治工作，拆危房空心房50877平方米，拆杂房3506平方米，拆旱厕2922平方米，拆棚子905平方米，拆围墙753米，实现了村居美化。大力开展“厕所革命”，全镇改厕完成1567座。

【民生事业】 2019年，三口塘镇总贫困人口3594人，已脱贫3524人，贫困发生率从上年的2.2%下降到0.28%，返贫率0。家庭医生签约服务完成1094户3569人，慢性病高血压患者签约391人，糖尿病患者签约98人，结核病患者签约4人；义务教育失学辍学人数为0人，将贫困人口474人纳入低保扶持。危房改造48户，易地搬迁分散安置7户26人。农村电网升级改造4个、实施自然村通水泥路9条共计6.71千米、改水896户。全镇14个村（社区）建成了党群服务中心、村卫生室、辅警室和村电商平台。推进产业扶贫，丝塘村基本农田整理等项目接近尾声；满明村建成槟榔芋基地1处、青蒿试种基地1处。

加大教育投入力度，先后完成石湖小学教学楼的改扩建及公立幼儿园的配套建设，"两基"成果得到进一步巩固和提高，全镇适龄少年儿童在校学生1357人，适龄儿童入学率为100%，初中毛入学率100%。我镇中小学校的教学质量连年稳居全县同类学校前列。全面深化医药卫生体制改革，不断提升公共卫生服务能力。投入28万元，完成全镇所有14个村的标准化卫生室建设。全镇20802名农民参保，参保率在全县名列前十，同比增长率全县第一，共补偿参合居民3000余人次，门诊受益率100%。城乡居民养老保险覆盖面进一步扩大，各项社会保障政策得到有效落实。全镇享受农村低保497户，737人，城市低保101户136人，享受农村特困供养人员259户259人。全年发放临时救助金、优抚救济金、救灾资金、退伍军人慰问金及高龄补贴180万元。完成全镇退伍军人及重点优抚对象进行信息采集工作，采集信息457条。2019年全镇共参保新型农村社会养老保险7199人，收费95.5万元，参保到龄人员领取保险金546万元。投入18万元，对敬老院进行标准化改造；建成社区残疾人康复中心1处，完成残疾人家庭无障碍改造16户。狠抓社会稳定，消除安全隐患，及时交办整改各类安全隐患127个，没有发生一起重大影响的刑事案件、交通事故、安全生产事故和群众聚集事件；1—12月没有出现省市回访抽查不满意信访件。

【党建工作】 2019年，三口塘镇围绕"不忘初心，牢记使命"主题教育要求，严格落实"一岗双责"和双重组织生活制度；走访群众328人次，收集问题建议85条，协调解决问题72个，发现解决基层党建突出问题7个。在全县首推村干部刷脸上班坐值班制度，并与村干部工资挂钩，村干队伍执行力明显提升。切实扛起全面从严治党责任，将党风廉政建设纳入镇党委年度工作计划和镇村干部考核指标体系。做到年初有部署、每月有考核、年中有检查、年底有落实。通过群众来信、村务公开等手段，深挖腐败线索，重拳整治扶贫领域、专项建设资金等领域的腐败问题。全年印发督查通报4期，给予通报批评22人次，诫勉谈话25人次。

大忠桥镇

【概况】 2019年，大忠桥镇辖3个社区、33个村、510个村民小组，总人口51581人。全镇完成规模以上工业总产值48591万元，同比增长15.8%；完成固定资产投资5800万元，同比增长12.5%；实现农业总产值60213万元，农村居民可支配收入13240元。通过全镇上下真抓实干，政治、经济、文化、社会、生态文明等各方面建设都得到了全面、健康、有序的发展。

【党建工作】 2019年，大忠桥镇深入开展"不忘初心、牢记使命"主题教育，进一步加强党的基层组织建设。深入推进支部"五化"建设，全年新发展党员19人，其中45岁以下14人，高中以上学历9人，解决了永星、烟塘、白毛窝、华羊4个村党支部近三年没发展党员的问题；全年完成了2个软弱涣散党组织的整顿转化任务。按照"功能完善、管理到位、服务优化"的要求，全镇36个村（社）党群服务中心进行了新建和改扩建，达到了硬化、净化、绿化、亮化、美化等"五化"要求，实现了"建起来，管起来，用起来"的目标。深入推进"工作村为主"机制，实施任务量化到村、责任落实到村、考评调度到村、奖惩兑现到村的管理体制，对工作落实情况进行公开展示、定期评比，营造了浓厚的比学赶超氛围。加大违纪查处力度，查处违纪资金12万元，立案2件，给予纪律处分2人，提醒谈话17人次。

【经济发展】 2019年，大忠桥镇完成粮食播种面积3.9万亩，落实沙井、同心、合兴粮食监测点400余亩。发展壮大瓜蒌基地2000余亩，落实油菜种植2.19万亩，蔬菜种植0.65万亩，在茶山村打造1处200亩对接港澳蔬菜基地，在茅坪坊社区、星星村打造油菜种植示范区1200亩。全镇土地流转2500亩，新发展100亩以上的大户4户，家庭农场60户，农业专业合作社9家。全面完成36个村（社区）集体资产核资工作，按时对36个集体经济组织成员身份进行确认。大力开展违章建筑整治工作，组织国土等部门拆除违法建筑5处，面积达1000多平方；整改13处，复垦复绿20000多平方。拆除上级交办违法大棚房1处，拆除建筑面积3000平方，复垦复绿6500平方；自行查处整改3处，拆除建筑面积1300平方，复垦复绿5000平方。

【社会民生】 2019年，大忠桥镇脱贫攻坚持续推进，在白毛窝村和茶山村建成一个委托帮扶产业扶贫种菌基地，对全镇280名贫困学子进行了资助，完成162户贫困户危房改造，完成贫困人口家庭医生和慢性病签约服务11962人，累计发放扶贫小额信贷365万元。2019年，实现了272户665人脱贫。

深入推进民生保障体系建设。2019年，为1048户残疾人提供救助，把1020户1495人纳入最低生活保障，落实五保户616户，发放各类临时救助金59.5万元，为463名一、二级残疾人办理重度残疾人护理补贴。城乡居民医疗保险覆盖率达96.25%以上。转移就业农村劳动力1400余人。完成农村适龄妇女“两癌”免费检查1173人，完成孕产妇产前筛查205人，为55人发放奖励扶助金。镇自来水厂提质改造工程和三合、合兴、双凤、和平等4个村安全饮水工程建成投用。加快农村道路提质改造工作，新建道路25千米，加宽公路2.5千米，补修公路9.8千米。深入实施“十星级文明户”创建活动，宣传示范户典型，加强农村精神文明建设，乡风面貌大为改观。

【生态文明】 2019年，大忠桥镇人居环境整治有新突破。深入推进“一拆二改三种四清洁”行动，2019年，全镇拆除危房、空心房、杂房708户共79627平方米，清除杂草垃圾4000立方米。取缔了镇原垃圾场，进行了全面复垦复绿，新建垃圾中转站1个。全面推进“厕所革命”，完成改厕任务3156座、改厕连通249户，厕屋改（新）建125户。继续做好畜禽养殖废弃物无害化处理和资源化利用工作，配合县环保局、县畜牧水产服务中心等部门对5个生猪养殖场下发禁止排污决定书，拆除禁养区猪舍2500平方。全面落实河长制，实施了镇级河长每旬一巡河、村级河长每周一巡河制度。在黄花河黄家桥村段打造了一条3千米河道整治样板点，形成了水清、岸绿、景美新景观。

【安全稳定】 加强安全生产工作。推进道路交通、马路市场等安全生产大排查大整治工作，开展安全生产大检查65次，共排查隐患302处，隐患整改率达98%,，无较大及以上安全生产事故发生。完成“三无”登记监管，没有发生食品药品安全事故。加大非洲猪瘟防控工作，组织全体镇村干部对全镇所有生猪养殖户进行全面走访，共排查1000余次，对非洲猪瘟进行有效防控。全力推行网络化服务管理，全年共排查各类矛盾纠纷212起，调处210起，调处率99.06%。集中开展扫黑除恶行动，依法惩治各种违法犯罪行为，全年未发生群体性事件及民转刑案件。全力开展“7·13”重大洪涝灾害抢险救灾工作，转移受灾群众2063人，并有效开展灾后重建工作，把洪灾损失降到最低。

（陈佳、朱育新）

肖家镇

【概况】 肖家镇地处县境中南腹地，全镇总面积212.39平方千米，辖27个村，2个社区，下设412个村（社区）小组，总人口48949人。2019年，全镇GDP达55.93亿元，同比增长11.2%；财政总收入778万元，增长10.9%，完成总支出763万元，增长10.5%，实现了保发展、保民生、保稳定的目标。农村居民人均纯收入达10059元，增长11.3%。

【产业发展】 2019年，肖家镇水稻种植2.9万亩，全年粮食总产量达20800万吨。专业种粮大户共计流转稻田面积14365亩，种植高档优质稻8000多亩，其中发展再生稻6000多亩，成功打造金刚社区、仙泉村、牛头湾村、汪家坪村、九牛坝村5个油菜、绿肥示范点。全镇共种植油菜9000余亩，农民增收800多万元。农田基础设施不断完善，通过引进高标准农田建设项目，新增机耕道7500米、排灌渠道护砌8800米、灌溉山塘8口、农田小渠道三面防渗6000米、机耕道小拱桥7座，总计投入项目资金800万余元。

【村镇建设】 2019年，肖家镇自然村公路建设项目完成15.755千米，九泥村、牛头湾村、泉山村、共和村公路加宽累计5.587千米，批地建房146户，卫片执法14处，全部拆违43处5600平方米，增减挂钩6处57亩，太平新农贸市场9月1日正式投入使用，彻底解决了该市场的安全隐患，为全县的“马路”市场整治提供了示范样板。2019年全镇共完成农村危房改造98户，发放危改资金共计200余万元。拆除危房、空心房13.8万余平方米，完成三格式玻璃钢改厕2942座,。按照全县“城乡供水一体化、区域供水规模化、工程建管专业化”的统一规划，完成九牛坝村、大院村、龙凼村、青山村、黄石村、九泥村6个村自来水改造，加固2座水库。持续美化和绿化主干道路沿线风光带，黄石至龙凼线种植美国红栎2200株，肖凤线、肖大线种植红叶石兰8000株。新修建小游园7座，绿化面积约17000平方米，建设秀美村庄4个，标准化街道1条。

【民生事业】 2019年，肖家镇有中、小学校9所（含教学点）在校学生6012人，在职专任教师231人，其中中学1所，学生1180人，专任教师86人；小学8所（含教学点）学生4832人，专任教师192人；标准幼儿园8所（其中公办2所），简易幼儿园14所，在园幼儿1198人（其中大班699人，中班325人，小班174人），专任幼师59人。小学适龄儿童入学率100%；初中适龄儿童入学率100%；小升初升学率100%。全年减少义务教育大班额8个，新创学校标准化食堂1所，新增公办幼儿园1所，学校基础设施建设全面加强。享受雨露计划92人，教育助学1265人。

2019年，全镇共有各级卫生机构50个，其中镇卫生院1个，医疗点1个，村级卫生室48个，镇卫生院专业卫生人员40名。其中，执业医师12人，执业助理医师9人，中级职称2人；有病床40张，全年完成诊疗28500余人次；城镇居民医保参保人数到达46349人，参保率达97.1%，参合患者住院平均补偿率达到75%。健康扶贫全覆盖，全镇贫困人口医保参保率100%，一站式结算率达100%，实际报账比例90.48%。2019年全镇慢性病签约638人，农村适龄妇女“两癌”免费检查1126人，孕产妇产前免费筛查426人，免费发放叶酸400人次，免费发放计生用品药品6500余盒，65岁以上老年人免费健康体检6268人次，0—6岁儿童保健2200余人次，全镇各个公共场所传染病防控消毒6次。安全饮用水普及率达到99%。

2019年，新型农村居民养

老保险参保人数达17900人，参保率达80%；发放60岁以上基本养老保险金8372人、1032万元；发放农村低保、五保资金、大病救助资金、优抚双定款、临时救助款等共计1200余万元，落实奖励扶助65余万元，特扶资金18万元。

【社会治理】 2019年，肖家镇持续开展禁毒工作，发放禁毒资料5千余份，悬挂横幅6余条，广泛宣传禁毒知识。严控外流贩毒现象，积极与外地警方联防联控惩治贩毒吸毒行为。走访197名在册吸毒人员家庭，建立健全了在册吸毒人员台账，准确掌握在册人员信息动态。深入推进扫黑除恶专项斗争，发放普法宣传资料3000余份，入户走访村民480余户，破获刑事案件7起，查处行政案件4起，行政拘留14人，刑事拘留12人，抓获贩毒人员6人。完善矛盾纠纷排查化解机制，充分运用警民联调、听证方法，强化律师参与，化解疑难复杂矛盾纠纷，致力维护社会公平正义。始终抓紧安全生产这根弦，深入开展“打非治违”“强执法防事故”专项行动，着力创建安全生产“三无乡镇”，全镇社会大局保持和谐稳定。

【党建工作】 2019年，肖家镇深入开展“不忘初心、牢记使命”主题教育，突出党员干部受教育，百姓群众得实惠，解决民生实事15件。全面推进党支部“五化”建设，定期对全镇29个村（社区）党组织集中排查，查问题，建台账，全年集中摸底排查4次，整改问题137个。严格落实“六个一”整顿措施，完成黄石村软弱涣散村党组织整顿。运用“互联网+监督”平台，畅通群众诉求反映渠道，注重案件线索挖掘和查处，全年党纪处分党员4人，其中2人开除党籍，1人党内严重警告，1人党内警告，诫勉谈话8人，约谈21人次，批评教育21人次。

八宝镇

【概况】 2019年，八宝镇辖26个村（居）委会，394个村（居）民小组，人口4.9万，耕地25102亩，其中稻田22396亩，旱地3152亩，林地147960亩，水面1.76万亩。党支部71个，中共党员1278名。

【规划引领】 2019年，八宝镇坚持规划引领，实现经济发展提速、农业产业升级与镇村设计优化齐头并进，全镇发展一张蓝图干到底，稳步推进“一线两头三区四化”建设。以木金公路为“一线”，打造八宝镇的经济线、聚集线和风景线。以八宝和黄家渡市场为“两头”，以商贸促流通以流通促产业、以产业促发展，以发展带民富。以香山岭移民安置区、黄家渡百村振兴示范区和内下脱贫致富引领区为“三区”，香山岭安置区成为全省的示范点，共安置151户650余人。黄家渡百村振兴示范区成为八宝亮点，有条不紊推进环境整治、安全生产与市场管理工作。不断巩固内下脱贫成果严防返贫，靠山吃山，靠水吃水，因地制宜，科学开发，确保脱贫攻坚、乡村振兴与美丽乡村建设齐头并进。以实现绿化、亮化、净化和美化为“四化”，开展创园增绿工作，建设小游园9个，其中香安园与香溢园标准高、设计佳、口碑好，有各类精美苗木1200余株。全镇新增亮化路灯680余盏，各村安排卫生清洁员2名以上，确保亮化、净化、美化全到位。

【产业发展】 2019年，八宝镇积极探索农业产业转型新路子，通过合作社带动，土地流转，良种种植等方式，实现群众增收致富。农村产权制度改革稳步推进，集体经济组织成员身份确认全面完成。全镇粮食生产再创新高，其中三一粮食生产示范性工程亩产达1240公斤。八宝名片愈发响亮，顾君茶油获得‘中国绿色食品’认证，百里糖销量再创新高。积极培育新型农业经营主体，创建县级家庭示范农场4个，发展小龙虾养殖300余亩。大力宣传以顾君油茶为代表的八宝油茶基地与以宏茂园林为代表的八宝苗木基地，打造八宝产业链，有效带动贫困人口就业。香山岭片区木材加工厂为香山岭安置点群众提供就业岗位40余个。结合自然资源优势，顺势而为，创新发展，其中内下片依托现有13000亩楠竹基地，通过采集竹笋、销售竹木，大力挖掘现有经济。同时凭借优良自然环境，养殖生态竹鼠、有机河虾，供不应求，收入颇丰。通过引进科技公司入股合作的方式，大力发展白茶产业，流转林地7000余亩，现一期已种植白茶300余亩，逐渐形成“白茶产业+林下经济+休闲度假”多位一体的经济发展模式。

【基础设施】 2019年，八宝镇以改善农村人居环境、提升居民生活质量为目标，坚持配套齐全，狠抓项目建设，持续完善基础设施。投入800万元，稳步开展白水河中小河流治理项目，全力推进金白河护堤项目建设，现完成近3千米。稳步推进土地平整项目，其中四木塘村已开垦稻田70亩。强力推进市场升级改造，大力整治八宝市场与黄家渡市场，应拆尽拆违建铁棚1160平方米，升级后的黄家渡市场面积超过4000平方米。加快上百里洲垃圾中转站建设，目前已经完成了三通一平等前期工作。继续推进道路硬化与村道加宽，新增硬化道路42千米，64%的村（社）进行了村道加宽，其中内下井垒公路已经于8月份开工建设，进展迅速，极大地便捷了井垒片居民出行与产业发展。全镇26村的党群活动中心及文化广场镇全部建设完成，设备齐全，已有96.2%的村入驻使用。

【脱贫攻坚】 2019年，八宝镇坚持以脱贫攻坚统揽经济社会发展全局，做实“四扶四建”，严防返贫漏评，完成551人的脱贫任务，实现高质量脱贫。全面落实“3+1”保障，即医疗保障、教育保障、住房保障与安全饮水全面落实到位。其中医疗保障方面，按照应保尽保的要求落实贫困人口参保缴费及救助政策，全镇建档立卡贫困人口4559全部参保并落实医保资助金。教育保障方面，严格落实教育资助，做到建档立卡家庭经济困难学生资助全覆盖、无遗漏。发放义务教育阶段生活补助483050元，1386人次享受补贴，发放高中助学金79500元，53名学生享受助学金1500元/期，发放雨露计划金额363000元；242名职业教育学生享受雨露计划补贴1500元/期。继续壮大特色产业，按照“资金跟着穷人走、穷人跟着能人走、能人跟着产业走、产业跟着市场走”的脱贫致富思路，培育引进了顾君茶油、龙门口专业合作社、宏茂园林、大自然蔬菜基地等20余个经济组织，打造万亩油茶基地、万亩优质稻基地、万亩蔬菜基地等10余个特色农产品基地，众通过土地流转的租金、务工的薪金、分红的股金等方式收益。科学推进就业转移，通过“百企联百村”活动，引导本地水稻、油茶、甘蔗、苗木、木材等种植加工企业，在贫困村及面上村建立就业扶贫车间。目前全镇共建成乡村车间7个，做到有就业意向人员全覆盖，加大贫困劳动力劳务输出力度，组织企业到镇招工，开展大型招工活动4场，转移就业贫困劳动力500余人次。严格落实扶贫公益性岗位政策，安排人社部门公益性岗位10个、县集中光伏发电公益岗位93个，并实行规范管理。

【民本民生】 2019年，八宝镇坚持生态文明建设，聚焦环境整治、民生实事，攻坚克难。围绕“百村振兴”目标，创新开展秀美乡村建设，投入260万元，完成中仁、大源、上百里洲、中和四个秀美村庄建设。推深做实河长制，镇村齐抓共管，责任层层压实，彻底打通河长制“最后一公里”。大力推进“一拆二改”工作，全镇拆危总面积89319平方米，重点村已实现危房空心房全拆除，拆除大棚房7078.5平方米，房屋前后硬化拆除复垦4720平方米。全面开展厕所革命，改厕完成2793户，超过年度目标187户，全镇卫生厕所率超过93%。持续深推环境整治工作，全镇开展环境卫生大扫除、大清洁、大整治活动11余次，实行门前三包责任制，垃圾收集由组集中，村转运，将环境整治工作纳入村规民约。创新开展安全生产与应急管理知识“小手拉大手”宣传活动5次，确保群众安全意识进一步加强。集中力量开展交通隐患排查整治11处，清理马路市场，惩治非法营运车辆，规范交通秩序，设立了一个临时停车场，确保主干道路基本畅通、摊担摆放有序，交通环境明显好转。进一步固化灾后自救经验，“7·14”特大洪灾过后，多措并举弥补损失，其中百里洲万亩良田与大自然蔬菜基地，顺势双抢，洪水退后第三天，百里洲村抢收受灾稻田1000余亩，并及时插种晚稻。

【社会治理】 2019年，八宝镇持续开展扫黑除恶专项斗争，针对“黄赌毒”“两抢一盗”和“三堵三强”集中发力，全年实现行政拘留25人、刑事拘留18人，强制戒毒4人。在加强天网工程的基础进一步实施雪亮工程，对八宝、中仁、黄市、黄家渡、浦塘、四木塘等村公路沿线新增高清监控300余个，增强群众的安全感。加强对重点人员的稳控和特殊人员的管理，维护社会稳定。完善“3+X”调纠机制，全年共调处各类矛盾纠份116起，调处率达98%以上。落实依法逐级走访机制，实现全年赴京零上访零挂号。加大对重大问题的预警和处置，没有发生一起群体性事件。

【党建工作】 2019年，八宝镇扎实开展“不忘初心、牢记使命”主题教育和民主生活会，班子科学民主决策能力和班子成员履职能力明显提高。加强干部廉政教育，全体镇村干部观看警示片5次，在中仁街建设200平方米的廉政建设文化墙。进一步深化“工作村为主”模式，形成特色，树立亮点，强监管，稳执行，不断提高支部战斗力。全年开展集体廉政谈话34人次，约谈15人，通报批评19人，对履行基层党建第一责任人不到位的给予黄牌警告4人。查办有较大影响的案件4起，处分8人，其中开除党籍处分1人，留党察看处分2人。严重警告处分1人，警告处分4人。

白　水　镇

【概况】 2019年，白水镇全面贯彻落实县委经济工作会议精神，抵御了“7·8”“7·13”两次洪灾侵袭，打赢了非洲猪瘟防控战役，稳定了社会综治矛盾，通过一年的艰苦奋斗，实现了年初的目标，经济社会呈现出良好的发展态势，全镇实现地方生产总值22.02亿元、增长18%，农村人均纯收入达到了1.53万元、增长12%，完成固定资产投资34亿元。

【产业发展】 2019年，白水镇工业发展增速提质。始终把发展工商业作为富民强镇的重点来抓，全镇新增固定资产投资16亿元，规模以上企业6家，新入统企业2家，按照县委、县政府“百企入园”的要求，大力促进祁阳科技工业园扩园升级，打造纺织特色小镇。

全镇种粮面积100亩以上的有107户，新增规模粮食种植户9户，流转稻田2.21万亩。全镇培育发展各类合作社、家庭农场42个；新增土地流转3200亩。规模农业、特色农业得到长足发展，打造了天子龙、鸿丰、新龙等农业产业种植基地，七彩乌鸡特色养殖基地，鸿丰黄桃、烟果等特色水果基地。

【扶贫工作】 2019年，白水镇着力发展种养扶贫，鑫广安投产，增加就业岗位71个，发放小额信贷255万元，提供公益性岗位135人，培训创业致富带头人6人，帮助解决686名贫困劳动力就业，建扶贫车间3个，湘艺木业、天子龙蔬菜种植基地、承恩纸业等企业吸纳贫困劳动力26人。全年完成脱贫184户、497人。

【城乡建设】 2019年，白水镇道路新建和扩宽27.5千米，安装路灯1842盏，农村电网升级已按计划完工，危房改建71户，峻工率100%，整理标准农田建设项目4处，建成镇中学标准化食堂1座，新（扩）建村级服务平台建设21个，村级标准化卫生室建设实现全覆盖；湘泉路棚改一、二期完工，白水污水处理厂主体建设和污水管道铺设完工。建成镇区小游园6个，创建创森创绿标准街2条。清运积存垃圾4350余吨，投放垃圾桶1860个，在全县率先实现了镇环卫体制改革，解决了20多年的历史遗留问题。

拆除危房、空心房、旱厕、棚子12万平方米，完成改厕5345座，建成小游园5处，实行垃圾集中清运36个村，工业园垃圾中转站建成投用，木梓中转站已完成征地和设计。投入资金11万元，用于河道保洁，整治非法上沙码头5处，打造样板河段2.8千米，拆除非法养殖网箱35处，湘江流域禁养区全面实现规模养殖退出。

【安全稳定】 2019年，白水镇扫黑除恶专项斗争工作稳步开展，印制发放宣传资料20000份，制作大型外墙宣传广告5处，悬挂横幅103条，通过多形式、多渠道广泛宣传扫黑除恶工作，摸排有效线索27条，办理扫黑除恶案件5件，强制戒毒4人，建成辖区内社会面吸毒人员一人一档和村级台账资料，治安状况明显好转。受理各类来信来访问题260宗，调处矛盾纠纷213件，处理信访事件15件，网上投诉26个。排查安全隐患110处，取缔烟花爆竹经营户证件2户。

【党建工作】 2019年，白水镇党建工作“严”字当头，全年召开党委会、村干部会议专题研究部署党建工作12次，开展党建督查4次，对抓党建不力的党组织书记约谈12人次，强化了主责主业意识。扎实开展“不忘初心、牢记使命”主题教育，举办专题读书班3期，组织研讨交流3场，领导干部带头上党课4次，严格党员发展程序，按期接收正式党员32人，吸收预备党员25人、培养入党积极分子55人。坚持不懈抓队伍，以镇纪委查办的典型案例为素材，召开警示教育会3次，集体约谈扶贫工作存在问题的干部5人次，提醒谈话班子成员3人次，约谈村干部22人次。出台干部出勤、住宿考核制度钉钉打卡，完成机关食堂、澡堂、宿舍改造，为干部安心工作创造条件。对违法乱纪坚决做到“零容忍”，镇纪委共立案15起，处分干部6人，开除党籍处分3人，警告处分2人。

进宝塘镇

【概况】 2019年，进宝塘镇辖进宝塘社区、河埠塘社区、赤梓湾村等20个村（社区），共计324个村民小组。城镇面积6.3平方千米，常住人口约6500人。耕地面积34725.2亩，其中水田30985.7亩，旱土3739.5亩。2019年年底，共有10036户、30859人，其中农业人口27286人。全年实现地区生产总值2490万元，财政收入915.9万元。

【产业发展】 2019年，进宝塘镇农业总产值达到35262万元。发展种植1000亩以上大户2户，600亩以上大户4户、100亩以上大户41户、家庭农场20个。发展莲藕套养小龙虾产业2270亩，种植珍贵中药材药槐1350余亩，种植油茶树1050亩，特色果树贡柑、沃柑、砂糖橘、美国糖橘1800亩。生猪养殖22户，养殖总量6340头，其中养殖规模300头以上的4户。三黄鸡养殖规模达70万羽，居全县乡镇第一。

共有规模以上企业9个，企业总产值269566万元。镇内以建筑材料和矿产加工企业为主，代表企业有东鑫建材公司、嘉洋建材有限公司、荷叶村采石场。

【项目建设】 2019年，进宝塘镇坚持把重点项目建设作为落实稳增长、促改革、调结构、惠民生的重要抓手，既注重项目的落地实施，更注重项目谋划争取，今年完成固定资产投入1.9亿。投资1300余万元覆盖枫梓塘等5个村的小农水项目基本完工；新朝800亩土地开发项目主体竣工；实施土地增减挂钩项目100余亩；佑兴地质灾害避险安置工程取得重大进展，签订搬迁协议26户，其中25户二层主体完工；投资120万元，完成勤政小游园、乐学小游园等五处小游园建设；加强机关绿化，荣获“市级园林单位”称号；建成压缩式垃圾中转站一座；湘江河埠塘段护岸工程完成扫尾；公办幼儿园交付使用，秋季招生入园60余人；城乡供水一体化二期项目进宝塘水厂、日处理生活污水1.5万吨的进宝塘污水处理厂完成规划选址和设计工作。

【民生事业】 2019年，进宝塘镇共完成359人脱贫，超额完成5人，超过任务数1.41%；种田村3组的易地扶贫搬迁集中安置项目完成30户103人，已搬迁入住。

新增公办幼儿园和普惠性民办幼儿园1所，新建学校（单位）标准化食堂1家，完成消除义务教育超大班额3个。所有行政村都配有标准化卫生室，乡村医生到岗。2019年，全镇28232人参加城乡居民医疗保险，参保率达97.1%。农村妇女“两癌”免费检查580人；完成孕产妇免费产前筛查146人；为65岁以上老年人免费健康体检2528人，超额完成375人，超过任务数17.41%；完成改（新）建农村户用厕所2352户，超额完成316户，超过任务数15.52%。农村危旧房改造目标23户，完成77户，超额完成54户，超过任务数234.78%，补助危房改造资金187万元。

完成农村道路提质改造和硬化断头公路8.3千米；三个村完成农网改造升级；投资80万元对镇自来水厂进行提质改造，让老百姓喝上“放心的水”。把稳就业摆在突出位置，做好农民工转移就业，新增城镇就业200余人、农村劳动力转移就业1200人。享受城镇最低生活保障户数37户46人，支出19.39万元；农村居民最低生活保障户数627户734人，支出198.549万元；农村五保集中供养29人，支出29.35万元；农村五保分散供养290人，支出199.94万元。参加城镇基本养老保险56人；参加农村居民社会养老保险22635人。

【安全管理】 2019年，进宝塘镇狠抓安全生产，下发安全隐患整改指令60条，经复查整改到位56条，做到了全镇安全生产工作情况清、底子明，实现了安全发展；围绕整治矿产资源开发秩序、三轮摩托车电瓶车非法载客、烟花爆竹无证经营等非法违法现象，每月至少开展非法载客专项整治行动1次，共开展专项整治22次，排查车辆720余台次，查处农用车、三轮车、电瓶非法载客行为150余起，扣除车辆80多辆，查处无证销售烟花爆竹4户、公安拘留3人。及时调解矛盾纠纷，减少不稳定因素，调解率达100%；畅通信访渠道，及时办理信访事项。深入开展扫黑除恶专项斗争，始终保持高压态势，守住一方净土。深化禁毒人民战争，加强对社区戒毒人员和在册有吸毒史人员的管控。

【党建工作】 2019年，进宝塘镇规范支部“三会一课”、主题党日活动、村干部坐值班等制度，切实提升了村支“两委”工作能力和服务水平。扎实开展“不忘初心、牢记使命”主题教育，开展主题教育读书班3次，对镇机关党员和全镇20个村村干部进行了主题教育知识测试。党群服务中心建设稳步推进，19个村党群服务中心已完工，20个村（社区）便民服务中心制度全部上墙。深入开展扶贫领域作风问题专项治理，坚决查处违规违纪问题。处分党员2名，其中开除党籍1名、留党察看1名。

黄泥塘镇

【概况】 2019年，黄泥塘镇辖19个行政村，3个社区，总人口3.9万人，总面积76平方千米，其中耕地面积1717公顷。2019年来，镇党委、政府认真贯彻上级决策部署，大力推进“五百工程”战略和美丽乡村“一拆二改三种四清洁”行动，全力攻坚“六大战役”，乡村振兴、脱贫攻坚等重点工作快速推进、亮点纷呈，交出了一份比较好的答卷。荣获全县“重点民生实事先进单位”“全面小康建设先进单位”等称号。

【农业发展】 2019年，黄泥塘镇大力发展粮食生产，建成唐家岭、杨梅塘、新义千亩优质稻高产示范区，严格落实种粮地力补贴、农机补贴等各项惠农政策，全国粮食生产监测点搭洲村种植粮面积与产量得到较大提升。着力培育农业特色产业，因地制宜，因村施策，推进“一村一品”工程，培育了一批绿色无公害农产品基地，以水果、油茶、蔬菜、养殖为主导的产业亮点凸显。广垦高产油茶，九洲冰糖橙、石兰百合、新书荸荠、唐家岭大棚蔬菜等一批知名度高、市场前景好的规模农业产业稳步发展。

【城乡建设】 2019年，黄泥塘镇坚持“串点、连线、成片”的思路，大力推进美丽乡村“一拆二改三种四清洁”行动和人居环境整治工作。拆除危房、空心房15万平方米，改厕2200多座，种植大乔木2000多株，新购垃圾桶2500多个，建立了村级清扫保洁机制，把突击性整治与长效性管理结合起来，全镇环境卫生大为改观。以小城镇建设“10+X”和“百园靓城”为契机，顺应广大群众对更优美环境的期盼，新建高标准小游园6个，新增景观门户1处，安装城乡路灯600余盏，新修、改扩建公路15千米，完成黄泥塘社区滨江广场建设，石兰村敬老院、双槽门村“五保之家”投入使用，贫困村党群服务中心实现搬迁入驻。全镇14段河流、8座中小型水库，全面实行河长制、库长制管理，河库生态环境明显好转，实现“水清、河畅、岸绿、景美”。

【社会事业】 2019年，黄泥塘镇291名贫困人口脱贫摘帽。集中安置106户、358人，落实小额信贷1321万元，每年分红近132.1万元，精准对接1000余人次就业需求，落实雨露计划政策240余人次、义务教育补助1000余人次，新建16个贫困村通光纤，加快推进农村通信建设。4个贫困村60千瓦光伏发电站实现并网发电，为每个贫困村年均增收5万元。同时，在唐家岭、兴坪、永祁村建设扶贫车间，吸引贫困劳动力100余人，全面实现贫困户“一户一人就业”。

不断健全完善社会救助体系，861户1145人享受低保待遇，落实特困供养317人和孤儿24名特别救助待遇，开展大病医疗救助困难群众200余人次，为低保适龄妇女“两癌”免费检查524人。镇一中、二中、中心小学标准化学校建设扎实推进。

【安全稳定】 2019年，黄泥塘镇扎实推进“扫黑除恶”工作，鼓励引导广大人民群众遵守法律法规，积极踊跃检举揭发“村霸”、宗教邪恶势力、“保护伞”等黑恶势力违法犯罪线索。镇派出所组建20多人的辅警队伍，全面落实“一村一警”。全面加强禁毒工作，加大宣传力度，营造浓厚的的禁毒氛围。严格落实信访维稳责任制，一批信访突出问题得到解决，赴省进京的信访案件大为减少，基本形成综治维稳齐抓共管、责任共担的工作格局，确保社会大局和谐稳定。坚持严抓重管安全生产，实现全年安全生产零事故。

【党建工作】 2019年，黄泥塘镇全面抓好支部“五化”建设，探索推进以街道社区党组织为核心的“五位一体”共建、共享、共用新模式，基层党组织活力有效加强。村党组织书记、村委会主任“一肩挑”比例达到37%，确立村级后备干部60名。经验探索理论文章《加强城市基层党建的几点思考》被《永州党建》推介。把服务群众作为基层党组织的核心功能，从群众身边“关键小事”做起，通过健全“服务网格”、创设服务载体，打造了大坪子社区社会组织孵化基地、“四点半”学校等党建服务品牌。工作“村为主”亮点纷呈，石兰村等5个村（社区）获评祁阳县先进单位。严格执纪办案。2019年，全镇共立案5起，处理村干部5人，其中警告处分2人，严重警告处分3人。

（杨当）

羊角塘镇

【概况】 2019年，羊角塘镇党委、政府坚持以习近平新时代中国特色社会主义思想为指导，深入学习贯彻中共十九大和十九届二中、三中、四中全会精神，坚持稳中求进工作总基调，坚持以新发展理念为统领，紧扣县委“五百工程”总体要求，真抓实干，克难攻坚，全镇经济社会事业发展取得新成绩。

【城乡建设】 2019年，羊角塘镇筹措300多万元资金，在镇机关和7个村实施小游园建设，打造集办公、休闲、文化娱乐于一体的镇村级文化广场。通过政府自筹和企业赞助等方式筹资，高标准打造羊角塘牌楼至高杆灯鞭炮之乡特色街的美化、绿化和亮化工程。自筹资金500万元，对祁羊公路提质改造。大力实施人居环境整治和乡村振兴，共拆除危房空心房108237平方，完成改厕4595座，其中牛坪坳、金竹、茶园、平安、井山等五个贫困村基本实现应拆尽拆、应改尽改。

【脱贫攻坚】 2019年，羊角塘镇5个贫困村全部摘帽退出，实现贫困人口稳定脱贫1976户、6535人。贫困发生率由10%下降至0.05%。5个贫困村实施安全饮水工程、光伏发电、扶贫车间、产业基地工程项目建设，建成扶贫工厂16个，解决贫困劳动力就业500余人，增加收入500多万元。高标准建成牛坪坳和复兴两个集中安置点，集中安置搬迁50户143人；分散安置42户137人，脱贫成效持续巩固。

【社会事业】 2019年，羊角塘镇完成镇一中、镇二中标准学校建设，镇中心小学新校区建设完成并投入使用，新建行知小学；县人民医院羊角塘分院兴建一座CT楼，添置一批高科技设备，综合诊疗住院楼开工建设。消除村卫生室“空白村”3个，村村均有卫生室和乡村医生，实现小病不出村。公路硬化、扩宽、新建25条，长35.7千米；完成羊过路维修改造、北祥街路面白改黑、东祥街破板维修；建成或扩建35个村党群服务中心，兴建12个镇、村级小游园。城乡居民医疗保险参保率97%，城乡居民新型养老保险参保率95%。完成农村危房改造875户；成功创建市级“平安小镇”，率先在全市推进农村“雪亮工程”；认真开展“打非治违”百日大会战行动、道路交通、消防、建筑领域大排查大管控大整治行动、“强执法、防事故”和食品药品安全、防溺水、校园周边环境等专项整治行动，连续保持安全生产零死亡零事故；“扫黑除恶”工作强力推进，社会治安状况明显改善。

【党建工作】 2019年，羊角塘镇加强支部“五化建设”，发展一批党员，充实党组织力量。新发展预备党员19人，转正党员20人，吸收入党积极分子61人。整顿3个软弱涣散村级党组织，调整4名不能正常履职的村干部，补充配备4名村干部；大力推行“工作村为主”，组织全镇35个村开展“工作村为主大比武”，完善镇村干部绩效考核方法，调动工作积极性。新建村级活动场所18处，改扩建6处，支部阵地建设全达标，党群服务中心建设全覆盖，“三会一课”“四议两公开”等制度得到落实，主题党日活动常态化。加强对党员干部的教育管理，组织收看《迷失的初心》等警示教育片。认真开展违反中央八项规定、“雁过拔毛”式腐败问题等专项整治，对漠视群众利益、涉嫌违法违纪的行为，坚决出击、严厉查处。2019年，镇纪委调查审核4人，立案查结4人，给予4人开除党籍处分，镇作风办下发工作作风纪律通报34期，77人次受到了提醒约谈、通报批评、绩效扣款的处理。

（刘倩）

梅　溪　镇

【概况】　2019年，梅溪镇辖32个党支部，党员855人。耕地2万亩，其中稻田面积1.57万亩，旱土0.43万亩，林地4万余亩。一年来，梅溪镇坚持以习近平新时代中国特色社会主义思想统领经济社会建设全局，社会大局稳定，各项事业稳中有进，人民群众的获得感、幸福感、安全感不断增强。完成地区生产总值21.61亿元、农业总产值7.88亿元、规模工业总产值8.09亿元。

【党建领航】　2019年，梅溪镇始终坚持以党建为统领，强班子，转作风，带队伍，抓落实，全镇上下焕发出新气象、新面貌、新活力。以率先垂范为前提，抓实主责主业。党员领导干部坚持以上率下，带头下村督导，带头参加所联系村每月主题党日活动，与村两委班子成员谈心谈话，逐村调研党建工作，摸清底数。以主题教育为抓手，强化政治建设。通过自学理论，参加读书班、专题研讨等形式多样的活动，全体党员认真深入学习习近平新时代中国特色社会主义思想等理论知识，观看警示教育片，实现了“理论学习有收获、思想政治受洗礼、干事创业敢担当、为民服务解难题、清正廉洁作表率”的目标。狠抓党员干部作风建设，共约谈党组织书记和村干部10余人次，提醒谈话8人次，调整春光、城墙村不履职、不胜任村干部8人，下发作风通报3期，处分党员2人，干部队伍作风明显好转。

【经济发展】　2019年，梅溪镇新完成土地流转6326亩，新培育村合作社12个。新建大书村100亩青蛙基地等2个产业基地。积极推行“公司+合作社+农户”的模式，多种方式、多种渠道与农户建立利益联结机制。继续培育特色鲜明的经作产业：如小泉、月泉旺、广歧等村的千亩湘莲基地；大伍、中荷等村的小龙虾和湘莲特色混养基地；龟山村黄花基地；城墙村的黑山羊养殖、锦红冰糖橙种植；大书、新太等村的广垦集团千亩油茶基地，新太、龟山、华溪等村新的温氏现代化生猪养殖场，关兴社区的红麻种植产业。成功入统润天建材、鑫辉混凝土公司两家企业，年增税收520万元。润天建材投资1.5亿元，建成了年产500万吨砂石骨料生产线。新引进投资6100万元的湘祁水泥，全镇工业企业实现税收较2018年增幅达100倍以上。荣获全县推进新型工业化工作先进单位和规模工业企业新增税收贡献奖，华塘村被评为县全面小康建设先进单位。

【环境整治】　2019年，梅溪镇彻底整治以路代市的问题，取缔了兴光街马路市场，投入近100万元建成临时安置市场并投入使用；严格管理，大力开展拆违控违，规范城区店铺经营行为，严禁店外经营，配备专职保洁员，彻底扭转了城区长期存在的“脏、乱、差”现象，得到了上级领导和人民群众的一致好评。筹资627.75万元，高标准完成祁羊路梅溪段6千米“白改黑”提质改造工程。持续推动“一拆二改三种四清洁”工作，全年拆除危房、空心房6万余平方，改厕1846座，超额完成任务。种树种花20786株。简易垃圾中转站建成投入使用，18个村垃圾实现户收集、村转运、镇处理。打造梅溪样板河2千米，在河两岸种植杨梅树400棵、红叶石楠1790棵，铺草皮2100平方米。镇机关园林式单位创建成功，5个小游园完成并投入应用。硬化公路12.1千米，月泉旺、春光、中荷、关心、刘家新、双龙、杨华等村筹资新安装路灯共760盏，村庄变得更安全更美丽。

【脱贫攻坚】 2019年，梅溪镇紧紧围绕年度脱贫攻坚任务目标，聚焦奋力攻坚。坚持分类管理，按照“实事求是、动态管理、分类评定、因户施策”的原则，把全镇建档立卡贫困户分为“A、B、C、D”四类进行精准帮扶。坚持精准施策，制定好到户到人的帮扶计划，明确脱贫时间表、路线图，对收入难以达标的，实行整户兜底保障。聚焦三大保障。围绕解决贫困群众最关心的住房、教育、医疗及饮水“3+1”为重点突出问题，因地制宜制定巩固提升方案。突出三项落实。坚持脱贫攻坚责任、政策、工作“三落实”力度不减，实现贫困村稳定退出、贫困户稳定脱贫，坚决防止先脱贫后返贫、边脱贫边返贫。2019年，全镇完成农村危房改造79户，实现96户269人脱贫，城墙村获县脱贫攻坚工作先进单位，龟山村获县脱贫攻坚“村为主”先进单位。

【民生事业】 2019年，梅溪镇精心组织，科学调度，统筹抓好重点民生工作。落实了行政村电网改造、农村危房改造、自然村通水泥路等十余项好事实事，直接受益群众达5000人次。完成育龄妇女“两癌”检查786人，产前筛查130例，65岁以上老人免费健康体检1915人。全年通过打卡发放临时救助金1018人次779650元，发放特困供养金290人1395480元，发放低保金724人次1695800元。镇敬老院完成改厕等基础设施建设，居住条件大为改善。18个村级卫生室按标准建成并投入使用。

【社会稳定】 2019年，梅溪镇以铁的手腕治理超限超载，对重点企业实行24小时轮流值班检查，从源头上杜绝超限超载，保障道路通畅。扎实开展安全生产大检查，整治安全隐患，年内无安全生产事故发生，小泉村被县评为安全生产工作村为主先进单位。深入开展平安建设和扫黑除恶专项斗争，严厉惩治黑恶势力及其保护伞，全镇未发生暴力事件、群体性事件。进一步完善天网工程，在全镇各重要路口安装电子摄像头60余个，联合电信部门开展“雪亮工程”建设，小泉、大伍、华溪新等三个村基本实现公共区域监控全覆盖。强化矛盾纠纷排查化解，妥善化解矛盾，全年未发生赴省进京越级缠访闹访案件。2019年，梅溪镇被评为永州市平安建设工作先进单位，小泉村获县乡村治理工作村为主先进单位。文明创建深入到村到户，大伍、小泉、龟山、月泉旺建成新时代文明创建实践站，月泉旺村被评为县文明村，大伍村被评为县十星级文明户创建先进单位。

（邓振华、王艳珍）

潘 市 镇

【概况】 2019年，潘市镇辖3个社区，33个行政村，546个村民小组，46778人。总面积131平方千米，耕地面积2049公顷。面对经济下行压力、非洲猪瘟、洪灾、持续干旱等多重困难叠加挑战，在县委、县政府的的正确领导下，始终围绕“陶铸故里·古韵小镇”发展思路，扎实推进“五百工程”和小城镇建设“10+X”工程，全面开展“一拆二改三种四清洁”行动。成功创建“全省卫生乡镇”，获得年终绩效评估优秀等次、全县农村人居环境整治一等奖、乡村振兴工作二等奖，平安创建、全面深化改革、全面小康建设、食品药品安全、小城镇“10+X”建设、十星级文明户创建、履行党风廉政建设监督责任等多项工作被评为先进单位。

【项目建设】 2019年，潘市镇精心谋划一批项目。坚持规划引领，以创建国家AAAA级旅游景区为主抓手，编制石洞源旅游发展规划，着力将龙溪村打造为古色旅游、陶家湾村打造为红色旅游、高江村打造为生态旅游；精心打造“美丽农家”民宿样本，加快推进龙溪新屋院、高江“夯土部落”民宿建设，将“一步一景、一院一景”的特色民宿串珠成线，让潘市民宿经济由“盆景”变“风景”。龙溪村被纳入全省“多规合一”特色保护类村庄规划编制试点村。尽心推进一批项目。全面启动潘市湘江自来水厂、污水处理厂、垃圾中转站等项目建设，大力实施龙溪村广场、石洞源片区居民房屋立面改造项目、高江“夯土部落”、源星古戏台、公办幼儿园、潘市消防站等项目建设。大力推进高江、源星、建溪、多喜塘等村级道路建设，扎实整改道路交通安全隐患12处，切实保障群众出行安全。用心投用一批项目。完成木埠头等12个村安全饮水工程升级改造扫尾工程、丁家坪等7个村农村综合服务平台建设续建项目，建成投用荷花小学、清水塘小学、镇二中等综合楼和龙溪村游客中心、石洞源水库坝桥、陶家湾灯盏窝观景亭；投资1800万元的龙溪李家大院一期修缮工程完工开放。

【产业发展】 2019年，潘市镇深入推进质量兴农、绿色富农、品牌强农，围绕“两茶一柑”，聚力“两园一带”。龙溪村、高江村食用菌项目建成投产；全镇完成双季稻种植面积1.67万亩；新发展陶家湾白茶基地1500亩、光华中药材基地350亩；新增造林油茶面积900亩，幼林抚育1200亩。发展湖南陆凯农业、湖南金橙诚农业等农业产业化企业、专业合作社54个、家庭农场45个，稳定发展种植大户33户。深入实施农村集体经济组织产权制度改革，新增流转土地1.8万亩，盘活闲置资产1500余万元。规模工业总产值稳中有升，2019年完成4.89亿元；大力培育优势企业，新增小微企业8个。全面提升服务企业水平，千方百计为企业排忧解难。2019年，境内主要农贸市场3个，法人单位159个，个体经营户966个，有证个体户506个，农村淘宝商业网点7个。全年社会消费品零售总额1.33亿元，商品交易市场交易额0.72亿元，安置社会劳动700人。

【民生事业】 2019年，潘市镇全面落实教育、住房、医疗、就业、社保等扶贫政策，全镇166户438人贫困群众如期脱贫，贫困学生享受学前教育补助、两免一补、雨露计划等助学政策达到1677人次；64户困难群众实施危房改造；1425人住院贫困群众“一站式结算”报账比例达到85%，报账总金额442万元；落实67户贫困户小额信贷资金335万元。全面实施“一村一业”扶贫产业推动行动，积极打造红色旅游小镇，加快旅游产业建设步伐，高标准建设龙溪农家民宿、高江“夯土部落”生态休闲旅游基地。

2019年，全镇有文化艺术表演团体11个，演职人员120余人、公共图书馆2个、村级图书室36个、藏书近7.5万册、初级中学1所、九年一贯制学校1所、中心小学一所、完全小学5所、教学点2所、中小学生3074人。有公办幼儿园1所、民办幼儿园6所、附设公办学前班5个、民办学前班2个，共有幼儿学生781人。共有在岗在编教师213

人。有中心卫生院一所，分院三所，村卫生室36个。病床床位数99张（营业执业），国家执业医师13人，注册护士19人，共计专业卫生人员56人（包含药房、功能科、公卫科）。农村安全饮水普及率为100%，农村卫生厕所普及率为85%。全镇建有标准化运动场2个，篮球场18个，乒乓球室12个，体育健身器材室3个，龙舟赛船6条。

侧树坪、下堡桥、盘古、龙潭、源星等村自来水管网延伸9500米，新增改善群众用水1539户5918人，全镇自来水普及率达到80%以上。完成潘马线和潘松线10千伏电网线路提质改造，实施上街社区、石峡洲村、清水塘村农网升级改造。深入实施“点亮”工程，完成许家岭、石峡洲、下七渡等9个村亮化工程、安装路灯1200盏。农村医保缴费3.98万人，完成参保率91.7%。普及计划生育惠民政策，奖励扶助对象866人，为366户独生子女户、362户双女户对象购买计生保险。854名妇女参加“乳腺癌、宫颈癌”免费筛查，产前筛查率50.8%、位于全县第一，65岁以上老年人免费健康体检3320人。发放春节慰问款22.47万、“八一”慰问款14.4万、临时救助资金66.7万，切实做到“困有所帮，难有所助”。

常态化开展“马路市场”整治行动，依法依规惩治潘市市场、木埠头市场存在的出店经营、占道为市、三轮车非法载客等安全隐患。深入推进信访法治化建设，坚持开门接访、定期下访、包案息访，接待各类来访群众500余人次，处理答复上级交办信访件10件次，攻破累案、积案、要案3件，劝返上县到市赴省进京上访人员100余人次。全面做好吸毒人员管控工作，对154名在册吸毒人员实行网格化管理，全镇无一例涉毒案件，无一起毒品源种植事件发生。

【环境治理】 2019年，潘市镇全面推进“一拆二改三种四清洁”行动，拆除危房、空心房、杂房25.6万平方米，完成无害化卫生厕所改造3112户，在侧树坪、陶家湾、高江等村建设高标准旅游公厕12座。创建陶家湾、周家湾、龙溪、下堡桥4个秀美村庄，新建龙溪园、兴潘园、康惠园、古形家园、文昌园5个休闲游园，机关游园实现提质改造，绿化铁铮路、祁羊路、兴潘路，义务植树10万株以上，建设退耕还林还湿及小微湿地2200亩。

【党建工作】 2019年，潘市镇切实强化党的政治建设，持续深入推进“不忘初心、牢记使命”主题教育，共举办集中读书班3期、学习研讨3次，班子成员撰写调研报告12篇、学习心得36篇，解决群众反映强烈、需求迫切的操心事、烦心事、揪心事100余件，受到了广大党员、干部、群众的广泛肯定和热烈支持。县委第一巡察组巡察潘市反馈问题全部整改落实，镇纪委完成立案调查5件，全年撤销党内职务1人次、党内警告4人次、诫勉谈话7人次，退回或收缴违纪资金20.68万元。深入贯彻落实省委全面加强基层建设“1+5”文件以及相关配套举措，镇团委、镇妇联、镇工会完成换届选举，选优配强木埠头、仙神等村支书，全镇村（社）党组织书记、主任“一肩挑”比例超过35%，全体班子成员带头以普通党员身份参加组织生活会，“四议两公开”“三会一课”、民主评议党员等基本制度抓得更严、更实、更有成效，党建“大引领”格局基本形成。

（陈海涛、肖宝山）

七里桥镇

【概况】 2019年，七里桥镇辖29个行政村和2个社区，12242户，42440人，454个村民小组；总面积113平方千米，耕地面积28396亩，其中水田面积25823亩，旱土3573亩，林地87568亩，水面8071亩；有2个党总支，47个支部，党员1193人。一年来，镇党委、政府坚持以党建为引领，以建设全面小康为目标，以脱贫攻坚为推手，着力抓好东部商贸城、白茶产业园、乡村振兴等重点项目建设，努力打造商贸重镇、文化名镇、旅游强镇，各项事业发展取得新成绩。在全县年终绩效考核中，七里桥镇荣获第一名。

【重点项目】 2019年，七里桥镇投资10亿元的祁阳县东部商贸城一期项目已成功运营，二期投资2.68亿，项目现已开工；投资5300万元的七里桥镇中学标准化学校扩建工程，教学楼、学生公寓、教师公寓完工，运动场、学生食堂、科技楼、新校门正在加紧施工；七里桥镇卫生院建设项目一期主体工程已完成，综合楼项目正在加紧施工；投资862万元对祁羊路（400米）、向阳路（190米）进行下水道增容、白改黑路面、道路两边绿化、亮化、房屋风貌改造正在建设中；文家冲饮水工程全部投入使用，共计5个村6000余人受益。

【产业发展】 2019年，七里桥镇推广席草、白茶、油茶、油菜种植2.9万亩；鼓励农村土地大户承包，催生种粮大户37户，种植4471.91亩，争取适度补贴39.4余万元；创建早稻高产集中育秧示范点9个，创建1000亩双季稻示范片1个；全年发放惠农补贴资金466.03万元，农机补贴29.5万元。全镇建设形成“一万亩油菜、两万亩优质稻、一万亩优质水果、一万亩竹木林、一万亩白茶、十万头（只）畜禽”等六大万字号基地，逐渐形成优质稻、油茶、果蔬、竹木、白茶、畜禽六大农业主导产业。

规模工业总产值稳中有升，2019年完成7.4亿元，占总任务的113%；大力培育优势企业，新增规模企业入统1家、培育小微企业3家；全面提升服务企业水平，千方百计为企业排忧解难，新增劳动力转移就业150人。2019年评获全县推进新型工业化先进单位。

【城乡建设】 2019年，七里桥镇15个村实施水利建设项目，完成骨干山塘整修50余口，渠道防渗15千米，堰坝3座，机电排6座，机耕道7.7千米，过水闸20处。筹资近5000万元，硬化公路10千米、扩宽公路11千米、新修路基7千米，实施安全饮水工程项目5个，农电升级改造、光纤网络覆盖等项目全面实施。

投资300万建成通讯基站5座；全镇共建成5个小游园，秀美村庄4个，街道绿化植树2000株，各村安装路灯共计1200盏；镇机关成功创建市级园林式单位；2019年丁庙湾村获得“全国乡村治理示范村”，邓家岭村获得“全国森林乡村”。全镇共投资862万元用于镇区道路提质改造工程。获全市乡村振兴工作先进单位、全县乡村振兴工作一等奖。

【环境治理】 2019年，七里桥镇强力推进“一拆二改三种四清洁”，加强绿色乡镇和秀美村庄建设，拆除空心房6.73万平方米，改厕2673平方米，新建公厕19座，改厕现场会在七里桥镇成功召开；种树、种花、种草绿化面积达35.5亩，全面推进乡村振兴工作，四冬生产在七里桥镇成功召开；以“植树节”为契机，组织各村全面开展植树造林，种植各类树苗5000株，其中绿化大苗800株，聘请31名贫困劳动力为生态护林员，加强森林防火护护绿工作；投资50万元，新建1座垃圾转运站，聘请147名贫困劳动力为保洁员，添置环卫垃圾桶1028个，拨付环卫经费37万余元，落实房前屋后环卫“三包”，推进农村环境整治常态化。投入90万元用于环境整治，全年开展村与村卫生评比活动14次，全镇环境卫生状况明显改观，环境卫生已纳入镇对村（社区）年终考核。2019年七里桥镇评获全市第三届“最美乡镇”、全县城乡环境治理工作先进单位。

【脱贫攻坚】 2019年，七里桥镇以落实“四扶四建”机制为抓手，举全镇之力全面推进脱贫攻坚，1个深度贫困村脱贫出列，脱贫78户192人；大力发展白茶种植、猕猴桃种植、藏香猪养殖等扶贫主导产业，光伏发电全覆盖，巩固脱贫成果；创新“N+贫困户”帮扶模式，对全镇所有贫困户实行国家工作人员帮扶全覆盖，共有584名国家工作人员与贫困户实行结对帮扶，投入帮扶资金20余万元，实施危房改造167户，共落实小额信贷资金480万元，转移贫困劳动力2089人；全面教育扶贫，坚持镇、校、村三方联动，全面落实教育资助和雨露计划，筹资22万元充实到镇教育基金，未出现一个因贫失学的学生；大力实施健康扶贫，落实城乡医保、扶贫特惠保贫困户个人缴费补助政策，确保贫困人口100%加入城乡医保，严格落实特困人员供养、残疾人补贴等各项保障制度；抓实低保清理整顿，对无法依靠产业扶持和就业帮助脱贫154人实行政策性保障兜底。

【民生事业】 2019年，七里桥镇31个村（社区）的标准化村卫生室全部投入使用。对农村妇女两癌筛查1224人次；65岁以上老年人健康体检2536人次。全面开展“两创”、登革热及流行性疾病防控工作。2019年妇幼工作获全县先进单位称号。重点民生实事、全面小康获全县先进单位称号。

七里桥镇中学扩建一期工程中的新教学楼于9月开学时正式投入使用。白竹塘完小先后投入近300万元建设教师公租房40套，投入150万元建设学校教学楼厕所及校园地面、水电改造，投入155万元建设学校运动场、标准化食堂、校门等。七里桥镇中心小学、文家冲完小、龙口源完小等学校新建了教学楼、标准化食堂、智慧校园、水冲式厕所等工程，教学设施设备得到极大改善。白竹塘完小被评为全县教学质量先进单位。获“全县教育强县先进镇”荣誉称号。

积极做好扶贫济困工作，全镇城镇低保35人、农村低保589人；五保户新增17人，达到463人；临时救助650余人，发放救济金51余万元，大病救助65人，发放救助款18.2万元；新增五保之家2座；每月按时报送残疾人两项补贴申请资料；为775名留守困难儿童整理一人一档，并将相关信息录入系统；90岁高龄补贴享受人数101人。城乡医保参保人数达到37021人，参合金额810余万元，参合率96%；新农保参保人数15758人，参保率达到80%。2019年医保、社保工作荣获全县先进单位。

【社会治理】 狠抓违法案件保稳定。派出所惩治处理违法案件数排名全县第一，社会治安拘留36人，刑事拘留12人，做好禁毒宣传，强制戒毒9人。畅通信访渠道促稳定。完善信访接待制度，开展坐班接待与带案下访相结合，每月开展矛盾纠纷大排查，进行整理登记，限时办案。充分发挥人民调节职能作用，完善矛盾纠纷调处机制，全年调解矛盾纠纷165件次，调解办案率99%。全镇非正常上访、集访量大幅下降。2019年，镇信访工作荣获全县先进单位，党管武装工作荣获全县先进单位。认真落实各单位、企业的安全生产主体责任，深入开展安全生产大检查35次，安全生产形势稳定向好。连续9年实现零事故、零死亡“双零”目标，安全生产年终考核荣获全县一等奖。

【党建工作】 2019年，七里桥镇以“落实135、扩大教育面、强化村为主、创新党建+”为全镇基层党建四大任务，新建党建小游园3个，设立党建制度落实全程纪实公示牌，对落实“三会一课”、开展组织生活会、党费收缴、主题党日活动、党员积分管理、民主评议等工作情况进行全程纪实。严把党员发展推荐关、资格审查关和党委审核关，调整2名村支书、补选9名村主任和4

名村委员，1名支部委员，新发展预备党员17名。严格落实党风廉政建设制度，对“雁过拔毛”式腐败问题严查严办，给予党政纪处分3人，切实提升干部执行力。全面开展“落实‘村为主’、提升执行力”竞赛，对各村各项工作落实进行公开展示、定期评比，营造浓厚的比学赶超氛围，镇村干部执行力显著提升。全年为省委深改办、省委组织部、省委政研室、人民日报编辑部、中央党校、省住建局、省乡村治理工作小组专题调研、全市基层党建重点任务推进会、市人大专题调研等提供现场30余次。2019年基层党建工作荣获全县先进单位。

（郑康怡、刘凯）

下马渡镇

【概况】 2019年，在县委、县政府的正确领导下，下马渡镇全镇干部群众齐心协力、真抓实干，较好地完成各项目标任务。荣获全县综合绩效评估优秀等次，重点民生实事、基层组织建设、全面深化改革等多项工作获评全县先进。

【产业发展】 2019年，下马渡镇早稻播种面积25640亩，整治耕地抛荒面积960余亩。高标准打造两处1500亩以上的“早加晚优”双季稻高产示范片。镇域面积内所有耕地应耕尽耕，大力整治耕地抛荒；同时，在不适合种植水稻的的地方，因地制宜、因村施策，选种一些大豆、玉米、花生等旱作物。大力发展水稻、水果、湘莲、蔬菜等粮食、经济作物的种植，全年预计名优水果产量达3万吨，蔬菜产量3.2万吨，黄茅冲村大力发展红心猕猴桃种植，藕池村、青峰村大力发展黄桃种植，共计3000余亩，大湖塘社区、六合堂社区的葡萄、柑橘等种植业发展迅猛。青峰村扶贫产业“蔬菜基地”高效运行，于2019年11月25日被广州市农业农村局、永州海关成功认证为“粤港澳大湾区菜篮子生产基地”，成功获准进入粤港澳大湾区市场。在大力发展种植的同时，同步推进特色生态养殖。六合堂社区的稻虾稻蛙、藕池村的孔雀、七彩山鸡以及青峰村的鸵鸟、山羊、藏香猪等现代生态养殖有声有色。下马渡镇2018年、2019年连续两年荣获“祁阳县乡村振兴工作先进单位”。

【城乡建设】 2019年，下马渡镇统筹兼顾小城镇10+X工程与创园工作，城镇面貌日新月异。主街道立面改造和人行道铺装全面完成，路面由7米平均扩宽至10米。率先在乡镇实现了雨污分流、弱电入地，与县城自来水管网并网实现同步供水，成为第一个使用县城自来水的乡镇。华润燃气中压管网建设同步完成，成为“气化湖南”战略永州第一个通管道燃气的乡镇。污水处理厂完成选址和征地工作。镇入口门户景观标识建设顺利完成。百园靓城工作走在全县前列，镇区绿化、亮化、净化、美化、文化等城建基础设施同步跟进，实现旧貌换新颜。

环境整治不断提速。加大农村人居环境整治工作力度，以拆除空心房危房杂房、农村垃圾整治、新建改建卫生厕所和村容村貌提升为主攻方向，加快补齐农村人居环境突出“短板”全镇共拆危6万余平方，新改厕2000余座，拆危基本清零，改厕基本达标，新建村入口景观标识10个，小游园8个。村庄清洁行动由点及面。实行社会化垃圾清运的村由去年的7个增加到25个，长效管理机制初步建立，成功创建永州市卫生镇。扎实做好河长制工作，打赢蓝天碧水保卫战，加强对辖区内的河道水库的日常巡查监管，确保水清岸绿。

【民生保障】 2019年，下马渡镇统筹推进各项民生事业，不断完善公共服务，下马渡人民的“幸福指数”稳步提升。脱贫攻坚精准落实。2019年全镇脱贫434人，现有贫困人口剩余46户、88人，贫困发生率由建档立卡初的7%降至

0.15%。2017年以来，落实易地扶贫搬迁81户282人，贫困户危房改造304户；落实小额信贷2000万元，落实教育补助3000余人次。2019年，完成危房改造62户，慢性病签约服务582人。在全镇范围内打造8个百亩以上的花卉园，解决180个贫困劳动力就业。因地制宜，在青峰村将旧民居改建为新民宿，吸引了20余名贫困户就近就地就业。全力推动青峰村粤港澳大湾区“菜篮子”基地、水果基地发展，促进贫困户增收致富。兴办扶贫车间4个。

民生保障切实加强。进一步完善低保申请、入户调查、民主评议、审核审批手续。对全镇所有低保人员进行张榜公示，接受群众监督，做到应保尽保、该退即退。投入50余万元对敬老院进行了全新改造。2019年，全镇医保缴费人数达到4.8万余人，完成比例达96%。教育教学质量稳步提高。下马渡镇教学质量连续多年领跑乡镇同类学校。文体活动广泛开展。以“十星级文明户创建活动”“中国农民丰收节”“庆祝新中国成立70周年”等活动为契机，不断丰富全镇人民群众的业余生活。组织承办祁阳县2019年中国农民丰收节暨森源花卉园艺文化节活动。

【安全稳定】 2019年，下马渡镇坚持矛盾纠纷排查调处长效机制，把矛盾纠纷化解在源头、化解在一线、化解在萌芽。坚持日排查、周报告制度，每月定期召开专题会议，分析工作形势，研究工作措施，通报工作信息，领导班子、驻村干部和村支两委干部对所包片做到了底数清、情况明，及时上报工作信息，第一时间介入处理，防止矛盾扩大和事态恶化。建立信访接访约访机制。坚持党政班子成员开门接访、带案下访约访，全力化解信访积案。坚持阳光信访、依法信访，严厉惩治非访、越级上访、缠访闹访，积极引导群众用合法方式反映个人诉求，牢固树立信访维稳无小事思想，坚持信访隐患经常性化解机制，认真排查重点信访隐患，针对涉军群体、涉铁信访、老信访户，加强干部包保稳控，尤其是重大节日和敏感日，坚持“诉求合理的解决问题到位、诉求无理的思想教育到位、生活困难的帮扶救助到位、行为违法的依法处理”，确保案结事了、人稳当地。深入开展涉黑涉恶线索摸排和依法惩治，营造了浓厚的良好社会氛围。完善安全生产监管体系。坚持“以人为本”和“安全第一，预防为主”的方针，坚持实行“党政同责、一岗双责”，层层落实安全责任。发放安全宣传册2000余份，组织各类安全检查20余次，镇主要领导带队检查12次，分管领导带队检查20余次，共下达整改指令书36份，排查各类生产安全隐患102处，已全部责成相关生产经营单位整改，有效化解各类安全风险。

【党建工作】 2019年，下马渡镇认真开展“不忘初心、牢记使命”主题教育。印发1500本《应知应会知识》小册子，邀请市委党史研究室讲学《血战湘江》。

强化支部“五化”建设。高标准打造中渡町村、青峰村等8个党建示范点，全镇各支部“五化”建设均已达标。强化后进整顿转化。对软弱涣散党组织罗家岭村党支部，按照“七个一”整顿措施，已按期全面整顿转化。强化村级队伍建设。大力实施“头雁工程”，调整不胜任的村支部书记2名、村支部委员2名。按照“五个一批”原则，以前所未有的力度在全镇各村（社区）开展支书、主任“一肩挑”补选工作。25个村（社区）实现“一肩挑”，“一肩挑”比例达到71.4%，村干部队伍不断优化。注重在优秀青年、后备干部和回乡创业的优秀青年中发展党员，转正党员13名，新吸收预备党员22名；培养后备村干部45名、创业致富带头人7名，优秀青年人才2名。扎实开展清廉祁阳建设试点工作，公开镇级、村级权力清单流程图36份。探索纪检信访工作经验，健全镇村组三级排查、领导干部包案接访等制度，全镇纪检信访特别是重复访大幅下降。强力开展正风肃纪，立案3件，结案3件，开除党籍3人，诫勉谈话2人，下发通报6期。

（方靖）

黎家坪镇

【概况】 2019年，黎家坪镇紧扣县委“1353”总体发展思路，持续发力“五百工程”，创新推行“135”管理模式，坚持党建引领，跨越争先，全面推进“文明、卫生、品质、活力”乡镇建设，充分发挥“全省第三批经济发达镇行政体制改革试点镇”“全国重点镇”的新优势，全镇各项工作取得长足进步。完成地区生产总值18.6亿元、增长7%，完成工业生产总产值43.86亿元、农业总产值15.5亿元。

【产业发展】 工业强镇擦亮品牌。不断做大做强重点企业，加强规划引导、公共服务和政策扶持，引导企业加快实现从资源消耗型向创新驱动型转变，进一步增加产品附加值，延伸产业链。祁阳海螺水泥实现销售收入过10亿元，利税过2亿；科力尔电机股份有限公司实现利税7000万元，祁阳海螺、科力尔电机两企业并驾齐驱，同时荣获全县十佳优秀工业企业奖和十强纳税工商企业奖。进一步加大招商引资力度，铁路物流园、高档住宅小区、重大建材项目稳步推进。

积极争取农业开发资金1000多万元，分别在培子湾、铁脚湾等村实施农业开发项目，进一步夯实农业基础设施，提升农业综合效益和生产能力。推进农村土地流转，全面完成农村土地确权颁证和集体产权制度改革任务，并在张公坪、横江桥、九龙寺等片区，通过经营权流转、股份合作、代耕代种等方式，建设“生产+加工+科技”的现代农业产业，全镇累计流转土地11万余亩。加强养殖污染治理，投入资金15万元，全面防控非洲猪瘟，加强道路管控和病死猪消毒处理工作，做到不扩散、无污染。全部关停祁水河等河流两岸200米以内禁养区的养殖场，全面禁止镇域内的11座小（Ⅰ）、（Ⅱ）型水库投肥养鱼。扎实推进城乡供水一体化建设，积极对接大村甸水厂，开展自来水入村入户工作，确保群众饮水安全。

【乡村振兴】 2019年，黎家坪镇脱贫攻坚精准施策，用足用活国家扶贫政策，打好金融扶贫、教育扶贫、产业扶贫、易地搬迁扶贫工作组合拳，顺利实现2019年脱贫目标任务。分别在油塘、甘棠坪等村举办两次消费扶贫交易会，交易总额达25万元。实施种蚕养桑的产业扶贫项目，桑蚕产业规模种植突破1000亩，养蚕产值超过500万元，安排贫困劳动力143人，呈现产业扶贫新亮点。

乡村振兴蹄疾步稳。投资近500多万元，在城区新建13个小游园和园林式单位，新种600多株樟树大苗，实现城区面貌大改善。人居环境治理全面攻坚，累计拆除各类危房、空心房20余万平方米，拆除城区内违章棚子120余个，改厕3446户，种花种草面积超8000平方米，国道、示范村道等重点线路实现沿线有景、四季有绿。彻底清除322国道、黎文路沿线建筑垃圾、生活废弃物，清运祁水河、燕子岩河等河段水葫芦。全镇22个村的垃圾转运全部纳入祁美环卫公司经营，实现全镇农村垃圾转运全覆盖。成功创建湖南省卫生乡镇。以大华山景区和天明山庄重点，积极引进民间资金，完善基础设施，发展乡村旅游，成功举办首届乡村旅游文化艺术节；推进祁水河南北两岸整体连片开发，着力打造风光旖旎、两岸竞秀的特色景观旅游带。

【综合治理】 2019年，黎家坪镇推进社会矛盾化解，集中力量解决影响社会和谐稳定的源头性、根本性、基础性问题。广泛开展平安创建活动，全镇未发生一起严重暴力事件、群体性事件。做实信访工作，通过党建引领信访、依法分类处理信访、加大硬软件投入、网格化管理及加大对涉访违法人员依法处置力度，实现赴省进京零登记零挂号。加大社会治安综合治理力度，加快推进“天网”建设，在全镇各重要路口安装电子摄像头90余个，依法严厉惩治黑恶势力，辖区居民安全感有效提升。进一步落实安全生产“党政同责、一岗双责、企业主责、齐抓共管”责任体系，加大安全隐患排查和重点整治力度，成功创建安全特色小镇。加快推进黎家坪镇石子岭示范性敬老院、镇一中标准化食堂、镇中心卫生院综合医卫大楼建设，加大食品、药品管控力度，切实办好消除义务教育大额班、“一老一小”服务等民生实事，硬化农村公路7.2千米，全面提升群众幸福指数。

【党建工作】 2019年，黎家坪镇加快村级服务平台建设，张公坪、接龙桥、石子岭、培子湾、马斯坪等最后一批村级服务平台建设全面完成，做到村级服务平台建设全覆盖，让服务群众“最后一公里”更加顺畅。落实省委“1+5”文件精神，重新摸排梳理全镇12个党总支、54个党支部的组织设置，以支部主题党日为载体推进组织生活正常化、规范化。全面推进“村为主”工作，加强组织建设和党员积分制考核，不断提升干部执行力。在全镇开展党建交叉检查，突出铁脚湾、雨坛岭、江边湾等村（社）示范带动作用。健全“三会一课”制度，做到党建工作常态化管理。发挥党员先锋模范作用，全面铺开“不忘初心、牢记使命”主题教育，查找出工作问题49项并全部整改完成，解决实际问题270余个。严格落实党风廉政建设责任制，坚决查处各类违纪违法行为。2019年，全镇共问责24人，其中提醒谈话4人，通报批评4人，诫勉谈话5人，党纪政纪处分8人。

（冯铭康）

文富市镇

【概况】 文富市镇辖20个村委会、1个居委会，341个村（居）民小组，总人口35986人。2019年，全镇财政收入完成7万元，比上年增长4.7%；农民人均纯收入11060元，较上年增长10.1%。

【经济发展】 2019年，文富市镇从实际出发，大力调整农业产业结构，积极引导广大农民参与到优势特色产业发展中来。采用“公司+合作社”“公司+农户”等合作模式，加大土地流转力度，推进农业特色发展、规模经营。沙滩桥村种植马铃薯500余亩，沙滩桥村、平阳甸村、黄塘村种植西兰花1000余亩，沙滩桥村、黄塘村种植板栗红薯200余亩，成柿村发展榨菜基地150余亩，双龙桥村发展特种鱼养殖（桂鱼、红草鱼、缩骨鱼）120余亩，大屋、双江口、中心等村“稻+蛙”养殖约700亩，带动当地近万名农户人均增收500元。

【社会民生】 2019年，文富市镇狠抓扶贫工作，压实帮扶责任人的责任，全面完成年初制定的脱贫目标任务，132户396人如期脱贫。

深入开展“一拆二改三种四清洁”行动，共拆除危房44597平方米，改厕2152座，种植各类树木50000余株。完成东州桥、建香、双龙桥3个村的农网改造，顺利完成10个自然村通光纤。城乡供水一体化工程全面启动。全镇19个村（社区）与大村甸水厂进行对接，主水管全部到村组。完成农村危旧房改造47户。完成1所学校标准化食堂建设。全面清除卫生室空白村。完成自然村通水泥路12.854千米。投资20万元新建敬老院厨房；投资15万元给敬老院围墙护砌；投资60万元对敬老院住房维修。白茅滩桥梁建设工程总投资300万元，2019年完成投资115万元。投资30万元对富湾至灵官、富湾至下马渡的环山公路进行扩宽、铺沙。

教育事业稳步发展，小学在校学生1193人，小学适龄儿童入学率100%；初中在校学生540人，初中适龄人口入学率100%，小学升初中升学率100%，九年义务教育覆盖率达100%。2019年，文富市镇中学考入县一中13人，中考成绩名列祁阳县同类学校前茅。城乡医疗保险参保人数30900人，实现贫困户参保全覆盖。免费“两癌”筛查512人，发放各类健康宣传资料13万余份，免费为慢性病人及65岁以上老年人健康体检2422人，全面推行贫困人口与家庭医生签约服务。

【安全维稳】 2019年，文富市镇不断深化“平安文富市”建设，在重点区域完善“天网”工程，严厉惩治“黄赌毒”等违法犯罪活动。及时排查解决群众反映强烈的突出问题，妥善化解信访积案2件，有效防止非正常越级上访和突发群体性事件的发生，在特别防护期未发生赴省进京上访行为。调处各类矛盾纠纷52起，处置非正常死亡事件2起，处置重大交通事故3起。充分发挥公安检查站的作用，检查站共检查过往车辆1万余辆，查获非法捕猎嫌疑人1人，查获毒驾者2人，治安拘留及社区戒毒1人，查获无证驾驶汽车人员8人，查获酒驾1人。时刻紧绷安全生产这根弦不放松，制订安全生产“一岗双责”实施方案，督促辖区内各企业严格落实企业主体责任制，排除安全隐患点35处，安全生产形势持续稳定。

【党建工作】 2019年，文富市镇扎实开展“不忘初心、牢记使命””主题教育，把党课放至中科院官山坪红壤站良种试验基地，大力颂扬“艰苦奋斗、求务创新”的红壤精神，凝聚了党员干部干事创业的信心和激情。建立村级后备力量数据库，依法惩治“村霸”等黑恶势力，调整不胜任、不合格的村“两委”委员12人。选拔培养村级后备力量42名，发展入党积极分子68名，新发展党员15名。投资230余万元，完成镇21个村党群服务中心建设。正确运用执纪“四种形态”给予4名党员干部纪律处分，调整了3名履职不力的村党组织书记。

（李良钢、刘智慧）

大村甸镇

【概况】 2019年，大村甸镇辖21个村（社区），总面积96平方千米，总人口37328人。一年来，全镇大力推进标准街、秀美乡村、“小游园”等项目建设，全面实施城乡环境卫生综合整治工作，全面关闭淘汰落后产能企业，城乡面貌发生可喜变化，呈现出一幅“天蓝、水净、山青、地绿”的生态画卷。

【党建工作】 2019年，大村甸镇全面深化“村为主”工作，优化设立农村网格党支部24个、农村网格党小组72个，配齐配强网格管理员。五塘冲村、立新村、石元村等9村“村为主”工作成效显著。按照“七个一”标准，完成软弱涣散村进步村的转化提升。加大村“两委”干部调整力度，对不胜任、不称职的村干部予以撤换、调整，全镇有7个村党组织书记、村主任实行“一肩挑”。深入开展打黑除恶专项斗争，1名涉恶村主任被清除出村干部队伍。注重从种养大户、致富能人、青年人才中发展党员17名，组织村党组织书记参加省市县相关培训达46人次，党员参与新型职业农民培训达59人次。高标准建成村级综合服务平台15个。扎实开展“不忘初心、牢记使命”主题教育，先后组织3期读书班，以上党课，观看警示片、教育片，专题测试，研究讨论等形式，丰富主题教育内容，确保学习效果。深入推进全面从严治党，以创建“清廉大村甸”为目标，认真开展监督执纪、专项整治、巡察整改等工作，办结案件4起，给予党纪处分3人，诫勉谈话3人，完成巡察整改问题24个。

【产业发展】 农业结构优化转型。全年粮食生产面积3.2万亩，总产量26350吨。依托“银光粮油”带动，抓好粮油产业发展，建设了以进步村为核心的万亩绿肥基地和优质稻种植基地，以丛山、五艾、五塘冲村为核心的万亩野生古树油茶基地，以银利村、吉安村为核心的两个千亩油菜示范片。五塘冲村抓住中央扶持村级集体经济示范村建设机遇，大力发展油茶和青蒿产业，实现村集体收入每年20万元以上。工业成功转型升级。镇玻璃工业园区5家企业新引进机械化生产线，提高了生产效率和产品工艺水平。积极支持、帮助重点企业创新发展。银光粮油充分发挥品牌优势，积极改革创新，开发出银粘香米及有机再生稻米系列产品；宏泰铝业采用新研发的新工艺，降低了生产成本，提高了生产效益。采取“走出去”和“请回来”相结合的方式，大力开展招商引资，成功引进众亿电子厂电子生产项目、永州再现辉煌新材料有限公司轻钢别墅设备研发生产项目、祁阳碧锦塑胶有限公司精密塑胶零配件项目等3个投资3000万元以上的大项目落户祁阳经开区。

【乡村振兴】 2019年，大村甸镇全力推动城乡供水一体化，调处大村甸水厂建设矛盾210余起，想方设法解决大村甸水厂厂区建设老信访户不配合征地的难题，确保了水厂建设顺利推进并按时通水。大村甸水厂管网入户已收费5200户，开户率达87.2%。大力护航黎马公路建设，成功处理好8处阻工点矛盾，黎马公路大村甸路段9.3千米全面建成通车。组织实施“百村振兴”工程，深入开展以“一拆二改三种四清洁”为主要内容的农村人居环境整治工作。2019年，硬化扩宽村主干道7.86千米，硬化通组路23.765千米；建成小游园10个，安装路灯598盏；村级投入集中式收集垃圾桶986个。以大村甸水厂为核心区，完成镇级森林公园一期造林120亩，种植风景树8000株；建成镇级小游园5个，黄岗铺村、立新村等8个村按照“一村一碑一亭一园”标准，提升了村庄形象标志。联星村、新铺子村建成400亩光伏发电项目。强力推动农村人居环境整治工作，共拆危（违）6.25万余平方米，改厕2320座。完成湿地公园造林200余亩，完成黎马公路9.3千米的行道树水杉、红叶石楠种植任务。扎实开展河长制工作，取缔丛山村非法制砂场1处；严格国土卫星执法，对丛山村、许家亭村、同心村等8个非法用地点依法查处，复绿面积86亩。5月12日，在五塘冲村成功举办“全县乡风文明建设现场会”，打造了以五塘冲村、黄岗铺村为代表的乡贤文化。

【民生事业】 2019年，大村甸镇坚持把脱贫攻坚工作为头等大事来抓，建档立卡贫困户100%购买了城乡居民医保和大病保险，安排公益性岗位80个，完成危房改造83户，新增“户贷户用户还”贷款92户、368万元，贫困户享受“先诊疗，后付费”“一站式结算”待遇，大病住院报账比例在85%以上，为符合条件的贫困人口代缴城乡居民养老保险375人，等等，圆满完成了年度脱贫目标任务。

织密扎牢社会保障网。全镇城乡居民养老保险完成12337人。完成2019年城乡居民医疗保险33524人，7315880元，新增216人。按低保清理程序要求，做好政策宣传解释，扎实开展低保清理和民政救助。经清理整顿后，有城镇低保户56户、77人，农村低保户422户、780人，占全镇总人口比例的2.6%。同时，做好低保清理的矛盾协调，全镇未出现因低保清理而越级上访的现象。对因病、因灾等特殊原因造成基本生活出现暂时困难的家庭，及时给予临时救助。全年共救助813人，发放救助资金85万余元。持续推动民生事业发展。完成镇中学、小学标准化食堂建设，全面建成21个村卫生室、辅警站。维护好“村村通”“户户通”设备，强化镇及各村的图书室管理，深入推进全民阅读活动。超额完成“两癌”筛查及老年人健康检查任务。

【安全稳定】 2019年，大村甸镇全面开展安全隐患大排查、大管控、大整治及安全生产百日大会战行动，共查处各类交通安全违法行为9余起，检查客渡船舶24艘次，取缔非法烟花爆竹经营店5家，检查非煤矿山24次；严格执行“一单四制”制，发出交办整改指令书12份，实时整改隐患30个；认真开展企业安全生产主体责任落实年活动，实现安全生产“零事故”目标。

积极推行信访法治化建设，倡导依法信访，践行领导干部公开接访、带案下访制度，全年排查处理矛盾纠纷269起，消除信访隐患72起，成功实现非访“零进京”目标；深入开展扫黑除恶专项斗争，摸排涉黑涉恶线索9条，居全县首位，处理涉黑恶村干部1人，依法惩治非法阻工乱象13起，有力保障了大村甸水厂、黎马公路等重点项目建设顺利推进；主动谋划推进禁毒工作，开展大型集中宣传活动4次，发放各类禁毒资料26000余份，新建宣传专栏32个，对22处废弃工厂、养猪场进行了多轮次排查，防范制毒违法行为，指导14所学校开展禁毒宣传教育，组织2316人次参观禁毒教育基地，强力推进社区戒毒（康复工作），毛发采集228人次，11名社区戒毒人员尿检率100%，全镇社会大局保持和谐稳定。

（唐玉冰）

文明铺镇

【概况】 2019年，文明铺镇辖29个行政村、3个社区，共有总人口6.2万余人（其中农业人口5.2万人）。镇党委下设基层党总支6个，基层党支部49个，党员1429名。

【产业发展】 2019年，文明铺镇粮食生产持续保持为一类镇，秋冬农业生产、农产品质量管理等工作位于全县前列。农业发展成效明显，区域名特优品牌正在形成。新塘角、合谊塘、沟河、狭江等村新种油菜5000亩，三官塘、云冲等村新增油茶1200亩，黄桃、鲜鱼等传统产业稳中有升。以祁阳县天子龙蔬菜专业合作社、斌宾香芋商贸有限公司为主体，联合八甲湾、新塘角、狭江、峦山、同德堂、碧芝塘、云冲等村共同种植槟榔芋、红爪姜等特色农业近5000亩，并依托祁阳槟榔芋国家地理标志保护产品认证，成功打入中南海市场，祁阳槟榔芋的知名度得到空前提升。祁阳县胜源桑蚕专业合作社投资500万元，在八甲湾、三角湾、成功等村种植桑叶1600亩，建设蚕舍4000平方米。在全县农民丰收节上，胜源合作社和种植大户王富民分别获得了县“十佳新型经营主体”和“十佳新型职业农民”荣誉称号。推进养殖业转型升级发展，共退养不达标的养殖户15户，改为养鸡、养鸭或种蘑菇。同时，引进鑫广安在云冲村建立年产仔猪12000头的种猪场。

全力配合，全程服务，圆满完成了湘安新能源60兆瓦光伏发电项目建设，为当地群众增加300多万元的荒山租赁收入。在沟河村启动土地整理项目，在荒山上垦出梯田350多亩，年创经济效益70余万元。

【脱贫攻坚】 开展分类施策行动。按照“实事求是、动态管理、分类评定、因户施策”的原则，根据家庭实际情况，把全镇建档立卡贫困户分为“A、B、C、D”四类，逐村逐户建立贫困帮扶档案，采取“一村一策、一户一法”等精准扶贫措施，扎实推进精准帮扶工作，全面掌握贫困户信息，分类梯度巩固和实现脱贫。精准落实行业扶贫政策。外派12名农村“创业致富带头人”到衡阳技师学院参加技能培训；落实建档立卡户贫困家庭入学子女878人；对结深圳爱心人士结对帮扶43户贫困户，捐资达25万余元；提供扶贫公益性岗位163个，年均为每户贫困户增收3000元；为93户建档立卡贫困户办理小额扶贫贷款，共发放贷款463万元。扎实开展消费扶贫。在中秋、国庆两节期间组织全镇9个后盾单位购买涉及到6个村的贫困户所种养的农产品，共计消费5万余元。在支持贫困户开展种植和养殖产业的同时也直接增加了贫困户的收入。

【城乡建设】 2019年，文明铺镇深入开展美丽乡村“一拆二改三种四清洁”行动，共投入整治资金480余万元，拆除危房空心房面积19.55万余平方米，完成水泥现浇三格式化粪池184户，三格式玻璃钢化粪池3541户，超额完成县任务数205户。新建垃圾中转站一座，新增保洁员135人，购置垃圾桶600余个。对群众反响强烈的碧芝塘水库进行了彻底干库、清淤、石灰消毒等治污处理。同时，对全镇252口山塘和12座水库等污染水体进行了整治。

加快小城镇“10+X”工程建设。共投入120万余元改造路灯800余盏。投入20万元设置禁停标识牌，主要道路划分了2万平方米停车位。投入30万元对城区五个路段进行了提质维修改造。成立一支二十人的专门队伍长期整治摊位乱摆乱放。镇易地扶贫安置点环境舒适，已成为全镇宜居示范点。完成镇机关、羊兴亭村等五座小游园建设。黎石公路主干线植樟树200余株，乡村干道植桂花树200余株，红叶石楠500余株，干道两侧可视范围内荒山造林1100余亩，抚育苗200余亩。新塘角村被推荐参与省级美丽乡村评比。

【民生事业】 2019年，文明铺镇大村甸水厂成功通水，并覆盖全镇，文明铺世代用水难题被彻底解决。新建镇中学、高码头小学、镇中心小学三个标准化图书室，文明铺镇教管中心2019年被评为县“十佳”教育教学先进单位。城乡居民养老保险、医保参保覆盖面进一步扩大；32个村（社区）全部配备标准化卫生室；已超额完成危房改造任务（任务93户，实完成103户），已全部竣工验收付款。深入开展“扫黑除恶”专项斗争，摸排线索22条，有效线索2条；成功化解陈昌华、李朝仕等一批信访积案、旧案。同时，全镇的平安创建公众安全感民意调查由上年的全市落后一跃位居全市第73名、全县第5名，成功摘掉市综治挂牌督办的牌子。

【党建工作】 2019年，文明铺镇全面部署，大力整顿了新塘角、三官塘等软弱涣散村。认真落实“三会一课”、坚持每月25日的主题教育党日活动、每半年民主生活会制度。对78名入党积极分子和预备党员进行了入党培训。全年共新发展预备党员16名，转正16名。组建镇两新组织企业联合支部和农林水机畜联合支部。圆满完成镇团委、妇联、工会换届选举任务。持续加强党风廉政建设，组织全体镇、村干部集中观看警示片《迷失的初心》，签订《关于禁止利用领导干部职权或职务上的影响“提篮子”谋取私利》《领导干部违规插手工程建设项目承诺书》《全镇党员干部违规经商办企业承诺书》等承诺书，严查各类违纪违法案件。全年共办理了4起案件，其中扶贫领域典型案件1起，分别给予党内警告处分2人，开除党籍处分2人。

龚家坪镇

【概况】 2019年，龚家坪镇辖2个社区居民委员会和22个村民委员会。总人口38417人，常住人口34311人。一年来，全镇上下凝心聚力、开拓进取、真抓实干，经济社会发展、民生事业、脱贫攻坚、综治等工作表现突出，“十星级文明户”创建、全面从严治党、平安建设等多项工作获得县“先进单位”荣誉，脱贫攻坚工作获得全县“一等奖”，荣获永州市信访法治化建设“四无”乡镇。

【产业发展】 2019年，龚家坪镇突出农业主导地位，积极培育专业合作社和种粮大户，壮大农产品生产基地，大力推广优质稻。稻田抛荒得到有效遏制，发展粮食生产工作在全县名列前茅。全年新增农产品生产基地3个，种养大户72户，农村经济合作组织5个，新建窑头铺村级果蔬大棚示范园、500亩连片油菜基地等。投入200万元的古木堰、段桥湾村粮食产能项目，投入150万元的四角丘村国土整理项目以及120口山塘清淤扩容工程完工。投入170余万元的窑头铺扩大粮食产能1500米机耕道建设项目、长塘水库除险加固工程顺利实施。着力引进工农企业，成功引进湖南林峰槐业油茶基地、湖南昴日农牧无抗肉鸡养殖、光伏发电、欣旺陶粒等项目。

【城乡建设】 2019年，龚家坪镇全力推进小城镇建设，城镇形象得到较大提升。云排岭特色街继续延伸，街道设施不断完善，标准街植树绿化、镇区与易地搬迁安置点连接路、公路桥、镇区街道下水道改造等全面实施，投入130余万元建成党建、和谐、健康、法制、孝德5个主题小游园，改造2处公共绿地，培育出多个景点。

接续开展“一拆二改三种四清洁”行动，全年拆除空心房、杂房、危房近17万平方，建成新江村20户集中建房示范点1个。垃圾集中收集转运形成常态，村庄面貌焕然一新。在黎石路沿线的裸露荒山新种、补种柏树130多亩，对11个村活动场所进行绿化，种植樟树大苗360余棵，完成荒山造林3200亩。全面开展河长制工作，完成辖区河道、水库山塘、分支沟渠的巡查清理工作。新完成危房改造132户，完成改厕2471座。

【民生事业】 2019年，龚家坪镇大力实施脱贫攻坚巩固提升工程，4个出列贫困村脱贫成效全面巩固。实现建档立卡贫困户305户、872人稳定脱贫，贫困发生率降低至0.168%。

城乡居民养老保险参保12010人，城乡居民基本医疗保险参保32012人，领取农村养老保险待遇7046人。全镇有426人纳入“特困供养”范畴；享受残疾护理补贴492人；享受低保人数409人；全镇发放临时救助资金47.6万元；63名孤儿纳入生活保障，每月发放生活费600元；全年发放大病救助资金26.55万元。完成劳动力就业信息采集工作，采集信息1846条。文教事业欣欣向荣，全面加强中小学和幼儿园周边环境及交通整治，农村文化活动日益丰富，香塘铺、段桥湾成功举办春节文艺晚会，全镇共8个村（社区）修建休闲广场，并安装了路灯。新修自然村通水泥路19.8千米，提质改造4.2千米。全力推进大村甸水厂管网工程建设，新开自来水3556户。全力做好灾后重建工作，落实倒房重建14户，建救灾补损点2个。

【安全稳定】 2019年，龚家坪镇积极开展扫黑除恶专项斗争，大力推进外流贩毒整治，依法刑拘10人，行政拘留13人，强制戒毒4人，追回逃犯2人，有效处置多起意外死亡事件，社会大局稳定。综治民调成绩排名居市、县前列。切实做好群众信访工作，有效化解矛盾纠纷83件，全年未发生一起赴省、进京非访挂号事件。经常性开展安全生产大检查、大管控、大整治，强化安全生产措施，组织政法办、派出所、安监站、司法所等部门，联合开展了烟花爆竹领域专项整治和边三轮货三轮非法载客专项整治两项活动，全年没有发生一起安全生产事故。

【党建工作】 2019年，龚家坪镇落实镇党委班子成员党建联系点制度、党建指导员制度、村干部管理考核办法等工作制度，扎实开展“不忘初心、牢记使命”主题教育。加强作风建设，做好巡察“后半篇”文章，认真整改巡察组交办的10个问题。严格执纪办案，共对10人提出通报批评，对2人给予提醒谈话，5人予以诫免谈话处理；党纪立案5件，结案5件，给予警告处分1人，严重警告处分1人，撤销党内职务处分1人，给予留党察看处分2人，收缴违纪资金5万余元，党风政风持续向好。

金洞镇

【概况】 2019年，金洞镇全体干部群众坚持“生态立镇、产业兴镇、旅游旺镇”的方针，进一步解放思想、转变作风，努力推进各项重点工作，较好的完成了全年的各项任务。全镇地区生产总值同比增长10.5%，固定资产投资增长12.3%，社会消费品零售总额增长13%，财政总收入增长8.5%，城镇居民人均可支配收入增长9%，农村居民人均可支配收入增长9.5%。

【项目建设】 2019年，金洞镇集中力量，克服困难，高效推进全镇各重点项目的实施。学位房于4月份完成征地工作，正在组织施工建设中。黄家台征地拆迁扫尾工作全面完成；加油站和污水管道建设完成征地工作；柏子坳集中安置房二期工程完工，102户入住任务全面完成；城区道路“白改黑”工程完成沥青铺设，配套设施正在建设中。

【三大攻坚战】 重大风险有效防控。全年开展安全生产大检查和重点领域专项整治行动3次，排查出各类灾害隐患情况共计106起，已整改80起，剩余26起限期整改；排查出重大风险3处，均已落实管控责任人和措施。扎实推进扫黑除恶专项斗争，共排查涉黑涉恶线索3条，成功惩治黑恶势力犯罪2起。共排查矛盾纠纷不稳定因素48条，当场化解46件，调处民事赔偿纠纷7起，办结信访案件14起。

精准脱贫有力有效。2019年，全镇精准脱贫71户217人，白沙源村、油胜村、双马村3个深度贫困村出列，减贫率81.9%，贫困发生率从上年度的1.6%降至0.3%。收到交办函3个涉及问题12个，“三落实”系统交办问题9个，排查发现问题89个，群众反映问题15个，清洗全国扶贫开发信息系统内的问题数据3421个，全部整改到位。

污染治理成效明显。完成改厕341户，全镇改厕率达到78%。深入落实河长制工作，以镇主要领导作为第一总河长，成立了专门的河长制办公室和民间河长活动中心，有效加强镇村两级河长的工作交流，并与9位民间河长签订工作协议，下发了考核细则，不定期督查，选定钗江河村“丝毛坪——牌楼山”河段作为样板河流，制定了样板河流创建实施方案，落实了资金投入。上半年统一购买转运垃圾桶发放至各村，全面实施农村垃圾集中转运工作，进一步改善了农村卫生环境。

【民生事业】 2019年，金洞镇实现低保政策和扶贫政策衔接，对贫困人口应保尽保；在初次评议的农村低保73户168人，城镇低保12户17人的基础上，新增了残疾低保84户86人。全镇新农合参保人员15000余人，其中贫困户除了50人因死亡或在外参保无法录入系统外，其余人员已全部参保。各村“四类”重点对象共计20户危改工作全面完成，514000元危改资金发放到位。全年新增城镇就业人数278人，超额完成任务。

紧密结合实际，积极主动作为，在全镇深入开展以危房改造、改水改厕、净化环境、道路硬化、美化村庄为主要内容的人居环境整治工作，建立长效保洁制度，与各户主签订“门前三包”协议，开展“十佳文明户”的评选，推动形成良好风尚。全镇15个村（居）通组公路全部实现硬化，通过实施“亮化工程”为各村安装路灯300余座。对白泡廻村、小金洞村、油胜村饮水工程进行了巩固，进一步提高了全镇农村饮水集中供水保证率和水质达标率。

【党建工作】 2019年，金洞镇认真开展“不忘初心，牢记使命”主题教育，成立主题教育领导小组，制定实施方案，压实责任，明确问题导向，确保主题教育取得实效。严抓干部队伍教育管理。组织机关干部学习并签署了《干部管理八条》承诺书，并出台《机关管理制度》，规范干部的一言一行。选送15名村支书参加全市基层党组织书记培训班，选送11名优秀青年参加“农民大学生”培养计划。建立完善村级后备干部人才库，将35名优秀青年纳入培养范围。严格发展党员和党员教育管理，新发展党员10人，转正党员9人，新确定入党积极分子4人。继续加大农村党员和青年农民培训力度，共选送16名党员参加全市党员致富带头人培训，选送22名优秀党员和青年农民参加全市“党建+新型职业农民培育”专题培训班，圆满完成市农村党员和青年农民培训计划。

凤　凰　乡

【概况】 2019年，凤凰乡地区生产总值3.6亿元，同比增长12.5%，其中农业总产值达到1.76亿元，同比增长12.1%；实现财税总收入1286.2万元，同比增长8.5%；社会消费品零售总额达1.64亿元，同比增长12.5%；完成固定资产投资11.22亿元，同比增长12%；城镇居民人均可支配收入达到13073元，同比增长10%，农民人均可支配收入达到8390元，同比增长9.5%；全面小康实现程度提升4个百分点，经济持续健康发展，人民生活不断改善，社会安定团结。

【三大攻坚战】 脱贫攻坚精准发力。2019年全乡脱贫9户19人，累计完成脱贫1401户4806人，贫困村全部出列。先后投入资金261万元发展产业和实施项目18个，在巩固原有扶贫产业基础上，新增秧田沃柑200余亩，江洲蜂糖李100余亩，油茶200余亩，黄姜等珍贵药材70余亩。通过分散安置和集中安置，完成贫困户易地搬迁461户1474，其中白果市团结安置点72户302人已全部完成入住，凤凰狮子岭安置点已入住193户614人，完成贫困户危房改造11户。发放教育助学、生态补偿、医疗救助、民政救助、交通补助、危房改造等财政补助资金782.2万余元。成立专业合作社和劳务公司18家，安排固定就业80余人，带动贫困人口600人，组建狮子岭易地搬迁扶贫车间，带动180余名贫困群众在家就近就业。扎实开展社会扶贫，对接全国社会扶贫网平台，全乡贫困户注册率达到100%，对接率达到100%，爱心人士注册1000余人。

防范风险有序有力。偿还小额信贷资金441笔1305万元，其企业结对253笔958万元，自主创业188笔347万元，资金偿还风险得到有效控制。全年接待群众来信来访、网上信访75批次186人次，办结市、区信访交办件8件，调处矛盾纠纷137起，未发生赴省进京非正常上访问题；农村网格化管理体系更加完善，一村一辅警的作用得到充分发挥，处置治安案件4起，处理违法人员8人，破获刑事案件2起，刑拘2人。全面开展安全隐患排查整治，组织开展安全生产执法检查80余次，停产、停业整顿企业1个，实现了安全生产“零事故”的目标。

污染防治持续发力。全力打好“蓝天、碧水、净土”三大保卫战。管理区督察反馈的4个交办件，全部如期高质量完成。覆盖全乡11个村的城乡垃圾集中处理有效推进，安排公益性岗位32个。全面推行“双河长制”，明确乡村两级河（库）长22名，民间河长2名，竖立宣传保护牌18块，加强了河（库）管理职责，群众河道保护意识进一步增强。

【乡村振兴】 基础设施方面：累计投入资金105万元，完善基础设施建设，切实改善人民生活条件。完成农村水利设施建设5处，巩固提升农村安全饮水2000人。农网改造升级2个村。完成自然村通水泥路3.5千米，窄路加宽4.98千米，新建桥梁3座。

城乡面貌方面：完成全乡乡村振兴总体规划和1个示范村的详规，改造农村危房11户，拆除空心房20余座，改厕264余户，2个行政村400余户的污水得到有效处理，乡村脏乱差现象得到明显改善。

林业方面：更新造林1300余亩，其中珍贵树种近400余亩，林政管理和森林防火得到持续加强。累计打造高端花卉苗木苗圃600余亩，其中珍贵花卉苗木达50%以上。发展林药、林茶、林菌、林菜、林果等林下产业700余亩，养殖优质林禽、林畜6000余只（头）。

【民生事业】 2019年，凤凰乡大力发展教育事业，总投资420余万元，其中凤凰小学学位建设、教学基础设施建设400余万元，白果市小学基础设施建设20余万元。举办了第一届农民丰收节、第二届凤凰乡广场舞比赛、文艺会演等一系列文体活动，切实丰富广大人民文化生活。稳步推进卫生医疗事业，2018年10月1日以来共出生170人，政策内153人，政策率达90%，男女性别比为1.266∶1。国家免费孕前优生健康检测32对，孕中期产前筛查53例，高危风险干预3例，社会抚养费征缴13万元。完成2所乡村卫生室标准化建设。

全面完成机关养老保险改革，农村低保、城乡居民养老金、医疗保险持续提标。全乡低保94户183人，共发放低保补助资金42万余元；特困供养人员122人，共发放补助资金57万余元；残疾人256人，共发放补助资金3.4万余元；留守儿童365人、困境儿童93人、孤儿2人，共发放补助资金1.9万余元；生活困难补助327人，共发放补助资金37万余元；60岁以上老人2517人，共发放老养金311.1万余元；新农保应缴费6150人，实缴费6000人，参保率达97%；新农合应缴费13000人，实缴费12485人，参保率达96%。

石鼓源乡

【概况】 2019年，石鼓源乡以党的十九大精神和习近平新时代中国特色社会主义思想为指导，坚持稳中求进的总基调，着力稳增长、调结构、促改革、惠民生，全乡上下同心同德，攻坚克难，主动作为，各项工作均取得了较好成绩，圆满完成了全年目标任务。

【三大攻坚战】 聚力脱贫攻坚。成功实现贫困村上司源村出列，贫困户33户105人脱贫退出，产业扶贫、“两不愁三保障”清零、教育扶贫、易地搬迁、精准识别及动态调整等工作有力有效推进。

倾力防范风险。加强社会面治安监控系统工程建设，安装监控点26个，实现了对全乡重点地段、治安复杂区域24小时全程监控；建立11个联防队，对特殊时期重点地段进行巡防，努力遏制违法犯罪的发生。接待群众来信来访55人次，办结信访件30余件，调处矛盾纠纷33起。每月扎实开展安全生产大排查、大整治专项整治活动，共整治各类安全隐患30处，实现全年安全生产死亡事故“零发生”。扎实开展非洲猪瘟防控工作，保证了境内的生猪持续供应。抓好食品药品监督工作，对全乡商铺、摊贩全面进行安全检查，定期开展“护苗行动”“护老行动”，保障了学生和老年人的食品安全。

全力防治污染。积极开展人居环境集中整治，全面开展拆空心房、改厕、道路、沟渠、村庄积存垃圾清理行动，改造三格式卫生厕所100余座，拆除空心房3900余平方米。建立农村垃圾治理清运机制，增招保洁员，保证每村不低于2个保洁员，推行“门前三包责任制”“卫生评比”制度及“户分类、村集中、乡收集、区转运”垃圾集中处理的模式，保持环境洁净。推动“河长制”常态化，做到“一河一长”，坚持“一河一策”，完善“一河一档”，加大河道治理力度，扎实开展巡河制度，清理河道淤泥20000余米。

【项目建设】 2019年，石鼓源乡全面完成东风、乐山、上司源、蒋家冲4个村的安全饮水提质工程，确保百姓用上放心水。加大公路建设力度，完成硬化8054米，窄路扩宽840米，改高枧危桥一座，重建泉纲桥一座，清理洪灾塌方3000余方，修复公路9处，重点完成了全乡唯一一条脱贫攻坚公路——上司源至东风小牛冲公路1千米。上司源村、鸭婆凼村、西岭坳村农村综合服务平台投入使用，其余7个村农村综合服务平台改扩建项目全部完成。

完成2018年西岭坳、石鼓源、五星、东风四个村4000余亩土地整理项目的竣工验收，对2019年五星村、大岭下村两个省级土地整理项目立项、规划、实施。完成石鼓源、西岭坳、五星、大岭下、乐山等五个村800亩开发项目的规划、立项和实施，工程项目已完成；东风村源头片地质灾害整治项目完成规划和立项。

敬老院主体工程及其配套设施全部完工并投入使用。

【民生事业】 2019年，石鼓源乡按程序审核通过临时救助申请132户17万余资金，评定农村低保148户298人，特困供养及孤儿159人，重点优抚对象及退伍军人115人。及时对7月7日至14日的连续大雨造成的大面积灾毁情况进行救助，及时上报灾情，积极开展生产自救，维修房屋17栋，倒房重建2户。危房改造摸底10户，其中8户特困供养户，2户未脱贫户，建房完成率100%。完成医保参保人数14085人，参保金额约298万元。社保领取养老金约2800人。

【党建工作】 2019年，石鼓源乡积极推动各村支部扎实开展“三会一课”，“支部主题党日活动”等日常性工作。全年对各支部开展了四次全面性的工作督查和指导，对上司源村、蒋家冲村、五星村、东风村、大岭下村、乐山村、南冲源村等重点村或党建基础薄弱的村进行多次不定期的抽查和现场指导。按照“坚持标准、保证质量、改善结构、慎重发展”的要求，新发展7名党员。扎实开展“不忘初心、牢记使命”主题教育，并以此为契机，推动全乡各项重点难点工作开花结果。坚持全面从严治党，全年印发作风督查通报11期，点名通报17人次。积极推进村务财务公开、村务监督月例会制度、廉洁村居建设，规范办事流程，明确权力责任清单。紧盯扶贫、民生、农村“三资”管理等热点问题，集中排查违纪违规行为。全年办结信访举报件2件，接待群众来访11起，并及时化解矛盾。

晒北滩瑶族乡

【概况】 2019年，晒北滩瑶族乡坚持“生态立乡、旅游兴乡、项目活乡、产业富乡”方针，以党建为引领，突出工作重点，关注民生民本，顺利完成各项目标任务，推动了瑶乡经济社会发展再上新台阶。

【重点项目】 2019年，晒北滩瑶族乡组织相关部门、分场及各村积极参与配合旅发集团工作，分场安排专业职工协助进行勘测，野株源村拟流转土地200亩种植黄精，旅发集团同相关单位签订协议，在史家坪、三叉岭、烟竹山3个村种植黄精。对金洞镇柏子坳易地扶贫搬迁集中安置二期建设，按照时间节点确定搬迁人数25户95人，已全部实现入住。

【党建引领】 2019年，晒北滩瑶族乡组织专门队伍，从村情概况、党组织和党员队伍建设、村集体经济收入等10个主要方面，对全乡9个村的党建工作开展情况进行了一次全面体检，形成了各村党建工作台账。扎实开展“不忘初心，牢记使命”主题教育，举行专题讨论会3次，乡党委理论学习中心组集中学习11次，11个党支部结合中心工作和阶段性工作任务每月开展党日活动1次，全年共开展了121次。通过学习教育活动，全体党员干部职工进一步树牢了“四个意识”，坚定了“四个自信”，坚决做到了“两个维护”。意识形态建设富有成效。在湖南三市六县八瑶族乡盘王节暨坐歌堂活动中获得精神文明奖和男女歌舞队三等奖；累计在县级以上新闻媒体发布新闻通稿26篇，推介成功市级先进事迹2次，及时展现了瑶乡工作动态和事业发展成效。组织党员干部集中学习和观看廉政专题教育片4次，开展廉政谈话50余人次，问责乡（场）村干部职工9人，立案4起，处分5人，给予开除党籍1人，党内严重警告1人，党内警告2人，营造了风清气正的氛围。

【乡村振兴】 2019年，晒北滩瑶族乡农林生产稳步推进，种植优质水稻400余亩、玉米270余亩、果树380余亩、药材800余亩；完成国有伐区设计9500余立方米，炼山整地造林2392亩（国有742亩，集体1650亩）。

晒北滩村立面改造二期工程及枧下村环境综合整治、管网建设工程启动建设；史家坪村移民整体推进项目已完成申报，正在设计预算评审。

【三大攻坚战】 2019年，晒北滩瑶族乡扎实开展防范化解重大风险工作，加大民间非法集资宣传和防范，开展防范非法集资“宣传教育月”活动，未发生一起违规举债融资行为。全力推进脱贫攻坚，脱贫成果持续巩固，顺利实现深度贫困村野株源村出列、贫困人口52人脱贫。严格执行限额采伐要求，集体木材采伐量按20%逐年递减，林业生态保护秩序良好。大力宣传和推进消灭旱厕工作，全面开展农村环境整治工作，立足瑶乡生态资源优势，积极发展森林康养和生态旅游事业，生态文明建设成效明显。

【民生事业】 2019年，晒北滩瑶族乡小茗洞至烟竹山7.1千米公路硬化、碧江口至高带源公路3千米公路硬化基本完成；野株源村1千米通组公路硬化完工；对乡内主干道9处安全隐患较大路段进行了重点修护。启动乡集镇安全饮水提质改造项目建设；牛哂路供电线路提质完成设计预算方案，正向省相关部门申报；拟新建一个网络基站，通信部门已组织人员到三叉岭村勘测定点。乡司法所改扩建工程已完成。

中心小学周边环境整治基本完成，标准化食堂建设已基本完成。开展2次食品药品安全知识培训会议。认真抓好无偿献血及重点传染病防控工作，充分宣传发动广大群众参与无偿献血49人。发放39名退伍军人生活补贴54000元；组织各村青壮年参加就业招聘会125人；养老保险参保1148人，参保率37.18%；城乡居民合作医疗保险参保5943人，参保率95.61%；危房改造稳步推进；农村低保67户98人、城镇低保1户1人，五保户23人，发放高龄老人补贴2人，残疾人家庭无障碍改造5户、发放残疾人燃油补贴9人、残疾人护理补贴32人、困难残疾人生活补贴19人，临时救助94户。

【安全生产】 2019年，晒北滩瑶族乡森林防火措施有力，实现了全年“零火情、零火灾、零损失、零伤亡”的工作目标。目前，已连续35年未发生过一次森林火灾。应急处突举措得当。在7月份的洪灾中，全乡险情频发、受灾严重，但由于防汛抗灾抢险工作扎实，处置得当，全乡未垮掉一库一坝，无一人伤亡，灾后恢复重建推进有力，把大灾之后的不良影响降到了最低。防溺水工作富有成效。积极应对水域面积大、码头多，码头及行船安全、防溺水工作任务很重的挑战，狠抓水上交通安全检查和防溺水宣传防范工作，未发生一起沉船或溺水伤亡事故。隐患治理紧抓不放。对全乡的道路交通和民房地质灾害隐患重新进行摸底排查，排查出了 88 处道路交通安全隐患点和 10 处民房地质灾害隐患点，全部进行了整改。

金洞管理区

【概况】 金洞管理区位于湘江支流白水河上游，与七县区交界。金洞管理区与金洞林场实行“两块牌子，一个机构”管理，行政级别为正县级，全面负责管理区域内的经济社会事务。2019年，管理区（林场）现辖3乡1镇45个行政村（居委会），林场辖8个分场，全区总面积635平方千米，总人口6.8万人，干部职工2300多人；境内森林资源丰富，有山林面积76万亩，森林覆盖率达87.74%，森林蓄积量为320万立米，年均负氧离子达每立方厘米2万个，堪称“天然氧吧”；林区内有木本植物91科600余种，草本植物500余种，中草药材50余种，野生动物50余种。获得“国家储备林示范林场”“国家珍贵树种培育示范县”“中国楠木之乡”及全国绿化模范单位等多个荣誉，金洞漂流、睿击射击俱乐部、国家森林公园、湿地公园等旅游品牌驰名省内外。

2019年，全区完成地区生产总值13.99亿元，同比增长7.8%；完成财政总收入6457万元，同比增长6.7%；完成社会消费品零售总额6.22亿元，同比增长10.6%；完成固定资产投资17.49亿元，同比增长11%；实现规模工业增加值1.49亿元，同比增长8%；城镇居民人均可支配收入和农民人均纯收入分别达到35716元、11588元，同比增长9%、9.9%。小康建设提升2.8个百分点。

【产业发展】 林业：树种结构不断优化，全区大力发展楠木、红豆杉、银杏等珍贵树种，获得“国家珍贵树种培育示范县”称号。目前，珍贵树种达10万多亩，珍贵苗圃基地4800余亩，林业产业收入超1亿元。护林防火工作扎实，实现36年森林防火无事故。

旅游业：金洞生态旅游荣获湖南省“生态经济十优示范案例”。以金洞漂流为主导的旅游业蓬勃发展，不断完善旅游要素保障，积极探索民宿产业的发展。金洞国家森林公园建设不断推进，金洞猛江河国家湿地公园获评第一批全国“森林康养试点基地”。金洞生态旅游累计接待游客近200万人次，实现旅游收入6亿元，带动全区和周边地方第三产业产值达20亿元，2019年接待游客6万多人，游客量和旅游收入保持了每年20%的增速。

农业：高山有机茶叶扩园1200亩，低改500亩，有机果蔬2500亩。完成五小水利工程建设50处、农村安全饮水巩固提升1.1万人、农村电网改造升级11个村。光伏扶贫产业收益稳定，投资1000余万元总装机1200千瓦的光伏发电系统于2018年并网发电，目前月发电量可达10万度。

【三大攻坚战】 脱贫攻坚：全区建档立卡贫困人口5388户19334人，省定贫困村20个，其中深度贫困村5个，贫困发生率33.6%，全区“十三五”期间易地扶贫搬迁总人数5250人，扶贫任务十分艰巨，贫困面宽，贫困程度深，脱贫压力大。截至2019年底，脱贫5292户19092人，贫困发生率下降至0.4%，全区20个贫困村（深度贫困村5个）顺利通过省市核查，已按程序脱帽退出。产业扶贫多措并举。重点突出一长一短、长短结合的产业助力脱贫。"一长"即全区积极推进楠木楠竹培育和深加工。因地制宜，大力发展楠木产业，全区现有6家上规模上档次的苗木公司、10家楠木专业种植合作社，累计营造楠木林达6万亩，楠木苗0.5万亩，年产苗木1000万株，产值3000万以上。全区8万亩楠竹全面进行低改，引进了中国500强企业之一北京启迪雷浩能源科技有限公司在石鼓源乡安置点新建扶贫工厂，开发竹木及其加工废弃物资源化利用项目，预计建成后年产清洁燃气360万立方米，年产竹炭及竹醋液各3600吨，实现年销售收入2600万元，利税260万元。"一短"即因地制宜，大力发展林下经济及种养加工业。全区种植茶叶面积8200亩，铁皮石斛3500亩，蜜蜂养殖3000余箱，兴办各类种养殖业20余家，吸纳贫困人口就业9000余人。易地扶贫搬迁推进有序。坚持顶层设计、统一规划、统一承建，打包交给湖南建工集团高标准建设了6个集中安置小区，集中安置易地扶贫搬迁对象5250人，做到了入住率、拆旧复垦率、公共服务覆盖率都达到100%。为确保"搬得出、稳得住、能致富"，在金洞镇龙潜凼、桥冲、凤凰乡团结、石鼓源乡茅坪里和柏子坳一、二期集中安置点，都成立了临时党支部和劳务输出公司。目前安排劳务输出416人，公益性岗位87人。在易地扶贫搬迁安置点附近引进了北京启迪雷浩公司；新建了翔冠制帽厂、竹聚缘农业开发公司、湖南吖韩食品有限公司等9个扶贫车间，安排贫困劳力就业约1500人，带动贫困户人均增收2500元以上。污染防治：持续打好蓝天碧水净土保卫战，有力推进农村面源污染防治，金洞镇东江重金属污染治理项目完成验收，城乡生活垃圾一体化工程运转高效，开展扬尘污染、餐饮油烟、秸秆焚烧等大气污染治理，全区环境优良指数进一步提高。防范化解重大风险：完成年度化债目标3547万元，并提前偿还未来计划款10831.17万元，综合债务率逐步下降。清收扶贫小额信贷6714万元，逾期率为零。

【项目建设】 2019年，金洞管理区重点项目及重点工作共有28个，年度总投资13.21亿元，其中市级项目12个，开工率100%，累计完成10.18亿元。目前总投资10亿元的白果市风电场项目已完成一期投资5亿元；总投资8亿元的晒北滩分散式风电开发已签订框架协议；总投资1.2亿的金洞林场中学学位建设已完成了"三通一平"；总投资1500万元高岭土精深加工已建成试产。

2019年，完成农村公路提质改造窄路加宽15.72千米、安保工程建设11.73千米，"木—牛"二级公路完成交工验收，"上—大—金"公路完成工可批复。巩固提升农村安全饮水1.1万人。完成新建移动基站1个及17个自然村通光纤工程，林区通讯信号实现全覆盖，农村电网改造全部完成。

【社会事业】 2019年，金洞管理区大力推进科教文卫事业，2019年消除大班额完成31个，完成2所卫生院和8所村卫生室的标准化建设，学校食堂全面实现标准化。城镇生活垃圾处置率达100%。全面排查和整治污染源，关闭和取缔了白沙源沙场、金洞红砖厂、石鼓源塑料颗粒厂、凤凰电子产品冶炼厂等一批非法破坏生态环境的企业。全面加强社会综合治理，应急处置能力提高，群众安全感和满意度不断提升。

【党建工作】 2019年，金洞管理区深入推进"不忘初心、牢记使命"主题教育，把基层党建工作融入经济社会发展各方面、全过程，构建起"党建+特色种养""党建+精准扶贫""党建+生态建设""党建+经济金融""党建+岗位承诺"等一系列工作机制，使党组织活动更有吸引力，服务群众更便捷高效，重点结合精准扶贫，因地制宜搞好村级集体经济的发展。完成22个机关支部换届，整顿转化11个软弱涣散基层支部，全面完成支部"五化"示范创建。认真贯彻落实中央八项规定精神，积极推进扶贫领域正风反腐，严肃查处扶贫领域违纪问题，保障脱贫攻坚工程顺利实施。

【特色亮点】 2019年，金洞管理区绩效考核连续三年获得全市“先进单位”。2019年，金洞管理区在年终市委、市政府的绩效综合考评中获得“先进单位”称号，这是我区继2017年以来连续第三次获此殊荣。

金洞管理区获得省委省政府“三无”县区称号。2019年，全区实现“无重大政治事件，无暴恐事件和个人极端事件，无大规模集体到省进京访和群体性事件，无重特大公共安全事故，无重大影响的负面舆情事件和影响恶劣的信访维稳人员违纪违法案件”的目标。信访维稳工作被省委、省政府评为“三无”县区，同时被评为全市信访维稳先进单位，综治维稳考核连续三年在全市管理区（经开区）中排名第一，晒北滩乡被评为全市综治考评先进乡镇。

（唐晓军）

【领导名录】

管理区领导

党委书记	何德波
党委副书记 管委会主任	何永明
党委副书记	李耀华
党委委员 管委会副主任	夏铁桥
党委委员 管委会副主任	邓彪
党委委员 政法委书记	肖申华
党委委员 纪委书记	周旺生
党委委员 管委会副主任	唐亚
管委会副主任 公安分局局长	秦学君
副处级干部	孙国庆
副处级干部	汪桂林
副处级职级干部	奉付成　邓秋实 周光卓　张治国 邹广贤

区（场）直单位主要负责人

党政办主任	邓远洋
党委组织部部长 人社局局长	奉新国
党委宣传部部长 文体广新局局长	周中心
纪委副书记 监察局局长	李宁信
党委政法委副书记	赵子勇
发改委主任 统计局 环保局局长	徐天柱
经信委主任 安监局 商食局局长	杨茜
财政局局长	张福生
国土资源局局长	刘保国
住房和城乡规划建设局局长	陈建军
农业委主任	段建华
林业局局长 旅游外事侨务局局长	刘金红
民政局局长	邓文辉
教育局局长	周国平

卫计委负责人　赵立新

工会负责人　唐金林

妇联主席　王晓梅

团委书记　蒋　洁

政务中心主任　蒋　琳

国库核算中心主任　周爱民

社保中心主任　邓素刚

森保中心主任　曹进亮

国家森林公园管理局局长　邓剑民

国家湿地公园管理局局长　奉向阳

项目规划中心主任　李统成

扶贫办农技推广服务中心主任　周君荣

公共卫计事务中心主任　奉银明

林业检察科科长　刘四元

金洞人民法庭庭长　李良君

乡镇党政主要负责人

金洞镇党委书记　刘富春

金洞镇镇长　李　勋

晒北滩瑶族乡党委书记　奉荣华

晒北滩瑶族乡乡长　赵和平

石鼓源乡党委书记　邓　伟

石鼓源乡乡长　李彩云

凤凰乡党委书记　刘能华

凤凰乡乡长　石新峰

索　　引

说明：

一、本索引把年鉴的专稿、条目（表格、大事记、附文除外）用主题分析的方法，按汉语拼音字母顺序排列。

二、各单位概况中的条目未作索引。

三、索引名称后的阿拉伯数字表示内容所在页码，拉丁字母（a、b、c）表示栏别（从左至右分 1、2、3 栏）。

A

B

C

D

F

G

T

Y

Z